IIRSA

This book is part of the Peter Lang Regional Studies list.
Every volume is peer reviewed and meets
the highest quality standards for content and production.

PETER LANG
New York • Bern • Berlin
Brussels • Vienna • Oxford • Warsaw

Alessandro Peregalli

IIRSA

entre integración regional y racionalidad *logística*

PETER LANG
New York • Bern • Berlin
Brussels • Vienna • Oxford • Warsaw

Library of Congress Cataloging-in-Publication Data

Names: Peregalli, Alessandro, author.
Title: IIRSA: entre integración regional y racionalidad logística /
Alessandro Peregalli.
Description: New York: Peter Lang, 2022.
Includes bibliographical references.
Identifiers: LCCN 2022001892 | ISBN 978-1-4331-9473-3 (paperback)
ISBN 978-1-4331-9702-4 (ebook pdf) | ISBN 978-1-4331-9703-1 (epub)
Subjects: LCSH: Integración de la Estructura Regional de Sudamérica
(Project) | South America—Economic integration. | Infrastructure
(Economics)—South America. | Economic development projects—
South America.
Classification: LCC HC165 .P457 2022 | DDC 337.1/8—dc23/eng/20220119
LC record available at https://lccn.loc.gov/2022001892
DOI 10.3726/b19689

Bibliographic information published by **Die Deutsche Nationalbibliothek**.
Die Deutsche Nationalbibliothek lists this publication in the "Deutsche
Nationalbibliografie"; detailed bibliographic data are available
on the Internet at http://dnb.d-nb.de/.

80 Broad Street, 5th floor, New York, NY 10004
www.peterlang.com

A Francesca y Samir, vivxs y libres

ÍNDICE

TABLAS

ILUSTRACIONES

AGRADECIMIENTOS

Este libro es el producto de una investigación de doctorado, realizada en el Programa de Posgrado en Estudios Latinoamericanos de la Universidad Nacional Autónoma de México, entre 2016 y 2020 y con una larga estancia de investigación realizada entre Brasil y Chile. Todo y cada uno de sus argumentos, análisis, reflexiones y eventuales éxitos son el producto de encuentros fecundos y estimulantes, aunque todas sus fallas, insuficiencias y límites son a cargo exclusivamente míos.

Mis primeros agradecimientos van a mi tutor, David Herrera Santana, por el acompañamiento atento de mi trabajo, por las sugerencias puntuales, por la seriedad, la consideración y la estima mutua que siempre sentí con relación a él, por el trato humano y por sus enseñanzas en los temas de la geografía crítica. Le agradezco también por haberme involucrado en interesantes iniciativas, como la publicación del libro *Geopolítica. Espacio, poder y resistencias en el siglo XXI* y el lindo debate con Deborah Cowen, que me ha dado el honor de coordinar. Agradezco también a mi cotutor Raúl Ornelas Bernal por las lecturas atentas y los debates, el respeto mutuo y las críticas útiles, y a Efraín León Hernández, por haber acompañado mi trabajo, de manera muy útil y estimulante, hasta donde ha podido.

Agradezco infinitamente a Beatriz Stolowicz, mi lectora pero en primer lugar amiga, camarada y maestra. Le agradezco por las lecturas serias y precisas de cada palabra, coma y nota de mi texto, por sus elogios pero sobre todo por sus críticas lúcidas. Aun cuando discordamos, o tal vez aún más cuando discordamos, sus opiniones agudas y nunca banales me han enseñado mucho, a veces a rever mis argumentos, otras veces a escribirlos mejor, otras más a defenderlos, pero siempre a cuestionarlos y cuestionarme en mis juicios fáciles, en mis posiciones teóricas y en mi postura política. Le agradezco por las conversaciones infinitas en su casa con Cristina Cavalcante, los cuentos y las anécdotas, los correos largos y el compromiso personal, intelectual y político. Agradezco también a la propia Cristina por el precioso apoyo "logístico" en la recta final de mi doctorado.

Agradezco a Carlos Walter Porto-Gonçalves, hombre extraordinario y amigo sincero, camarada crítico y generoso e intelectual orgánico (y no agrotóxico, como hay muchos en la "izquierda"). Le agradezco por haberme abierto las puertas de la Universidad Federal Fluminense y del LEMTO (Laboratório de Estudos de Movimentos Sociais e Territorialidades), por haberme invitado a participar al Encuentro por la tierra y el territorio en Marabá, por los largos diálogos e intercambios de ideas, por el apoyo puntual, por el gran interés en mi trabajo, las lecturas y sugerencias y por la consideración mutua. Le agradezco el ejemplo de entrega y compromiso radical, el afecto, el amor que me ha enseñado hacia la diversidad, el territorio, la vida y la dignidad. Agradezco también a todos los integrantes del LEMTO, y en especial a mi amigo Alexander Panez Pinto, que me ha acompañado en mis primeros pasos en tierras *cariocas*. Con él y con Diana Aguiar he encontrado un espacio de reflexión extremamente rico, de producción colectiva, sugerencias útiles e intercambio de ideas.

Agradezco a "Nino Buenaventura" y Rodrigo *Mineiro*, amigos y compañeros "tricontinentales", por los viajes y el cariño, por el apoyo y las lecturas mutuas de estos años. A Martino Sacchi, *alpinista scrittore anarchico*, por nuestra formación intelectual y política común, sin la cual esta tesis no existiría. A Fabrizio Lorusso y Daniele Benzi, amigos que me han ayudado en distintas formas a ambientarme en este continente tan loco, intenso, sufrido y (real) maravilloso y que han contribuido a mi formación latinoamericanista e intelectual.

Agradezco al colectivo de Into the Black Box, por las oportunidades de colaboración, investigación y crítica. A las compañeras y compañeros de la Escuelita Zapatista, con quienes he aprendido la lucha para la autonomía, a mis compañeras y compañeros del portal L'AmericaLatina, del colectivo Nodo Solidale, a la comunidad de Amilcingo, las organizaciones sociales CODEDI y OIDHO y a mis compañeros de Treta no Trampo, con quienes he experimentado la práctica de la interrupción de los fluxos logísticos de las metrópolis brasileñas. Agradezco a mi amigo Hugo Parra por los meses de hospedaje en la Ocupação Vito Giannotti de Río de Janeiro. Agradezco a todas/os las/los buenas/os y sobre todo *cattivi* maestros que me enseñaron a leer la realidad a contrapelo y contracorriente. Entre ellos al profesor y camarada Sandro Mezzadra. Fue a partir de un diálogo con él en el lejano 2015 que esta tesis tomó su primera inspiración.

Agradezco a todos mis amigos y camaradas en Milán, Bolonia, Ciudad de México, Belo Horizonte, pero también en Nápoles, Oaxaca, San Cristóbal de las Casas, Río de Janeiro, Buenos Aires y Santiago. Mencionarlos a todos/as sería imposible, pero con todas ellas y todos ellos he atravesado tramos importantes de este camino. Agradezco a los/las que luchan, porque todo saber, conocimiento y teoría nacen desde las luchas, y a ellas debe volver. Agradezco también a mi familia, porque con ella, gracias a ella y también "contra" ella, he aprendido la libertad. Agradezco en fin a mi compañera, Kátia, por haber tropezado con mi costumbre de dejar la nuca en cualquier parte.

ABREVIACIONES Y SIGLAS

ALADI:	Asociación Latinoamericana de Integración
ALBA-TCP:	Alianza Bolivariana para los Pueblos de Nuestra América-Tratado de Comercio de los Pueblos
ALCSA:	Área de Libre Comercio de Sudamérica
ALCA:	Área de Libre Comercio de las Américas (FTAA – *Free Trade Area of Americas*)
AMI:	Acuerdo Multilateral sobre Inversiones (MAI – *Multilateral Agreement in Investment*)
AMO:	Arco Minero del Orinoco
APEC:	*Asia-Pacific Economic Cooperation*
APP:	Asociaciones Público-Privadas
ASEAN:	Asociación de Naciones del Sureste Asiático (*Association of Southeast Asian Nations*)
AZFA:	Asociación de Zonas Francas de las Américas
BCIMEC:	*Bangladesh-China-India-Myanmar Economic Corridor*
BDC:	Banco de Desarrollo Chino
BID:	Banco Interamericano de Desarrollo
BM:	Banco Mundial

BNDES: Banco Nacional de Desarrollo Económico y Social (*Banco Nacional de Desinvolvimento Econômico e Social*)
BRI: *Belt and Road Initiative*
BRICS: Brasil Rusia India China Sudáfrica
CAF: Corporación Andina de Fomento
CAFTA-RD: Tratado de Libre Comercio entre Estados Unidos, América Central y República Dominicana
CAN: Comunidad Andina
CARICOM: *Caribbean Community, Regional Integration*
CCCC: *China Communications Construction Company*
CCT: Comité de Coordinación Técnica
CCWAEC: *China-Central Asia- Western Asia Economic Corridor*
CDS: Consejo de Defensa Suramericano
CE: Consejo Electoral
CELAC: Comunidad de Estados Latinoamericanos y Caribeños
CEPAL: Comisión Económica para América Latina y el Caribe
CEPB: Confederación de Empresarios Privados de Bolivia
CES: Consejo Energético Suramericano
CHINALCO: *Aluminium Corporation of China Ltd.*
CICPEC: *China-Indo-China Peninsula Economic Corridor*
CIDOB: Confederación de Indígenas del Oriente Boliviano
CMC: *China Metallurgical Corporation*
CMREC: *China-Mongolia-Rusia Economic Corridor*
CNI: Cámara Nacional de Industrias
CNOC: *China National Petroleum Corporation*
CNOOC: *China National Offshore Oil Corporation*
CODELCO: Corporación Nacional del Cobre
COICA: Coordinadora de Organizaciones Indígenas de la Cuenca Amazónica
CONACAMI: Coordinadora Nacional de Comunidades Afectadas por la Minería
CONAIE: Coordinadora de las Nacionalidades Indígenas del Ecuador
CONALDE: Consejo Nacional Democrático
COSIPLAN: Consejo Sudamericano de Infraestructura y Planeamiento
CPEC: *China-Pakistan Economic Corridor*
CREEC: *China Railway Eryuan Engineering Group Co.*
CSC: Consejo Suramericano de Cultura
CSE: Consejo Suramericano de Educación

CSL:	*Cooperative Security Location*
CSN:	Comunidad Suramericana de Naciones
CSDS:	Consejo Suramericano de Desarrollo Social
CSEF:	Consejo Suramericano Economía y Finanzas
CSS:	Consejo de Salud Suramericano
CSTI:	Consejo Suramericano de Ciencia, Tecnología e Innovación
DMD[1]:	Dinero-Mercancía-Dinero
DNER:	*Departamento Nacional de Infraestrutura de Transporte*
EBITAN:	Entidad Binacional Túnel Agua Negra
EE.UU.:	Estados Unidos
EFC:	*Estrada Ferro Carajás*
EID:	Ejes de Integración y Desarrollo
EPZ:	*Export Processing Zones*
ETN:	Empresas transnacionales
FIOL:	*Ferrovia de Integração Oeste-Leste*
FMI:	Fondo Monetario Internacional
FONPLATA:	Fondo Financiero de la Cuenca de la Plata
FSLN:	Frente Sandinista de Liberación Nacional
GEICOS:	Grupo Empresarial del Centro Oeste Sudamericano
GWIC:	*Geoctroyeerde Westindische Compagnie*
G8:	Grandes 8
ICT:	*Information and Communication Technologies*
IFI:	Instituciones Financieras Internacionales
IIRSA:	Iniciativa para la Integración de la Infraestructura Regional Sudamericana
ISI:	Industrialización por sustitución de importaciones
ISO:	*International Organization for Standardization*
LEMTO:	*Laboratório de Estudos de Movimentos Sociais e Territorialidades*
LMI:	*Logistics Management Institute*
LPI:	*Logistics Performance Index*
MAS:	Movimiento Al Socialismo
MBL:	*Movimento Brasil Livre*
MERCOSUR:	Mercado Común del Sur
MST:	Movimiento de los Trabajadores Rurales Sin Tierra (*Movimento dos Trabalhadores Rurais sem Terra*)
NASCO:	*North America's Super Corridor Coalition*
NBD:	Nuevo Banco de Desarrollo
NELB:	*New Eurasian Land Bridge*

OCDE:	Organización para la Cooperación y el Desarrollo Económicos
OCS:	Organización de Cooperación de Shanghái
OCTA:	Organización del Tratado de Cooperación Amazónico
ODG:	*Observatori del Deute en la Globalització*
OEA:	Organización de Estados Americanos
OIT:	Organización Internacional del Trabajo
OMC:	Organización Mundial de Comercio (WTO – *World Trade Organization*)
ONU:	Organización de Naciones Unidas
PAC:	Programa de Aceleración del Crecimiento (*Programa de Aceleração do Crecimento*)
PCC:	Partido Comunista Chino
PDVSA:	Petróleos de Venezuela
PIB:	Producto Interno Bruto
PIL:	*Programa de Investimentos em Logística*
PMDB:	Partido del Movimiento Democrático Brasileño (*Partido Movimento Democrático Brasileiro*)
POL:	*Petroil, Oil and Lubricants*
PPA:	*Plano Plurianual*
PPI:	*Programa de Parcerias de Investimentos*
PPP:	Plan Puebla-Panamá
PPT:	Presidencia Pro Témpore de la UNASUR
PROSUR:	Foro para el Progreso de América del Sur
PT:	Partido de los Trabajadores (*Partido dos Trabalhadores*)
PTI:	Programa Territorial de Integración
RFPCARM:	Reserva Forestal Protectora de la Cuenca Alta del Río Mocoa
RoHS:	*Restriction of Hazardous Substances Directive*
SAFTA:	*South American Free Trade Agreement*
SG:	Secretaría General de UNASUR
SUCRE:	Sistema Unitario de Compensación Regional de Pago
TEU:	*Twenty-foot Equivalent Unit*
TIPNIS:	Territorio Indígena y Parque Nacional Isiboro Secure
TLC:	Tratado de libre comercio
TLCAN:	Tratado de Libre Comercio de América del Norte (NAFTA: *North America Free Trade Agreement*)
TPP:	Acuerdo Transpacífico de Cooperación Económica (*Trans-Pacific Partnership*)
TUC:	*Terminal e Uso Privado*

UDI:	Unión Democrática Independiente
UNASUR:	Unión de Naciones Suramericanas
VOC:	*Vereenigde Oost-Indische Compagnie*
WEEF:	*Waste Electrical and Electronic Equipment Directive*
YPF:	Yacimientos Petrolíferos Fiscales
YPFB:	Yacimientos Petrolíferos Fiscales Bolivianos
ZICOSUR:	Zona Integrada del Centro Oeste de América del Sur

PRÓLOGO

CARLOS WALTER PORTO-GONÇALVES

Hay un verso de Luiz de Camões (1525-1580) que puede servir de referencia para el momento que vivimos. El poeta portugués dijo que estábamos navegando "por mares nunca antes navegados". Y cuando navegamos por mares desconocidos hasta ahora, ¿de qué sirven los mapas? Ya que, por regla general, esos son un registro de los mares ya navegados y, por tanto, conocidos. Esta es la cuestión: para poder navegar, tenemos que conocer los mares y sus contornos.

Estamos viviendo un período histórico de la misma complejidad que el vivido por Camões en el Renacimiento, cuando el actual sistema mundial "EEUUrocéntrico" comenzaba a configurarse, o si se prefiere, a "desorientarse", dado que fue a partir de la toma de Constantinopla por los turcos en 1453 cuando Europa adquirió la centralidad geopolítica y geoeconómica, especialmente a partir de 1492 cuando comenzó a colonizar el mundo a partir de las riquezas explotadas en América. Hasta entonces, como señala Enrique Dussel, Europa no era más que una zona marginal entre las distintas economías-mundo (Braudel), y no existía todavía un verdadero sistema mundial unificado, aunque la vieja Ruta de la Seda articulase varias economías-mundo, teniendo en China su núcleo principal. Cada época exprime en sus palabras sus propias referencias geopolíticas. Heredamos de esa época un verbo –orientar–, así como hoy en día decimos, *naturalmente*, Occidentalizar o Nortear, y en algún momento dijimos Rumar, como hacían los peregrinos que sabían que todos los caminos llevaban a Roma. Como vemos, los caminos de las rutas comerciales y políticas impregnan el lenguaje y, por tanto, configuran las subjetividades a partir de las prácticas sociales. Y cuántas teorías llegan a imaginarse teniendo estas prácticas como sustrato. Es como si cada época tuviera una brújula que señalara el camino correcto hacia su polo de poder, con todas sus implicaciones económicas y políticas. Sucede que estos núcleos centralizadores/polarizadores que prevalecen en las geografías que condicionan la historia que conforma las geografías, varían en el espacio-tiempo. Desde que el mundo se "desorientó" entre 1453 y 1492, el Atlántico Norte ha tenido diferentes polos, desde el dominio ibérico (genovés/holandés) hasta el británico, hasta el momento actual, todavía bajo la hegemonía estadounidense. Desde finales de los años ochenta estamos viviendo un paulatino desplazamiento del circuito metabólico de la producción mundial hacia Asia, con el auge de Japón, los tigres asiáticos y, sobre todo, China.

Vivimos en un momento de caos sistémico (Arrighi) de transición de un patrón de poder y saber (Quijano) pero para interpretarlo no tenemos la ventaja de la distancia temporal que es la que tenemos cuando nos referimos al Renacimiento o a la Ilustración y cuando sabemos, de alguna manera, lo que fueron estos momentos de bifurcación histórica, lo que vino antes y lo que vino después. No, ahora estamos en el interior del huracán que, según los expertos, es un lugar cuyas perturbadoras turbulencias no podemos verlas desde el exterior y cuyas consecuencias no conocemos. En este momento de bifurcación, de caos sistémico o de crisis de los patrones de poder y saber, según las diferentes caracterizaciones, surge la necesidad de conocer, de teorizar, en definitiva de construir otros mapas cognitivos que nos permitan conducir nuestras prácticas hacia un horizonte que supere las profundas desigualdades y violencias que tiene este mundo en caos.

Traigo a colación esta reflexión para invitarles a leer este libro de Alessandro Peregalli, que busca honrar las mejores tradiciones del pensamiento crítico, buscando aportar un marco teórico-político audaz, a la vez que sistémico y referido a las luchas sociales en curso con sus contradicciones e inspiraciones para otros horizontes de vida.

Su mayor inspiración son los llamados estudios de logística crítica (*critical logistics studies*). Estas corrientes pretenden superar toda la fascinación gerencial que viene de los años 50 y 60, cuando surgió una nueva ciencia en Estados Unidos, la de la "*business logistics*". Surgieron entonces nuevos cursos académicos como los de *Supply Chain Management*, que en muchos casos sustituyeron a los tradicionales departamentos de Economía, la *American Management Association*, el *National Council of Physical Distribution Management* y el *Logistics Management Institute* (LMI). Como dice nuestro autor, esa emergencia de la *business logistics* se encuadra en el marco de la llamada "revolución logística", y conllevó "un profundo viraje en las ciencias de la 'gestión de la distribución física' (*physical distribution management*) desde el tradicional enfoque sobre la 'reducción de los costos' a otro que se vino a llamar 'perspectiva de sistemas' (*systems perspective*)". En esa fase el concepto de gestión (*management*) adquirió una enorme relevancia, captado por una lógica técnica y administrativa. Nuestro autor, al contrario, entiende la logística no solo con sus múltiples implicaciones técnicas, sino también como una racionalidad política que ordena el capitalismo contemporáneo.

Hay razones por las que esta revolución logística se ha afirmado en el mundo posterior a la Segunda Guerra Mundial. Una de estas causas es que el espacio se hizo cada vez más relevante en el proceso contradictorio del desarrollo capitalista, a partir de la reconstrucción de toda la infraestructura de una Europa destruida por la guerra, que se hizo con los aportes financieros de Estados Unidos, que así plantó sus pies como líder hegemónico. La "invención del subdesarrollo" (Arturo Escobar) hizo que una verdadera religión desarrollista se extendiera por el mundo, colonizándolo con los nuevos misioneros de la buena gestión y planificación. Paul Barán sintetizaría críticamente el embrollo empresarial en el que nos metieron cuando afirmó que "no es la planificación la que planifica el capitalismo, sino que es el capitalismo el que planifica la planificación". Los grandes monopolios industriales norteamericanos, que se reforzaron durante la guerra, se verán fortalecidos con la difusión del A*merican Way of Life* al ofrecer el "cofre de la felicidad" a través del consumo. Y el consumo siempre ha sido una satisfacción/disfrute individual, como ya nos había advertido Sigmund Freud en su *Psicología de las Masas y Análisis del Yo* y, estimulado por los poderosos medios de comunicación de masas (radio, televisión y Hollywood), se reveló como un arma eficaz contra las perspectivas colectivas que se abrían paso desde el siglo XIX entre las clases trabajadoras (socialismo, comunismo, anarquismo).

La demanda de materias primas para alimentar este modo de vida, instigada por este modo de producción, dará lugar a la llamada Gran Aceleración, que creará las condiciones materiales para la revolución logística que se desencadenará a partir de los años 50 y 60. La demanda metabólica de materia y energía llevará incluso a considerar a la especie humana como un agente geológico, dando lugar a una polémica sobre si estábamos en un nuevo periodo geológico llamado Antropoceno o Capitaloceno.

Alessandro Peregalli llama la atención sobre el hecho de que esta racionalidad logística emergió junto a la propia historia del capitalismo, encontrando uno de sus principales orígenes en el ámbito militar, con la formación de ejércitos nacionales que debían almacenar sus fuentes materiales, incluidos los alimentos, abandonando, poco a poco, la perversa práctica de saquear a las poblaciones contra las que hacían la guerra. Otro importante origen de logística fue la trata de esclavos, que no solo fue uno de los pilares de la acumulación de capital, sino que también sirvió para garantizar la fuerza de trabajo apta para las plantaciones y para la exploración de minerales. Y fue necesario construir una técnica de violencia para contener esta mercancía viva de esclavos que no se cansaba de rebelarse en las naves, en las plantaciones, en las minas y en los puertos.

Peregalli también nos revela que, entre muchos, dos inventos tecnológicos fueron fundamentales para esta nueva racionalidad del capitalismo contemporáneo: la informática y el contenedor. De hecho, él considera que la palabra "logística" viene del griego – *λογίζομαι* – que significa "computar", en que podemos notar la profunda relación entre la logística y el mundo militar. En los años 50, la *Rand Corporation* desarrolló para el Departamento de Defensa estadounidense el sistema *Arpanet*, cuyo principio era construir una red de información que no se interrumpiera por la desconexión de uno de sus nodos. Este principio está en la base de la actual forma organizativa de la logística.

El otro invento tecnológico fundamental para esta nueva racionalidad capitalista que es la logística fue/es el contenedor. Ya en 1969, la ISO –*International Organization for Standardization*– impuso que los buques de carga, los ferrocarriles y las empresas de transporte se adhirieran a estándares globales. Aunque hubiera un incipiente desarrollo de un sistema de contenedores por parte del ejército estadounidense, ya desde la Segunda Guerra Mundial, incluyendo asociaciones con empresas privadas, como fue el caso de Sea Land, a la que el gobierno encomendó la gestión del 30 % del transporte de guerra de Vietnam, la "containerización" pasó rápidamente a las esferas comerciales civiles e impuso la unidad de medida por volumen – TEU (*Twenty-foot Equivalent Unit*)[1] [2].

1 Un TEU representa la capacidad de carga de un contenedor de transporte normal, de 20 pies de largo, por 8 pies de ancho y 8 pies de alto.

2 Cabe registrar que históricamente esos cambios de unidad de medida no fueron de orden estrictamente técnica, aunque se hayan presentado como tales. Las unidades de medida son parte de la cultura de los pueblos y comunidades que miden y pesan siempre de un modo propio. Desde la formación de los estados territoriales modernos, la imposición de sistemas de medidas unificados ha sido importante para la

Según Peregalli, la "containerización" permitió el uso de un único contenedor que puede trasladarse mecánicamente de cualquier medio de transporte a cualquier otro, del camión al tren y al barco, lo cual reduce el tiempo de carga y descarga de las mercancías, disminuye los costes de mano de obra en los puertos y centros de transporte (*hubs*), garantiza una mayor integración de los diferentes nodos de infraestructura y permite la aplicación de técnicas *just in time* en toda la cadena logística. Nos dice Peregalli:

> "Luego de las crisis del petróleo de 1973 y 1979, instalándose estas transformaciones en una coyuntura de ascenso de las doctrinas económicas neoliberales en los EE. UU., ellas sirvieron para minar la fuerza del sindicalismo portuario, contribuyeron al drástico empeoramiento de las condiciones de trabajo, y favorecieron enormemente el proceso de des-regulación que abarcó todo el sector de transportes estadounidense, y luego mundial. En este sentido la llamada 'revolución logística' ha asumido la forma más bien de una 'contra-revolución'. En 1989, con el nacimiento del *Council of Logistics Management*, la des-regulación se extendió a sectores tales como las telecomunicaciones, los flujos informacionales y el intercambio de datos".

Como puede verse, la logística se presenta como el gobierno de las cosas y las personas o de las personas a través de las cosas. En definitiva, la logística es una "lógica o racionalidad que se ejerce más allá de un sector económico específico, como puede ser la actividad portuaria o la industria de transporte". En los últimos años -argumenta nuestro autor- una serie de estudios e investigaciones han

afirmación del mercado y de la burguesía como clase social dominante. Muchas han sido las revueltas campesinas no solamente en contra de la expropiación de tierras y de los tributos, pero también en contra de la imposición de sistemas de medidas que los expropiaban de sus saberes. En Brasil, por ejemplo, en 1874 estalló la llamada Revolta dos Quebra-Quilo, una serie de levantamientos campesinos en cuatro estados del Noreste (Paraíba, Rio Grande do Norte, Pernambuco y Alagoas) en contra de la imposición, por parte del gobierno, de las nuevas unidades de medida, acusadas de violar sus costumbres y de promover el robo a las comunidades. De la misma manera, la imposición de la unidad de medida por volumen de los contenedores (TEU) favorecieron a las grandes corporaciones que son aquellas que estaban mejor preparadas para operar en las escalas mayores contribuyendo a aumentar la concentración y centralización del capital. La logística, de ese modo, aparece como naturalmente necesaria y es aquí donde reside la trampa de sustituir la política por la técnica.

puesto el tema de la logística como racionalidad específica, y han utilizado una "perspectiva logística" para el análisis de un sinnúmero de circunstancias, desde la gestión de los flujos metropolitanos y la llamada "economía de plataforma" a los procedimientos algorítmicos de la industria 4.0, de las nuevas formas del trabajo portuario hasta las nuevas territorialidades estratégicas para la atracción de inversiones y la aceleración de la circulación de mercancías y recursos tales como los distintos tipos de zonas económicas especiales y los corredores logísticos intermodales.[3] De este modo, Peregalli se alinea con el colectivo Into the Black Box (2018) para quien la logística sería "la forma de inteligencia estratégica que coordina la armonización de producción, circulación y consumo en el capitalismo

3 Aquí habría que abordar al debate sobre la fascinación por la técnica. Hay un misterio en las técnicas que operan en su hacer mejor las cosas con menos esfuerzo como resultado práctico de la inteligencia humana. Sin embargo, las técnicas son siempre invenciones que se dan en el interior de las relaciones sociales y de poder culturalmente significativas. Como señalé arriba las unidades de medida son parte de esas relaciones y no solamente normas técnicas. Los cambios de las *manu*facturas por las *maquino*facturas no se dieron simplemente porque las segundas eran más productivas que las primeras, que sí lo eran. El misterio de que la técnica *maquino*facturera sea más productiva que la *manu*factureras no es simplemente porque las *manu*facturas son manejadas por las manos de los trabajadores y las *maquino*facturas por las máquinas y las máquinas hacen el misterio con mayor productividad. Es que con las *maquino*facturas los trabajadores pierden el control sobre los procesos de trabajo. Con las conexiones de engranajes y correas de transmisión, como son las máquinas, los poros de la división del trabajo son poco a poco eliminados bajo el completo manejo por parte del capital y, de ese modo, el capital aumenta el plusvalor. Charles Chaplin captó con inteligencia y enorme sensibilidad política ese manejo de los tiempos en las fábricas por parte del capital y el modo como lo trabajadores se quedaron prisioneros de los engranajes. Desde entonces ha sido común que los trabajadores lanzasen sus zapatos en las engranajes para obstruir las *maquino*facturas en movimiento. Es de allí que viene la palabra "sabotaje", que deriva de *sabot*, zapatos de madera calzados por los trabajadores que los lanzaban en contra de las máquinas. En fin, no podemos hablar simplemente de Revolución Industrial, pero sí de Revolución *en las relaciones sociales y de poder por medio de la tecnología* Industrial. Lo mismo para la Revolución Logística en curso que mejor se describe como Revolución *en las relaciones sociales y de poder por medio de la tecnología* Logística, considerando que la revolución logística hace hoy en el espacio como un todo (capital social total) lo mismo que las máquinas hicieron con sus engranajes y correas de transmisión eliminando los poros del tiempo en las fábricas. Se trata de una revolución en las relaciones sociales y de poder.

global, vigila su reproducción, y se pone como motor para la aceleración creciente que caracteriza los procesos de circulación –cada vez más hegemónicos sobre el entero proceso".

Observamos que esta racionalidad logística se impone en contra de los trabajadores, a través de todo un sistema de normas (Milton Santos) –impuestas por organismos (supuestamente) multilaterales–, como la ISO y la creación de Zonas Especiales de Exportación, Zonas Francas y otras en las que se invita a los estados a ceder su soberanía a favor de las grandes corporaciones. Estas Zonas de Procesamiento para la Exportación (*Export Processing Zones*) pasaron de 79, en 1975, a 3500, en 2006, con un total de 66 millones de trabajadores. En estas Zonas Especiales, el capital goza de regulaciones muy favorables en detrimento de la legislación vigente en los estados nacionales, donde los trabajadores a través de sus sindicatos y partidos han invertido históricamente sus energías en la conquista de derechos, a pesar de ser administrados por terceros (¿gestores?). Como dice Peregalli, a partir de los grandes tratados de libre comercio de los años noventa, "una nueva e intensa red de infraestructura de transporte, comunicación e información ha surgido a escala mundial hasta convertirse en una prioridad absoluta del capital transnacional en todas las latitudes".

Nuestro autor, recuperando lo mejor de la tradición del pensamiento crítico, vuelve a Marx para actualizar la ley del valor y las nuevas condiciones de producción/extracción de plusvalía a través de esa nueva racionalidad del capitalismo contemporáneo que es la logística. A diferencia de otros autores que afirman el fin de la ley del valor, él afronta el debate afirmando su vigencia en una nueva fase. Este es un punto álgido del libro en el que Peregalli destaca el papel que juegan la circulación y la distribución en la producción y el consumo, en definitiva, en la nueva configuración del capital social total. Nos encontramos hoy en un *Supply Chain Capitalism* –"un capitalismo de las cadenas globales de suministro"– donde la separación entre estos momentos de la producción es cada vez más indistinta. La producción ya no se reduce a una unidad física en el espacio, como una fábrica aislada, sino que se distribuye ahora en migajas a lo largo de las cadenas de valor, donde la circulación gana cada vez más relevancia en una indistinción entre producción, circulación, distribución y realización de la plusvalía. Aquí, el libro II del *Capital* adquiere extrema relevancia.

Este análisis en el que Peregalli se apoya en varios otros autores, a los cuales hace referencia en su rica bibliografía, nos remite a una importante caracterización hecha por João Bernardo en su libro *Economia dos Conflitos Sociais*, cuando propone una lectura original de la formación social del capitalismo, de sus clases. Bernardo distingue entre condiciones privadas de producción y condiciones generales de producción. Las primeras se refieren a la burguesía con sus propiedades privadas distribuidas y dispersas en el espacio. Las condiciones generales de producción, en cambio, son aquellas sin las cuales las condiciones privadas no pueden operar y generalmente quienes se ocupan de estas condiciones son los gestores, quienes no son necesariamente propietarios privados de los medios de producción, aunque su existencia dependa de la extracción del excedente social que, en un mundo dominado por el capitalismo, es la plusvalía. Así, en el capitalismo tendríamos al menos dos clases típicamente capitalistas, ya que viven de la extracción de plusvalía: la burguesía y los gestores. Es en estas condiciones generales de producción que se inscribe la logística[4]. Esta caracterización abre una importante vía teórica con fuertes implicaciones políticas, incluso geopolíticas, y conlleva importantes retos especialmente para el pensamiento/acción crítica que pretende ir más allá del capitalismo.

Esta cuestión de fondo aparece claramente en el tratamiento del megaproyecto de la IIRSA analizado en este libro, por dos razones principales. La primera es que un plan como la IIRSA, como sistema de objetos, fue creado en el año 2000 bajo el liderazgo del entonces presidente brasileño Fernando Henrique Cardoso y con el apoyo del Banco Interamericano de Desarrollo (BID), como base logística de un sistema de normas inspirado en el proyecto estadunidense del Área de Libre Comercio de las Américas (ALCA). Sin embargo, la IIRSA alcanzó protagonismo en el periodo posterior, donde prevalecieron los gobiernos progresistas con una retórica posneoliberal. Esto ocurrió a partir de una iniciativa del gobierno de Lula da Silva, quien dispuso que el Banco Nacional de Desarrollo Económico y Social (BNDES) financiase grandes empresas brasileñas –"campeones nacionales"– con préstamos para sus inversiones fuera de las fronteras nacionales. Es decir, la misma logística de IIRSA al servicio de proyectos que se consideraban y reivindicaban como diferentes e incluso antagónicos. Las acciones de los gobiernos progresistas fueron incluso consideradas por algunos analistas, con una evidente exageración, como "anti-imperialistas".

La segunda razón tiene que ver con la presencia china en América Latina, bien analizada en este libro, una presencia que crece sobre todo después de la crisis de 2008 y que hace aún más complejo el escenario de contradicciones, sobre todo ante los nuevos proyectos logísticos liderados por los Gestores del Partido Comunista, como la Nueva Ruta de la Seda, la mayor cartera de inversiones en

4 Aquí se destacan diversas actividades y/o funciones que van desde la seguridad policial y militar hasta el transporte y las comunicaciones, pasando por la energía y un amplio etcétera.

grandes obras de infraestructura del mundo, que a su vez implica su articulación con otros grandes proyectos logísticos, internacionales, como el IIRSA, o nacionales, como el Programa de Aceleración del Crecimiento (PAC) de Brasil. China se convierte no solo en un importante socio comercial de la región, sino también en un gran inversor directo, especialmente en minería, energía, puertos e infraestructuras en general. En este libro abundan los datos sobre este crecimiento. Y, una vez más, la relación con China no sigue necesariamente una línea política o ideológica, como se ha visto con el acercamiento de gobiernos como el de Sebastián Piñera, de Chile, o el gobierno derechista de Panamá. La famosa frase del líder chino Deng Xiuping –"no importa el color del gato. Lo que importa es que cace el ratón" – indica el pragmatismo de los gestores del PC chino.

Aquí Alessandro Peregalli llama la atención sobre las complejas relaciones entre la logística, como racionalidad imperante en el capitalismo contemporáneo, y el análisis geopolítico, e invita más que a antagonizar estas dos lecturas, a integrar sin reduccionismos una con otra. Al fin y al cabo, la IIRSA, como bien analiza Peregalli, surge como soporte material del ALCA y, sin embargo, se desarrolla sobre todo a partir de las iniciativas de los gobiernos progresistas que, en 2005, rompen con el ALCA. Todo indica que la racionalidad logística no se reduce a las polarizaciones geopolíticas, a no ser que hagamos un análisis más dialéctico utilizando el repertorio teórico de Arrighi de la "lógica capitalista" y la "lógica territorialista", los dos pilares con los que se mueve el orden sistémico, y sus crisis, considerándose además que esta segunda lógica no es reducible a la geopolítica, aunque la incluya. Esto es lo que nos sugiere Peregalli, fundamentando bien la racionalidad logística en el capitalismo contemporáneo. Por otro lado, como sabemos, es en China donde se encuentran los mayores centros logísticos del mundo, incluso porque su territorio se ha transformado en el principal centro mundial del metabolismo social, concentrando allí las plantas industriales de las grandes corporaciones capitalistas globales. Como sabemos, China, tras atraer en los años 80 y 90 las grandes corporaciones capitalistas para que se instalen en su territorio[5], en los años 2000 se abrió hacia el exterior –"*Going Out*"–, lo que hoy se configura con su gigantesco proyecto logístico de la Iniciativa Belt and Road, la Nueva Ruta de la Seda. En definitiva, también allí los gestores juegan un papel muy relevante e imponen su racionalidad, tal y como había ocurrido en EE. UU. con las diversas instituciones que abrieron el campo del *management*. ¿Los

5 Es necesario tomar en cuenta el acercamiento entre China y EE. UU. que se configura desde el viaje de Richard Nixon a Beijing y su encuentro con Mao Tse Tung, en 1974.

gerentes del Partido Comunista Chino encajarían en la misma caracterización que se da a los gestores de las grandes empresas capitalistas occidentales, aunque no sean exactamente los propietarios de los medios de producción? No cabe duda de que tanto en Occidente como en China se vive del excedente económico que emana del trabajo, pero ¿es lo mismo? Todo indica que la genealogía histórica de los chinos es diferente, ya que se remonta a uno de los estados territoriales más longevos del mundo, al menos desde los tiempos de la construcción de la Gran Muralla, que tiene experiencia en la gestión centralizada, en un gran territorio de campesinos que, además, tiene una larga tradición de rebelión, donde la Revolución de 1949 representó uno de sus momentos de mayor brillo. Los directivos del PC-Chino parecen estar bien adaptados a esta tradición directiva dinástica, aunque no fueron ellos que la inventaran. Finalmente, no es una pregunta sencilla para responder, pero creo que el autor de nuestro libro nos invita a ampliar nuestros horizontes teórico-políticos y, en este sentido, esta obra abre perspectivas donde, quizás, el principal mérito es la calidad y el rigor teórico con el que formula las preguntas más que las respuestas que nos da, ya que Peregalli nos invita explícitamente a la reflexión y no a una posición cerrada.

El horizonte crítico de Peregalli no escapa ni a los autores ni a aquellos involucrados en luchas sociales campesinas, indígenas, de las comunidades afrodescendientes, de las periferias urbanas, de los ecologistas y feministas, en fin, de los grupos/clases sociales en situación de opresión/explotación/subalternización que, por ejemplo, vienen denunciando el extractivismo y sus implicaciones territorialmente devastadoras. Y bien sabemos cómo han crecido esas violencias y violaciones con la Gran Aceleración y los volúmenes de materia y energía que circulan en el mundo, más aún hoy que en cualquier otra época. De hecho, estamos viviendo en los últimos 50 años el proceso de expropiación más intenso jamás vivido en un mismo período de tiempo en toda la historia de la humanidad. Y nuestro autor señala la limitación de estos intelectuales y grupos/clases sociales al no articular el extractivismo, y toda la secuela de violencia, violaciones y degradación ambiental, con la racionalidad logística del capitalismo contemporáneo y con el proceso de financiarización en curso. La tríada –extractivismo, logística y financiarización– es una de las aportaciones teóricas más consistentes de este libro, una contribución a través de la cual Peregalli establece una fina relación con el análisis empírico de las conexiones entre los grandes proyectos logísticos en marcha desde la Nueva Ruta de la Seda y, especialmente, la IIRSA. Además, nuestro autor ofrece un fino análisis crítico de los gobiernos progresistas, incluyendo la situación que llevó a los clásicos y nuevos golpes de Estado, como hemos visto en Honduras, Paraguay, Haití, Brasil y Bolivia. El carácter abierto de la actual coyuntura puede verse con las amplias movilizaciones populares que estallaron en Colombia, Ecuador y Chile en 2019, y la represión que se desató contra ellas. Todo indica las limitadas opciones en el horizonte del capitalismo actual, donde lo que puede ofrecer frente a la creciente desigualdad/precarización social son tan solo políticas focalizadas, especialmente en su periferia.

En medio de esto, el metabolismo social se mostró como un concepto en el que tendremos que profundizar, como sugiere este libro. Al fin y al cabo, la pandemia y el calentamiento global están ahí para alertarnos de los límites de este proceso expropiador que integra el extractivismo, la logística y el mundo financiero. Y sabemos cómo el "sistema de objetos" (Milton Santos) que materializa la razón logística con su aceleración de conexiones proporcionó las condiciones ideales para la propagación del virus, así como las instituciones, o "sistema de acciones", no fueron sensibles en la distribución de las vacunas haciendo que los más pobres fueran los más afectados.

Al igual que la Peste Negra, entre 1330 y 1340, se había extendido a lo largo de la Ruta de la Seda, la pandemia del Coronavirus se extendió inicialmente entre China e Italia, ahora facilitada por la velocidad del *just in time* tan bien materializada en los sistemas logísticos. Y el mundo que empezaba a mostrar amplias movilizaciones está ahora atomizado, aislado y, al mismo tiempo, conectado por las plataformas y sus algoritmos que cada vez más recogen información sobre cada uno de nosotros. ¿Estamos condenados a esta centralización que nos atomiza tanto a gusto de los gestores? Este libro, seguro, nos ayuda a construir un mapa cognitivo que nos ayude a cruzar estos mares que estamos empezando a conocer. Y nos ofrece horizontes de emancipación más allá del capitalismo y de la colonialidad, aunque el nombre bautismal de este otro orden que larva aún carece de mayor desarrollo, tales son las opciones que se presentan en el horizonte contra la injusticia, la indiferencia y la devastación.

INTRODUCCIÓN

Me bombardean con hechos, estadísticas, kilómetros de carreteras, de canales y de vías férreas.
Yo hablo de millares de hombres sacrificados en el Congo Océan. Hablo de los que, en el momento en que escribo, están cavando a mano el puerto de Abidjan. Hablo de los millares de hombres arrancados de sus dioses, de sus tierras, de sus costumbres, de su vida, de la vida, del baile, de la sapiencia.

Aimé Césaire, *Discurso sobre el colonialismo*, 1955

Los días 31 de agosto y 1 de septiembre de 2000, en Brasilia, invitados por el mandatario brasileño Fernando Henrique Cardoso, los presidentes de los 12 países de América del Sur, y los presidentes del Banco Interamericano de Desarrollo (BID), Enrique Iglesias, y de la Corporación Andina de Fomento (CAF), Enrique García, inauguraron un plan ambicioso, la Iniciativa para la Integración de la Infraestructura Regional Sudamericana (IIRSA).

Dos décadas después, este mismo plan aún no se ha completado, he tenido altibajos en sus ritmos de ejecución, y abarca un volumen de inversiones estimadas de 199 mil millones de dólares. Su extensión es imponente: el plan interesa, directa o indirectamente, un área equivalente al 97,7 % de la superficie total de Sudamérica, y el 99,8 % de su población, y se articula en 10 ejes intermodales de integración y desarrollo, 47 corredores logísticos o grupos de proyectos, y 562 obras específicas, de las cuales 161 se han concluido, 165 están en fase de ejecución y las otras todavía se encuentran en etapa de perfil o preejecución (COSIPLAN 2020). Este plan, además, afecta directamente el modo de vida de 664 comunidades indígenas, 247 comunidades campesinas, 146 comunidades de afrodescendientes y 139 comunidades de poblaciones tradicionales (Porto-Gonçalves 2011:54), además de un amplio espectro de biomas y ecosistemas con toda su riqueza en términos de biodiversidad.

Su horizonte temporal es el largo plazo: se trata de un proyecto logístico de gran alcance, que tiene la finalidad de dar una perspectiva de desarrollo e integración a una región profundamente inestable, según los requerimientos del gran capital, desde un punto de vista económico, político y social. Carreteras, hidrovías, líneas de ferrocarril, gasoductos, centrales hidroeléctricas, oleoductos, tendidos eléctricos, cables de telecomunicación, puertos, aeropuertos, puertos secos, pasos fronterizos, puentes, proyectos intermodales, corredores bioceánicos, zonas francas, enclaves extractivos, proyectos nacionales e internacionales, una enorme red de infraestructura logística se viene tendiendo sobre el subcontinente sudamericano, desarticulando y reconstruyendo territorios, favoreciendo la extensión de la frontera agrícola, el movimiento de poblaciones, los procesos de urbanización. Se trata de una red infraestructural que, en la medida en que vincula los tradicionales rompecabezas de Nuestramérica sobre el progreso y la modernización con los nuevos paradigmas logísticos de la circulación intermodal, avanza sobre los territorios, movida por un irrefrenable hambre de tierra. Su tendencia, al parecer, es abarcadora y totalizante, como totalizantes son las "operaciones del capital" (Mezzadra y Neilson 2019) que la nutren. Pero este movimiento continuo, que se parece un poco al "ángel de la historia" de Walter Benjamin ([1939–40]2008), que empujado hacia un futuro de progreso se lleva consigo en el abismo toda la humanidad (y la naturaleza también, podríamos agregar), se sitúa, en realidad, en un contexto (geo)político, como el sudamericano, que en las últimas dos décadas tal vez más que otros ha vivido rupturas, discontinuidades y turbulencias.

América Latina, y el mundo, son hoy muy diferentes que 20 años atrás, y desde 2020 este cambio se ha acelerado aún más, debido al *shock* planetario causado por la pandemia de covid-19. A finales de la década de 1990, la euforia de la globalización parecía no tener frenos, los aedos del capital cantaban sus glorias, mientras el pensamiento crítico, que había acogido las novedades y los desafíos abiertos por el movimiento de 1968, no había sabido integrarlas en una práctica revolucionaria, y hasta había dejado por completo de plantearse el problema de la revolución. A pesar de la fuerte inestabilidad financiera, el Producto Interno Bruto (PIB) mundial había recuperado ritmos de crecimiento tras la "década perdida" de 1980, mientras por otro lado el derrumbe de la Unión Soviética y del pacto de Varsovia habían definitivamente puesto fin a la amenaza comunista para el mundo "libre" y habían decretado el "fin de la historia" (Fukuyama 1992). Asimismo, sectores, ámbitos y lógicas económicas como la industria puntocom, la producción en red, el trabajo cognitivo, llevaban a los comentaristas a hablar de fin de la lucha de clases, mientras las descentralizaciones productivas, los flujos de capitales, las nuevas oleadas migratorias enunciaban la obsolescencia de los Estados-nación. A nivel geopolítico, la perspectiva de un mundo unipolar y de un "nuevo siglo americano" parecían trazar un horizonte de paz.

América Latina había vivido los años noventa como la década de la vuelta a la democracia tras la etapa dramática de las dictaduras cívico-militares, los viejos movimientos guerrilleros centroamericanos abandonaban por fin las armas y firmaban tratados de paz, en Nicaragua la experiencia sandinista había sido derrotada, y solo se esperaba que Cuba, agonizante, siguiera el mismo destino. Como y más que en el resto del mundo, la "nueva razón del mundo" (Dardot y Laval 2013), representada por el neoliberalismo, se había transformado en el único horizonte de gubernamentalidad posible, pero fue justamente en América Latina donde, antes que en el resto del mundo, la historia empezó a reabrirse. De hecho, el "caracazo" venezolano de 1989 fue el primer estallido de masas contra los planes de ajuste y las políticas neoliberales. Imponentes movilizaciones indígenas proliferaron en la región en 1990 y en ocasión del 500 aniversario del "descubrimiento" de América en 1992, mientras el 1° de enero de 1994, en el estado mexicano de Chiapas, el levantamiento zapatista saboteó la fiesta de la entrada en vigor del Tratado de Libre Comercio de América del Norte (TLCAN), firmado por México junto con Estados Unidos y Canadá. En la segunda mitad de la década, las luchas indígenas, campesinas y urbanas se multiplicaron en toda Latinoamérica, llevando en muchos casos a importantes victorias locales de partidos de izquierda, hasta que a finales de 1998, Hugo Chávez resultó ser, en Venezuela, el primer progresista en llegar a la presidencia, y de hecho su firma se encuentra entre aquellas de los presidentes que, un año y medio después, pusieron en marcha la IIRSA.

Justo a un año de inaugurada la IIRSA, los escenarios mundiales cambiaron profundamente. En Estados Unidos una fuerte crisis especulativa (la burbuja puntocom) y el ataque a las Torres Gemelas inauguraron la fase de la "guerra contra el terrorismo" en el Oriente Medio, donde poco a poco la superpotencia se encontró empantanada. Siete años más tarde, una crisis financiera global evidenció los fuertes límites de las políticas neoliberales y llevó a un periodo de estancamiento económico del cual el mundo todavía no se ha recuperado. Como producto de aquella crisis, en años más recientes nuevas derechas radicales surgieron de la pérdida de credibilidad de los partidos liberales tanto en el Primer como en el Tercer Mundo.

Al inicio del nuevo siglo, América Latina, y en particular América del Sur, representaron una excepción global desde un punto de vista (geo)político. Como argumenta Perry Anderson (2016), por una década y media, "sin la presión directa de Estados Unidos, fortalecidos por el boom de los commodities, y amparándose en grandes reservas de tradición popular, el continente fue la única parte del mundo en que movimientos sociales rebeldes coexistían con gobiernos heterodoxos". Este ciclo, que varios comentadores han definido como "progresista", empezó con un fortalecimiento de las izquierdas, con la creación de una plataforma internacional a partir del Foro Social Mundial de Porto Alegre en el 2001, y una intensa temporada de movilizaciones masivas y hasta de insurrecciones, como las que estallaron en Argentina, Bolivia y Ecuador, que llevaron a victorias electorales de fuerzas populares en casi todos los países. La nueva correlación de fuerzas que se impuso en la región derivó también en un importante cambio geopolítico, con un distanciamiento y una mayor autonomía frente a Washington y un acercamiento a otros actores globales, tales como los países del grupo de los BRICS[1], sobre todo China y en parte Rusia, un cambio que se materializó de forma contundente durante la Cumbre de las Américas en noviembre de 2005 en la ciudad argentina de Mar del Plata. Aquella ocasión marcó tal vez el momento de mayor fuerza de la parábola ascendente de la izquierda sudamericana, con la decisión por parte de Brasil, Argentina y Venezuela, respaldada también por Uruguay y Paraguay, de tumbar el acuerdo de libre comercio continental ALCA (Área de Libre Comercio de las Américas), que venía siendo insistentemente propuesta desde 1994 por EE. UU. Con la derrota del ALCA se ponía un límite, de hecho, a aquel modelo y concepción de "integración" continental que se había denominado "regionalismo abierto", y que se basaba en la abolición de las tarifas arancelarias de todas las economías nacionales y la apertura ilimitada de los mercados al movimiento de capitales.

La IIRSA, junto con el Plan Puebla-Panamá[2] para México y Centroamérica, había sido proyectada en combinación con el ALCA, como su corolario material. Para retomar la terminología de Milton Santos (2002), si el ALCA, en cuanto constitución formal de la globalización en tierra americana, era un "sistema de

1 Brasil, Rusia, India, China, Sudáfrica.

2 Hoy en día su nombre ha cambiado en Proyecto Mesoamérica.

normas"[3], la IIRSA, como su constitución material, directamente inscrita en el territorio, era un "sistema de objetos". Lo que puede sorprender, sin embargo, es que mientras los mayores países de América del Sur articulaban una imponente campaña para rechazar el sistema de normas, ellos mismos se volvían los articuladores preferentes del sistema de objetos, que no solo continuó existiendo, sino que fue robustamente fortalecido en los años siguientes por las políticas de todos los gobiernos progresistas[4], bajo la égida del Brasil de Luiz Inácio Lula da Silva. Para interrogar y analizar esta supervivencia y adaptación de la IIRSA a nuevas condiciones, se vuelve útil el uso de la categoría de "logística" como racionalidad del capitalismo contemporáneo, que se ajusta y relaciona de manera heterogénea con otras tendencias geopolíticas y espaciales.

En la primera década y medio del nuevo siglo, mientras el sistema de objetos de la IIRSA se mantenía en pie, sustentado financieramente por el *boom* de los *commodities* (aquellos mismos *commodities* cuya extracción la IIRSA era destinada a impulsar y favorecer), un conjunto de arreglos legales permitía la proliferación en toda la región de leyes de Asociaciones Público-Privadas (APP), con las cuales los Estados garantizaban las ganancias al capital privado que hubiese querido invertir en la infraestructura logística regional. Asimismo, los nuevos gobiernos fueron en búsqueda de nuevas arquitecturas regionales ("sistemas de normas") que pudiesen sustituir el ALCA y garantizar una inclusión geopolíticamente más autónoma en la globalización neoliberal. El acuerdo fue alcanzado en el 2008, con la creación de la Unión de Naciones Suramericanas (UNASUR), dentro de cuyo marco el año siguiente fue constituido el Consejo Sudamericano de Infraestructura y Planeamiento (COSIPLAN), que asumió las tareas de planificación y gestión de la IIRSA. A pesar de los enormes límites de funcionamiento de la UNASUR y de la mayoría de sus Consejos Sectoriales, la IIRSA/

3 El geógrafo brasileño, de hecho, no hablaba directamente de "sistemas de normas". Él postulaba una relación dialéctica entre un "sistema de objetos", que serían los elementos fijos, fijados en cada lugar, y un "sistema de acciones", que determinarían los flujos que atraviesan estos sistemas fijos. Las acciones, sin embargo, serían a su vez determinadas por "normas", escritas o no, formales o informales (M. Santos 2002:78).

4 A Venezuela (1998-actualidad), Brasil (2003–2016), Argentina (2003–2015) y Uruguay (2005–2019) pronto se sumarían, como países con gobiernos progresistas o de izquierda, Bolivia (2006–2019), Ecuador (2007–2017) y Paraguay (2008–2012), en Sudamérica, y Nicaragua (2007-actualidad), Honduras (2006–2009), y El Salvador (2009–2019), en Centroamérica.

COSIPLAN en sus primeros años avanzó rápidamente en las labores: bajo el empuje financiero del Banco de Desenvolvimento Econômico e Social brasileño (BNDES) y la política de "campeones nacionales" que fortaleció enormemente a las empresas constructoras, de transporte, química y petroquímica brasileñas, fue en ese periodo que la mayoría de los proyectos de la IIRSA fueron efectivamente llevados adelante. El ciclo positivo de los precios de los *commodities*, de hecho, en un primer momento continuó tras la crisis financiera global de 2007–2008. A pesar de una pequeña caída momentánea, aunque más profunda para México, América Central y el Caribe debido a su profunda integración en el mercado estadounidense, la crisis que atingió Europa y EE. UU. hizo que los países de América Latina aceleraran su acercamiento económico a la región de Asia Oriental, más específicamente a China, que por aquellos años tenía tasas de crecimiento de 9–10 % anual, y que necesitaba abastecerse de recursos naturales como suministros de su desarrollo tecnológico-industrial. La potencia asiática se impuso cada vez más como principal socio comercial de Sudamérica[5] y, sobre todo a partir de 2015, cuando la crisis económica en la región hizo que el BNDES y los otros bancos públicos perdieran su capacidad de inversión, como importante financiador externo. En línea y en continuidad con su estrategia del "Going Out" y con su gigantesco proyecto logístico de la Belt and Road Initiative (BRI)[6], capitales y empresas chinas empezaron a afluir a América Latina, concentrándose en manera destacada en el financiamiento y la gestión de la infraestructura logística intermodal planificada por la IIRSA.

Hoy en día, Sudamérica es cada vez más teatro de tensiones geopolíticas de suma importancia, como aquella que desde 2013 está sacudiendo a Venezuela. Estos conflictos tienen origen, principalmente, en la crisis en que empezaron a encontrarse los gobiernos progresistas a partir de 2012–13. En esos años, de hecho, el crecimiento de la economía china empezó a desacelerar, y eso tuvo como efecto una caída en los precios de los *commodities*, que hicieron a su vez contraer

5 Según datos de la CEPAL, en 2018 el 20 % de las exportaciones sudamericanas se dirigía a China, el 16 % a Estados Unidos, y el 15 % a la UE (CEPAL 2018:58); en 2015, el país asiático fue el origen del 20 % del total de las importaciones sudamericanas (COMTRADiE 2017). Si tomamos la región de América Latina y el Caribe en su conjunto, el principal socio comercial sigue siendo EE. UU., que en 2018 recibía el 45 % de las exportaciones de la región, seguido por China (11 %), y la UE (10 %; CEPAL 2018).

6 Iniciativa del Cinturón y la Ruta.

profundamente las economías de la región.[7] Esta caída favoreció la crisis o la derrota de los gobiernos progresistas, que no gozaban más de los recursos suficientes para expandir sus políticas sociales, y el regreso, en algunos casos vía victorias electorales y en otro por medio de los llamados "golpes parlamentarios"[8], de los representantes de las viejas oligarquías. Estos últimos han puesto en marcha, a nivel geopolítico, una vuelta atrás hacia la línea de obediencia a Washington. Sin embargo, desde un punto de vista geoeconómico, la relación de dependencia hacia China está lejos de ser revertida, y más bien sigue profundizándose, en la medida en que el gigante asiático ya es el mayor socio comercial de Sudamérica y sigue colocando en la región cuotas cada vez mayores de sus excedentes financieros, muchos de los cuales se dirigen a financiar los proyectos vinculados a la IIRSA.

Aquí la cuestión de la extrema permeabilidad y flexibilidad de la IIRSA, en su acomodo a los distintos proyectos políticos y geopolíticos que han interesado la región, se vuelve central otra vez. En los últimos tres lustros, la IIRSA ha sido presentada bajo una lectura geopolítica en su sentido tradicional, en la cual ese plan emerge como nada más que una política puramente instrumental respecto a los diferentes actores estatales que disputan la hegemonía sobre la región. Si tomamos por ejemplo el ensayo *Territorialidad de la dominación. Integración de la Infraestructura Regional Sudamericana (IIRSA)*, escrito en el 2007 por Ana Esther Ceceña, Paula Aguilar y Carlos Motto, es evidente cómo la IIRSA es analizada exclusivamente a partir de la proyección hegemónica de Estados Unidos, y estrictamente vinculada tanto a los acuerdos de libre comercio impulsados por el hegemón norteamericano como a sus políticas de control militar llevadas adelante a través del Plan Colombia y la multiplicación de bases militares estadounidenses en la región. Por otro lado, si consideramos un libro como *Brasil potencia*, escrito por Raúl Zibechi (2013) tan solo seis años después, nos encontramos frente a un análisis de tipo completamente opuesto. Este autor uruguayo analiza la IIRSA como parte integrante, y estratégicamente fundamental, de un proyecto "neoimperialista" de Brasil, construido por la alianza entre el Partido de los Trabajadores

7 Como ha señalado Jeffrey Webber, entre 2009 y 2018 la tasa de crecimiento anual de toda América Latina y el Caribe (que obviamente oculta importantes desigualdades entre países y subregiones) fue la siguiente: -1.8 (2009), 6.2 (2010), 4.5 (2011), 2.8 (2012), 2.9 (2013), 1.2 (2014), -0.2 (2015), -1.0 (2016), 1.3 (2017), 0.9 (2018; Smith:2019).

8 En el caso de Bolivia, el golpe que hizo caer Evo Morales en noviembre de 2019 no fue de tipo parlamentario (es decir a través de un *impeachment* de las Cámaras) sino fue denominado "cívico-policial-militar".

(PT) y los altos mandos militares, que retomarían de esta forma el viejo proyecto subimperialista de la dictadura militar pero más autónomo frente a, e inclusive competitivo con, la gran potencia del norte. Si bien los argumentos tanto de Ceceña, Aguilar y Motto como de Zibechi presentan elementos de fuerte contundencia, es evidente que la longevidad de la IIRSA y su capacidad de superación y reconversión frente a todo cambio político y geopolítico imponen "complejizar" mayormente el análisis. Sobre todo a la luz de una situación actual en que, tras el fin del llamado "ciclo progresista", los nuevos gobiernos de derecha han mantenido la centralidad del desarrollo de la infraestructura logística intermodal sin importar particularmente de dónde vengan los capitales y las empresas con las cuales se asocian y que, desde el manejo del Estado y bajo los supuestos de la razón neoliberal, abiertamente favorecen. Esto no significa menospreciar el análisis de las disputas hegemónicas, que en un momento de transición capitalista como el actual necesariamente se hacen más intensas; la cuestión es más bien integrar al análisis geopolítico algunas transformaciones y tendencias que han ocurrido y están ocurriendo en el terreno de las lógicas y racionalidades privilegiadas del capitalismo contemporáneo. Una de estas racionalidades, que tiene mucho que ver con la creación y la evolución de la IIRSA, es aquella propia de la logística.

Hace unos años, Sandro Mezzadra y Brett Neilson han planteado:

> "Muchos análisis se refieren al concepto de neoliberalismo desde un punto de vista genérico como la circulación hegemónica de doctrinas económicas o procesos de des-regulación y governance sin realmente tomar en consideración las subyacentes transformaciones del capitalismo que nosotros intentamos subrayar enfocándonos sobre extracción, finanzas y logística. Crucial para nuestro análisis es el concepto de operaciones del capital, que lleva la atención tanto hacia los aspectos materiales de la intervención del capital en situaciones específicas como hacia la más amplia articulación dentro de patrones sistémicos. (...) Mientras la hegemonía de las doctrinas económicas neoliberales ha sido finalmente cuestionada (y en algunos casos también descartada) por la crisis, las tendencias que nosotros analizamos han sido más bien reforzadas" (Mezzadra y Neilson 2015:1).

En coincidencia con este análisis, la logística, entendida como lógica o racionalidad que se ejerce más allá de un sector económico específico, como puede ser la actividad portuaria o la industria de transporte, puede representar una lente privilegiada para analizar algunas transformaciones que están sacudiendo el capitalismo contemporáneo, y que se reflejan muy bien en un caso como la IIRSA. En los últimos años, de hecho, una serie de estudios e investigaciones han puesto el tema de la logística como racionalidad específica, y han utilizado una "perspectiva logística" para el análisis de un sinnúmero de circunstancias, desde la gestión de los flujos metropolitanos y la llamada "economía de plataforma" a los procedimientos algorítmicos de la industria 4.0, de las nuevas formas del trabajo portuario hasta las nuevas territorialidades estratégicas para la atracción de inversiones y la aceleración de la circulación de mercancías y recursos tales como los distintos tipos de zonas económicas especiales y los corredores logísticos intermodales. En línea con estas sensibilidades, el laboratorio de investigación sobre la logística Into the Black Box (2018) define la logística como "la forma de inteligencia estratégica que coordina la armonización de producción, circulación y consumo en el capitalismo global, vigila su reproducción, y se pone como motor para la aceleración creciente que caracteriza los procesos de circulación – cada vez más hegemónicos sobre el entero proceso" (Into the Black Box 2018). La emergencia de la logística desde su origen militar vinculado a la organización de los abastecimientos de las tropas hacia su carácter de lógica capitalista privilegiada tiene mucho que ver con el peso que la circulación, sobre todo a partir de la llamada "revolución logística" de los años 60 y la contrarrevolución neoliberal de la década de 1970, ha adquirido en el proceso de acumulación y valorización capitalistas.

A partir de lo anterior, es posible por lo tanto suponer que la logística representa un punto de entrada privilegiado para la lectura de la IIRSA, y del desarrollo de la infraestructura de integración sudamericana en general. En un mundo en que la producción se fragmenta en sistemas de ensamblaje y cadenas de abastecimiento a lo largo del globo, la provisión, gestión y mantenimiento de la infraestructura intermodal se vuelve estratégica para garantizar los flujos de mercancías, energía e información, sin fracturas ni interrupciones. Una lectura de la IIRSA a partir de la racionalidad logística del capital es hoy en día carente en el debate académico crítico, pero su utilización podría aportar y ampliar los análisis críticos ya presentes sobre aspectos tales como el desarrollo de la infraestructura regional, el sentido de la integración, los efectos de la globalización neoliberal en el contexto regional, los límites de la experiencia histórica de los llamados "gobiernos progresistas", entre otros.

En este sentido, cabe destacar que la "producción del espacio" (Lefebvre [1974] 2013) en las últimas dos décadas en América Latina no ha sido determinada solo por proyectos geopolíticos regionales anclados en la política de potencia de uno u otro Estado-nación, sino también por una lógica diferente y más general, cuyos impulsos vienen de actores capitalistas regionales y globales, que solo parcialmente encuentran su consenso en una forma estatal y en una política nacional específica. No significa con ello afirmar que la racionalidad logística se ponga en alternativa radical a los intereses geopolíticos, sino que ambos operan en diferentes planos de abstracción, teniendo entre sí relaciones de yuxtaposición, complementariedad y superposición.

Este libro se compone de seis capítulos. En el **primero** se presenta el marco teórico referente a aquel heterogéneo conjunto de análisis, perspectivas e investigaciones al que se le ha denominado *Critical Logistics Studies*, que han venido sustrayendo la propia logística del monopolio de los estudios gerenciales y la han transformado en importante herramienta analítica del llamado pensamiento crítico. Son rescatados algunos de estos estudios y se trazan los distintos caminos genealógicos que subyacen a la emergencia de la racionalidad logística en el capitalismo contemporáneo. De hecho la logística, lejos de ser un ámbito reciente, tiene importantes antecedentes en fenómenos históricos en los inicios de la Edad Moderna, tales como la logística militar desarrollada a partir de la dinastía de Orange en Holanda, las actividades político-comerciales de las antiguas sociedades por acciones imperiales y la trata de los esclavos a través del Atlántico. Se discuten también las implicaciones que tiene la infraestructura logística con las relaciones de poder y los supuestos de la logística en el ámbito del capitalismo como proceso sociohistórico: se analizan, por lo tanto, la relación privilegiada entre racionalidad logística y "producción del espacio", aquella entre logística y la reproducción del "capital total" (Marx [1867] 2011) y el papel de la logística en relación con la situación de "caos sistémico" según las teorías de los ciclos sistémicos de acumulación (Arrighi [1994] 1999).

El **segundo capítulo** tendrá como objeto un primer encuadramiento histórico de América Latina y los antecedentes y primeros pasos de la IIRSA de acuerdo con los diseños de integración regional centrados en el llamado "regionalismo abierto". Se propone aquí un resumen de la historia reciente de Latinoamérica al interior del proyecto global de la hegemonía neoliberal. Se analizan también los antecedentes de la IIRSA y las cumbres que llevaron a su formulación inicial en el marco del ALCA.

En el **tercer capítulo** se analizará la historia de la IIRSA a partir de la puesta en discusión y luego en jaque del ALCA, con su cancelación definitiva en la Cumbre de Mar del Plata de 2005 y el relativo "divorcio" de la IIRSA de esa iniciativa regional bajo liderazgo estadounidense. Se propone también un rápido panorama sobre los distintos modelos de integración que se desarrollaron en la primera década del nuevo siglo, tras el cual se analiza la supervivencia y el desarrollo de la IIRSA, su inserción en el proyecto de la UNASUR a través del COSIPLAN y su relación estrecha con las políticas expansionistas o subimperialistas de Brasil llevadas adelante por el Partido de los Trabajadores (PT), a través de políticas tales como el fortalecimiento del BNDES, el fomento a los llamados "campeones nacionales" y la puesta en marcha del Programa de Aceleración de Crecimiento (PAC). El capítulo termina con la descripción de la historia más reciente de la IIRSA y las tendencias que actualmente envuelven la construcción de infraestructura logística sudamericana en el actual contexto de crisis en la región, una situación que ha generado una situación de particular incertidumbre desde un punto de vista (geo)político. Una crisis económica que se ha expresado de manera intensa tras la baja de los precios internacionales de los *commodities* en 2012–13, y una igualmente fuerte crisis político-social, que se ha manifestado en el agotamiento o derrota de muchos de los llamados gobiernos "progresistas" que habían sido los principales articuladores de la IIRSA, la suspensión (¿o el fin?) de la UNASUR como espacio de *governance* regional, y la retomada, políticamente inestable, por gobiernos de matriz conservadora.

En el **cuarto capítulo** se lleva a cabo una caracterización de la IIRSA y una aplicación del enfoque teórico sobre la logística para la realidad concreta de la misma. Hay aquí una relectura de la historia de la IIRSA bajo la perspectiva de una articulación entre operaciones logísticas, extractivas y financieras y un análisis de la funcionalidad de la IIRSA para la exportación de *commodities*, para dar una "solución espacial" a los excedentes de capitales en búsqueda de realización, y las subsecuentes políticas desempeñadas por los Estados sudamericanos para garantizar la inversión de estos excedentes en los proyectos de infraestructura regional.

En el **quinto capítulo** se propone un análisis más de cerca de los nueve[9] Ejes de Integración y Desarrollo (EID) de la IIRSA, a partir de un estudio de la cartera de proyectos en su última edición disponible. Se describe el metabolismo territorial sobre el cual estos proyectos van a impactar, y las eventuales tensiones que atraviesan la realización de estas obras, en un plano geopolítico, en las contradicciones entre diferentes fracciones e intereses capitalistas, y en la relación del capital con las distintas territorialidades que habitan esos lugares, con la mano de obra empleada en las actividades logísticas o de construcción y con las sociedades civiles nacionales en su conjunto. El capítulo termina con un enfoque sobre el Eje de Infraestructura y Desarrollo MERCOSUR-Chile, la transformación de las provincias de Santiago, Valparaíso y Coquimbo como plataformas

9 Los EID de la IIRSA son en realidad diez, pero uno (el Andino del Sur) aún no ha salido en la cartera de proyectos. En realidad, otro eje, el MERCOSUR-Chile, será tratado en detalle en el capítulo 8.

logísticas, y el análisis de una obra de particular importancia: el túnel bioceánico de Agua Negra.

El **sexto y último capítulo** aborda la cuestión de las relaciones entre China y América Latina, de acuerdo con la emergencia de la potencia asiática como principal inversor regional, el lanzamiento del proyecto chino de la BRI y la forma con que aquello se relaciona e impacta sobre la construcción de infraestructura logística de la región. El objetivo es poner el acento sobre la naturaleza profundamente "logística" del "capitalismo con características chinas", y cómo este impacta la región latinoamericana, a pesar, paradójicamente, del reposicionamiento a la derecha y de una línea pro-EE. UU. de varios gobiernos regionales en múltiples agendas de política internacional.

A la luz de todo ello, queda abierta la pregunta de si estas transformaciones prefiguran una puesta en discusión de la IIRSA como arquitectura logística regional (como sugeriría el reciente abandono, junto con la UNASUR, de COSIPLAN) o más bien pongan las bases para su transformación o superación bajo algún proyecto diferente; todo esto en una coyuntura global donde el eje propulsor del sistema capitalista se está trasladando desde el océano Atlántico al Pacífico, de manera que los objetivos estratégicos históricos de la IIRSA, los cuales son conectar Brasil y los países del MERCOSUR a los mercados asiáticos a partir de la aniquilación espacio-temporal de los grandes obstáculos geográficos como los Andes y el Amazonas, son hoy más que nunca de importancia estratégica.

Bibliografía

ANDERSON, Perry. 2016. "A crise no Brasil", em Blog da Boitempo, São Paulo.

ARRIGHI, Giovanni. [1994]1999. El largo siglo XX. Madrid: Akal Ediciones.

BENJAMIN, Walter. [1939–40]2008. Tesis sobre la historia y otros fragmentos, Ciudad de México: Itaca.

CECEÑA, Ana Esther y AGUILAR, Paula y MOTTO, Carlos. 2007. *Territorialidad de la dominación Integración de la Infraestructura Regional Sudamericana (IIRSA),* Buenos Aires: Observatorio Latinoamericano de Geopolítica.

CEPAL (Naciones Unidas Comisión Económica para América Latina y el Caribe) 2018. Perspectivas del Comercio Internacional de América Latina y el Caribe. Las tensiones comerciales exigen una mayor integración regional. En https://repositorio.cepal.org/bitstream/handle/11362/44196/5/S1801070_es.pdf acceso 19 de septiembre de 2019.

CÉSAIRE, Aimé. [1955]1979. Discurso sobre el colonialismo (fragmento). Ciudad de México: Latinoamérica. Cuadernos de cultura latinoamericana (UNAM).

COSIPLAN (Consejo Suramericano de Infraestructura y Planeamiento), Sistema de información de proyectos, Cartera de Proyectos del COSIPLAN.

En http://cosiplan.org/proyectos/ acceso el 15 de abril de 2020.

DARDOT, Pierre; LAVAL, Christian. [2009]2013. La nuova ragione del mondo. Critica della razionalità neoliberista, Roma: DeriveApprodi.

FUKUYAMA, Francis. 1992. El fin de la historia y el último hombre. México DF: Planeta.

Into the Black Box. 2018 (visitada en el 2019). "Manifiesto de crítica logística" http://www.intotheblackbox.com/manifesto/manifiesto-de-critica-logistica/ acceso 29 de abril de 2020.

LEFEBVRE, Henri. [1974]2013. *La producción del espacio*, Barcelona-Madrid: Capitan Swing.

MARX, Karl. [1867]2011. El Capital. Tomo I. México D.F.: Siglo xxi editores.

MEZZADRA, Sandro; NEILSON, Brett. 2015. "Operations of Capital", in The South Atlantic Quarterly, 114:1, January, Durham and London: Duke University Press.

MEZZADRA, Sandro; NEILSON, Brett. 2019. The Politics of Operations. Excavating Contemporary Capitalism. Durham and London: Duke University Press.

PORTO-GONÇALVES, Carlos Walter. 2011. "Encruzilhadas da Integração Regional Sul-americana. Dilemas e contradições do desenvolvimento sustentável na América do Sul", em IPEA – Instituto de Pesquisa Econômica Aplicada Governança Global e Integração da América do Sul, Niterói.

SANTOS, Milton. 2002. A Natureza do Espaço, Técnica e tempo. Razão e emoção, São Paulo: Edusp.

SMITH, Ashley. 15 de noviembre de 2019. "Rebelión, reformismo y reacción en América Latina. Entrevista a Jeffery R. Webber, profesor titular en Goldsmiths, Universidad de Londres", en Rebelión. En https://www.rebelion.org/noticia.php?id=262441 acceso 20 de enero de 2020.

ZIBECHI, Raúl. 2013. Brasil potencia. Entre la integración regional y un nuevo imperialismo, Ciudad de México: Bajo Tierra Ediciones.

I

LA LOGÍSTICA EN EL CAPITALISMO CONTEMPORÁNEO

La naturaleza del capital supone que éste recorra las diversas fases de circulación y, precisamente, no en el terreno de las ideas, donde un concepto puede transformarse en otro con la rapidez del pensamiento, sin demora, sino como situaciones que están separadas en el tiempo. Tiene que pasar un periodo como crisálida antes de poder volar como mariposa. Las condiciones de la producción del capital, pues, derivadas de la naturaleza misma, se contradicen entre sí.

Karl Marx, *Grundrisse* (vol. 1), 1857–58.

"El poder es logístico, ¡bloqueemos todo!"

Comité Invisible, *A nuestros amigos*, 2014

a) Los llamados *Critical Logistics Studies*

Hoy en día, en el apogeo de la crisis económica global, frente a un estancamiento de más de una década y a la expansión sin tregua del capital ficticio, hoy también, pero tal vez hoy más que nunca, para realizarse y volverse mariposa la mercancía-larva tiene que pasar por el estado de crisálida. Se podría incluso afirmar que hoy la condición de crisálida, de mercancía producida y aún no realizada, de mercancía movida y ensamblada, de producto primario desplazado en todo el globo a través de flujos cada vez más rápidos, más difusos y más fragmentados, de producto elaborado o semielaborado transportado de una frontera a otra, de una zona a otra, sobre naves gigantes, trenes de carga, o abordo de bicicletas capturadas por dispositivos algorítmicos en los tejidos metropolitanos, hoy esta condición de crisálida es cada vez más *paradigmática* en el metabolismo socioespacial del capital.

Junto con la gran oleada de deslocalizaciones que han acompañado la contrarrevolución neoliberal, un nuevo conjunto de transformaciones atraviesa el capitalismo contemporáneo. El desplazamiento de la producción en un sistema de redes en escala global, profundamente ensambladas unas con otras a lo largo de cadenas de abastecimiento globales (*global supply chains*), fenómeno que la geógrafa canadiense Deborah Cowen (2014:102–105) ha llamado de "*streatching the factory*", hace que el espacio, y la superación de los obstáculos espaciales, tanto físicos como sociales, por parte del capital, se vuelva para él de interés aún más estratégico que antes. La ciencia que, a partir de las décadas de 1950 y 1960, ha garantizado la optimización y el funcionamiento de estos arreglos espaciales y la descentralización en escala global de la producción, la circulación y el consumo de mercancías, energía e informaciones, es la logística. Y su soporte material, la infraestructura física, digital o intermodal (el llamado "Internet físico").

Los efectos de esta "revolución logística" (Bonacich y Wilson 2008; Cowen 2014:23–52) en el capitalismo global son amplios y afectan múltiples esferas y dimensiones. El número de empleos relacionados en diferentes niveles con las cadenas globales de abastecimiento ha crecido durante décadas, hasta llegar al 20.6 por ciento de la fuerza de trabajo a nivel mundial en 2013 (453 millones de personas; OIT:2014). El aumento de volumen del transporte sobre las grandes naves de carga, calculado en TEU (*twenty-foot equivalent unit*, la unidad de medida de los contenedores equivalente a 20 pies, 6.1 metros de largo) tuvo en las décadas de los noventa y de 2000 un crecimiento promedio de casi cuatro veces el ritmo de crecimiento del PIB mundial (Transport of Geography 2020). Por otro lado, el volumen de dinero manejado por las empresas de logística (*third-party* y *fourth-party logistics*) llegó en 2014 a 750 mil millones de dólares (Armstrong and Associates 2015). En este contexto de fuerte expansión del comercio transfronterizo e intermodal, el flujo de inversión en infraestructura aumenta sin cesar: las inversiones totales para "megaproyectos"[1] se cuantifican entre 6 y 9 billones de dólares anuales, correspondientes al 8 % del PIB mundial (Aguiar 2017:11), y el

1 Se define comúnmente "megaproyecto" una obra de infraestructura que tiene un costo superior a mil millones de dólares (Flyveberg 2014).

capital invertido hasta el 2018 en el faraónico proyecto logístico de la llamada Nueva Ruta de la Seda es de 1,6 billones (Mastandrea 2018:41). Mientras tanto, cada vez más áreas del mundo, sobre todo allí donde se organiza la mayoría de estos gigantescos flujos, vienen siendo desvinculadas al resto de sus territorios nacionales para convertirse en novedosos ensamblajes globales (Sassen 2010): los diferentes tipos de zonas francas, zonas económicas especiales o zonas de procesamiento para la exportación (*Export Processing Zones*) se multiplicaron más de 40 veces desde finales de los años setenta (OIT 2007). A partir de los años noventa, con los grandes tratados de libre comercio, una nueva e intensa red de infraestructura de transporte, comunicación e información ha surgido a escala mundial hasta convertirse en una prioridad absoluta del capital transnacional en todas las latitudes.

En este contexto de intensas transformaciones en la organización y constante (re)producción del mercado mundial, algunos autores han comenzado a adoptar el concepto de "logística" como clave analítica. Este ha sido definido como "el arte y la ciencia de gestión de la movilidad de personas y cosas con finalidad de aumentar la eficiencia económica, en las comunicaciones y en el transporte" (Neilson 2012:323), o alternativamente como "un conjunto de estándares técnicos, infraestructuras y procedimientos organizativos que constituyen la dimensión estratégicamente global de la actual fase de desarrollo capitalista" (Grappi 2016:9). En los últimos años, textos como *The Deadly Life of Logistics* de Deborah Cowen (2014), *Extrastatecraft* de Keller Easterling (2014) y *Logistica* de Giorgio Grappi (2016) abrieron un campo de análisis interesante, llevando la atención del debate académico a la importancia de comprender y estudiar logística e infraestructura como conceptos eminente y plenamente políticos y fuertemente relacionados entre sí. A partir de estas reflexiones, de forma aún esporádica, ha ido afirmándose el nuevo enfoque teórico interdisciplinario de los llamados estudios de logística crítica (*Critical Logistics Studies*), que utiliza la noción de logística no tanto y no solo para un sector económico, industrial o comercial específico, sino para definir todo un conjunto de dimensiones que se están volviendo cada vez más fundamentales. Ámbitos de estudio e investigación novedosos y variados como los que buscan analizar la organización y reproducción económica urbana en los nuevos contextos metropolitanos (*global cities*, *smart cities*, *city logistics* o *logistics cities*), las cadenas globales de abastecimiento (*global supply chains o commodity chains*), la economía de plataforma para el comercio y el transporte microlocal, el gigantismo naval de los modernos puertos y sus reconfiguraciones territoriales y laborales asociadas, las grandes obras de infraestructura física "pesada" (*hard*) asociadas al movimiento de mercancías, energías, productos de ensamblaje y telecomunicaciones, la infraestructura "blanda" (*soft*) de Internet y del mundo de la información y del conocimiento, y la gestión y *governance* de los modernos flujos migratorios son tan solo algunas dimensiones o aspectos en los cuales la categoría de logística ha sido utilizada en clave interpretativa. A partir de este amplio plano de análisis, la logística se está imponiendo cada vez más como uno de los lentes privilegiados para entender las transformaciones del capitalismo contemporáneo y sus espacialidades, como una "racionalidad" propia de la fase actual del capitalismo neoliberal o, incluso, como verdadera "ciencia capitalista".

Al utilizar el concepto de "racionalidad" logística se adopta la perspectiva de análisis propuesta por Michel Foucault ([1977–78]2006;[1978–79]2007), quien considera la "racionalidad" como algo no anclado en una filosofía del sujeto, ni que se inscribe en una teoría de la acción, sino que hace referencia a un "régimen de prácticas", al modo en que funcionan determinadas prácticas históricas. De acuerdo con la perspectiva foucaultiana ([1971]2004), es posible rastrear la emergencia "genealógica" de la logística a lo largo de la época moderna, hasta afirmarse como una de las racionalidades fundamentales para la organización del capitalismo en escala global. Una emergencia genealógica que, sin embargo, siempre se ha relacionado y sometido a la lógica y las estrategias del capital. Retomando a Maurizio Lazzarato (2019), se puede así afirmar que la logística contemporánea, como "máquina técnica", no es autónoma ni independiente de la "máquina de guerra" (Deleuze y Guattari [1980]1987) del capitalismo, sino subordinada a la misma, como demuestra su doble origen militar y colonial.

b) Genealogías de la logística

Antes de su incorporación en las ciencias sociales a través de los "estudios de logística crítica", la *business logistics* como "ciencia capitalista" no había tenido una historia muy larga, remontándose de hecho a la década de 1950. Sin embargo, el propio concepto de "logística" tiene un origen mucho más antiguo, y varios autores en los últimos años han intentado trazar antecedentes históricos de la logística contemporánea desde una perspectiva genealógica.

Según Giorgio Grappi (2016:18) el concepto de logística deriva en origen de la palabra griega *λογίζομαι*, "computar", un significado que resuena fuertemente con varios aspectos de la logística contemporánea, siendo la computación y la llamada revolución 4.0 engranajes fundamentales de esta. En el siglo XX se afirmó otra definición, que considera la logística como aquella rama del sector militar que se ocupa de organizar el transporte y el abastecimiento de los ejércitos y que surgió con la llamada "revolución militar" de los siglos XVI y XVII. Quien primero trazó esta línea genealógica fue Martin Van Creveld que ya en 1977, con su libro *Supplying war: Logistics from Wallenstein to Pattorn*, consideró la emergencia de la logística militar entre 1560 y 1715, asociada al gran aumento de efectivos en los ejércitos europeos y en general a la extensión de la dimensión espacial de la guerra en los albores de la edad moderna. En la hipótesis de Van Creveld, la logística fue sobre todo impulsada por la necesidad de los ejércitos de abastecerse de comida y otros bienes de primera necesidad durante las campañas bélicas, para escapar de la odiosa práctica del saqueo de las poblaciones locales. En la misma línea, Giovanni Arrighi subraya el papel del príncipe de Orange, Mauricio de Nassau, quien

> "logró para el ejército holandés a principio del siglo XVII lo que la organización científica del trabajo consiguió para la industria estadounidense dos siglos más tarde [...]. Las técnicas de asedio se transformaron (1) para incrementar la eficiencia de la fuerza de trabajo militar, (2) para reducir los costos derivados de las bajas y (3) para facilitar el mantenimiento de 1a disciplina en las filas del ejército. Se estandarizaron las técnicas de marcha y de carga y uso de las armas de fuego, y la instrucción se convirtió en una actividad regular. El ejército se dividió en unidades tácticas menores, se incrementó el número de responsables comisionados y no comisionados y se racionalizaron las líneas de mando" (Arrighi [1994]1999:63).

Arrighi considera fundamental la internalización, por parte de la clase mercantil holandesa del tiempo, de los costos de protección a través de la alianza con la casa de Orange. Mattia Frapporti (2017), con una maniobra *operaista* (en el sentido de que retoma el método del *operaismo* italiano[2] que tiende a analizar las reorganizaciones de los aparatos del poder como respuestas a insurgencias y amenazas de las clases populares), considera el desarrollo de las técnicas militares como una respuesta a la situación de rebelión entre las poblaciones europeas del tiempo, tanto en las áreas urbanas como en el campo, que obligó a los poderes políticos europeos a innovar sus técnicas militares para enfrentar los conflictos sociales, y lee la logística desde su primera fase como un aparato de *governance* de los territorios, funcional para enfrentar los nuevos desafíos de la época moderna. Además de subrayar también la importancia de las innovaciones militares holandesas y la creación del llamado "orden de Westfalia", Van Creveld

2 Movimiento intelectual y militante italiano surgido en la década del sesenta alrededor de las revista *Quaderni Rossi*. Su figura más importante, en un primer momento, fue Mario Tronti y su libro *Operai e capitale* ([1966] 2013).

([1977]2004) retoma directamente los escritos de generales europeos como Carl von Clausewitz, que utilizó la expresión "actividades preparatorias" como tercer "arte de la guerra", al lado de estrategia y táctica y al mismo tiempo sobrepuestas a las mismas, y Henri de Jomini, general napoleónico que utilizó por primera vez el término "logística" en escritos sobre la ciencia militar.

Según Deborah Cowen (2014), acorde a su origen militar, las aceleraciones en el uso y la centralidad de la logística a lo largo del siglo XX se produjeron en ocasión de los mayores eventos bélicos; y fue de allí, desde el campo de la guerra y desde la poderosa inversión pública en la tecnología y la organización militar, que la logística poco a poco salió de la esfera militar para abarcar aquella comercial. El desarrollo de la logística militar encontró un impulso durante las dos guerras totales de inicios del siglo XX. En la Primera Guerra Mundial, hubo una nueva centralidad del POL (*petroil, oil and lubricants*) para la industria bélica, hecho que se consolidó en la Segunda Guerra Mundial, en la cual la logística, en palabras de Cowen (2014:30), se convirtió en "el cómo que da forma al qué" (*the how that shapes the what*) de la guerra. Paralelamente, se dieron los primeros saltos cualitativos en el pasaje de la logística militar a la logística comercial. En 1909 Alfred Weber, hermano menor del más conocido Max, desarrolló una "teoría del lugar" (*standorttheorie*), que introdujo un algoritmo dirigido a especificar la localización ideal para construir una planta manufacturera, a partir del análisis conjunto de las tarifas de carga, la aglomeración de instalaciones industriales, y los costos del trabajo (Neilson 2012). Fue sin embargo después del segundo conflicto mundial, entre las décadas de 1950 y 1960, cuando en Estados Unidos surgió la nueva ciencia de la "*business logistics*", que la logística transitó definitivamente de la esfera militar para el ámbito de los negocios.

La emergencia de la logística como una de las racionalidades económicas fundamentales del capitalismo contemporáneo, culminó en la década de 1960 con una serie de transformaciones: la introducción de un sistema de análisis para el transporte y la distribución, la reorganización de las corporaciones anivel transnacional, la adopción de *softwares* y otras técnicas de computación, el nacimiento del contenedor, la formación de organizaciones empresariales y programas académicos sobre *supply chains management*, el desarrollo de tecnologías para el control del trabajo, la emergencia de cadenas globales de abastecimiento, las deslocalizaciones productivas, la proliferación de entidades geopolíticas como las zonas económicas especiales y los corredores para atraer las inversiones, entre otras. En muchas de estas transformaciones sobrevive el eco y la influencia de sus orígenes militares: de hecho, hoy en día la expansión de la infraestructura logística intermodal y su gestión a lo largo de las cadenas de abastecimiento son acompañadas por miedos acerca de posibles ambiciones político-militares, como en el caso de la preocupación de Estados Unidos por el gigantesco proyecto logístico chino de la *Belt and Road Initiative* (BRI; Mezzadra y Neilson 2019:148).

Stefano Harney y Fred Moten (2013) asumen una mirada que no se limita al análisis de un origen específico sino que tiene en consideración una "multiplicidad" de los orígenes. En este sentido, ellos ven antecedentes de la logística contemporánea no solo en la historia militar, sino en la historia comercial y específicamente en la llamada "trata atlántica". También en este caso, hay una reformulación del enfoque *operaista*: para enfrentar la amenaza de la "hidra de las muchas cabezas" (Linebaugh y Rediker 2000), es decir la multitud de marinos, cimarrones, piratas y vagabundos que poblaban los barcos y los puertos atlánticos del tiempo, la logística fue introducida como arma para gobernar y subyugar a los esclavos. Según Harney (2018) "la logística moderna no tiene que ver sólo con la manera de transportar grandes cantidades de mercancías o informaciones o energía, ni con cómo moverlas eficientemente, sino también con la demanda sociópata del 'acceso': topográfico, jurisdiccional, pero sobre todo acceso 'corporal' y 'social' ". A la par de la logística propia del ejército nacional moderno, la perspectiva ligada al "paso medio" (*middle passage*) de los esclavos africanos hacia las Américas encuadra el nacimiento de la logística como paralelo al ascenso del sistema-mundo capitalista. La logística representaría, por lo tanto, una función subordinada pero necesaria para el desarrollo de algunos pilares de la modernidad, desde la construcción del Estado-nación a la creación de un mercado mundial.

Otro origen alternativo de la logística en la Edad Moderna tiene que ver con las implicaciones que esta tiene en términos de la llamada "soberanía graduada" (Ong 2006:78), acorde a una idea de la globalización que ve el Estado como minado en algunas de sus funciones por otros actores y vectores no propiamente políticos (en el sentido moderno de la soberanía estatal) pero que asumen funciones políticas cada vez más importantes. En perspectiva genealógica, algunos estudios han puesto la luz sobre la historia de las "sociedades por acciones" en el periodo de expansión de los modernos imperios coloniales como empresas logísticas ante litteram, capaces de asumir al mismo tiempo funciones gubernamentales y empresariales a partir de la operatividad en el mercado mundial y la gestión eficiente de las ventajas espaciales. Como señalan Mezzadra y Neilson (2019:110), como parte de la infraestructura logística de los imperios europeos modernos, varias actividades coloniales fueron administradas por las llamadas *chartered companies*. Con base en una variedad de arreglos jurídicos, estas compañías representaron formas de agencias imperiales que mezclaban imperativos comerciales y políticos: la Compañía Neerlandesa de las Indias Orientales (VOC, por su sigla en neerlandés[3]) promovió en 1607 la emisión de títulos derivados que permitieron a los comerciantes participar en la actividad sin necesariamente tener que pagar el pleno valor de los títulos que compraban. Según Arrighi ([1994]1999:170), las compañías holandesas eran "concebidas para producir beneficios y dividendos, pero también para librar guerras y construir aparatos estatales por delegación del gobierno holandés". La propia VOC tuvo un papel fundamental en llevar la expansión territorial holandesa a los enclaves de ultramar de Asia y África, pero importante fue también la GWIC (*Geoctroyeerde Westindische Compagnie*), pionera del comercio de esclavos y que en el siglo XVII intentó, sin éxito, una aventura para la conquista del territorio de Brasil.

Por su parte, la Compañía Inglesa de las Indias Orientales (luego transformada en Compañía Británica de las Indias Orientales)[4] contribuyó a la expansión logística del imperio a través de la creación de establecimientos en Surat, Batavia, Bombay y Calcuta y a la organización del comercio de esclavos en el Atlántico. Philip J. Stern (2011) ha evidenciado que en el siglo XVI la reina de Inglaterra Isabel I concedió a dicha compañía, una empresa de carácter privado, el monopolio del comercio con las Indias Orientales. Aunque naciera como poco más que una empresa comercial, su "jurisdicción legítima e inviolable" se afirmó notablemente en el subcontinente indio tanto que ya en la década de 1680 tenía el control del archipiélago de Bombay. En las décadas siguientes, su papel económico y político se hizo cada vez más importante, hasta llegar a la Guerra de los Siete Años, cuando en la batalla de Plassey (1757), en Bengala, las tropas de la compañía derrocaron al general *moghul* de la región e impusieron un estado ficticio sobre un territorio más grande que la propia Gran Bretaña, el cual se configuró en verdadera Compañía-Estado o imperio mercantil. Entre sus prerrogativas estaban la posibilidad de recaudar directamente los impuestos, establecer fortificaciones, hacer leyes, impartir juicios legales, imprimir moneda, conducir actividades diplomáticas, hacer guerra, arrestar ciudadanos británicos, crear colonias y firmar tratados. La India se volvió de hecho un territorio gobernado por un consejo de administración de una empresa de comercio con sede en la ciudad de Londres, y esta situación se mantuvo hasta la primera mitad del siglo XIX, cuando la Corona logró imponerse sobre la Compañía, hasta disolverla en 1858.

Esta convergencia en una compañía por acciones de funciones estrictamente comerciales y de otras de control territorial fue un fenómeno recurrente en la

3 *Vereenigde Oost-Indische Compagnie.*

4 *English East India Company* y *British East India Company.*

primera modernidad. Frapporti (2017) ha investigado sobre el papel análogo que tuvo la Compañía de la Bahía de Hudson[5], que durante buena parte del siglo XIX llevó adelante en completa autonomía la expansión de la frontera colonial y la construcción y gestión de las vías de comunicación en un territorio equivalente a un tercio de la superficie de Canadá. Todas estas compañías operaron entonces como organizaciones políticas en varios territorios. Otras compañías tuvieron prerrogativas territoriales menores pero no reducibles a meros cuerpos comerciales secundarios ni puramente instrumentales frente al poder político.

Igualmente interesante fue la más antigua experiencia de las "naciones" de la Europa renacentista. También en este caso, es Giovanni Arrighi ([1994]1999:157–158) quien ha investigado sobre estas organizaciones empresariales del siglo XVI, que eran verdaderas agencias transnacionales, aunque se identificaran como "naciones", en virtud del hecho de que quienes las controlaban eran socios y mercaderes que pertenecían a grupos de capitalistas expatriados tales como florentinos, genoveses, alemanes, ingleses, milaneses y luqueses. Estas agencias manejaban el instrumento de las letras de cambio, funcionales a los intercambios monetarios interestatales de su tiempo en las ferias de Lyon, Amberes y Sevilla, y transformaban así un espacio políticamente heterogéneo en uno comercial y financieramente homogéneo. En estas naciones, el vínculo entre logística y finanzas era prácticamente total. Sus beneficios financieros provenían del intercambio de monedas diferentes, o más bien "de las diferencias existentes en los valores de las monedas en distintos lugares en un momento dado y en diversos momentos en el mismo lugar". Pero sus servicios a los comerciantes del tiempo eran sobre todo logísticos: "aliviar a sus clientes de los riesgos y de los problemas derivados del traslado de valiosos medios de pago a lugares distantes". Su organización con sucursales difusas permitía "acometer al transporte no de todos los medios de pago cuyo movimiento espacio-temporal gestionaban, sino únicamente de la reducidísima fracción que representaba los movimientos no compensados por movimientos recíprocos más o menos circulares"; de esta manera "lo que hubiera sido una costosa y arriesgada aventura para los clientes de las 'naciones' resultaba ser una operación carente de costes y de riesgos para los miembros de las mismas". Dichas naciones, sobre todo los genoveses y los alemanes, lejos de tener un papel solo económico, lograron captar un poder político tan fuerte para resultar determinantes para la elección de Carlos I de España al trono imperial en 1519 con el nombre de Carlos V. Además, mientras las naciones eran los actores de

5 *Hudson Bay Company.*

ese sistema, sus lugares nodales eran las ferias de cambio, que por mucho tiempo gozaron de completa extraterritorialidad.

En una perspectiva parecida, una genealogía posible de la logística contemporánea es la que pone en evidencia las continuidades de las zonas económicas especiales de hoy con las ciudades y puertos francos de la primera edad moderna. Se pueden encontrar antecedentes genealógicos de las zonas contemporáneas desde la Edad Antigua, siendo el puerto romano de Delos en Grecia frecuentemente citado "como el momento primordial del puerto libre" (Easterling 2014:16). En los siglos siguientes, puertos libres fueron creados en el Mediterráneo, mientras desde el siglo XIII la Liga Hanseática estableció una red de "ciudades libres" en el Báltico y el Mar del Norte. Entre los puertos libres del siglo XVII habían puertos en las ciudades europeas como Hamburgo, Brema, Marsella, Génova, Livorno, Venecia, Trieste, Porto y Copenhague, mientras la multiplicación de dichos puertos en el mundo colonial siguió las rutas comerciales de las Compañías de las Indias. Como señala Easterling, "entre finales del siglo XVIII e inicios del siglo XIX, mientras el comercio empezó a incluir a las Américas en una verdadera red global, España, Portugal, Holanda y Gran Bretaña establecieron puertos libres en Sudamérica y Caribe. Luego siguieron los puertos libres británicos y franceses en Hong Kong (1841), Singapur (1819), Yibuti (1859) y Adén (1853)" (Easterling 2014:16).

En la década de 1960, justo cuando la Organización Internacional de Normalización empezó a promover estándares globales para las infraestructuras de la circulación, las mismas formularon otras normas tales como la ISO14001[6] (Neilson 2014:23) para la promoción de "ambientes gerenciales eficaces y eficientes". Protocolos de este tipo impulsaron fuertemente la fragmentación del espacio global en una multitud de zonas y otros arreglos territoriales excepcionales. Según Brett Neilson (2012:333) estas representarían "uno de los modos en que el poder logístico cruza la heterogeneidad del espacio y el tiempo globales", y en ellas las prerrogativas clásicas de la soberanía nacional vienen progresivamente derogadas, complejizadas y puestas en cuestión. El uso del término "zonas" deriva de las *Export Processing Zones* (EPZ), pero el concepto ha ido abarcando cada vez más elementos y una amplia variedad de espacios particulares. La Organización Internacional del Trabajo (OIT) define las EPZ como "zonas industriales con especiales incentivos erigidos para atraer inversionistas extranjeros, donde los

6 Otros estándares en este sentido fueron el RoHS (*Restriction of Hazardous Substances Directive*) y el WEEF (*Waste Electrical and Electronic Equipment Directive*).

materiales importados se someten a cierto grado de procesamiento antes de ser (re)exportados otra vez"; ejemplos de EPZ serían las "zonas de libre comercio, zonas económicas especiales, depósitos aduaneros, puertos libres y maquiladoras".[7] El prototipo de zona económica especial surgió en Estados Unidos con la promulgación, en 1934, del *Foreign Trade Zone Act*. Las primeras FTZ, utilizadas por el ordenamiento y manipulación de bienes pero pronto reconvertidas también en zonas manufactureras, fueron Nueva York, Nueva Orleans, San Francisco y Seattle, a las cuales se agregaron en las décadas siguientes una zona en Toledo (Ohio), una en Honolulu (Hawái) y una en Mayagüez (Puerto Rico). Ya en 1963 se crearon las primeras zonas comerciales libres en un país socialista, Yugoslavia, en la regióndel río Danubio. Pero el salto de calidad ocurrió en México, con el Programa de Industrialización Fronteriza de 1964, que permitió el establecimiento de plantas productivas estadounidenses en la zona fronteriza mexicana dentro de una distancia de 20 kilómetros de la frontera con EE. UU. Se trataba de las famosas empresas maquiladoras, empresas de producción y ensamblaje de piezas a bajo valor agregado para el ciclo productivo de algunas ramas de la industria estadounidense, y que funcionan en estricta conexión, y dependencia tecnológica y financiera, con esta última. En 1972 las maquiladoras no fueron autorizadas solamente en la zona fronteriza, sino en todo el territorio nacional. Con su mano de obra, mayoritariamente femenina, a bajo costo y con tasas de explotación muy altas, las maquilas sirvieron como modelo productivo tanto a nivel mundial como para muchos sectores económicos del país, lo cual llevó a una "maquilización" de la economía mexicana (De Stavola 2016).

En 1965, fue creada en Taiwán la primera *Export Processing Zone* (EPZ) de Kaohsiung, mientras en el mismo año surgieron seis zonas de libre comercio en Corea del Sur y la zona de Kandla en la India. Dos años después, Brasil creó la zona franca de Manaos, en el corazón del Amazonas (Easterling 2014:17), una espacialidad que se mantuvo estratégica hasta ahora, aunque con importantes cambios, y que de hecho ha sido incluida como nodo crucial en la IIRSA. A inicios de la década de 1970 la creación de EPZ empezó a ser promovida por la Organización de las Naciones Unidas para el Desarrollo Industrial (UNIDO) y por el Banco Mundial como oportunidades de desarrollo de los países del Tercer Mundo, lo que llevó a experimentaciones en Sri Lanka, Chipre y los países del Golfo Pérsico (Grappi 2016:106). En las intenciones declaradas de estas

7 Desde la página oficial de la International Labour Organization (www.ilo.org/inform/online-information-resources/resource-guides/export-pro cessing-zones/lang--en/index.htm).

instituciones internacionales, las zonas debían representar fenómenos temporales para la salida de la crisis de ciertas economías, pero en los años se hizo evidente su carácter de irreversibilidad. El momento en que estos tipos de zonas empezaron a prefigurar un modelo para el capitalismo global, sin embargo, encuentra su punto de arranque con la instalación de zonas económicas especiales en la República Popular de China, a partir de 1978, con la llegada al poder de Deng Xiaoping. La proliferación de zonas en China, pero también en Corea del Sur, Taiwán, Singapur, Hong Kong, y más recientemente en la India, ha popularizado la idea de que se trate de la expresión de un "capitalismo asiático", aunque este término no tome en cuenta las profundas diferencias entre estos países (en China, por ejemplo, las zonas se articulan a un sistema con fuerte planificación pública) y su proliferación afuera de dicho continente.

La multiplicación de dichas zonas, que a menudo se entrecruzan a los corredores logísticos de desarrollo que están rediseñando el mapa mundial, tiene números sorprendentes: mientras en el 1986, las EPZ eran 176, distribuidas en 47 países y con más de 1.9 millones de trabajadores, en 2006 ya había 3500 zonas, en 130 países, y que empleaban a 66 millones de personas. Por lo menos desde la década de 1990, la mayoría de los trabajadores de EPZ a nivel mundial se encuentran en China (OIT 2007). Según la Asociación de Zonas Francas de las Américas (AZFA), *think tank* para la promoción de estas zonas a lo largo de América Latina, en la región se encuentran actualmente más de 600 "zonas francas" de diferentes tipos, presentes en 23 países, donde operan más de 10 800 empresas y trabajan más de 1 700 000 trabajadores (AZFA 2018). Por si estos números no fueran suficientes, otros tipos de zonas se han creado en las últimas décadas, no clasificables como EPZ.

En América Latina el concepto de zona ha sido a menudo asociado a aquello de enclave. De hecho, en esta región las zonas se insertan en una larga y violenta historia de desposesión y violencia extractivista, que tiene sus antecedentes en los enclaves mineros y en las plantaciones en la época colonial. Según Alfredo Falero (2015), estos enclaves actualmente ya no se limitan a concentrar operaciones extractivas (aunque las reproducen e incrementan vía nuevas tecnologías como la minería a cielo abierto o el *fracking*) sino que se configuran alrededor de otras actividades que, siempre de forma dependiente, insertan estos territorios en las dinámicas de la globalización, como la producción industrial de ensamblaje (maquiladoras), el turismo y las actividades de información y comunicación, que el autor define como "enclaves informacionales".

Desde un punto de vista analítico, en primer lugar las zonas pueden ser consideradas como espacios donde opera el "Estado de excepción", noción empleada por el filósofo Giorgio Agamben (2005) a partir de una relectura de Carl Schmitt, como espacio de suspensión del derecho. Brett Neilson (2014:12), por otro lado, considera que dicha categoría no capta la complejidad de estas zonas, que son más bien lugares de proliferación y multiplicación de normas y derechos. El estudioso australiano argumenta también que la idea de Estado de excepción de Agamben "presupone una fuerte teoría de la soberanía y de aparatos de Estado unificados" (Neilson 2014:15), mientras lo que estaría en juego en las zonas sería una parcial separación de la soberanía del Estado y un cada vez mayor entrelazamiento entre las prácticas de la soberanía y de la *governance.* Se trata por cierto de una elección voluntaria, por parte del Estado, la de perder cuotas cada vez mayores de soberanía sobre estos territorios (sobre los cuales él mismo, a menudo, sigue proveendoa la infraestructura necesaria) gracias a exenciones fiscales y el establecimiento de una jurisprudencia excepcional. En este sentido, fundamental es la noción de Saskia Sassen (2010) de "ensamblajes globales", que describen una dinámica según la cual lógicas globales se constituyen cada vez más desde el interior del territorio nacional, desnacionalizando este último y creando nuevos ensamblajes de territorio, que cruzan las fronteras nacionales y crean jurisdicciones mixtas. Importantes aspectos de estos ensamblajes son de hecho las nuevas espacialidades de la logística y del desarrollo infraestructural, que movilizan poderes corporativos que cada vez más su funden con formas de soberanía estatal. Desde este punto de vista, se podría decir que se trata de territorios donde el capital logra ser actor directamente político, sin necesidad de mediación estatal.

Otros antecedentes de la logística contemporánea se pueden encontrar en el terreno de las innovaciones en el ámbito del transporte y de las comunicaciones. De hecho, una racionalidad logística capaz de "aniquilar el espacio mediante el tiempo" (Marx [1957–58]1978) se desarrolló, más de un siglo antes de la adopción en gran escala del "contenedor", con la invención del barco a vapor y el ferrocarril, verdaderos motores y difusores de la Revolución Industrial. En el primer caso, la importancia del barco a vapor se relacionó fuertemente con los avances infraestructurales, logísticos y tecnológicos derivados de la creación de los canales de Suez (1869) y Panamá (1914), que permitieron reducir fuertemente las distancias, con fuertes implicaciones para las políticas imperiales y coloniales de la época, que llegaron a su auge tras la Conferencia de Berlín de 1884–85.

Aún más importante fue el desarrollo del ferrocarril. La relación del ferrocarril con la soberanía estatal, en una fase de fuerte emergencia del Estado-nación y del nacionalismo político en las sociedades europeas y poscoloniales, no fue unívoca. En general, el ferrocarril se desarrolló junto con el Estado-nación y se reveló funcional a lo que el filósofo francés Henri Lefebvre ([1978]2009:226) llamó "modo de producción estatal". La primera mercancía que viajó sobre el ferrocarril, de hecho, fue la soberanía, a través de los funcionarios públicos, las estaciones de correo, los ejércitos, la recaudación de impuestos. En Europa, donde no había frontera colonial y el espacio más reducido era fuertemente dividido en diferentes Estados-nación, la función del ferrocarril de cohesionar el territorio nacional pronto desbordó en la necesidad de promover fluidos intercambios internacionales. En una primera etapa esta tensión hacia el desborde de las fronteras existentes llevó a la formación de unidades políticas nacionales más grandes, como en Alemania, donde la integración aduanera e infraestructural (década de 1830) antecedió la fusión política (1871). Luego, sin embargo, surgió la necesidad de conectar líneas de ferrocarril entre las fronteras de diferentes Estados-nación de mayor envergadura, hasta que las propias fronteras nacionales se volvieron un verdadero límite contra el cual el desarrollo del ferrocarril estaba destinado a chocar.

Más allá de la relación entre ferrocarril, espacialidad política y formas variadas de gobierno, cabe mencionar la relación de este con el alambre de púa, símbolo de la llamada acumulación primitiva. A nivel figurativo, ferrocarril y alambre parecen objetos opuestos. Mientras el segundo era una tecnología de muerte, que impedía el libre movimiento de animales y hombres y cada tentativa de invadir la "propiedad" hecha privada, el ferrocarril era diferente. Su fuerza estaba en su simbología: actuaba en la intimidad y tenía como objetivo aparente la unión, la ampliación de las posibilidades de movilidad (Frapporti 2017:77). Estos aspectos alegóricos del ferrocarril muestran una "politicidad intrínseca" de la infraestructura. Por otro lado, sin embargo, ferrocarril y alambre de púas se desarrollaron uno de la mano de otro en el proceso de expansión de la frontera colonial en las Américas, donde ambos fueron vectores del avance del despojo capitalista hacia y en contra de las poblaciones indígenas. Países como Estados Unidos, Canadá o México fueron literalmente creados a partir de la invasión colonial de sus espacios internos, que solo fue llevada a cumplimiento gracias al desarrollo de una fuerte red de ferrocarriles. El caso de México, sin embargo, es representativo también de los riesgos que una modernización capitalista acelerada por medio del ferrocarril podía conllevar: en la década revolucionaria de 1910, las líneas ferroviarias fueron a menudo saboteadas por los ejércitos revolucionarios, y reconvertidas en poderosas infraestructuras para el transporte de tropas rebeldes, que desde el México profundo se lanzaron así a la conquista de la capital.

Tanto la producción de espacialidades excepcionales como las zonas y puertos francos, las innovaciones en el transporte de larga distancia y los navíos y el ferrocarril están a la base también de lo que, en el terreno de las configuraciones espaciales, representa tal vez la mayor novedad de la revolución logística del último medio siglo: la proliferación de los corredores de desarrollo a lo largo del planeta. Surgidos en los *masterplans* de los Estados, las organizaciones internacionales y las corporaciones globales como espacios propicios a los flujos de mercancías, energía, materias primas e información, los corredores representan nuevas modalidades espaciales que se sobreponen a territorios concretos a la hora de vincular, para facilitar la eficiencia de la distribución, enclaves extractivas, zonas económicas especiales, ciudades globales, puertos y distritos industriales siguiendo las cadenas globales de abastecimiento. Diseñados como nuevos ejes estratégicos de la territorialidad capitalista, los corredores se imponen cada vez más como espacios "abstractos" que fuerzan territorios concretos a adecuarse eficientemente a los requerimientos de la circulación global. Así haciendo, estos espacios cruzan múltiples escalas geográficas, vinculando territorios concretos distantes y diferentes en un único proceso metabólico del capitalismo global, que da vida a fenómenos que geógrafos contemporáneos como Neil Brenner y Christian Schmidt (2015) han definido como de "urbanización planetaria". De esta manera, los corredores también, igual que las zonas, desafían en ocasiones los límites establecidos de la soberanía estatal, facilitando el tránsito de personas, mercancías, energía e información a lo largo de flujos transnacionales y estandardizando las normativas que regulan estos últimos. A su vez, conjuntos de corredores logísticos transnacionales se encuentran cada vez más al centro de planes de ajuste regionales o globales ambiciosos, como en el caso de los Trans-European Transport Network (TNT) en Europa, el Delhi Mumbai Industrial Corridor (DMIC) en la India, la Belt and Road Initiative (BRI) promovida por China y los proyectos latinoamericanos del Plan Puebla-Panamá (PPP, hoy Proyecto Mesoamérica) e IIRSA.

c) La "revolución logística"

En la década de 1950, en Estados Unidos fueron creados nuevos cursos académicos, como los de *Supply Chain Management*, que en varias universidades estadounidenses llegaron a sustituir los tradicionales departamentos de *Economics*. Por otro lado, se fundaron nuevos institutos como el *American Management Association*, el *National Council of Physical Distribution Management* y el *Logistics Management Institute* (LMI). Estos cambios se encuadran en el marco de la llamada "revolución logística", y conllevaron un profundo viraje en las ciencias de la "gestión de la distribución física" (*physical distribution management*) desde el tradicional enfoque sobre la "reducción de los costos" a otro que se vino a llamar "perspectiva de sistemas" (*systems perspective*). Este último entendía el ciclo de comercialización de mercancías como capaz de maximizar las ganancias (*profit-maximizing approach*), bajo la idea de que a lo largo de la moderna esfera de circulación global se podría no solo reducir los gastos, sino directamente "agregar valor" en cualquier punto de la cadena, y no solo en el momento propiamente "productivo"; o más bien, se vino afirmando la idea de que fuese el propio momento productivo que se estaba expandiendo a lo largo del territorio[8] y de sus flujos comerciales. La "perspectiva de sistemas" y los "esquemas de costo total" suponían un cambio en la percepción gerencial de las relaciones entre producción y circulación en el capitalismo: si hasta entonces el objetivo del capital había sido la reducción de distancias y de los costos de transporte entre el punto A (extracción de la materia prima), el punto B (fabricación) y el punto C (venta en el mercado) de una mercancía X, con la revolución logística el capital se propondría una reorganización en escala directamente global del propio mapa donde se sitúan dichos puntos A, B y C, sobre todo fragmentando el punto B en toda la línea.

Luego del nacimiento de la *business logistics*, la teoría de las llamadas "cadenas globales de valor", también nacida al interior de los estudios gerenciales, afinó algunas proposiciones sobre las relaciones entre producción y circulación. Formulada por Michael Porter (1985) en la mitad de los años ochenta, dicha teoría se basó en la descomposición del cálculo del valor en todas las fases que llevaban del diseño del producto a su venta al cliente y en el establecimiento de una división de estas actividades en dos macrocategorías: las actividades que daban soporte al ciclo productivo (infraestructura de la empresa, gestión de los recursos humanos, desarrollo de la tecnología y abastecimientos) y las actividades primarias, donde se incluían las llamadas *operations* (producción como tal) junto a actividades de *marketing*, servicios de venta y servicios logísticos, a su vez divididos en "logística de entrada" (actividades de gestión de los flujos de bienes materiales que alimentaban la producción) y "logística de salida" (actividades de gestión de los flujos hacia el mercado). Todas estas actividades primarias eran las que aportaban, supuestamente, un aumento del valor del producto.

Si bien al hablar de "agregar valor", estos autores entendían fundamentalmente aumentar el precio de los productos, ya que, a diferencia de los marxistas, los neoclásicos no distinguen realmente los conceptos de "costo" y "valor", los planteamientos estratégicos y empresariales que derivaron de estas formulaciones

8 Lo que Cowen (2014: 102) llamó de "*stretching the factory*", es decir la transformación del territorio en "fábrica social global".

dejaron consecuencias importantes en la configuración del capitalismo de la época globalizada. Esto se ve aún más a la hora de alejarse del enfoque sobre la empresa específica y de tomar el conjunto de "las cadenas globales de las mercancías" (Gereffi y Korzeniewicz 1994) donde participan un conjunto de empresas de diferentes dimensiones, aunque cada vez más sometidas a unas pocas empresas monopolistas transnacionales, llamadas "empresas líderes" (Gereffi 2001).

Ha sido sobre todo Gary Gereffi quien ha planteado un cambio en el mando de la economía global desde las grandes empresas productivas hacia las grandes empresas comercializadoras. En América Latina, este cambio se impuso de la mano con la transición, impulsada por el Fondo Monetario Internacional (FMI), el Banco Mundial (BM) y Estados Unidos (EE. UU.) y legitimada por el milagro económico del este de Asia entre las décadas de 1970 y 1990, de un modelo de desarrollo de tipo ISI (industrialización por sustitución de importaciones) a uno de tipo IOE (industrialización orientada a las exportaciones). Según Gereffi (2001:14), este viraje caracterizó el nacimiento de lo que llamamos capitalismo global, en el cual "global" indicaría no tanto el alcance (ya que desde los imperios coloniales del siglo XVI el mercado habría tenido, de alguna forma, un alcance mundial) sino su organización, en el sentido que implicó "una integración funcional de las actividades internacionales dispersas". Gereffi plantea que, en el orden globalizado, se ha realizado un progresivo aumento de peso desde las "cadenas productivas dirigidas al productor", dominantes en el modelo ISI, en las cuales son los grandes fabricantes quienes tienen el papel central, hacia las "cadenas productivas dirigidas al comprador", donde el papel principal es ejercido por los grandes detallistas, comercializadores y fabricantes de marca, con una red de producción descentralizada donde la mayoría de las mercancías viene desde países del Tercer Mundo. Un ejemplo de este segundo grupo es Walmart, la más grande empresa logística del mundo. En este segundo tipo de cadenas, las "empresas líderes" son compañías que operan con un sistema de producción jerárquico horizontal, el cual promueve la deslocalización del proceso productivo con base en la subcontratación a empresas altamente especializadas sobre las que se delegan ciertas etapas de producción.

La imposición de una lógica de "costo total" permitió al capital explotar las geografías desiguales en términos de salarios, protecciones sociales y regulaciones laborales, llevando a una general desarticulación y puesta en red de los varios momentos productivos a través del espacio. De este modo, entonces, la cada vez mayor fragmentación del proceso productivo en varias fábricas e incluso fuera de las fábricas mismas ha permitido poner bajo ataque conceptual la misma idea de una rígida distinción entre producción y circulación de las mercancías.

Si bien la "revolución logística", en el sentido del desplazamiento de la logística del ámbito estrictamente militar y su anclaje al mundo del comercio y la producción, se ha dado al interior mismo de la ciencia económica capitalista, fueron dos invenciones tecnológicas las que permitieron el fuerte desarrollo de las cadenas globales de abastecimientos (*global supply chains*). Por un lado el contenedor (o *container*), tal vez la invención tecnológica más importante de la época de la globalización. Ya en 1969 la Organización Internacional de Normalización (ISO, por su sigla en inglés[9]) impulsó naves de carga, ferrocarriles y compañías de transporte a adherir a estándares globales. En el mismo periodo la empresa privada de transportes *Sea Land* fue encargada por el gobierno estadounidense de manejar el 30 por ciento del transporte resultante de la guerra en Vietnam, y desarrolló un complejo sistema de contenedores a bordo de naves, un tipo de tecnología que había ya sido experimentado a partir de la Segunda Guerra Mundial por el ejército de EE. UU. El entrelazamiento entre sector militar y empresas comerciales privadas en Estados Unidos, organizado alrededor del llamado "complejo militar industrial", era una realidad consolidada desde la época del *New Deal*. Sin embargo, la containerización representó un salto más, porque permitió la privatización y externalización de parte de los sectores hasta entonces prerrogativa de la soberanía estatal como la defensa hasta el corazón del propio escenario bélico fuera de sus fronteras nacionales. En los años sucesivos, la "containerización" pasó rápidamente a esferas comerciales civiles, y supuso la sustitución del peso con el volumen (calculado en TEU) como unidad de medida de la actividad logística. Asimismo, el epicentro geopolítico de la logística comercial se movió poco a poco desde puertos del Atlántico norte como Nueva York y Londres hacia Asia oriental, donde hoy en día se encuentran los primeros diez puertos por volúmenes de TEU, y donde operan flotas comerciales, en particular la china, cada vez más competitivas a nivel global.

La containerización permitió la introducción del mecanismo de la intermodalidad, es decir, la utilización de un único contenedor que pueda ser movido de forma mecánica desde cualquier medio de transporte a cualquier otro: tren, camión, nave. Esto redujo fuertemente el tiempo requerido para cargar y descargar mercancías, y así bajaron los costos del trabajo en los puertos y en los nodos de transporte (*hubs*), se garantizó un mayor grado de integración de diferentes nodos infraestructurales, y se permitió la aplicación de las técnicas del "justo a tiempo" al trabajo portuario y a lo largo de toda la cadena logística. Luego de las crisis del

9 International Organization for Standardization.

petróleo de 1973 y 1979, instalándose estas transformaciones en una coyuntura de ascenso de las doctrinas económicas neoliberales en los EE. UU., ellas sirvieron para minar la fuerza del sindicalismo portuario, contribuyeron al drástico empeoramiento de las condiciones de trabajo, y favorecieron enormemente el proceso de desregulación que abarcó todo el sector de transportes estadounidense, y luego mundial. Es en este sentido que la llamada "revolución logística" ha asumido la forma más bien de una "contrarrevolución". En 1989, con el nacimiento del *Council of Logistics Management*, la desregulación se extendió a sectores tales como las telecomunicaciones, los flujos informacionales y el intercambio de datos. Pero la relevancia del contenedor en el proceso de desregulación fue determinada sobre todo por la intermodalidad. La creación de un mercado internacional de tipo intermodal, en efecto, permitió difundir las transformaciones en acto en los Estados Unidos a nivel planetario, con el rápido surgimiento de una coalición entre empresas transnacionales (ETN) extractivas, gigantescas compañías de naves y gobiernos. Hoy la containerización está cada vez más ligada a procesos de financiarización, como evidencian las investigaciones de Sergio Bologna (2013 y 2017) sobre el crecimiento de burbujas especulativas en el ámbito de la construcción de naves cargo, tanto que hoy en día es cada vez más frecuente el transporte y almacenamiento de contenedores vacíos.

Como señala el mismo origen etimológico de la palabra "logística" antes mencionado (en griego, "computar"), la segunda invención tecnológica fundamental de la llamada "revolución logística" fue la informática, a partir de la cual una vez más se puede notar la profunda relación entre logística y esfera militar. En los años cincuenta, la Rand Corporation desarrolló, de acuerdo con el Departamento de Defensa estadounidense, el sistema ARPANET, considerado el antepasado de Internet. El principio de ARPANET era la construcción de una red de informaciones que no pudieran ser interrumpidas a causa de la desconexión de un único nudo. Dicho principio está a la base de la actual forma organizativa de la logística. El desarrollo de las *Information and Communication Technologies* (ICT), y su aplicación a la producción de mercancías, está profundamente vinculado a la transición de la fábrica fordista a las formas posfordistas y toyotistas y hasta la gestión algorítmica de la revolución industrial 4.0, que ha llevado a la proliferación de aplicaciones y dispositivos para la organización y el control del trabajo. Un ejemplo paradigmático del impacto que tiene hoy en día la articulación de modelo toyotista, cuarta revolución industrial y revolución logística es la multinacional Amazon, que en el 2018 se impuso como la quinta corporación digital más grande del mundo (Visual Capitalist 2019), la primera por ingresos entre las empresas puntocom, y la tercera empresa minorista de "comercio electrónico" (*e-commerce*), con 566 000 trabajadores (en 2018; Statista 2019) y con una presencia que cada año llega a un número mayor de países. Con la informática aplicada a la "perspectiva de sistemas", un amplio espectro de funciones antes consideradas partes del costo total, como obsolescencia, edificios, transporte, comunicación, procesamiento de datos, servicios al consumidor, instalaciones alternativas y canales de distribución no se consideraron más como aspectos ajenos al momento productivo. El transporte, y la infraestructura a él anexa, ha venido entonces progresivamente aumentando su peso al interior de los sistemas productivos, y ha abandonado su carácter de momento residual de la distribución de mercancías frente a la centralidad del momento directamente productivo.

d) Logística y circulación en perspectiva marxista

La importancia de la "revolución logística" para el surgimiento del moderno capitalismo de las cadenas globales de abastecimiento es innegable. No se trata, sin embargo, de un cambio cualitativo que cuestiona la ley del valor, una idea que, voluntaria o involuntariamente, es conllevada por la adopción del concepto de "revolución logística", su asociación con la emergencia de la *business logistics* y los planteamientos de la teoría de las cadenas del valor, que consideran de hecho "revolucionaria" la posibilidad de "agregar valor" a través de operaciones antes consideradas improductivas. El desafío hoy en día es más bien entender cómo la extracción de plusvalía se articula con un capitalismo contemporáneo en que han venido entrelazándose profundamente las esferas de la producción, consumo, distribución, circulación e intercambio, por un lado, y los sectores de agricultura, industria y servicios, por otro. La ley del valor encuentra su principal fundamento en el llamado "tiempo abstracto", y por ende en su fragmentación en unidades homogéneas y cuantitativas; en consecuencia, el acto de reducir el tiempo de circulación del capital, es decir de "aniquilar el espacio con el tiempo" (Marx [1857–58]1978), ha sido, desde el principio, uno de los principales incentivos para la innovación tecnológica bajo el capitalismo (Arboleda 2018:6). El propio Marx ([1867]2011:109–135), además, consideraba el trabajo en el transporte y otros ámbitos de la circulación como la continuación del proceso productivo dentro del proceso de circulación y para él.

El filósofo de Treviri planteaba que la producción de plusvalía no podía "surgir de la circulación", aunque tampoco podía surgir por fuera de ella (Marx [1867] 2011: 201–202). El misterio de la valorización del capital, su secreto oculto, demoraría entonces en el momento de la producción, aquel momento donde es el trabajo vivo la verdadera fuente del valor real: "[e]s sólo la *cantidad de trabajo socialmente necesario*, pues, o el producto del *tiempo de trabajo socialmente necesario para la producción de un valor de uso*, lo que determina su *magnitud* de valor" (Marx [1867]2011:48). Hay sin embargo que hacer una distinción entre lo que es la circulación del capital en su forma pura, lógica y abstracta, caracterizado por la doble metamorfosis del capital-dinero en capital-mercancía y viceversa, bajo la doble fórmula D-M-D^1 y M-D-M^1, y lo que es la circulación material del capital en dichas distintas formulaciones, lo que tiene que ver con el transporte y, consecuentemente, con la logística y la infraestructura. Así Marx clarificaba esta cuestión en el capítulo VI del segundo libro del *Capital*:

> "Las mutaciones de forma del capital para convertirse de mercancía en dinero y de dinero en mercancía constituyen, al mismo tiempo, operaciones comerciales del capitalista, actos de compra y venta. (. . .) Y, así como el periodo durante el cual el capital circula constituye una fase necesaria de su proceso de reproducción, el tiempo durante el cual el capitalista compra y vende, se mueve en el mercado, representa una fase de su proceso de actuación como capitalista, es decir, como capital personificado" (Marx [1885]1982:115).

La doble metamorfosis del capital, entonces, requiere de tiempo y trabajo adicionales, no para crear valor, sino para cambiarle de forma y, sin embargo, esta función es fundamental para el capitalista, y al hacerla él hace trabajar a otros a su servicio, los emplea. Por lo tanto, el interés del capitalista es reducir lo más posible este gasto, que no le va a añadir valor a sus productos: su objetivo es entonces dejar a esta función improductiva "una cantidad menor de fuerza y de tiempo de trabajo de la sociedad" (Marx [1885]1982:117). Sin embargo, obviamente, también en este caso el empleo de trabajadores asalariados aptos a esta función improductiva significa que estos últimos trabajen una parte de su tiempo gratis y a beneficio del capitalista, aunque este beneficio sea simplemente el descuento de un gasto en vez que una plusvalía efectiva. Lo mismo vale para el tiempo y el trabajo de aquellos que gestionan la contabilidad, función igualmente necesaria pero de nulo valor agregado: también en este caso, el capital utilizado, "se sustrae al proceso de producción y figura entre los gastos de la circulación, que hay que deducir del producto total" (Marx [1885]1982:119–110).

Sin embargo, los gastos de conservación y almacenamiento,

> "tienen un carácter distinto. Pueden nacer de procesos de producción proseguidos simplemente en la circulación y cuyo carácter productivo se oculte bajo la forma de ésta. Y también pueden, socialmente considerados, constituir meros gastos,

una inversión improductiva de trabajo, sea vivo o materializado y, sin embargo, precisamente por ello, traducirse en una creación de valor para el capitalista individual, representando una adición al precio de venta de su mercancía" (Marx [1885]1982:121).

El tema del almacenamiento explica muy bien la contradicción entre la forma pura o abstracta de circulación del capital-mercancía y su realidad material, ya que "la marcha del proceso de producción y reproducción exige que una masa de mercancías (medios de producción) figure constantemente en el mercado; es decir, que se halle constantemente almacenada" (Marx [1885]1982:122). La contradicción se explica por el hecho de que, si por un lado la utopía del capital, desde el punto de vista de su acumulación, es que ninguna mercancía permanezca improductiva en el mercado, desde el punto de vista de su reproducción el mismo almacenamiento es una condición esencial: el volumen de las mercancías producidas debe siempre exceder el de la venta media o de la demanda media de dichas mercancías, ya que al no ser así, no se podrían satisfacer las eventuales ventas y demandas excedentes, mientras por otra parte los *stocks* deberían renovarse constantemente. Al mismo tiempo, y justamente por esa función, los gastos generados por el almacenamiento son al mismo tiempo improductivos y productivos. Se trata, entonces, de una "pérdida positiva" (Marx [1885]1982:129), que sólo se vuelve negativa cuando el almacenamiento ya no logra ser una condición de la circulación y "las mercancías almacenadas en receptáculos circulatorios no dejan sitio a la nueva oleada de la producción" (Marx [1885]1982:131). Estos tipos de gastos, a diferencia de los de compra y venta y de los de contabilidad, no tienen la función de transformar la forma del valor (capital-mercancía, capital-dinero) sino la de conservar el valor de uso, y en el hacer esto de aumentar su valor. Dicho almacenamiento, cabe destacar, es una función directamente "logística": "puede disminuir relativamente, aún aumentando en términos absolutos. Esto depende de diversas condiciones, que se reducen todas ellas, en lo esencial, a la mayor celeridad, regularidad y seguridad con la que la masa necesaria de materias primas pueda suministrarse para que no se produzcan nunca interrupciones" (Marx [1885]1982:126).

Si entonces, como vimos, el almacenamiento entra en y contribuye al propio proceso de valorización del capital-mercancía, desempeñando en alguna manera una función logística, lo mismo ocurre, o más, con el transporte de mercancías. De hecho, entre la circulación en su forma abstracta o "lógica" y la circulación como proceso concreto y material hay diferencias sustanciales, que dependen de la forma misma de dichas mercancías y de otras condiciones, que él mismo destaca:

"Puede ocurrir que este cambio de materia determine el cambio de lugar de los productos, su desplazamiento real de un sitio a otro. Pero no es indispensable (. . .) por ejemplo, si A vende una casa a B, esta casa circula como mercancía, sin moverse del sitio. E incluso tratándose de mercancías muebles como el algodón o el hierro fundido, vemos como se están quietos en el almacén, mientras recaen sobre ellos docenas y docenas de procesos de circulación, mientras los especuladores los compran y los vuelven a vender. Lo que se mueve realmente, en estos casos, es el título de propiedad sobre la cosa, no la cosa misma. (...)

Sin embargo, el valor de uso de las cosas sólo se realiza con su consumo y esto puede exigir su desplazamiento de lugar y, por tanto, el proceso adicional de producción de la industria del transporte. Por consiguiente, el capital improductivo invertido en ésta añade valor a los productos transportados unas veces mediante la transferencia de valor de los medios de transporte y otras veces mediante la adición de valor que el trabajo de transporte determina" (Marx [1885]1982: 133).

La industria del transporte, entonces, es considerada por Marx como una industria directamente productiva, pero como una industria productiva especial, debido a una ambivalencia intrínseca: por un lado, como construcción de infraestructura y de medios de transporte, representa una "rama independiente de producción y, por tanto, una base especial de inversión del capital productivo"; por otro lado, como actividad misma del transporte de mercancía sobre el espacio, y como uso concreto de las naves, los puertos, los ferrocarriles, las carreteras, los camiones y los contenedores, es decir los instrumentos que representan la tecnología a partir de la cual se ha venido construyendo una "racionalidad logística", la industria de transporte "se distingue por el hecho de manifestarse como la continuación de un proceso de producción *dentro* del proceso de circulación y *para* éste" (Marx [1885]1982:135).

Pero la logística no se limita a la infraestructura de transporte; de hecho, muchas de las actividades directa o indirectamente asociadas a nuestra perspectiva ampliada de logística se refieren a un conjunto de operaciones que constituyen las cadenas de abastecimiento y que son comúnmente aglutinados en el sector de los servicios: trabajo digital, *marketing*, distribución, venta al minorista o mayorista, entrega de productos al consumidor (la llamada *last mile logistics*). Es justamente a partir de la excepción abierta por Marx sobre la industria de transporte y almacenamiento como sectores que permiten agregar plusvalía, que el sociólogo brasileño Ricardo Antunes ha centrado su entendimiento de que hoy en día hay un crecimiento a escala global de nuevas formas de realización de la ley del valor, las que configuran mecanismos complejos de extracción de plusvalía, tanto en las esferas de producción material como en las actividades inmateriales (Antunes 2018:55). Según este autor, cualquier concepción demasiado estricta de producción y de industria es necesariamente frágil, sobre todo en un mundo en que las actividades productivas e improductivas, materiales e inmateriales, agrícolas, industriales y de servicios se han venido integrando, articulando y hasta fundiendo unas con otras. De hecho, según Marx un trabajo es considerado productivo no individualmente, sino en su forma colectiva, social y compleja, y se caracteriza como tal cuando valoriza el capital (el trabajo como "valor de uso del capital mismo. [. . .] es la levadura que, echada al capital, lo hace entrar en fermentación", plantea en los *Grundrisse*), sin importar si el resultado de su producto sea material o inmaterial (Antunes 2018:51). El propio Marx afirmó que

> "[a]l ampliarse el carácter cooperativo del proceso laboral mismo, se amplía necesariamente, por consiguiente, *el concepto de trabajo productivo* y de su portador, *el obrero productivo*. [. . .] La producción capitalista no sólo es *producción de mercancía*; es, en esencia, *producción de plusvalor*. [...] *Sólo es productivo el trabajador que produce plusvalor para el capitalista o que sirve para la autovalorización del capital*" (Marx [1867]2011:616).

De esta manera, según Antunes, el trabajo inmaterial y de la esfera de los servicios -y, se podría agregar: las actividades heterogéneas que responden a los imperativos de la logística y que se colocan a lo largo de las cadenas globales de abastecimiento ,

> "vienen asumiendo un papel de relieve en la conformación del valor, no sólo por ser *parte* de la articulación relacional entre distintas modalidades de *trabajo vivo* en interacción con *trabajo muerto* sino también por ser partícipes del proceso de valorización, al reducir el *tiempo de circulación del capital* y, en consecuencia, también su *tiempo de rotación*.
>
> Considerando que el sector de servicios está cada vez más totalizado y controlado por la lógica del capital y de su proceso de *mercantilización* o *commodificación*, él se vuelve también cada vez más partícipe de las cadenas productivas del valor, dejando cada vez más al pasado su forma *improductiva*" (Antunes 2018:53).

Siguiendo las pistas de Marx, Antunes (2018:57) argumenta en fin que la medición del valor no se puede entender de forma individualizada, sino que solo como un "*promedio social*, una vez que el valor es resultante del *trabajo social, colectivo, complejo, y combinado*", donde procesos de producción y de circulación se encuentran articulados, fundidos unos con otros.

A partir de estas cuestiones, es posible entonces leer bajo una mirada más compleja la llamada "revolución logística", y considerar de esta manera su carácter de novedad. Su carácter innovador tiene que ver sobre todo con el modo en que la histórica tendencia del capital a "aniquilar el espacio con el tiempo" se fue intensificando a partir de determinadas condiciones históricas y sociales. Fue entre las décadas de 1950 y 1960 que el propio concepto de "logística" se separó de la esfera militar para volverse eje técnico y organizador del capitalismo como tal. Se trata por lo tanto de una verdadera emergencia "genealógica": de la logística como saber-poder, es decir el producto de una serie de prácticas, discursos y "tecnologías" que, nacidas para acompañar un aspecto y una necesidad específica del capitalismo mercantilista, adquirieron mayor centralidad en escala global en la época neoliberal. Es desde este punto de vista, por lo tanto, que la hipótesis de la "revolución logística" puede captar algunas transformaciones fundamentales que se dieron a partir de la década de 1960.

e) ¿El poder es logístico?

Penelope Harvey, Casper Bruun Jensen y Atsuro Morita han propuesto una definición mínima de infraestructuras, como

> "formas dinámicas y tecnológicamente mediadas que continuamente producen y transforman las relaciones tecno-sociales. [. . .] ensamblajes materiales extensos que generan efectos y estructuran las relaciones sociales, a través de actividades tanto diseñadas (planificadas y elaboradas de propósito) como no diseñadas (no planificadas y emergentes)" (Harvey, Bruun Jensen y Morita 2016:8).

Estas formas y ensamblajes hoy tienen poderosas implicaciones en y para la formación de los sitios de la *governance*, se expresan por lo tanto como verdaderas formas de poder sobre la dirección social, económica y política de las relaciones sociales.

Más allá tanto de la logística militar como de la logística como "ciencia" de la organización de los flujos comerciales, algunos autores se han dedicado a analizar la logística y la infraestructura como auténticas formas del poder político, como elementos fundamentales para repensar este último, como dimensiones que presentan una cierta politicidad intrínseca. En un artículo de 2012 Brett Neilson aborda esta cuestión. Sus tesis se resumen en cinco argumentos: primero, la logística estructura la vida en forma adaptativa, y produce impactos sobre los regímenes de soberanía, *governance*, conocimiento, y biopolítica; en segundo lugar, la logística, debido a su origen militar, une táctica y estrategia; en tercer lugar, la logística supone formas más avanzadas de control sobre el trabajo pero al mismo tiempo los trabajadores de las cadenas de abastecimientos tienen fuerte conciencia de los nudos frágiles del sistema y de sus posibilidades de sabotaje; en cuarto lugar, el poder logístico negocia la heterogeneidad del espacio y del tiempo globales, conecta situaciones y poderes diferentes, produce entidades espaciales tales como zonas económicas especiales y corredores con formas de "soberanía fragmentada"; en fin, técnicas y tecnologías logísticas son constantes fuentes de producción de subjetividad, tienden a colmar la distancia entre trabajo abstracto y trabajo vivo (Neilson 2012).

Si el poder político entendido por Neilson tiende a distanciarse de la dimensión jurídica del Estado, esto no significa que la perspectiva de un "poder logístico" deba necesariamente trascender la dimensión estatal. En su célebre *Técnica del golpe de Estado* (1931), el escritor italiano Curzio Malaparte planteó justamente la dimensión logística sobre la cual se fundaría el poder real de la soberanía estatal. Refiriéndose a la Revolución de Octubre, definida por él como "golpe de Estado", este autor afirmaba que dicho golpe se debió mucho menos a la "estrategia revolucionaria" de Lenin que a la "táctica insurreccional" de Trotsky. Según este último, la revolución "es una máquina", y para llevarla a cabo no hace falta sino un millar de técnicos. Mientras el gobierno de Kerensky se preocupaba de organizar la defensa de palacios y ministerios y de sofocar cualquier indicio de sublevación de las masas, los técnicos (marinos, soldados, ingenieros, obreros especializados) de Trotsky se deslizaron durante diez días, desarmados y en plena luz, en los pasillos de las centrales telefónicas y telegráficas, en las estaciones y los puertos, estudiaron la disposición de las conducciones subterráneas de agua y de gas y de los cables eléctricos, y se infiltraron en la central eléctrica como guardias de seguridad. Para Trotsky la llave del Estado no es la organización burocrática y política, sino su organización técnica: "el problema de la insurrección no es para él más que un problema de orden técnico" (Malaparte [1931]2017:35). Fue así que el 24 de octubre, la central telegráfica, los puentes, las centrales eléctricas, los gasómetros y las estaciones de ferrocarril, ya estaban en manos de los hombres de Trotsky. Como comenta el escritor Amador Fernández-Savater (2015), "[e]l asalto final al Palacio de Invierno fue espectacular y pasó a la historia, pero en realidad fue simplemente la manera de comunicar al mundo que el poder *ya había cambiado de bando,* haciendo caer a la vista de todos una cáscara vacía". Se trató de hecho, en palabras de Trotsky, de un "puñetazo a un paralítico".

El verdadero foco del debate al interior de los *Critical Logistics Studies* sobre la relación entre logística y poder es entender si el poder logístico no solo se sobrepone o no y en qué medida al poder estatal, sino si representa una concepción de poder ontológicamente distinta de aquella propia de la política. La noción de *extrastatecraft*, formulada por Keller Easterling, plantea la idea de que las infraestructuras de escala transnacional son espacios externos a los procesos normativos estatales y generan un tipo de *governance* de ninguna manera sometida a las tradicionales formas de la política. Una opinión similar es aquella propuesta por el colectivo francés Comité Invisible. Al plantear que el poder es fundamentalmente logístico, ellos definen a este como un poder que ya no tiene más una naturaleza representativa y personal, sino arquitectónica e impersonal. Tomando el ejemplo de los billetes monetarios del euro, el Comité Invisible señala cómo, a diferencia de las divisas tradicionales de los diferentes países que portan la figura de padres fundadores, jefes de Estado y grandes personajes de la nación, las del euro tienen imágenes de "puentes, acueductos, arcos: arquitecturas impersonales cuyo corazón está vacío". Sin embargo, la moneda no es un instrumento técnico sino verdaderamente político: nunca hubo moneda que no fuera respaldada por un orden político que la pudiera garantizar, y es por lo mismo que las monedas tienden a representar dicho poder, en la forma de los padres y las figuras emblemáticas de la nación. Lejos de tratarse de una casualidad, los autores consideran que las divisas del euro hablan lo cierto sobre la naturaleza del poder: "*el poder reside ahora en las infraestructuras de este mundo*", es "la organización misma de este mundo, este mundo ingeniado, configurado, diseñado" y es "inmanente a la vida tal como está organizada tecnológica o mercantilmente" (Comité Invisible 2015:89). Plantear que el poder sea infraestructural y logístico no significa, sin embargo, que debamos considerarlo como una cosa, como un lugar, que se desplaza de los palacios a las infraestructuras manteniendo su abstracción. Por lo contrario, el poder es, si seguimos tanto a Marx como a Foucault, una relación, y el hecho de que se vuelva logístico e infraestructural, significa que quien "determina el agenciamiento del espacio, quien gobierna los medios y los ambientes, quien administra las cosas, quien gestiona los accesos, gobierna a los hombres" (Comité Invisible 2015:89). Es el poder de los gestores, los planificadores y organizadores del espacio del capital.

Llevando al extremo el argumento de Malaparte, el poder logístico supone para el Comité Invisible una verdadera transferencia del *locus* de la política desde el espacio y los símbolos de la soberanía estatal hacia la materialidad de los sistemas logísticos. Martín Arboleda comparte la idea de que el poder sea hoy en día más logístico que institucional. Según él, es verdad que "la expansión de los corredores transcontinentales de transporte intermodal que tejen entre sí redes ferroviarias, autopistas, infraestructuras portuarias automatizadas y superpetroleros ha intensificado aún más las compulsiones impersonales y direccionales que son inmanentes a la reproducción del capital como sujeto alienado"; sin embargo, estas mismas compulsiones impersonales "no existen en un plano de realidad separado de la realidad del Estado-nación" (Arboleda 2020:109). A partir de un entendimiento del Estado como "modo de existencia" de las relaciones sociales que lo nutren, es decir las relaciones sociales materiales de la vida ecológica y social bajo el capital, Arboleda invita a interrogar las modalidades cambiantes en las cuales el proceso de metabolismo socioecológico del capital son mediadas, producidas y reproducidas. Esta perspectiva, que rechaza desde un punto de vista metodológico la separación entre economía y política, no se propone leer los procesos de creación de mercados, de cambio tecnológico y de reproducción social como separados del desarrollo de las estructuras políticas sino como procesos que co-evolucionan y que se codeterminan. En este sentido, el autor chileno llama a investigar la revolución logística no tanto como proceso que acelera cambios tecnológicos y productivos al interior de un marco político y geopolítico inmutable (al punto de considerar el desarrollo logístico o infraestructural como meros instrumentos de proyectos políticos y geopolíticos de dominio estatal) ni tampoco como desaparición del Estado como forma política y su substitución por un poder impersonal ubicado en las infraestructuras. Al contrario, considera que es necesario indagar las maneras en que las formas de soberanía y autoridad política co-evolucionan y se rearticulan a partir de las transformaciones logísticas como necesarias formas organizativas del mercado mundial funcionales a garantizar la reproducción del capital social total en contextos territoriales y geográficos concretos.

Por su parte, a partir de un anclaje teórico en Deleuze y Guattari, Maurizio Lazzarato (2019) aclara que la "máquina técnica" del capital, de la cual organización logística, algoritmos, dispositivos financieros, inteligencia artificial hacen parte, nunca debe entenderse como autónoma e independiente, pero sí siempre como subordinada a su "máquina de guerra". En opinión del filósofo italiano, los automatismos (tanto jurídicos como económicos o tecnológicos) sí existen, pero su naturaleza solo puede ser socio-política, es decir pensada y construida por la máquina de guerra del capital, a partir de una estrategia, un proyecto, una voluntad de poder: "si bien la máquina técnica puede ser automática, la máquina de guerra que la reduce a este funcionamiento *nunca lo es*" (Lazzarato 2019:149). La automatización y la instalación de redes, en vez de descentralizar el poder y hacer desaparecer el comando, contribuyen para centralizarlo aún más. La logística representaría en este sentido una de las realizaciones de la "secesión del capital", y los planificadores y gestores su piedra angular. Por secesión del capital, Lazzarato considera el hecho de que, diferentemente de las concepciones de "éxodo" de la "multitud" (Virno 2003, Negri y Hardt 2004), es ahora el capital el que organiza su propia fuga, su "separación" de la sociedad. Símbolos de esta secesión son tanto los barrios cerrados en que vive la burguesía protegida por guardias privadas como el fenómeno de los nuevos fascismos. En este sentido, planificadores y gestores públicos y privados no solo serían figuras cada vez más integradas dentro de la clase capitalista, sino que promoverían, a través de la creación, programación, control y gestión de infraestructuras estratégicas, la disciplina y la sumisión de los subordinados, papeles cruciales para garantizar los beneficios a un capital cada vez más alejado de cualquier compromiso social.

La supuesta autonomía de la "máquina técnica" en relación con la "máquina social", o "de guerra", del capital pone en evidencia otra ambigüedad: las infraestructuras, de hecho, tienen la capacidad de presentarse al mismo tiempo como "neutrales" y "positivas", es decir como sinónimo de "progreso", imaginando este último también como algo universal y como valor en sí. Más allá de su funcionalidad explícita, las infraestructuras transmiten, como señala el antropólogo Brian Larkin (2013), una "sensación de modernidad", una idea iluminista de un mundo en movimiento y abierto, la idea de que estar del lado de las infraestructuras implique estar de la parte justa de la historia, aquella que se proyecta hacia el futuro. No es una novedad, de hecho, que el principal argumento que ha sido y sigue siendo utilizado en favor de los grandes proyectos de infraestructura es el del progreso. No se trata solo de un argumento racional, discursivo, fundamentado en la creación de empleo o en la lucha a la pobreza. Se trata también de un argumento estético-simbólico, que apunta al sentido de asombro y fascinación que una infraestructura genera, hasta sobre las propias víctimas del despojo que ella misma produce.

Sin embargo, si por un lado la infraestructura se legitima casi de por sí a través del efecto de su extrema "visibilidad", que engendra grandes expectativas e imágenes de "desarrollo", por otro lado, y en sentido contrario, la infraestructura se abre paso y se insinúa dentro de cada vez más aspectos de la vida social a través de su "invisibilidad". Geoffrey Bowker (1995) adoptó el término "*infrastructural inversion*" justamente para dar cuenta de "la tendencia de las infraestructuras a quedar como escenarios invisibles a la acción social, mientras sus características son por el contrario vistas como explicables por las fuerzas sociales, los intereses o las ideologías que las informan" (Harvey, Bruun Jensen y Morita 2016: 4). El mismo argumento es retomado por Susan Leigh Star y Karen Ruhleder (1996: 5), según las cuales la "invisibilidad es central para la cualidad *infra*-estructural de un sistema". Hay por lo tanto una opacidad por la cual la infraestructura al mismo tiempo se esconde y se manifiesta, esconde la politicidad que le es intrínseca y las relaciones de poder que la conforman a lo largo del tiempo y del espacio, y manifiesta su inevitabilidad al interior de una narrativa linear de "progreso".

f) Logística y producción estratégica del espacio

Dos planteamientos teóricos surgidos en la década de 1970 contribuyeron enormemente a una idea de espacio y de territorio más complejas, cuyas escalas no son políticamente dadas sino social, política e históricamente construidas y "producidas". El primero es aquello llevado a cabo por Michel Foucault sobre la transición entre el poder soberano, el poder disciplinario y el poder gubernamental, o entre los mecanismos jurídicos de organización del espacio, los disciplinarios y los llamados "dispositivos de seguridad" (Foucault [1977–78]2006). El pasaje de una forma de poder a otra, en Foucault, hace hincapié en una de las características principales de la logística: su "resiliencia", su flexibilidad. En su curso *Seguridad, territorio, población*, el filósofo francés traza la transición entre estas tres formas a partir de distintos análisis de ciudades: la ciudad organizada por el poder soberano, con la capital en el centro del territorio para facilitar el control del rey y el desempeño de las funciones administrativas, morales, políticas, y económicas, donde el contacto y la circulación con el afuera es organizado de forma geométrica; la ciudad organizada en forma ordenada y repetitiva, con los espacios para la vida colectiva (viviendas, recreación, comida, comercio) rígidamente codificados de manera disciplinar bajo una arquitectura que "se plantea como problema esencial una distribución jerárquica y funcional de los elementos" (Foucault [1977–78] 2006: 40); en fin, la ciudad gestionada y administrada por el poder gubernamental, que no se ejerce sobre el territorio como espacio estatal ni sobre los individuos como tales sino, más indirectamente, sobre un "medio ambiente", tal cual es la relación entre territorio y población, donde esta última es vista como un conjunto de "procesos", más que de personas, sobre los cuales actúa todo un conjunto de "técnicas" (estadísticas, mediciones, cálculos de riesgos, de costos y de probabilidades) que buscan maximizar sus elementos deseables y minimizar los indeseables. Si el poder gubernamental, sobre todo en sus formas liberales y neoliberales, es un poder que plantea la no prohibición de la libertad de comercio de los actores económicos, los dispositivos de seguridad que conlleva se fijan como objetivo gobernar y administrar indirectamente esta libertad, y crear las condiciones "medioambientales" para que estos flujos sigan fluyendo en la forma más eficiente posible, previendo posibles interrupciones. Es en este sentido que la logística puede ser vista como una importante racionalidad gubernamental, a la hora en que organiza un territorio (local, nacional, regional, y cada vez más global) a partir de mecanismos adaptables, creando rutas alternativas, garantizando la seguridad en los nudos estratégicos, ejerciendo un control sobre una mano de obra precaria y móvil, aplicando técnicas de medición informáticas y algorítmicas sobre todo el flujo de las cadenas de abastecimiento.

El segundo importante enfoque se desprende de Henri Lefebvre (1974:220), quien planteó la idea de una transición desde una economía política basada en estructuras "fijas" hacia una economía política de "flujos". Esta transición tiene importantes implicaciones para aquel tipo de producción del espacio que es propio de la "logística", y que se centra en la creación de espacios privilegiados para la gestión de estos flujos, tales como las "ciudades globales" (Sassen 1999), las zonas, los puertos y puertos secos, y los corredores que los conectan entre sí, y que con ello conectan lo local a lo nacional y a lo global. Se trata de lugares "producidos" por el capitalismo logístico. Para Lefebvre la "producción del espacio" es la forma en que el capitalismo, interviniendo en las espacialidades, en los territorios, y en las geografías, garantiza la reproducción de las propias relaciones capitalistas de producción, socialización, dominación y poder, y la superación, siempre frágil, siempre momentánea, de las crisis que hacen parte del metabolismo del propio sistema capitalista.

El geógrafo lefebvriano David Herrera (2017:59) identifica dos aspectos centrales de "producción del espacio" a través de los cuales el capitalismo busca superar sus crisis: el imperialismo, es decir "la *apropiación* imperialista/colonialista de *otros espacios* por parte del capitalismo central", y lo que David Harvey ([2001] 2007: 304–307; 2014: 155) llama "ajustes espaciales" o "solución espacial". Si en el curso de la modernidad formas territoriales híbridas administradas por agencias político-comerciales como las "sociedades por acciones" representaron vectores importantes de la expansión colonial de los modernos imperios europeos, hoy en día se destaca la importancia de zonas y corredores logísticos en las estrategias de solución espacial del capital, más aún si se considera que dichas zonas y corredores tienen la importante función estratégica de atraer más fácilmente las inversiones financieras. En muchos de los gigantescos planes de reordenamiento territorial que se están imponiendo y desarrollando sobre la superficie global, las dinámicas de "ajustes espaciales" y de "solución" que la infraestructura logística presenta para los excedentes de capital producidos por los recurrentes fenómenos de sobreacumulación son aspectos de importancia central. Y adquieren preponderancia sobre todo en momentos de transición y de crisis, como es el periodo que se abrió con la década de 1970: de hecho, es justamente cuando la economía se vuelve cada vez más financiarizada por encima de la llamada "economía real", que en el nivel de esta última se compensa la crisis productiva con la intervención sobre las geografías de la circulación de mercancías y capitales (Into the Black Box 2018). Herrera asocia a estos planes logísticos la noción de "poder infraestructural", un concepto que retoma del sociólogo Michael Mann (2006), con el cual se refiere a "la forma en cómo la producción de infraestructura adquiere un sentido fuertemente (geo)político al permitir tanto la articulación logística de lo que en principio se encuentra fragmentado, como la penetración y apropiación territorial de diversos capitales en zonas de alto valor estratégico para su reproducción" (Herrera 2019:43). Sin embargo, para Herrera, si en la etapa de consolidación y expansión del Estado moderno, era la entidad estatal la que ampliaba ese poder infraestructural y lo centralizaba, con el reajuste neoliberal hubo una agudización de la producción fragmentaria del espacio capitalista en escala mundial sobre la cual se busca una articulación logística directamente transnacional, que se evidencia particularmente en los grandes planes de corredores logísticos intermodales tales como los de la IIRSA o de las llamadas Nuevas Rutas de la Seda (Herrera 2019:49).

También en línea con la perspectiva lefebvriana, David Harvey hizo unos importantes señalamientos sobre cómo el propio marxismo ha descuidado el análisis espacial, adoptando de hecho las mismas categorías espaciales de las ciencias burguesas: "Marx, Marshall, Weber y Durkheim tienen en común que dan prioridad al tiempo y a la historia sobre el espacio y la geografía, y si en algún momento se ocupan de éstos, tienden a considerarlo como el contexto y el ámbito estable, aproblemático, de la acción histórica." (Harvey [2001]2007:345). Si bien –reconoce el geógrafo británico– la teoría de Lenin sobre el imperialismo de alguna forma llenó este vacío, esta representaría no más que un conjunto de "ajustes *ad hoc*, que dicen tan sólo que el capitalismo experimenta su propio curso específico de desarrollo dependiendo de las condiciones que se dan en uno u otro territorio y que la dinámica fundamental del capitalismo lleva a las principales potencias capitalistas a luchas y enfrentamientos geopolíticos" (Harvey [2001]2007:247). El problema de fondo es, según Harvey, que al introducir las interpretaciones marxianas en el ámbito geopolítico y a darles por lo tanto una expresión geográfica, Lenin dio por sentado el concepto de Estado, no discutiendo la relación de este con la sociedad civil, presentándolo una vez más como una categoría *a priori* y a-histórica. Así plantea Harvey la problemática, apuntando a la creación de un método de investigación que, en vez de limitarse al llamado materialismo histórico, se configure como "materialismo histórico-geográfico":

"No acepto la idea de que las relaciones espaciales y la estructura geográfica puedan reducirse a una teoría del Estado o que para reconstruir la geografía histórica del capitalismo sea necesaria una teorización previa sobre el ascenso del Estado capitalista. Nuestra tarea, por el contrario, es desarrollar una teoría general de las relaciones espaciales y el desarrollo geográfico bajo el capitalismo que pueda, entre otras cosas, explicar la importancia y la evolución de las funciones estatales (locales, regionales, nacionales y supranacionales), el desarrollo geográfico desigual, las desigualdades interregionales, el imperialismo, el progreso y las formas de urbanización, etcétera" (Harvey [2001]2007:347).

Estas reflexiones permiten entender en qué manera la logística se configura, en el capitalismo actual, como una racionalidad de organización técnica del espacio y de los flujos que puede al mismo tiempo coincidir con, servirse de, o incluso transformar y desafiar la proyección espacial del Estado. Por otro lado, al plantear su propuesta de materialismo histórico-geográfico, Harvey admite la dificultad de la tarea, debido a la enorme diversidad de entornos físicos, bióticos y socioculturales (en el sentido de la modificación del espacio a través de siglos de apropiación por la acción humana) en la superficie terrestre. Estos análisis nos ponen frente al contradictorio papel de la logística en el articular, cruzar, modificar e impregnar las complejas relaciones entre capitalismo y diferencia (natural, social, cultural, étnica, de género...). Como señalaba Rosa Luxemburgo ([1913] 2003), para reproducirse a si mismo el capital siempre necesita un "afuera" para conquistar. Hablar, como hacen Mezzadra y Neilson (2019:33), de "fronteras del capital", significa justamente evidenciar la manera en que siempre hay algo que escapa al capital y que al mismo tiempo es necesario para que él pueda reproducirse y expandirse. Esta dependencia del capital de las condiciones que le son externas es la principal causa de la heterogeneidad de sus operaciones materiales (Mezzadra y Neilson 2019:34). Sobre estos entornos físicos, biótico y socioculturales, sobre estos "afueras" al dominio del capital, la expansión espacial del capitalismo actúa de diferentes maneras, a veces simplemente aplastando esta diversidad, otras veces subsumiéndola y reincorporándola una y otra vez de forma novedosa, sobre todo en la medida en que, después de llegar a un alcance global del capitalismo desde finales del siglo XIX, ya no hay muchos "afueras" absolutos a la lógica del capital, entendidos como territorios "vírgenes" y completamente no tocados por el avance de capitalismo global (Lenin [1916]1972:96; Smith [1984]2008:126–131; Gago y Mezzadra 2015:47–50). La heterogeneidad con que el capital se relaciona con estos entornos refleja, de alguna manera, el carácter "axiomático" del propio capitalismo, que según Deleuze y Guattari significaba la manera en que sus formaciones sociales tienden a volverse "isomórficas" bajo el dominio del capital, sin con ello perder el gran espectro de heterogeneidades sociales, temporales y políticas que las caracterizan, sino más bien promoviéndolas y valorizándolas. El capital no funcionaría entonces acorde a leyes de hierro, sino que por medio de operaciones flexibles, capaces de adaptarse a múltiples condiciones y obstáculos: "la fuerza del capital reside en el hecho de que su axiomática nunca es completa, sino que es siempre capaz de agregar un nuevo axioma a los anteriores" (Deleuze y Guattari [1980] 1987:436).

En este sentido, las operaciones logísticas representan vehículos cada vez más preferentes de esta relación axiomática del capitalismo con las diferencias. Por un lado, la infraestructura de la cual se sirven ha representado históricamente un importante motor de la expansión colonial y durantela larga historia del imperialismo. Por otro, esa función imperialista no opera simplemente por homogeneización sino por un complejo mecanismo de igualación y diferenciación que es constitutivo del desarrollo desigual promovido por el modo de producción capitalista (Smith [1984]2008). La logística, en este sentido, fortalece enormemente ambas tendencias. Por un lado, como razón planificadora se propone de volver plano lo que no lo es, en una tendencia a la igualación totalizante de un espacio geográfico que se caracteriza como "lleno de rugosidad" (M. Santos 2002). Por otro, su límite es representado continuamente por el metabolismo de la territorialidad concreta, que vuelve una y otra vez a reproducir dicha "rugosidad". Sin embargo, la logística no solo actúa para borrar los límites, sino que juega con, y radicaliza, las divisiones que dichos límites imponen. Ejemplar en este sentido es la capacidad de las cadenas globales de abastecimiento de subsumir múltiples espacios de forma diferenciada, fortaleciendo las tendencias al desarrollo desigual, a la especialización productiva, y hasta la organización y sincronización de las diferencias de clase, género, raza y cultura. Ana Tsing (2009:150) considera en este sentido que "las cadenas globales de abastecimiento no sólo usan la diversidad pre-existente, sino que también la revitalizan y crean".

g) Logística y capital social total

La intervención del capital sobre las geografías, llevada a cabo por las políticas neoliberales, se ha nutrido organizacional y tecnológicamente de la "revolución logística". En cuanto vinculada a la producción estratégica del espacio por parte del capital en su conjunto, la logística es en buena medida una tarea del llamado "capital total", según la interpretación propuesta por Mezzadra y Neilson (2019) de esta categoría marxiana. El capital es de hecho una relación social (Marx [1885]1982:1037–8), que siempre se concreta entre capitalistas individuales y su "otro", es decir el trabajo vivo (y la naturaleza). Estos capitalistas individuales, sin embargo, para poder operar no actúan sobre un vacío, sino necesitan una serie de condiciones estructurales, que deben ser producidas, y una de las formas de esta producción es actuar sobre el espacio. Establecer estas condiciones es por lo tanto un interés de clase para todos los capitalistas individuales, pero esto se complica en la medida en que los diferentes actores capitalistas tienen también intereses específicos, de modo que la representación de un interés común a todos ellos se vuelve un campo de lucha y tensión (Mezzadra y Neilson 2019:59). Es en este sentido que Marx elabora el concepto de "capital social total", o "capital agregado"[10], que indica la cristalización de una lógica de movimiento del capital que prevalece sobre los cálculos de los capitalistas individuales y en ocasiones puede actuar en contra de ellos.

Según João Bernardo (1991:202), en el curso del desarrollo del capitalismo esta función ha sido ejercida cada vez más por los gestores, definidos como aquella clase capitalista que se hace cargo de la articulación entre las diferentes unidades económicas en relación con el proceso global en su conjunto, siendo los burgueses los propietarios de los medios de producción en cuanto unidades particularizadas. En concreto, los gestores son aquellos dirigentes tanto públicos como privados que no tienen la propiedad de los medios de producción pero que participan en el reparto de la plusvalía producida por el cuerpo social. Para Bernardo, burgueses y gestores como clases capitalistas distintas han acompañado siempre el desarrollo del capitalismo. Sin embargo, mientras los primeros tuvieron más importancia en la fase incipiente de formación del modo de producción capitalista, y de su expansión global, en la medida en que el sistema se fue integrando y articulando

10 Como han hecho notar Mezzadra y Neilson (2019:59), Marx usó en la versión original de *El Capital* la palabra alemana *Gesamtkapital* o *gesellschaftliches Gesamtkapital*. La mayoría de las traducciones de la obra tradujeron el primer término con "capital total" o "capital social total", aunque en algunas traducciones al inglés se ha adoptado el término "*aggregate capital*", más útil, según esos autores, a captar "el carácter dinámico, inestable y abierto de la composición de partes que da vida al Gesamtkapital". Sin embargo, por claridad, nos conformaremos aquí con la traducción española "capital total".

de forma más compleja, los gestores han emergido como figuras claves de la reproducción del capital total.

Un primer momento de emergencia de la figura del "capital total" fue, entre finales del siglo XIX e inicios del siglo XX, la etapa de ascenso del imperialismo. En aquel periodo de crisis del liberalismo del *lassez-faire* y de la hegemonía británica, la centralidad del capitalista individual fue substituida por los procesos de organización gestoriales: nacimiento de carteles, *trusts* y monopolios, transformaciones en la relación entre propiedad y gestión, nuevas relaciones entre capital y Estado, aumento de las luchas en el trabajo y surgimiento de los sindicatos. En aquel periodo, Rudolf Hilferding ([1910]2006) y Vladimir Lenin ([1916]1973) notaron que la industria se había vuelto dependiente de un nivel de capitales que excedía la cantidad poseída por los capitalistas industriales individuales, y esto llevó a fusiones entre "capital bancario" y "capital industrial" en el nuevo "capital financiero" y a importantes cambios en la composición de la lógica unitaria del capital total. En estas condiciones, se pidió al Estado jugar un papel mucho más activo que en el periodo liberal anterior en la representación del capital total y en la mediación de las tensiones entre las fracciones del capital que lo constituían (Mezzadra y Neilson 2019:61).

Con la Primera Guerra Mundial, debido a las exigencias bélicas, este rol del Estado como "capitalista ideal colectivo" (Engels [1880]2017) aumentó enormemente, y esta tendencia fue retomada con aún mayor vigor tras la crisis de 1929 y durante el periodo de la "Gran Depresión", cuando tanto los fascismos como las políticas de *New Deal* en los EE. UU. llevaron estas tendencias a la emergencia de un nuevo Estado planificador. El sistema de Bretton Woods que se impuso tras la Segunda Guerra Mundial llevó a transformaciones en la forma y organización del Estado: sus políticas representaban el capital total a nivel nacional (con distintos márgenes de autonomía dependiendo de la relación centro-periferia), mientras sus estructuras de *welfare* garantizaban la reproducción de la fuerza de trabajo. Estas funciones del Estado fueron desempeñadas, con fuerzas y modos distintos, en los tres tipos de Estado que emergieron en la "posguerra": el Estado de *welfare* en Occidente, el Estado socialista[11] en el bloque soviético, y las distintas tipologías de "Estado desarrollista" en el Tercer Mundo.

11 No es este el espacio para discutir a fondo la naturaleza del socialismo real de matriz soviético en términos de continuidad o ruptura con el modo de producción capitalista. Baste señalar que, más allá de la tradición trotskista, un conjunto de autores heterodoxos consideran desde distintos enfoques una mayor adherencia del socialismo real a la forma del "capitalismo de Estado", tanto a partir del análisis de la "acumulación primitiva socialista" (Preobrazhensky 1965), como desde el punto de

En la década de 1960, esas tres figuras del Estado moderno entraron en crisis debido a las fuertes luchas laborales tanto en Occidente como en el campo socialista, y a las luchas e insurrecciones anticoloniales y antimperialistas en las periferias. En esta coyuntura, la representación del capital total por parte del Estado se volvió un límite para el desarrollo del capitalismo. Nuevas operaciones monetarias y financieras y la "revolución logística" intervinieron entonces para romper con el compromiso social del capitalismo fordista-keynesiano (y de sus versiones desarrollistas en la periferia) y señalaron que aún más que antes el horizonte espacial para la reproducción del capital total sería directamente el propio mercado mundial. La conclusión de Mezzadra y Neilson, entonces, es que en la fase actual el Estado-nación, aunque esté lejos de desaparecer o de parar de intervenir en la dinámica económica, ya no representa por sí solo el capital total a nivel nacional, ni siquiera en los países desarrollados: sus funciones han cambiado. En cada vez más ámbitos de la sociedad, las operaciones extractivas, logísticas y financieras están creando espacios donde la mediación social representada por el Estado ya no funciona y no opera como antes, y el capital llega a asumir funciones directamente "políticas".

Por otro lado, en el contexto que se ha venido a crear tras las crisis y transformaciones de la década de 1970, extracción, logística y finanzas están adquiriendo un peso cada vez mayor en la composición del capital total. Esto no significa que las operaciones industriales tradicionales desaparecen, ya que de hecho ellas siguen expandiéndose, cuantitativamente, a nivel global. Significa más bien que la producción se vuelve cada vez más una parte, un momento de la circulación, sea esta última de mercancías o información (logística) o de dinero (finanzas). Según estos autores, las operaciones extractivas, logísticas y financieras están hoy en día organizadas en un nivel cada vez más directamente transnacional, lo que implica saltos de escala e intensidad de la *governance* global, un fenómeno que en el auge de la globalización ha sido analizado bajo un conjunto de concepciones teóricas distintas, desde la de "imperio" (Negri y Hardt 2000) a las de "nuevo imperialismo" (Harvey [2003]2004) o "capital-imperialismo" (Fontes 2010).

vista de la crítica a la noción de ley del valor promovida por el marxismo tradicional (Postone 1993) o desde la teoría del valor y disociación (Kurz 1993[1991]), como también desde la ecología política y la noción de "capitaloceno" (Moore 2015). Para Bernardo (1991), el modelo soviético se configuró esencialmente como capitalismo de Estado sin burgueses y con puros gestores, que se repartían la totalidad de plusvalía generada.

Para Mezzadra y Neilson (2015:5), se puede entender la manera en que extracción, finanzas y logística interactúan y coexisten en el capitalismo contemporáneo a través del concepto de "operaciones del capital", considerándose operación "un momento de conexión y captura que muestra la materialidad hasta de la más etérea forma de capital". Así los autores abordan el asunto:

> "Muchos análisis se refieren al concepto de neoliberalismo desde un punto de vista genérico como la circulación hegemónica de doctrinas económicas o procesos de des-regulación y *governance* sin realmente tener en consideración las subyacentes transformaciones del capitalismo que nosotros intentamos subrayar focalizándonos sobre extracción, finanza y logística. Crucial para nuestro análisis es el concepto de operaciones del capital, que lleva atención tanto a los aspectos materiales de la intervención del capital en situaciones específicas como en la más amplia articulación dentro de patrones sistémicos. (...) Mientras la hegemonía de las doctrinas económicas neoliberales ha sido finalmente cuestionada (y en algunos casos también descartada) por la crisis, las tendencias que nosotros analizamos han sido más bien reforzadas" (Mezzadra y Neilson 2015:1).

En términos globales y generales, algunas tendencias parecen confirmar la hipótesis de un mayor peso de finanzas, logística y extracción en el capitalismo global contemporáneo. Son ampliamente conocidos los niveles de -hiperfinanciarización de la economía desde el fin del patrón oro de 1971, y sobre todo debido a la multiplicación de los instrumentos financieros llamados derivados. En el caso de la logística, se registra un aumento de los trabajos relacionados con las cadenas globales de abastecimiento, un mayor peso de los gigantes del "justo a tiempo" y la distribución organizada, el crecimiento de las plataformas de transporte urbanas, el aumento del volumen del transporte intermodal, la difusión de corredores logísticos y ZEE, y en manera particular el crecimiento enorme de las inversiones para la construcción de infraestructura física a lo largo del globo. Una dinámica parecida ha ocurrido para la extracción de recursos naturales, en el ámbito global pero con efectos particularmente profundos en América Latina y en otros territorios periféricos: en las primeras dos décadas del nuevo siglo el uso global de *commodities* ha crecido con un ritmo mayor que el PIB mundial (3.85 % anual contra 2.64; Hickel y Kallis 2019). Si a estos datos se agrega que el propio PIB mundial crece con ritmos bien inferiores al periodo anterior al viraje neoliberal y que los índices globales de desempleo y de marginalidad social han aumentado enormemente, se puede notar cómo el crecimiento de las operaciones extractivas, logísticas y financieras en las últimas décadas ha acompañado la llamada caída de la tasa de ganancia de las empresas industriales, y la crisis de la "reproducción ampliada" del capital por medio de la inclusión cada vez mayor en el trabajo formal y el aumento exponencial del consumo de bienes industriales durables.

Sin embargo, lo más relevante del análisis de Mezzadra y Neilson es que estos autores no consideran extracción, logística y finanzas como meros sectores, que se refieren a la extracción minera o de hidrocarburos, al trabajo portuario y de transporte y a las operaciones en las bolsas de valores. Lo que estos autores intentan poner en evidencia es que extracción, finanzas y logística se están volviendo unas racionalidades privilegiadas del funcionamiento capitalista. La extracción, en particular, no es entendida únicamente en su forma literal y territorial, como acaparamiento de recursos del suelo y la biosfera, sino que es analizada como lógica que se ejerce cada vez más en el todo social, a menudo sobreponiéndose a los tradicionales mecanismos de explotación laboral. En este sentido, este concepto ampliado de extracción resuena con lo que Jason Moore ([2015]2017:45–46) llama "relaciones de apropiación", que junto con las "relaciones de explotación" configuran la manera en que se reproduce el capitalismo como "ecología-mundo". Mientras las relaciones de expropiación producen "trabajo social abstracto", las relaciones de apropiación producen "naturaleza social abstracta"[12]. Esta última es una condición indispensable para la reproducción del trabajo social abstracto, e inseparable de este último, y se configura, según Moore, alrededor de cuatro "factores de producción": trabajo no pago (trabajo esclavo pero también otras formas de extraer riqueza de la actividad humana no retribuida, como el trabajo doméstico históricamente ejercido por las mujeres; Federici 2015), comida, energía y materias primas. Factores que el capital logra "extraer" a cambio de nada, o de algo lo más posible cercano a nada[13].

Esta concepción ampliada de la extracción se vincula de manera intensa, según Mezzadra y Neilson, a las operaciones logísticas y financieras. Las operaciones financieras contemporáneas, por ejemplo, asumen un carácter específicamente extractivo en su relación constitutiva con la riqueza que debe ser producida

12 En su libro *Capitalism in the Web of Life. Ecology and the Accumulation of Capital* (2015), Moore propuso una concepción renovada de ley del valor, que tome en cuenta para la producción de valor tanto de las relaciones de expropiación (trabajo social abstracto) como de las de apropiación (naturaleza social abstracta).

13 La distinción propuesta por Moore de "relaciones de apropiación" y "relaciones de explotación" ofrece una lente analítica importante para enfrentar también el tema de los "afueras" del capital, tratado anteriormente. De hecho, Moore habla, al referirse a la necesidad del capital de apropiarse de forma barata de los cuatros "factores de producción", de "fronteras de las mercancías" (Moore [2015] 2017: 72).

en futuro a través de la cooperación social que las propias finanzas no organizan directamente (Mezzadra y Neilson 2019:163). Pero las operaciones extractivas son evidentes también en el funcionamiento de la logística y de las cadenas globales de abastecimiento. Más allá de la relación que se dé entre la extracción de recursos estratégicos en regiones dependientes y la necesidad de conectar estos enclaves con los centros de consumo y producción globales, la dimensión extractiva de la logística se encuentra en su capacidad de formar y guiar las actividades productivas: la riqueza viene generada a través de formas de coordinación que conectan y valorizan el posicionamiento espacial relativo de diferentes puntos de la producción. En este sentido, el momento logístico asume una posición externa ante la multiplicidad de los ambientes productivos y las diferencias que él mismo explota.

Al poner en evidencia el carácter propiamente extractivo del capitalismo contemporáneo, los autores remarcan que esto no significa que las actividades extractivas en sentido literal y territorial –es decir las que se configuran como una violenta extracción de recursos del suelo, el subsuelo y la biosfera–, controlen o manden sobre otras actividades, como parecen afirmar los teóricos latinoamericanos del llamado "neoextractivismo". Significa más bien que la extracción, siempre entendida en su acepción amplia y no estrictamente literal, se vuelve cada vez más necesaria para el capital para aumentar la tasa de ganancia en un momento de crisis de realización en la reproducción ampliada de la plusvalía. Si miramos a las operaciones financieras y logísticas contemporáneas, ellas actúan sobre espacios y ámbitos ya insertados en el orden capitalista (sobre los sistemas de *welfare* vía procesos de privatización, sobre la población pobre y marginal vía mecanismos de inclusión financiera, sobre el aparato industrial fordista vía procesos de descentralización productiva, deslocalización y ensamblaje, para hacer unos ejemplos), y de todos estos ámbitos permiten en cierta medida una mayor extracción de riqueza, de manera complementaria y nada sustitutiva de los aspectos productivos, pero sí de manera cada vez más incisiva.

h) Logística y luchas de la circulación en la *"longue durée"*

En la última década una serie de levantamientos han estallado a lo largo del mundo, muchas veces a partir de demandas relacionadas con la accesibilidad al transporte público, o contra los altos precios de la gasolina y otros bienes de primera necesidad, y han llevado a la proliferación de bloqueos de arterias urbanas, barricadas, ataque a infraestructuras y choque con las fuerzas policiales. Cada una de estas rebeliones tenía alguna otra demanda y respondía a alguna cuestión política específica, pero estos rasgos eran fundamentalmente comunes, tanto en las llamadas primaveras árabes de 2011, como en los estallidos de Turquía y Brasil en 2013, y en la serie de rebeliones que sacudieron Francia, Sudán, Haití, Hong Kong, Ecuador, Chile, Colombia, Irak, Líbano, Barcelona y Estados Unidos entre 2018 y 2019.

De alguna manera en línea con las formulaciones del Comité Invisible sobre el poder logístico y de las infraestructuras, Joshua Clover propuso una teoría sobre la relación entre estas formas de lucha, que él llama *riots*, con el creciente peso de la logística en la organización de los flujos en el capitalismo contemporáneo. Al hacerlo, retomó la perspectiva teórica de la sociología macrohistórica, desde las concepciones sobre la larga duración (*longue durée*) de Fernand Braudel (1953:69–73) a la teoría de los ciclos sistémicos de acumulación de Giovanni Arrighi ([1994]1999:7). Este último, al analizar el proceso de financiarización neoliberal de los años 80, había entendido que el capital financiero no representaba la última y más elevada de las etapas del capitalismo mundial, sino que por el contrario era un fenómeno recurrente de este último: "[a] lo largo de la era capitalista, las expansiones financieras han señalado la transición de un régimen de acumulación a escala mundial a otro" (Arrighi [1994] 1999: 8). En su opinión, la financiarización de la época neoliberal es el signo de la crisis de la hegemonía estadounidense y una situación que él define como "caos sistémico", una fase de guerras y competencia intercapitalista para el control de territorios y recursos que eventualmente podría desembocar en el ascenso de una hegemonía alternativa. Casi un siglo antes, Lenin ([1916]1973) había planteado que el ascenso de la "etapa superior del capitalismo", es decir el imperialismo, correspondía fundamentalmente al momento de auge del "capital financiero"; se trataba, tomando la referencia cronológica *arrighiana*, nada menos que de la anterior transición hegemónica, la que llevó a la gradual sustitución de la hegemonía británica con la estadounidense.

Según Arrighi, la escalada financiera de finales del siglo XIX e inicios del XX ni siquiera fue la primera, sino que habían ocurrido otras: la de finales del siglo XIII e inicios del XIV, que representó el caldo de cultivo en el cual se produjo la emergencia del primer ciclo sistémico de acumulación, el genovés; la de finales de siglo XVI y primera mitad del XVII, que propició el fin de la hegemonía genovesa y el ascenso de la holandesa; y la de la segunda mitad del siglo XVIII e inicios del XIX, que vio la sustitución de la hegemonía holandesa con la británica. Para ese autor, todas estas fases de expansión financiera se alternaron con otras de "expansión material", es decir de crecimiento constante y ampliado de producción y comercio, lo que normalmente se denomina "economía real". Para explicar su planteamiento, Arrighi aplicó la clásica fórmula marxiana DMD[1] a los ciclos de la economía-mundo:

> "La fórmula general del capital acuñada por Marx (DMD') puede interpretarse, por consiguiente, como la descripción no únicamente de la lógica de las inversiones de los capitalistas individuales, sino también de la pauta de comportamiento recurrente de capitalismo histórico como sistema-mundo. El aspecto central de la mencionada pauta radica en la alternancia de épocas de expansión material (fases DM de acumulación de capital) con fases de renacimiento y expansión financieros (fases MD'). [. . .] En su conjunto, las dos épocas o fases constituyen un *ciclo sistémico de acumulación* completo (DMD')" (Arrighi [1994]1999:18–19).

Bajo esta perspectiva, todos los ciclos sistémicos de acumulación, tanto en la etapa protoindustrial como durante el capitalismo industrial, efectivamente se despliegan en una fase DM (aunque antes dominada por el capital mercantil, y después por el capital productivo) y en otra MD[1]. Lo que queremos hacer es interrogarnos sobre cómo dichos ciclos de acumulación interesan el papel de la logística. De hecho, el propio Arrighi argumentó que es justamente en los periodos de "saltos" entre un ciclo y otro, es decir en los periodos de luchas intercapitalistas, caos sistémico y desplazamiento de excedentes de capital productivo y comercial hacia el nivel financiero, cuando se realizan las "revoluciones organizativas" de la economía-mundo capitalista (Arrighi [1994]1999:110). Es en estos momentos que la logística ha desempeñado históricamente un papel importante, pero su importancia sobresale al considerar específicamente aquellos ciclos de acumulación (británico y estadounidense) que han acompañado el desarrollo histórico del modo de producción capitalista tras la revolución industrial. En este sentido, Robert Brenner (2009) propuso considerar los ciclos británico y norteamericano como un único superciclo de acumulación.

Esta es la tesis que retoma Clover (2016). En su reciente libro *Riot. Strike. Riot*, este autor propone una lectura de los periodos del capitalismo a partir de los tipos de lucha paradigmáticos de las distintas fases. En toda la época que antecedió la Revolución Industrial, es decir hasta las guerras y revoluciones de finales del siglo XVIII e inicios del siglo XIX, la forma de lucha más común en Europa había sido el *riot*, palabra que en español es generalmente traducida como "disturbio", "motín" o "tumulto". El autor lo define como lucha dirigida a bajar los precios de las mercancías presentes en el mercado; es decir, una lucha en el ámbito de la circulación ("*circulation struggle*"). Más allá del carácter de destrucción generalizada que se le adjudica al *riot*, el fenómeno fue definido por el *Riot Act* de Jorge

I de Inglaterra en 1714 como simple "asamblea ilegal". Sus primeras definiciones lo asociaban al rechazo del alto precio del pan (*bread riots*) o al propio proceso de acumulación primitiva (*anti-enclosure riot*); pero tipos muy comunes de *riot* eran también los "*export riots*", "episodios donde el transporte de granos fuera del condado, especialmente en tiempos de escasez, era bloqueado por esfuerzos concentrados y coordenados" (Clover 2016:14). Lo que más importa, según Clover, son los espacios privilegiados donde ocurría el *riot*, es decir el mercado, la ciudad en sí misma, y sobre todo el puerto, como opuestos al espacio típico de la huelga (*strike*) que es la fábrica. Si el *riot* era una lucha sobre el control del precio de las mercancías, la huelga representaría la lucha sobre el control del precio de un determinado tipo de mercancía: la fuerza de trabajo. Una lucha, pues, centrada en el ámbito de la producción.

Es a partir de esta teorización que Clover considera la sucesión temporal de *riot* y *strike* a lo largo de los ciclos de acumulación, o más bien del superciclo de acumulación propuesto por Brenner. Según Clover, la primera fase del *riot* en el sistema-mundo capitalista corresponde al periodo de ascenso del ciclo sistémico de acumulación liderado por Gran Bretaña, el periodo que en el Reino Unido, y sucesivamente en el resto de Europa, se caracterizó por la acumulación primitiva y la tentativa, constantemente interrumpida por los *riots*, de despojar y "proletarizar" a las clases populares y asimilarlas en el nuevo régimen industrial. Si en esta fase el *riot* expresaba el rechazo a la proletarización en todo el continente europeo, el fenómeno abarcó el mundo atlántico en su conjunto. Como afirman Rediker y Linebaugh (2000), ese océano fue teatro, en el siglo XVIII y comienzos del siglo XIX, de importantes luchas en los puertos de las rutas coloniales, en los barcos, en las plantaciones. Muchas de las revoluciones de la época, de la Revolución de Independencia de Estados Unidos a la Revolución Francesa hasta la sistemáticamente olvidada Revolución de Haití, se originaron con *riots*, ataques a depósitos de mercancías, motines portuarios o callejeros.

En la primera parte del siglo XIX, poco a poco, en los países del capitalismo central, el *riot* primero se desplazó hacia el lugar mismo de la fábrica, como señala el fenómeno del "ludismo", y luego fue sustituido, como práctica de lucha privilegiada del proletariado, por la huelga. El año insurreccional de 1848 representó en Europa el ápice de esta transición, el momento en que ambas formas de lucha se fueron sobreponiendo y radicalizando. El periodo siguiente, de auge del imperio británico, representó, a su vez, el punto de ascenso de la huelga y la progresiva descalificación del *riot* como lucha espontánea, sin proyecto de clase, prepolítica. Sin embargo, lejos de bajar de intensidad durante la crisis hegemónica británica con el cambio de siglo, las huelgas se fueron generalizando en todo el mundo. Es aquí donde Clover adopta la idea de superciclo de acumulación británico-estadounidense:

> "Es cierto, el periodo que soportó el inicio del siglo XX fue por Gran Bretaña, en ese tiempo todavía al frente de la economía capitalista, un periodo financiero centrado en la circulación. Aquí, el funcionamiento del esquema abarcador de Arrighi se hace claro. Mientras Estados Unidos estaba experimentando su propia 'Larga Depresión' correspondiente al viraje de la economía británica de finales del siglo XIX, éste sin embargo monitoreó en ese periodo una notable expansión de la producción liderada por la segunda Revolución Industrial capaz de contrabalancear el declive británico" (Clover 2016:18).

El capital industrial, por lo tanto, se habría mantenido hegemónico, y con él el mecanismo de la reproducción ampliada de plusvalía en la economía-mundo capitalista, desde inicios del siglo XIX hasta 1973. Solo se habría movido su liderazgo geopolítico, de un lado al otro del Atlántico. Fue el periodo que Clover plantea ser hegemonizado por la huelga como forma de lucha preferente. Su punto de inflexión sería alrededor del 1968, cuando otra vez *strike* y *riot* se sobrepondrían y generalizarían, esta vez a escala global. Luego de ello, la economía-mundo viraría otra vez hacia la circulación y el *riot*, y es aquí donde la "revolución logística" cruzaría sus destinos con la transición hegemónica.

Logística y *riot*, a pesar de ser antitéticos –representando uno el orden y la sincronización del sistema, otro el desorden y la interrupción del mismo–, son ambos expresiones de la crisis, una crisis en primer lugar de la reproducción ampliada del mecanismo de la plusvalía. Si solo tomamos como referencia el crecimiento de la economía real a nivel mundial antes y después de 1973, los datos son emblemáticos: en el periodo 1961–73, el crecimiento anual promedio del PIB mundial fue de 5.5 %, mientras en el periodo 1974–2017 ha sido de poco más de la mitad (2.88 % anual), con puntas negativas en los últimos 17 años (2.64 % en promedio; BM 2018). Igualmente significativo es el histórico de la tasa de desempleo a nivel mundial: si entre 1947 y 1973 promediaba un 4.8 %, después de 1973 ha sido de 6.5 % (Clover 2016: 77)[14]. Además, en el trabajo que queda, es

14 En realidad, cuantificar el desempleo a escala mundial no es una tarea fácil, porque las estadísticas sobre la ocupación no toman en cuenta la complejidad y la heterogeneidad de lo que Marx ([1867]2011) llamaba "ejército industrial de reserva". De hecho, para la mayor parte de la población mundial el desempleo es prácticamente un lujo, y por eso muchos para sobrevivir entran en economías de subsistencia

mucho lo que se ha movido desde el ámbito de la producción agrícola e industrial hacia los sectores de logística, transporte, circulación, además de servicios. De la mano con todo lo anterior va la tendencia de largo plazo a la baja de las huelgas, cada vez más afectadas por el aumento del "ejército industrial de reserva" (Marx [1867]2011:379), pero también en contratendencia el aumento de las huelgas a lo largo de las cadenas globales de abastecimiento y los nudos logísticos (Allen 2015; Moody 2018).

Si los años 1971–73, marcados por el fin del sistema de Bretton Woods y la primera crisis energética global, señalan indudablemente el desplazamiento del excedente de capital al nivel financiero y el inicio de un poderoso proceso de financiarización, al mismo tiempo ellos definen, como vimos, un tiempo en el cual la adopción de "ajustes espaciales" y el reordenamiento de los territorios a través de la producción de infraestructura logística para el más rápido y eficiente movimiento de mercancías y capitales se vuelve cada vez más frecuente. Desde este punto de vista, retomando las palabras del colectivo Into the Black Box, la logística se configura como "la búsqueda desesperada de vender mercancías imponiendo una estructura de la circulación, configurándose como tentativa de solución de la crisis de los ciclos capitalistas" (Into the Black Box 2018). La logística emerge entonces como una de las racionalidades capitalistas privilegiadas en tiempos de crisis, de transición, de caos sistémico, de financiarización de la economía.

La propuesta teórica de Clover es una herramienta útil para encuadrar la logística en el actual periodo de caos sistémico. Su descripción, sin embargo, está fuertemente centrada en los tradicionales centros capitalistas, lo cual invisibiliza los países periféricos, donde el mecanismo de la plusvalía relativa siempre ha sido secundario y donde el tumulto, el disturbio, el mitin, o incluso la insurrección o la defensa armada de los pueblos jamás han dejado de ser opciones centrales de

informales que están condicionadas por el sistema capitalista pero que no son regidas por la acumulación. Las altas tasas de desempleo son un fenómeno más común en el capitalismo avanzado, donde mecanismos de *welfare* público o familiar permiten una sobrevivencia, aunque precaria, sin trabajo. En estos países, de hecho, las tasas de desempleo, desde una situación de casi pleno empleo en la década de 1950, tuvieron aumentos enormes en las últimas cuatro décadas, y más aún tras la crisis de 2007–2008. Sin embargo, si consideramos la cuota de "empleo vulnerable" a nivel global, ese monto llega al 48 % (o más, considerando las dificultades de medir el trabajo informal) de la población total, cinco veces más del nivel anterior a la última crisis (OIT 2014; Srnicek y Williams 2015: 326–327).

lucha. Por otro lado, cabe subrayar que Clover reflexiona solo superficialmente sobre la posibilidad de que frente a la crisis hegemónica de Estados Unidos pueda surgir un liderazgo alternativo en Asia Oriental, más específicamente en China, donde tanto el trabajo fabril como las huelgas obreras han crecido enormemente en las últimas dos décadas[15], un país que, sin embargo, entiende su proyecto hegemónico sobre el planeta justamente a partir del control de los principales nudos, corredores y flujos logísticos globales, como denota su proyecto de integración de infraestructura Belt and Road Initiative.

Es justamente en este contexto de ascenso de Asia oriental, de deslizamiento hacia el Pacífico del eje gravitacional del sistema-mundo capitalista, y de aumento de las relaciones económicas y comerciales entre China y los países del sur global, que se promueve y desarrolla –no sin contradicciones, crisis y rupturas– el ambicioso proyecto de la Iniciativa para la Integración de la Infraestructura Regional Sudamericana.

Bibliografía

AGUIAR, Diana. 2017. *A geopolítica de infraestrutura da China na América do Sul. Um estudo a partir do caso do Tapajós na Amazônia brasileira*, Rio de Janeiro: Act!onaid e FASE.

ALLEN, Joe. 2015. "Studying Logistics," in *Jacobin*, February 12. https://www.jacobinmag.com/2015/02/logistics-industry-organizing-labor/ acceso 29 de abril de 2020.

ANTUNES, Ricardo. 2018. *O privilégio da servidão. O novo proletariado de serviços na era digital*, São Paulo: Boitempo.

ARBOLEDA, Martín. 2018. "Extracción en movimiento: circulación del capital, poder estatal y urbanización logística en el norte minero de Chile", en *Investigaciones Geográficas*, Universidad de Alicante.

ARBOLEDA, Martín. 2020. *Planetary Mine. Territories of Extraction under Late Capitalism*, London: Verso.

Armstrong and Associates. 2015. *3PL Market Analysis Report.*

ARRIGHI, Giovanni. [1994]1999. *El largo siglo XX.* Madrid: Akal Ediciones.

AZFA (Asociación de Zonas Francas de las Américas) 2018. En www.asociacionzonasfrancas.org acceso 29 de marzo de 2020.

BERNARDO, João. 1991. *Economia dos conflitos sociais.* São Paulo: Cortez Editora.

BOLOGNA, Sergio. 2013. *Banche e crisi. Dal petrolio al container.* Roma: DeriveApprodi.

15 Sin embargo, en los últimos años estos índices han empezado a declinar (Crothall 2018), lo que confirmaría la opinión de algunos autores (Zhang 2017) de que la propia China haya entrado en la fase M-D^{1} de su propio ciclo de acumulación.

BOLOGNA, Sergio. 2017. Tempesta perfetta sui mari. Il crack della finanza navale. Roma: DeriveApprodi.

BONACICH, Edna; WILSON, Jake B. 2008. *Getting the goods: Ports, labor, and the logistics revolution*. Ithaca: Cornell University Press.

BOWKER, Geoffrey C. 1995. "Second Nature Once Removed: Time, Space and Representations". *Time and Society*, n. 1. University of Edinburgh.

BRAUDEL, Fernand. 1953. "Qu'est-ce que le XVIe siècle", in Annales d'histoire èconomique et sociale, v. 8, n 1, Paris.

BRENNER, Robert. 2009. *La economía de la turbulencia global. Las economías capitalistas avanzadas de la larga expansión al largo declive 1945–2005*, Madrid: Akal.

BRENNER, Neil; Schmidt, Christian. 2015. "Towards a new epistemology of the urban?", in *City: analysis of urban trends, culture, theory, policy, action*, University of Manchester: Routledge, Taylor & Francis Group.

CLOVER, Joshua. 2016. Riot. Syrike. Riot. The new era of uprisings. London: Verso.

COMITÉ INVISIBLE. 2014. *A nuestros amigos*, Madrid: Errata naturae.

COWEN, Deborah. *The Deadly Life of Logistics: Mapping Violence in the Global Trade*. Minneapolis: University of Minnesota Press, 2014.

DELEUZE, Gilles; GUATTARI, Félix. 1987. *A Thousand Plateaus: Capitalism and Schizophrenia*, London: Athlone.

DE STAVOLA, Federico. 2016. *Il lavoro nella fabbrica globalizzata: regime produttivo, conflitto e soggettività nella maquila di Monclova, Messico*. Tesi di laurea specialistica, Facoltá di Scienze Politiche, Alma Mater Studiorum-Universitá di Bologna.

EASTERLING, Keller. 2014. *Extrastatecraft. The Power of Infrastructure Space*, London: Verso.

FALERO, Alfredo. 2015. "La expansión de la economía de enclaves en América Latina y la ficción del desarrollo: siguiendo una vieja discusión en nuevos moldes", en *Revista Mexicana de Ciencias Agrícolas*. v. 1. Estado de México: Instituto Nacional de Investigaciones Forestales, Agrícolas y Pecuarias.

FEDERICI, Silvia. [2004]2015. *Calibán y la bruja. Mujeres, cuerpo y acumulación originaria*, Buenos Aires: Tinta Limón; Ciudad de México: Pez en el árbol.

FERNÁNDEZ-SAVATER, Amador. 2015. "La revolución como problema técnico: de Curzio Malaparte al Comité Invisible", en eldiario.es. https://www.eldiario.es/interferencias/Curzio_Malaparte-Comite_Invisible_6_447315274.html acceso 20 de marzo de 2019.

FONTES, Virgínia. 2010. *O Brasil e o capital-imperialismo: teoria e história*. Rio de Janeiro: EPSJV/UFRJ.

FOUCAULT, Michel. [1971]2004. *Nietzsche, la genealogía, la historia*, Valencia: Pre-Textos.

FOUCAULT, Michel. [1977–78]2006. *Seguridad, territorio, población. Curso en el Collége de France (1977–1978)*, Ciudad de México: Fondo de Cultura Económica.

FOUCAULT, Michel. [1978–79]2007. *Nacimiento de la biopolítica. Curso en el Collége de France (1978–1979)*, Ciudad de México: Fondo de Cultura Económica.

FRAPPORTI, Mattia. 2017. *Lo spazio logistico dell'Europa unita. Jean Monnet e la razionalità dell'integrazione*. Tesi di dottorato in Storia delle dottrine politiche, dottorato di ricerca in Storia, culture, civiltá, Alma Mater Studiorum – Università di Bologna.

GAGO, Verónica; MEZZADRA, Sandro. 2015. "Para una crítica de las operaciones extractivas del capital. Patrón de acumulación y luchas sociales en el tiempo de la financiarización", *Nueva Sociedad.* n. 255.

GEREFFI, Gary. 2001. "Las cadenas productivas como marco analítico para la globalización". En *Problemas del Desarrollo*, v. 32, n. 125, Abril-Junio, México D.F., IIEc-UNAM.

GEREFFI, Gary; KORZENIEWICZ, Miguel. 1994. *Commodities Chains and Global Capitalism.* Westport: Greenwood.

GRAPPI, Giorgio. 2016. *Logistica*, Roma: Ediesse.

HARNEY, Stefano. Giugno 2018. "Genealogie della logistica". In *Zapruder.* n. 45. Bologna.

HARNEY, Stefano; MOTEN, Fred. 2013. *The Undercommons: Fugitive Planning and Black Study.* Wivenhoe, Minor Compositions.

HARVEY, David. [2001]2007. *Espacios del capital. Hacia una geografía crítica*, Madrid: Ediciones Akal.

HARVEY, David. [2003]2004. *El nuevo imperialismo*, Madrid: Akal Ediciones.

HARVEY, Penelope, BRUUN JENSEN, Casper, MORITA, Atsuro. 2016. *Infrastructures and Social Complexity: A Companion*, London: Routledge.

HERRERA SANTANA, David. 2017. *Hegemonía, poder y crisis. Bifurcación, espacialidad estratégica y grandes transformaciones globales en el siglo XXI*, Ciudad de México: Universidad Nacional Autónoma de México, Ediciones Monosílabo.

HERRERA SANTANA, David. 2019. "Geopolítica de la fragmentación y poder infraestructural. El Proyecto *One Belt, One Road* y América Latina". En *Gepolítica(s). Revista de estudios sobre espacio y poder*, Madrid: Ediciones Complutense, 41–68.

HILFERDING, Rudolf. [1910]2006. *Finance Capital: A Study of the Latest Phase of Capitalist Development*, London: Routledge & Kegan Paul.

Into the Black Box. 2018 (visitada en el 2019). "Manifiesto de crítica logística" http://www.intotheblackbox.com/manifesto/manifiesto-de-critica-logistica/ acceso 29 de abril de 2020.

KURZ, Robert. [1991]1993. O colapso da modernização: da derrocada do socialismo de caserna à crise da economia mundial: Rio de Janeiro: Paz e Terra.

LARKIN, Brian. 2013. "The Politics and Poetics of Infrastructure", in *Annual Review of Anthropology*, pp. 327–343.

LAZZARATO, Maurizio. 2019. *Fascismo ou revolução. O neoliberalismo em chave estratégica*, São Paulo: N-1 edições.

LEFEBVRE, Henri. [1978]2009. "Space and the State". In *State, Space, World*, Minneapolis-London: University of Minnesota Press.

LENIN, Vladimir Illich. [1916]1973. *El imperialismo, fase superior del capitalismo.* Pekín: Editorial del Pueblo.

LINEBAUGH, Peter; REDIKER, Marcus. 2000. *The Many-Headed Hydra: Sailors, Slaves, Commoners, and the Hidden History of the Revolutionary Atlantic.* London: Verso.

LUXEMBURG, Rosa. [1913]2003. *The Accumulation of Capital*, New York: Routledge.

MALAPARTE, Curzio. [1931]2007. *Tecnica del colpo di Stato*, Barcelona: Ariel.

MANN, Michael. 2006. "El poder autónomo del Estado: sus orígenes, mecanismos y resultados". En *Revista Académica de Relaciones Internacionales*, n. 5, pp 1–43.

MARX, Karl. [1867M]2011. *El Capital.* Tomo I. México D.F.: Siglo xxi editores.

MARX, Karl. [1885]1982. *El Capital*. Tomo II. México D.F.: Fondo de cultura económica.

MARX, Karl. [1857–58]1978. *Líneas fundamentales de la crítica de la economía política «Grundrisse»*. Barcelona: Crítica.

MASTANDREA, Michele. 2018. "Corridoi di seta", in *Zapruder*, n. 46, Maggio-agosto.

MEZZADRA, Sandro; NEILSON, Brett. 2015. "Operations of Capital", in *The South Atlantic Quarterly*, 114:1, January. Durham and London: Duke University Press.

MEZZADRA, Sandro; NEILSON, Brett. 2019. *The Politics of Operations. Excavating Contemporary Capitalism*. Durham and London: Duke University Press.

MOORE, Jason. [2015]2017. *Antropocene o Capitalocene? Scenari di ecologia-mondo nella crisi planetaria*, Verona: Ombre corte.

NEGRI, Antonio; HARDT, Micheal. 2004. *Moltitudine. Guerra e democrazia nel nuovo ordine imperiale*, Segrate: Rizzoli.

NEILSON, Brett. 2012. "Five theses on understanding logistics as power". In *Distinktion: Scandinavian Journal of Social Theory*, v. 13, n. 3, December.

NEILSON, Brett. September 2014. "Zones: Beyond the Logic of Exception?". In *Concentric: Literary and Cultural Studies*, Taipei, pp. 11–28.

OIT (Organización Internacional del Trabajo) 2007 (visitada en 2018): www.ilo.org/public/lib doc/ilo/2007/107B09_80_engl.pdf acceso 3 de mayo de 2020.

ONG, Aihwa. 2006. *Neoliberalism as Excepcion. Mutations in Citizenship and Soiverignty*, Durhan-London: Duke University Press.

POSTONE, Moishe. 1993. *Time, Labor, and Social Domination*, Cambridge University Press.

PREOBRAZHENSKY, Yevgeni. 1965. *The New Economics*, Oxford: Clarendon.

SANTOS, Milton. 2002. *A Natureza do Espaço, Técnica e tempo. Razão e emoção*, São Paulo: Edusp.

SASSEN, Saskia. 1999. *La ciudad global: Nueva York, Londres, Tokio*. Buenos Aires: Eudeba.

SASSEN, Saskia. 2010. *Territorio, autoridad y derechos: De los ensamblajes medievales a los ensamblajes globales*. Buenos Aires: Katz Editores.

SMITH, Neil. [1984]2008. *Uneven Development. Nature, Capital, and the Production of Space*, Athens: The University of Georgia Press.

SRNICEK, Nick; WILLIAMS, Alex. 2015. *Inventare il futuro. Per un mondo senza lavoro*, Roma: Nero.

STAR, Susan Leight; RUHLEDER, Karen. 1996. "Steps Towards an Ecology of Infrastructture: Design and Access for Large Information Spaces", *Information Systems Research 7*, n. 1, Catonsville.

Statista 2019. "Number of Amazon employees". En https://www.statista.com/statistics/234488/number-of-amazon-employees/ acceso 3 de mayo de 2020.

TSING, Anna. 2009. "Supply Chains and the Human Condition". In *Rethinking Marxism, v.* 21, n. 2. London.

The Transport of Geography. En https://transportgeography.org/?page_id=5343 acceso 3 de mayo de 2020.

TRONTI, Mario. ([1966] 2013). *Operai e capitale*, Roma: Derive Approdi.

Visual Capitalist 2019: https://www.visualcapitalist.com/20-internet-giants-rule-web/ acceso 3 de mayo de 2020.

VAN CREVELD, Martin. [1977]2004. *Supplying War: Logistics from Wallerstein to Patton*. Cambridge: Cambrisge University Press.

ZHANG, Xin. 2017. "Chinese Capitalism and the Maritime Silk Road: A World-Systems Perspective", *Geopolitics*, Taylor & Francis, London.

II

EL NEOLIBERALISMO EN AMÉRICA LATINA Y LOS ORÍGENES DE LA IIRSA

"Mi preferencia personal se inclina a una dictadura liberal y no a un gobierno democrático donde todo liberalismo esté ausente"
Friedrich von Hayek, entrevista a *El Mercurio*, 12 de abril de 1981

"Nunca hubo ninguna chance de neoliberalismo aquí. Este es un país muy pobre y el Estado siempre tendrá un papel importante en la atenuación de diferencias sociales"
Fernando Henrique Cardoso, entrevista al *Financial Times*, abril de 2002

El periodo histórico que marca la actual coyuntura del orden global ha tenido las más diversas definiciones, pero la forma más común y la que más acuerdos ha generado para caracterizarlo, es la noción de "neoliberalismo". Este modelo ha tenido efectos diferentes y heterogéneos a lo largo del globo, que han impactado fuertemente con la división internacional del trabajo y los patrones de reproducción del capital en cada área regional. América Latina, en este sentido, ha vivido procesos de ulterior periferización en el marco de las geografías de desarrollo desigual capitalista, asistiendo a fenómenos de reprimarización de la economía o, cuando esta no ocurrió, a otros tipos de especializaciones productivas volcadas a la exportación. Estos procesos, de la mano con la emergencia de la extracción, la logística, y las finanzas como lógicas privilegiadas de expansión de las fronteras del capital a nivel global, han conllevado una fase de fuerte ataque a los territorios, y la emergencia de lógicas de reorganización de los mismos a partir de las necesidades de "aniquilamiento del espacio por el tiempo" (Marx 1978) que se han ido materializando en planes de conexión infraestructural. Uno de ellos es la Iniciativa para la Integración de la Infraestructura Regional Suramericana (IIRSA).

a) La construcción de la hegemonía neoliberal en el mundo

Hablar de neoliberalismo implica siempre especificar qué se entiende por este concepto, porque no siempre hay consenso sobre su funcionamiento, sobre cuáles políticas o dispositivos concretos conlleva. La opinión corriente reduce las políticas neoliberales a un "monetarismo del *laissez-faire*", una política de privatizaciones y reducción generalizada del tamaño del Estado y de su intervención en el orden económico ("Estado mínimo"), una reedición del liberalismo decimonónico reforzado por una mayor sofisticación de los instrumentos financieros y que ve como supuesto filosófico la idea de la naturalidad del mercado.

Más allá de esta mirada "vulgar" hay interpretaciones más útiles al entendimiento de este fenómeno. En primer lugar, el término neoliberalismo surgió históricamente como proyecto político de un grupo de intelectuales y economistas liberales que se reunieron por primera vez en París en 1938 en el Convenio Walter Lippman, para establecer las bases de un proyecto político de refundación del liberalismo, en un momento en que este último fue abandonado ante acontecimientos como la Segunda Guerra Mundial, la Revolución Rusa, la crisis de 1929, el ascenso de los fascismos y las políticas del New Deal. A diferencia del liberalismo clásico, estos intelectuales, que se articularon a partir de 1947 en la sociedad de Mont-Pelerin, no creían en una naturalidad ontológica del mercado, sino más bien en la necesidad histórica y política de crear artificialmente un sistema basado en los mercados y la competencia. El liberalismo clásico anterior a la crisis de 1929 planteaba que "gobernar bien" era abstenerse lo más posible de la intervención en los mercados, porque esos mercados eran naturales y desde allí surgían las leyes económicas que los gobernantes debían aprender a respetar, si querían mantener un buen funcionamiento de la economía. Esta mirada, común a los pensadores liberales de antaño, fue en realidad muy poco respetada en la práctica y, hasta en el pleno de la edad de oro del liberalismo victoriano, muchas políticas económicas estatales continuaban siguiendo los principios del mercantilismo: es el caso, por ejemplo, de las políticas proteccionistas de Abraham Lincoln en Estados Unidos, aunque esto valió de hecho para casi todas las economías que tomaron el camino del "desarrollo", mientras el libre comercio puro funcionó solo, y de manera más bien coercitiva, en las economías colonizadas (Bairoch 1993). Sin embargo, aunque se mantuvieran, y con la crisis de fin del siglo se difundieran políticas proteccionistas y de monopolios, la preferencia de los economistas hasta 1929 se dirigió hacia un liberalismo doctrinario.

Es justamente contra este liberalismo doctrinario que movió la crítica de los teóricos neoliberales. Para ellos, la tarea para la construcción de un nuevo liberalismo implicaba no tanto respetar la naturalidad de los mercados, sino actuar profundamente en la economía para construir, ampliar, extender los mercados, fabricarlos a través de un conjunto de arreglos e infraestructuras materiales, técnicas y legales. Para ello, el Estado tenía una importancia fundamental, pero había divergencias entre las distintas escuelas: mientras el ordoliberalismo alemán consideró la centralidad de la intervención del Estado en economía, ya no para reducir las desigualdades producidas por el capitalismo, como postulaba la teoría keynesiana, sino para fortalecer al propio capitalismo y favorecer la inclusión de las clases populares en los circuitos de consumo, el neoliberalismo estadounidense se propuso realizar lo mismo sustentándose menos en la inversión pública y más en la generalización de tecnologías de gobierno dirigidas a la construcción de una subjetividad, una ética, unos afectos neoliberales gestionados a través del cálculo de un "capital humano" (Becker 1964). Ambas teorías, lejos de ser aplicadas de forma homogénea, fueron puestas en marcha en tiempos y lugares diferentes y fueron ensambladas entre sí y aplicadas a realidades complejas de forma distinta.

Los intelectuales franceses Pierre Dardot y Christian Laval (2013), a partir de una recuperación del curso de Michel Foucault *Nacimiento de la biopolítica* ([1978–79]2007), profundizaron el estudio de los teóricos del neoliberalismo en clave genealógica, llegando a conceptualizar el neoliberalismo no solo como algo más que una ideología o política económica, sino como verdadera racionalidad gobernante o "razón del mundo". Una racionalidad que opera en todos los niveles de la vida social (en el trabajo, en la salud, en la educación, en el amor y los afectos, y en el propio nivel del Estado) y que al hacerlo condiciona las conductas, crea constantemente nuevas subjetividades a partir de la lógica de los negocios y transforma la relación entre el Estado, la sociedad y el individuo.

Otra interpretación del neoliberalismo ha surgido del análisis de David Harvey ([1989]2000) sobre las formas de "acumulación flexible" que, a partir de los años 70, comenzaron a imponerse en el mundo ante la crisis del modelo de acumulación fordista y gracias a las innovaciones que en ese tiempo se dieron en el terreno de la organización del trabajo, la revolución logística, la financiarización de la economía y los nuevos modelos de regulación global. De hecho, a cada patrón de acumulación corresponde también un "modo de regulación" específico, es decir "un cuerpo de reglas y procesos sociales interiorizados" (Lipetz 1986:19). En tiempos más recientes, Harvey ([2003]2004) innovó ulteriormente su caracterización del neoliberalismo al considerar los procesos de "acumulación por desposesión" que este genera, es decir, nuevas formas de acumulación primitiva reiteradas en el tiempo y la creación continua de nuevas "mercancías ficticias" (Polanyi 1944). Rosa Luxemburgo ([1913]2003) ya había señalado que el capital, para reproducirse, necesita siempre de un "afuera" para conquistar. La construcción de estos mercados, es decir la conquista de este afuera, la mercantilización de espacios aún no mercantilizados, puede ocurrir de manera literal-territorial, es decir como conquista por parte del capital de espacios y territorios aún no completamente integrados al sistema capitalista tales como, en el caso de Sudamérica, el avance de actividades capitalistas de agronegocio y minería en el corazón del Amazonas. Pero también puede tratarse de la mercantilización de ámbitos no territoriales como la asistencia sanitaria y la educación, o incluso de esferas de la propia subjetividad.

Por último, otra forma de entender el neoliberalismo se refiere a las concepciones de los teóricos del sistema-mundo, como Immanuel Wallerstein y Giovanni Arrighi. Para ellos, el neoliberalismo representa un momento específico del capitalismo en la actual fase de crisis del ciclo de acumulación liderado por Estados Unidos, un momento en el que, como ocurrió en otras crisis hegemónicas en el pasado en una fase de caída de las tasas de ganancia, el capital se orienta más hacia la inversión en los circuitos financieros que en la producción y el comercio. Esto ocurrió concretamente después de la crisis de 1973 y generó fuertes desequilibrios en el sistema y tensiones competitivas, que fueron enfrentadas durante los años 80 por parte de Estados Unidos con la receta neoliberal.

El neoliberalismo no se ha afirmado hegemónicamente en escala global de un día al otro, sino que ha sido un proceso lento y discontinuo. Para que las corrientes neoliberales pudieran lograr su objetivo, se necesitó una positiva articulación entre un trabajo hegemónico de los distintos *think tanks* neoliberales en todas las esferas, la capacidad de aprovechar la ocasión histórica, representada en general por la crisis del modelo fordista-keynesiano a inicios de la década de 1970 y, en el caso sobre todo de América Latina, por los golpes militares realizados en esos mismos años para frenar el avance de las fuerzas populares. El primer laboratorio de aplicación de las teorías neoliberales a nivel gubernamental empezó ya en 1948 en la República Federal Alemana, donde un grupo de economistas ordoliberales fue encargado de la reconstrucción de la nación tras la tragedia nazi. Si bien se trató de un experimento a medias, que no logró detener a mediano plazo la construcción de un Estado social amplio y el poder de los sindicatos, el ordoliberalismo alemán sí pudo construir una duradera tradición de gobierno, de modo tan eficaz que en el largo plazo sus principios de "economía social de mercado" llegaron a ser adoptados por la propia Unión Europea, mientras sus ideas encontraron difusión mundial a través de una red de *think tanks* y conexiones creadas por la democracia cristiana alemana. Sin embargo, el triunfo de esos principios y esas ideas a escala global tuvo que esperar la crisis del modelo fordista-keynesiano.

Hacia finales de los sesenta, tras dos décadas de robusto crecimiento, el modelo fordista empezó a dar signos de agotamiento en el propio centro del sistema: Estados Unidos. El estancamiento tuvo muchos factores. En primer lugar, se registró una crisis del método fabril de tipo taylorista, que se sostenía sobre el círculo virtuoso: aumento de la productividad-reducción de costos-aumento de las ganancias-incentivo a la inversión. Las primeras señales del estancamiento de este mecanismo de las economías de escala se verificaron en 1964–65, cuando la productividad media empezó a bajar. Esta baja se debió en primer lugar al gigantismo industrial: de hecho, las grandes firmas productoras estaban imposibilitadas de crecer infinitamente, ya que se constató que después de cierto nivel los costos totales y sobre todo organizativos tendían a aumentar en vez de bajar. En esa situación, la única posibilidad de aumentar la productividad era con el estímulo a la demanda, la extensión del consumo y la búsqueda de nuevos mercados. Pero en el nivel del consumo también se produjo cierto estancamiento de la demanda de electrodomésticos, medios de transporte, productos eléctricos y electrónicos y medios de comunicación debido a que casi todas las familias ya poseían estos bienes. Al mismo tiempo, el estímulo público al consumo era momentáneamente bloqueado por el importante gasto representado por la guerra en Vietnam. La mayor demanda extranjera también estuvo bloqueada, dado que EE. UU. tenía un intercambio comercial reducido y además, a finales de la década de 1960, había una fuerte inestabilidad internacional, tanto a nivel político con un fuerte aumento de contestaciones, movimientos e insurrecciones anticoloniales y antimperialistas, y las tensiones geopolíticas de la Guerra Fría, como a nivel económico, con fuertes tensiones sobre el dólar (Fumagalli 2006:24–27). En ese contexto, la cada vez más manifiesta incapacidad de la Reserva Federal de mantener el sistema de cambios fijos, sobre todo tras el fuerte crecimiento del mercado de los eurodólares, puso en crisis el patrón oro, pilar del sistema monetario internacional. El fin del llamado sistema de Bretton Woods (1944–71), al flexibilizar el precio del oro frente al dólar, hizo lo mismo con el de las demás materias primas. El estallido de la guerra arabo-israelí del Yom Kippur en 1973 aceleró una tendencia cuyas condiciones ya estaban puestas, y determinó una crisis global del petróleo (Amato y Fantacci 2009:101–114), la primera de las crisis especulativas de la época neoliberal y que representó, según Arrighi ([1994]1999), el momento de "crisis señal" de la hegemonía estadounidense en el sistema-mundo capitalista. Esta fue la "ocasión" que los neoliberales aprovecharon para dar una solución política nueva al estancamiento de las economías occidentales. En este sentido, el neoliberalismo logró aprovechar para su beneficio el momento de transición de una etapa de expansión de la economía material (DM) a una de expansión de la economía financiera (MD[1]).

A la crisis del taylorismo se sumó la del keynesianismo. El 1975 fue el primer año desde la Segunda Guerra Mundial en que contemporáneamente el nivel de consumo de casi todos los países del capitalismo central bajó (Fumagalli 2006:27–30). Ante una reducción del crecimiento, y por ende de la carga impositiva de los Estados, las tradicionales políticas contracíclicas keynesianas se transformaron en deuda pública y en un fuerte aumento de la inflación. Además, por primera vez, y contrariamente a lo previsto por Keynes, la inflación acompañó a un aumento generalizado del desempleo, dando vida a una crisis de "estanflación" (estancamiento con inflación). Si bien hasta finales de los setenta la deuda pública se sustentó gracias a las bajas tasas de cambio, fue el cambio de política monetaria de la Reserva Federal en 1980–81, bajo la gestión Volcker y la presidencia de Ronald Reagan, que aplicó un alza radical de las tasas de interés, lo que condujo a la crisis de la deuda pública de muchos países, sobre todo en el Tercer Mundo, y a la implementación forzada e impuesta por el FMI de los famosos planes de ajuste estructural. La imposición de políticas monetaristas por EE. UU. y la Gran Bretaña de Margaret Thatcher, lejos de representar el comportamiento general del neoliberalismo, fue un poderoso medio con que los centros hegemónicos en declive impusieron un radical cambio de patrón a los demás países. Se trató de la llamada "doctrina del shock" (Klein 2007). En muchos países de América Latina, este *shock* fue particularmente brutal, y fue acompañado con golpes y dictaduras militares. En primer lugar en Chile, verdadero laboratorio no solo en términos de arreglos normativos y gubernamentales, sino que por su alto costo de sangre, terror y muerte.

b) La construcción de la hegemonía neoliberal en América Latina

Durante la década de 1960, los equilibrios latinoamericanos fueron atravesados por fuertes terremotos y tanto el modelo de industrialización por sustitución de importaciones (ISI) como los pactos populistas que los garantizaban a nivel político fueron cuestionados por la izquierda y la derecha. En la izquierda, los movimientos obreros y campesinos aumentaron su radicalismo inspirados por el triunfo de la Revolución Cubana, mientras nuevas teorías vinculadas a la cuestión de la dependencia criticaban los límites de las políticas desarrollistas promovidas por la Comisión Económica para América Latina (CEPAL), la viabilidad de los proyectos de conciliación de clases y las políticas llevadas a cabo hasta el momento por la Tercera Internacional. En el caso de la derecha, hubo un fortalecimiento de la hegemonía norteamericana en la región y de sus iniciativas de interferencia, movidas por el clima geopolítico de la Guerra Fría y por las necesidades del capital transnacional de buscar nuevas formas y espacios de valorización para contrarrestar la caída de la tasa de ganancia.

El golpe de 1964 en Brasil inauguró la temporada de dictaduras militares en el Cono Sur. En este país, un grupo de militares formados en la Escuela de las Américas y financiado por la CIA, derrocó a finales de marzo al presidente João Goulart, que estaba llevando a cabo un paquete de "reformas de base" con el objetivo de radicalizar las conquistas logradas durante los gobiernos de Getúlio Vargas. Como revelan documentos y testimonios posteriores (McPherson 2016), si el gobierno legítimo hubiese decidido resistir la iniciativa golpista, como propuso el gobernador de Rio Grande do Sul Leonel Brizola, el apoyo de Estados Unidos al golpe se habría convertido en una intervención directa. El año siguiente, el gobierno norteamericano también apoyó a la facción reaccionaria en la guerra civil que sacudió la República Dominicana tras la muerte del dictador Trujillo.

La dictadura brasileña iniciada en 1964 se movía todavía en una "razón gubernamental" desarrollista, aunque compensada con medidas de represión de las reivindicaciones laborales, de defensa del latifundio y de mayor apertura a la inversión extranjera directa. De esta manera, si por un lado se fortaleció el proceso de industrialización e incluso la burocracia estatal, por otro el nacional-desarrollismo se transformó en un desarrollismo dependiente asociado al gran capital transnacional (Marini 1966), un modelo ya parcialmente experimentado durante el gobierno de Juscelino Kubitscheck (1955–60).

También gozando del apoyo norteamericano, las dictaduras uruguaya, chilena y argentina, iniciadas en los años 70, en vísperas o después de la crisis energética de 1973, no se limitaron a aplicar medidas de austeridad fiscal, sino que dieron un salto cualitativo en la destrucción del modelo de sustitución de importaciones hacia el retorno a un modelo económico centrado en las ventajas comparativas (Ricardo [1817] 2004). En Uruguay, que era el país con el mayor nivel de estado de bienestar de la región, esta política de destrucción neoliberal llevó a una reducción del gasto público, una apertura a la circulación del capital y una mayor concentración de la tierra, pero mantuvo muchos elementos del viejo modelo de Estado de bienestar. En Argentina, gracias a una política de eliminación de aranceles, el sector industrial fue desmantelado en manera más radical, el PIB cayó un 25 % hasta 1982, mientras que el PIB per cápita se redujo un 15 % y los salarios reales un 40 % (Novaro y Palermo 2007). Al mismo tiempo, la junta militar llevó a cabo una reforma financiera que liberalizó el mercado de capitales y que sometió al país a una serie de crisis de deuda que todavía la afligen.

El gobierno que más que cualquier otro buscó un cambio de 360° en el modelo económico y político y de la propia subjetividad social de sus ciudadanos fue la dictadura chilena. El programa económico que Pinochet adoptó desde 1975 se basaba en un documento (llamado Programa de Desarrollo Económico, más conocido como "El Ladrillo") ideado por un grupo de economistas egresados de la Facultad de Economía en la Universidad de Chicago (de ahí el apodo de "Chicago Boys") bajo la supervisión de Milton Friedman. Este programa preveía dos etapas: la primera, de "demolición", tenía como objetivo la rápida y absoluta destrucción del modelo anterior y su sustitución por una matriz económica primario-exportadora; en un segundo momento, de "estabilización", se sentarían las bases para la construcción de un nuevo Estado, que no era "mínimo", sino "subsidiario" al capital, y cuya función era la apertura activa de los mercados a la acumulación privada.

Una primera intervención legislativa de la dictadura fue la contrarrevolución agraria, que no se limitó a quitar la tierra a los campesinos que habían sido beneficiados bajo los gobiernos de Frei y Allende, sino que pretendía crear una nueva clase capitalista agroexportadora. Igual que en Argentina, el sistema industrial chileno cayó un 25 % (Faletto 2007) debido al fin de los aranceles y las subvenciones públicas a la exportación. Un nuevo Código Laboral atacó ferozmente los derechos de los trabajadores, anulando entre otras cosas la negociación colectiva, incluso la justicia laboral, y prohibiendo las huelgas en la administración pública. Desde el punto de vista macroeconómico, se impuso la autonomía del Banco Central, la liberalización total de los tipos de cambio y los precios, y la apertura al capital extranjero. Los recursos hídricos también se privatizaron con el Código del Agua de 1981. Y en 1980 se aprobó una nueva constitución que decretó la aparición del "Estado subsidiario": un Estado que delegaba actividades sociales como la sanidad, la educación, la vivienda popular e incluso el sistema de pensiones (a través de las llamadas Administradoras de Fondos de Pensión, AFP) al mercado, pero asumiendo los costes económicos vía subvenciones al sector privado y los costes sociales a través de una asistencia pública mínima a los sectores excluidos.

Un último, no menos importante, elemento de este experimento de "neoliberalismo radical" es representado por la política del régimen hacia la gestión de las clases populares y la lucha contra la pobreza extrema. Según Verónica Valdivia (2010), la "guerra total" que la dictadura de Pinochet decidió emprender contra el marxismo no se limitó a la tremenda represión, sino que, de acuerdo con una perspectiva gramsciana, se basaba en la búsqueda de la hegemonía sobre las clases populares. Esta hegemonía tenía dos pilares: uno ideológico, que se basaba en la movilización permanente de los elementos conservadores ya presentes en la clase media, el sector académico y aquellos sectores proletarios conservadores que ya habían construido sus frentes de lucha contra Allende, y a través de ellos en un trabajo de educación popular que se basaba en la capacidad de gestionar el ahorro familiar, en la autoproducción y en el individualismo social; y uno asistencial, con la creación de actividades benéficas para los sectores sociales más marginados.

Este diagnóstico es compartido por Beatriz Stolowicz (2016:134), que ha analizado las influencias no solo de la Escuela de Chicago, sino también del neoliberalismo de origen alemán, y sus recomendaciones para crear una "economía social de mercado" que conectara la "lucha contra la pobreza" a la inclusión de los pobres en los circuitos de consumo y crédito capitalistas. De acuerdo con su reconstrucción, el ordoliberalismo alemán llegó a América Latina de la mano de la Iglesia católica y de la Internacional Demócrata Cristiana, bajo el impulso de la Unión Democrática Cristiana Alemana. Un importante difusor de estas políticas fue la Organización Demócrata Cristiana de América (ODCA), fundada en Montevideo en 1949. Desde finales de la década de 1950 se había instalado en Chile el jesuita belga Roger Vekemans, quien elaboró la teoría de la marginalidad e impulsó programas de "promoción popular" para campesinos, artesanos y pobladores, que intentó agrupar en Comunidades Cristianas de Base con el objetivo de contrastar la difusión del marxismo en el ámbito popular. Pero la articulación de las propuestas ordoliberales con las de los *Chicago Boys* en un programa común para Chile se dio solo en 1973. En las elecciones parlamentarias de marzo de ese año, la Unidad Popular, a pesar de la guerra económica impulsada por la burguesía chilena y Estados Unidos, aumentó sensiblemente el propio caudal de votos, y volvió inviable cualquier operación constitucional para derrocarla. Fue entonces que al equipo del *Ladrillo*, que ya tenía intensos vínculos con la Armada Nacional que estaba organizando el golpe, se sumó también un grupo de economistas demócrata-cristianos, que aportaron al programa neoliberal las propuestas de la "economía social de mercado", que representaría el programa de la segunda fase (Stolowicz 2016:19).

En este sentido, es posible argumentar que las llamadas políticas "posneoliberales" que empezaían a desarrollarse y aplicarse en los años 90 bajo la influencia del Banco Mundial y se profundizían en la década siguiente bajo los llamados gobiernos "progresistas", tuvieron su primer campo de experimentación en el

Chile de Pinochet. De hecho, más allá de su aplicación "ejemplar" en el caso chileno, el programa propuesto en *El Ladrillo* se volvió referencia en las décadas siguientes para todos los demás países de Latinoamérica. En la dinámica histórica concreta de estos, sin embargo, las dos fases no solo no tuvieron las mismas temporalidades país por país, sino que de alguna manera llegaron a desdoblarse en otras fases de demolición, con la gran oleada de privatizaciones de la década de 1990, y de estabilización en la década siguiente, donde el papel del Estado se volvió más relevante para garantizar el mantenimiento del orden y la inclusión diferencial a través del consumo, el crédito, y el acceso a los servicios básicos. Si bien algunos elementos como el control de la inflación, la liberalización de precios y la autonomía del Banco Central debían de ser mantenidos, la participación del Estado en la economía era vista como central. Una participación que en temas de financiamiento a la infraestructura siempre se consideró fundamental.

En todos estos países del Cono Sur, los intensos procesos de transformación económica y social de cuño neoliberal implementados durante los años negros de las dictaduras militares no habrían sido posibles, por cierto, sin la fuerte represión a cualquier forma de oposición social, apoyada y coordinada por EE. UU. que, en el marco del llamado "Plan Cóndor", condujo a la masacre y desaparición forzada de miles de militantes de izquierda. Los países que no vivieron en los años 80 las dictaduras directas, como México, Venezuela y Perú, se vieron abocados a la políticas de ajuste estructural debido a la crisis de la deuda. De hecho, la adopción o profundización de las políticas neoliberales en América Latina se produjo en gran medida por los efectos de la crisis de la deuda pública de los países de la región, y este fenómeno fue contemporáneo, pero no contradictorio, con los procesos de transición democrática y apertura política de los distintos países. El telón de fondo de estos procesos fue la afirmación hegemónica de las doctrinas neoliberales en el propio centro del capitalismo mundial, como alternativa a la crisis del fordismo y ante las dificultades del keynesianismo para afrontar las consecuencias de la crisis económica de los años 70.

Las causas a medio plazo de la crisis de la deuda externa de los países latinoamericanos (deuda que casi se triplicó entre 1980 y 2002; Ansaldi 2010) fueron justamente las tendencias económicas mundiales que se produjeron tras la crisis del petróleo. En un primer momento, de hecho, se generó una gran liquidez que dirigió los flujos financieros hacia los países del Tercer Mundo, cuyos gobiernos decidieron endeudarse más para financiar planes de desarrollo a largo plazo. Sin embargo, tras un nuevo pico de la crisis energética en 1979, los precios del petróleo y de otros productos básicos de exportación (muchos de los cuales eran las principales fuentes de divisas de los países latinoamericanos) experimentaron una caída, mientras que la nueva política monetaria restrictiva de los países centrales, con el aumento de la Reserva Federal de EE. UU., entre 1980 y 1981, provocó una fuga de capitales de la región y un aumento exponencial de la deuda de los países del Sur, contraída a veces tan solo para poder pagar las tasas de interés de las deudas anteriores. En 1982, México fue el primer país que declaró el *default* de su deuda.

A lo largo de los años 80, uno tras otro los países latinoamericanos afrontaron la deuda con grandes dosis de devaluación, reducción de salarios y del gasto público, y desregulación de la economía, y acabaron adoptando amplios paquetes de ajuste estructural bajo la recomendación de instituciones financieras internacionales como el Banco Mundial y el Fondo Monetario Internacional. En cuanto a la cuestión de si se trató de una elección obligatoria para los Estados latinoamericanos, que se encontraron con sus capacidades muy limitadas para intervenir económica y socialmente en la crisis, o si fue, por el contrario, una opción política consciente y voluntaria, sigue siendo objeto de debate, y probablemente depende de un análisis caso por caso. Lo que sí es cierto es que las consecuencias económicas fueron devastadoras: entre 1981 y 1989, el PIB de la región cayó en 8,3 % (Ansaldi 2010), mientras que países como Bolivia, Argentina y Brasil experimentaron tasas de hiperinflación muy fuertes. Un resultado tan catastrófico que la CEPAL llamó "la década perdida" a los años ochenta. Al terminar esa década, el modelo ISI había sido definitivamente desestructurado, y América Latina había fortalecido su tradicional papel de dependencia a los centros capitalistas.

En los países que habían sufrido sangrientas dictaduras, la estabilización del nuevo modelo significó el retorno a la democracia, entendida como democracia restringida y "gobernable". La transición a la democracia y la apertura del sistema político –donde nunca hubo dictadura formal, como en México– fueron procesos que se dieron en la segunda mitad de la década de 1980, pero no estuvieron libres de conflictos y contradicciones. La orientación general que prevaleció, sin embargo, fue un cierto consenso entre las mayores fuerzas políticas sobre la continuidad del modelo económico impuesto por las dictaduras. A nivel internacional, la plataforma que gestionó la transición, y que se encargó de crear consenso también contra aquellos países, como Cuba y Nicaragua, que tenían gobiernos socialistas, fue el Diálogo Interamericano, creado en 1982 y en cuyo espacio llegó a gestarse, en 1989, el llamado Consenso de Washington. Como argumenta Stolowicz (2016:278–307), lejos de ser una imposición por afuera al conjunto de países latinoamericanos, se trató de un consenso adoptado por las élites políticas y económicas de aquellos, y que tuvo la participación de organizaciones internacionales como el Banco Interamericano de Desarrollo (BID), de institutos latinoamericanos como la propia CEPAL, que tuvo un viraje hacia doctrinas neoliberales, y de un amplio espectro de intelectuales, políticos y empresarios latinoamericanos. Como afirmó el economista brasileño Paul Singer (1998), la creación de un consenso latinoamericano alrededor de una renovada subalternidad (política y económica) a Estados Unidos implicó pasar de una "dependencia tolerada" a una "dependencia deseada".

En 1990, tras el regreso de la democracia en Argentina (1983), Uruguay (1985), Brasil (1985–89), y Chile (1988–90), la tarea política de la fase estabilizadora había finalmente concluido. Quedaban por hacerse algunas reformas económicas que todavía habían tenido ciertas resistencias en las juntas militares. Ese periodo, en que se produjo una ligera recuperación en términos macroeconómicos, se caracterizó por políticas de privatización de empresas públicas y de grandes sectores de la economía, que comportaron una ulterior concentración de la riqueza en pocas manos y redujeron aún más los márgenes de intervención estatal para reducir los efectos sociales de la miseria, el desamparo y el fuerte aumento del desempleo. De hecho, solo Chile ya había iniciado una política moderada de privatizaciones durante la dictadura, mientras en países como México, Brasil y especialmente Argentina esa fue la tarea de los gobiernos de Carlos Salinas de Gortari (1988–94), Fernando Henrique Cardoso (FHC, 1994–2002), y Carlos Menem (1989–99), respectivamente.

Sin embargo, esta radicalización de las políticas neoliberales no ocurrió sin encontrar resistencias. En 1988, en México, una coalición de izquierda desafiaba por primera vez el dominio del PRI hasta ganar las elecciones con Cuauhtémoc Cárdenas, cuya victoria le fue negada debido a un fraude electoral a favor de Salinas de Gortari; el año siguiente, frente a la aplicación (tardía) de los ajustes del FMI a Venezuela, el estallido del "caracazo" representó el primer tumulto de masas contra el neoliberalismo en América Latina. En los años 90 siguieron otras luchas: las movilizaciones indígenas en Ecuador y Bolivia al inicio de la década, el levantamiento neozapatista en el estado mexicano de Chiapas el 1 de enero de 1994, las revueltas mapuches en el estado chileno de Araucanía al final de la década y las ocupaciones de tierra realizadas por el Movimiento de Trabajadores Rurales Sin Tierra (MST) en Brasil. Era la irrupción de un nuevo sujeto social, que la sociología rápidamente incluyó en su noción, en boga desde los años setenta, de Nuevos Movimientos Sociales, destacando su menor adherencia al viejo movimiento sindical y obrero y su profundo enfoque territorial, su mayor heterogeneidad social (indígenas, campesinos pobres o sin tierra, y nuevos sectores urbanos de población empobrecida, precaria, y migrante), y el destacado elemento de la autonomía, más o menos radical, en términos de relaciones con el Estado.

Durante la década de 1990, ante los efectos socialmente devastadores de las medidas de ajuste neoliberales que había provocado un aumento exponencial de la pobreza, la miseria y el desempleo, y ante las expresiones de descontento y revuelta que crecían en la región, los propios promotores de las políticas neoliberales comenzaron por otro lado a elaborar un discurso que, sin cuestionar el trípode macroeconómico definido por los tipos de cambio flotantes, las políticas de responsabilidad fiscal y el control de la inflación, reconsideró la importancia del Estado en la realización de políticas sociales compensatorias. Las consignas de esta nueva retórica, que Stolowicz (2016) define como "posneoliberalismo temprano", fueron el "liberalismo social" de Salinas en México, la "economía social de mercado" de la Concertación de Partidos por la Democracia en Chile, el "Estado social de derecho" en Colombia, y la "tercera vía" de Cardoso en Brasil, que se inspiraba en la fórmula lanzada por Tony Blair en Gran Bretaña. El modelo lo constituyeron los programas sociales mexicanos Pronasol, Procede y Procampo, mientras que a finales de la década hasta el vicepresidente del Banco Mundial, Joseph Stiglitz, elaboró políticas contra la pobreza y comenzó a impulsar el microcrédito y las llamadas políticas de "posprivatización".

Sin embargo, con el cambio del siglo, y tras las repetidas crisis financieras ("efecto tequila" en México en 1995, "efecto samba" en Brasil en 1999, "efecto tango" en Argentina en 2001, más las crisis en Ecuador también en 1999 y Uruguay en 2002), estas medidas ya no eran suficientes para contener la contestación contra el "modelo", especialmente contra la desregulación financiera y la oleada de privatizaciones de servicios públicos que se dieron en los 90. Nuevos actores políticos de izquierda crecían en todos los países y llegaron a conquistar primero algunas importantes administraciones locales, y luego muchos gobiernos nacionales. El primer país donde esta nueva izquierda ganó elecciones nacionales fue Venezuela, con la victoria presidencial de Hugo Chávez a finales de 1998. Le siguieron Lula da Silva en Brasil en 2002, Néstor Kirchner en Argentina en 2003, y sucesivos triunfos progresistas tuvieron lugar en Uruguay (2004), Bolivia (2005), Honduras (2006), Ecuador (2006), Nicaragua (2007), Paraguay (2008) y El Salvador (2009).

Si bien esas victorias fueron el resultado de un crecimiento generalizado del descontento popular, de la capacidad de articulación de un vasto campo social y de los estallidos e insurrecciones que tuvieron lugar en Argentina (en 2001), Bolivia (2000–05) y Ecuador (2005–06), en su seno estaban también presentes personajes, intereses y estrategias de continuidad con el neoliberalismo. Por un lado, hubo elementos de ruptura con el orden neoliberal que, favorecidos por la debilidad de los EE. UU. tras el fallido golpe de Estado contra Chávez en 2002 y sus fuertes dificultades en los escenarios mediorientales de la primera década del nuevo siglo, llevaron a la puesta en cuestión del Consenso de Washington. Por otro lado, las contradicciones fueron múltiples. En primer lugar, la promoción de planes sociales y el aumento del gasto público en políticas de combate a la pobreza y la marginalidad social no se tradujeron, salvo pocas excepciones, en reformas de expansión de derechos de tipo universal. Si bien el alcance de las políticas asistenciales tuvo importantes diferencias país por país, se trató en buena medida de políticas focalizadas, dependientes de los altos precios de los *commodities*, y altamente reversibles. Además, su aplicación se hizo de una manera tal que en muchos casos comportó una expansión de las fronteras y de las lógicas del capital en el propio ámbito de la población pobre, marginal o "excedente". Como analiza Verónica Gago (2014), un verdadero "neoliberalismo desde abajo" emergió en ese contexto en las barriadas de periferia de las grandes ciudades a partir de la gestión y la disputa de los planes sociales gubernamentales y de la inclusión de las clases subalternas en las dinámicas de crédito y consumo vía instrumentos como el microcrédito y los mecanismos de inclusión financiera. Más allá de las políticas de inclusión y educación financiera, Stolowicz (2016:903–1108) señala también la promoción de "negocios inclusivos" que fortalecieron mayores encadenamientos productivos de las cooperativas rurales a las grandes transnacionales, y las nuevas normativas sobre las Asociaciones Público-Privadas (APP) para el desarrollo de infraestructuras, como aquellas de la propia IIRSA. Pero quizás la contradicción mayor, que llevó a muchos pueblos indígenas y demás movimientos sociales rurales a romper sus alianzas con esos gobiernos progresistas, fue el incremento de las políticas de extracción de minerales e hidrocarburos y la expansión del agronegocio.

c) "Neoextractivismo" y "Consenso de los *Commodities*"

Los primeros años del nuevo milenio fueron, para el mundo y América Latina, un periodo de drásticos y repentinos vaivenes geopolíticos. Entre la crisis especulativa *puntocom* de 2001, los atentados del 11 de septiembre en Nueva York, el fracaso de la "guerra contra el terrorismo" de George W. Bush, y la crisis económica mundial de 2007–08 se materializaron, en rápida sucesión, los cambios que llevaron a la gradual entrada del capitalismo global, por un lado, en el ámbito de las relaciones internacionales, en su momento "multipolar", y por otro, desde el punto de vista del ciclo de acumulación y de los impactos sociales, políticos, culturales y ecológicos, en la fase de "caos sistémico" (Arrighi y Silver 1999) o "crisis civilizatoria" (Lander 2015) o "terminal" (Wallerstein [2013]2015), una situación que en la nueva coyuntura global producida por la pandemia del coronavirus ha alcanzado un estadio ulterior.

Tras el estancamiento de los años setenta y ochenta, los noventa habían sido positivos para Estados Unidos, que vivió en esa época su *belle époque*, según la definición de Arrighi y Silver (1999), es decir un ascenso que preparó el terreno no a un nuevo inicio, sino a una crisis cabal. Políticamente, la década se había abierto con el derrumbe de la Unión Soviética y el inicio del nuevo orden unipolar en el cual el capitalismo bajo liderazgo estadounidense se había presentado como realidad incontrovertible y como verdadero "fin de la historia" (Fukuyama 1992). Económicamente, los EE. UU. habían logrado revertir el declive de las décadas anteriores, aprovechándose también de la abrupta apertura económica del campo exsoviético. El crecimiento estadounidense había sido el motor de un repunte económico a nivel mundial tras el periodo de fuerte crisis de los años ochenta, lo que se expresó, entre otras cosas, en una baja de la tasa global de desempleo hacia valores parecidos al periodo anterior al 1973[1]. Sin embargo, este crecimiento había sido marcado por dos importantes límites: por un lado, había sido dramáticamente inestable, siendo continuamente interrumpido por crisis especulativas, por ejemplo, en México en 1995, en los llamados "dragones asiáticos" (Hong Kong, Singapur, Corea del Sur y Taiwán) en 1997, en Rusia en 1998, y en Brasil en 1999; por otro, había sido un crecimiento geográficamente desigual. Como se puede evidenciar, la región latinoamericana fue particularmente afectada por ambas contradicciones generadas por el proceso de globalización: en primer lugar, debido a las reformas de liberalización y apertura del mercado de capitales, los países latinoamericanos se demostraron extremadamente vulnerables a las crisis financieras; además, desde el punto de vista de la división internacional del trabajo y de la reorganización productiva a nivel mundial, frente a una recuperación económica de Estados Unidos y al crecimiento de China, la India y el Sureste Asiático, y a un deterioro relativo de la posición de Europa del Oeste y del Sur y Japón, América Latina y África aún no lograban recuperarse de la "década perdida" (Arrighi y Zhang 2011) y se destacaron como las

1 Entre 1991 y 1999 la tasa de desempleo tuvo un promedio de 5.13 % (Banco Mundial 2018), pero fue creciendo de un mínimo de 4.39 % en 1991 a un máximo de 5.65 en 1999, tras unos años de crisis financieras. Sin embargo, como vimos, determinar una tasa de desempleo no es fácil, y habría que cruzar estos datos con otros: cualidad, precariedad, formalidad y legalidad del empleo.

macrorregiones más empobrecidas del sistema-mundo, empujadas aún más hacia la periferia del mismo.

La década de 2000, que se abrió con la promesa de un "nuevo siglo americano", marcó desde sus comienzos una fuerte cesura frente a esas perspectivas de crecimiento. La globalización neoliberal fue cada vez más fuertemente contestada política y socialmente, como certificó el surgimiento de un importante movimiento transnacional a partir de las manifestaciones de Seattle en 1999 (en contra de la cumbre de la OMC[2]), y de Davos, Nápoles, Göteborg en el 2001, año en que se realizó el Foro Social de Porto Alegre, y las multitudinarias jornadas contra el G8 de Génova, con su violenta represión. Asimismo, las crisis económicas se aceleraron con la crisis *puntocom* de 2001 y, al final del mismo año, el *default* argentino. En fin, el 11 de septiembre de 2001 marcó un importante momento de crisis hegemónica de EE. UU., revelando su vulnerabilidad. La respuesta a ese acontecimiento fue la retomada de la acción más abiertamente agresiva en política exterior, el fin de la estrategia multilateral en la gestión de los conflictos geopolíticos, y una serie de nuevas guerras que, además, como señaló Harvey ([2003]2004), fueron fundamentales insumos para la lógica de acumulación por desposesión. Los escenarios de conflicto geopolítico que se abrieron en la primera década del nuevo siglo fueron los siguientes: la guerra contra Afganistán en 2001; la tentativa, pronto fracasada, de golpe de Estado contra Chávez en Venezuela en 2002; la guerra contra Irak en el 2003; y un sinnúmero de procesos de militarización para el control de los territorios, siendo México y Colombia los ejemplos más emblemáticos. Lejos de resolverse rápidamente, estas iniciativas, si bien desde un punto de vista económico consiguieron difundir las violentas lógicas de despojo funcionales a la acumulación capitalista, a nivel geopolítico se frustraron y dieron lugar a una situación de desgaste y de crisis de la hegemonía estadounidense.

Las consecuencias de esta crisis coincidieron en América Latina con un doble escenario. Por un lado, la especificidad de la situación latinoamericana, y particularmente sudamericana, fue la llegada al gobierno de fuerzas políticas de izquierda o progresistas. Por otro, en esos mismos años el ascenso económico de China se caracterizó como una de las causas salientes para un aumento generalizado de los precios de los *commodities*, del cual los países de la región lograron importantes beneficios en su balanza comercial. Por lo cual esta última no fue el resultado de un fortalecimiento de la capacidad productiva interna a la región o de una mayor diversificación productiva sino de todo lo contrario, es decir de las mayores exportaciones de materias primas cuyos precios tuvieron un momento

2 Organización Mundial de Comercio (en inglés WTO – *World Trade Organization*).

de grandísimo aumento debido en parte a la fuerte demanda asiática. Para hacer algunos ejemplos, el precio del barril de petróleo creció desde 27.59 dólares en noviembre de 2001 a 147.85 en mayo de 2008, el gas natural de 2.54 dólares por m^3 en septiembre de 2001 a 4.54 en junio de 2008, el hierro de 1.37 dólares por tonelada en marzo de 2002 a 28.7 en mayo de 2008, el cobre pasó de 0.67 dólares por libra en diciembre de 2001 a 3.95 en junio de 2008, el oro de 370.4 dólares por onza en abril de 2001 a 1 139.84 en marzo de 2008, la plata de 6.06 en octubre de 2001 a 20.37 en marzo de 2008, y la soja de 4.18 dólares el *bushel* en julio de 1999 a 15.8 en junio de 2008 (Macrotrends 2020). América Latina, de hecho, no se benefició de su propio desarrollo económico, sino del de China y Asia oriental.

Las políticas macroeconómicas tienden a marcar tendencias sistémicas, capaces de mover de un patrón de acumulación a otro, solo en el largo plazo. El cambio de modelo que se implementó a partir de las décadas de 1970 y 1980 en América Latina tuvo sus mayores efectos hasta el cambio de siglo, cuando llegó a su fin la tendencia anterior, producto de las políticas de sustitución de importaciones, a la disminución de la participación de productos primarios en sus exportaciones y al aumento del comercio intrarregional. Esto fue debido también al hecho de que durante las décadas de 1980 y 1990 no se habían todavía registrado cambios importantes en la estructura territorial, porque, como argumenta Efraín León (2015:38), "los pasos iniciales de las políticas neoliberales hasta ese momento habían consistido básicamente en preparar jurídica y administrativamente la destrucción de las fronteras para el libre flujo de capitales y mercancías y el gran tránsito –todavía en marcha, de la dirección de la economía de manos públicas a privadas". Fue solo cuando estas reformas ya dominaban buena parte de los países de la región que fue puesto en marcha un verdadero reordenamiento neoliberal de la división internacional del trabajo.

Es así que es posible en parte explicar por qué la vocación primario-exportadora de las economías latino-americanas se evidenció tan fuertementeen los primeros años 2000. Retomando los anuarios estadísticos de la CEPAL, es posible notar que en su conjunto las exportaciones de bienes primarios empezaron a revertir la baja de su cuota[3] en el total de las exportaciones desde la región desde

3 Un elemento que impidió, por buena parte de los años noventa, una subida de las exportaciones de bienes primarios desde la región, fue una política económica excesivamente antiinflacionaria adoptada por algunos países, como Argentina, que en 1991, durante el primer gobierno de Carlos Menem, con la Ley de Convertibilidad del Austral estableció la paridad entre el peso argentino y el dólar estadounidense;

2000–02, las exportaciones intrarregionales terminaron su aumento porcentual en 1997 y las importaciones en 1995 (CEPAL 2001:100 y 232). Fue por eso que, aún a finales de los años noventa, en un momento en que además acababa de implementarse el MERCOSUR, se pudo presentar la necesidad de un plan como la IIRSA a partir del aumento del comercio interno a la región, cuando pronto se volvería evidente que su funcionalidad real era dirigida a la reprimarización y a la nueva vocación exportadora de las economías sudamericanas. De hecho, aún en 2002 el BID planteaba: "[e]l aumento del comercio entre países vecinos tras la formación de los acuerdos regionales hace crecer la demanda para una mayor integración de infraestructura". Fue solo a partir del año 2000 que los índices económicos mostraron evidencia de la reprimarización (CEPAL 2010:105) de las economías latinoamericanas, un estancamiento del comercio intrarregional y un fuerte aumento de la exportación de productos agrícolas, minerales y energéticos.

Este último fenómeno ha sido objeto de múltiples análisis y discusiones en la última década, agrupadas bajo las categorías de "neoextractivismo" y "Consenso de los *Commodities*". Ambos conceptos, se deben leer en línea con el paradigma teórico de "acumulación por desposesión"[4], propuesto por Harvey ([2003]2004, y

o como Brasil, que en el primer año de gobierno de Fernando Henrique Cardoso (1994) puso en marcha el *Plano Real*, que ecualizó el precio del real al del dólar. Estas políticas, si bien contribuyeron a desestructurar el patrón anterior ISI y a destruir la industria nacional, en un primer momento afectaron también las exportaciones de bienes primarios, que volvieron a crecer solo luego del abandono de la paridad. A esta afectación contribuyó también la baja en los precios internacionales de los *commodities* a finales de los años noventa, precios que empezaron a subir solo con el inicio del nuevo siglo.

4 Cabe señalar algunas "precisiones" de Beatriz Stolowicz (2016:1110–1113) al concepto de "acumulación por desposesión". La autora considera correctamente que, desde un punto de vista técnico, la "acumulación por desposesión" no puede ser considerada realmente "acumulación", porque no hay ninguna autovalorización del capital, la que solo puede ocurrir cuando el capitalista encuentra y explota el trabajo vivo. De hecho, al hablar de la acumulación primitiva, el propio Marx añadía el término "llamada", refiriéndose así a la *previous accumulation* de Adam Smith. Mientras este último sí consideraba el momento de concentración de medios de producción en manos del capitalista como "acumulación", el uso del concepto "llamada acumulación primitiva" por parte de Marx hace suponer que el mismo la considerara algo diferente de "acumulación" y más cercano a la idea de robo. En muchas actividades que se consideran bajo esta definición, como la minería a cielo abierto, de hecho, casi no se necesita ni siquiera de capital inicial adelantado por el capitalista (aparte de un poco de dinamita), ya que el "recurso" sigue extrayéndose sin casi

que tanta fortuna ha tenido entre los teóricos latinoamericanos del llamado "giro eco-territorial".

Por neoextractivismo se entiende la reproducción y ampliación de lógicas de acumulación extractivas y primario-exportadora inclusive bajo gobiernos progresistas (Eduardo Gudynas conceptualizó en 2009 la noción de "neoextractivismo progresista") que se habían comprometido a preservar la naturaleza y el medio ambiente con los movimientos socioambientales, en ciertos casos adoptando todo un arsenal teórico de defensa de la *Pachamama* hasta en las nuevas cartas constitucionales, como ocurrió en Bolivia y Ecuador. En este sentido, el prefijo "neo" representaría una mayor participación del Estado en el promover, regular, y redistribuir el excedente[5] de estas actividades. Esta nueva e importante

ulteriores inversiones, y la ganancia está menos garantizada por el uso de las fuerzas productivas (medios de producción y fuerza de trabajo) que por la renta extraordinaria garantizada por tierra y agua. En el caso del agronegocio es un poco diferente porque sí hay un mayor adelanto de capital (semillas transgénicas, fertilizantes, glifosato...), así que sería de alguna manera posible llamarlo de acumulación, y no mera extracción. Sin embargo –agregamos nosotros– si adoptamos la concepción ampliada de ley del valor propuesta por Jason Moore ([2015]2017), y reconocemos la naturaleza como un elemento de su formulación, podríamos efectivamente hablar de "acumulación" dentro del paradigma extractivista.

5 La cuestión de la redistribución del excedente de las actividades extractivas a beneficio de políticas sociales es en realidad un asunto complejo y diferente de caso a caso. En Venezuela, a través de la "reconquista" de PDVSA, fue el propio Estado quien concentró el grueso de las exportaciones del país, lo que no evitó el surgimiento de una "boliburguesía" (burguesía bolivariana) de tipo gestorial y vinculada al control del aparato público. En tiempos recientes, la expansión de las actividades mineras se ha abierto al sector privado, pero siempre en una lógica de cohabitación con el público. En Brasil, la exportación de minerales y *commodities* agrícolas está concentrada en manos privadas, mientras solo hay monopolio público en el sector del petróleo, con Petrobras, que a pesar de ser estatal, tiene participación privada y está subordinada, desde la época de Cardoso y Lula y más aun desde el gobierno de Michel Temer, a lógicas de ganancia de tipo privado. En este país, además, no hay impuestos sobre dividendos, ganancias y mercados accionarios (por lo contrario, hubo fuertes subsidios a algunas empresas, como la líder de la carne Friboi, además, como veremos, de créditos facilitados), mientras desde la época de Cardoso se exoneró del ICMS (*Imposto sobre Operações relativas à Circulação de Mercadorias e Prestação de Serviços de Transporte Interestadual e Intermunicipal e de Comunicação*) a los productos primarios o semiprocesados destinados a la exportación, una situación que no fue modificada por los gobiernos del PT. Se podría por lo tanto decir que en

función de lo "público" está en línea tanto con la retórica progresista contra un neoliberalismo concebido equivocadamente como simple sinónimo de "privatizaciones", como con la necesidad de favorecer un desarrollo económico y social

Brasil el aumento de las reservas nacionales se fundamentó sobre el aumento de la actividad y de los precios internacionales y no por una expansión de la carga tributaria. En Argentina, hubo una renacionalización (al 51 %) de la industria petrolera Yacimientos Petrolíferos Fiscales (YPF), vía indemnización, con la cual el Estado justificó las exploraciones con técnicas de *fracking* en el yacimiento de Vaca Muerta, en Patagonia. Además, bajo los gobiernos de Kirchner aumentaron enormemente las actividades mineras, pero su recaudación siempre fue muy baja. Diferente es el caso de la soja, cuyo cultivo se extendió enormemente desde la legalización de los transgénicos en 1996: en 2015, el agronegocio tenía dos tercios de las tierras cultivables del país, el 90 % de las cuales era destinado a la soja. La recaudación sobre la soja, de hecho, ha sido alta durante los gobiernos progresistas (35 % sobre las exportaciones), y Cristina Kirchner en 2009 intentó subirla a 44 % para situaciones de altos precios, pero recibió una feroz oposición por parte de los empresariosde este sector, que lograron frenar ese aumento en el Senado. Sin embargo, la carga tributaria a estas actividades nunca se transfirió directamente a los planes sociales sino que más bien subsidió algunos servicios privados. En Bolivia, el gas es manejado principalmente por el sector privado: en la década de 1990 se había dado una fuerte baja en las *royalties* (de 50 a 18 %); cuando la Guerra del Gas de 2003 llevó a la caída de Sanchez de Lozada, el vicepresidente Carlos Mesa asumió el poder y reestableció el valor de 50 %; su sucesor Evo Morales, quien había prometido una renacionalización, se limitó en vez a un ulterior aumento a 62.5 % y a la retomada, vía compra de acciones a altos precios, de la antigua empresa estatal Yacimientos Petrolíferos Fiscales Bolivianos (YPFB), que solo llegó a controlar el 20 % de la producción. Todo esto fue compensado por un aumento de la actividad extractiva privada de las ETN, y sobre todo de Petrobras, que en 2010 operaba el 63.7 % de los yacimientos. Por otro lado, la minería aumentó muchísimo, expandiéndose a áreas protegidas (igual que los hidrocarburos); apenas dos minas eran operadas por el Estado, mientras en las otras el gobierno se limitó a un impuesto de 12.5 % para ganancias extraordinarias. En fin, a partir de su segundo mandato, el gobierno de Morales se acercó muchísimo al sector agropecuario de Santa Cruz, revertiendo las expropiaciones previstas por la reforma agraria y garantizando la expansión de la frontera agrícola en territorio amazónico. De manera similar, en Ecuador también se renegociaron los contratos de las empresas petroleras a beneficio de las políticas sociales, mientras se promovió desde el Estado la expansión de las explotaciones petroleras (crucial fue el conflicto alrededor de la Iniciativa Yasuni-IT) y de la minería en territorios indígenas y áreas protegidas (F.L.B. Santos 2018; entrevistas a Venancio Oliveira, 2020 y Dario Clemente, 2020).

más estable, a través de garantías al capital transnacional y de creación de planes sociales que redistribuyen parte del excedente acumulado. Por otro lado, el prefijo "neo" apunta a un cierto "salto tecnológico" en las prácticas de extracción de estos recursos, que es debido a la implementación de nuevas tecnologías de altísimo impacto ecológico y social como la megaminería a cielo abierto, el *fracking*, y la exploración y perforación petrolera en aguas profundas y ultraprofundas (Presal). En fin, el prefijo "neo" se puede aplicar también a la inclusión en el marco de las prácticas extractivas no solo de actividades clásicas como la extracción minera y de hidrocarburos, sino también de sectores tales como el agronegocio[6] (sobre todo vinculado a la soja), la pesca intensiva, la celulosa y hasta el turismo, debido a varias razones: sus modalidades de producción capital intensivas; sus violentas consecuencias en términos de desposesión de poblaciones locales y de consumo y destrucción de los ambientes naturales (transformando bienes naturales básicos para la reproducción de la vida, como la fertilidad del suelo, el agua y los bosques, en bienes cada vez menos renovables); en fin, en el caso de la soja, su cotización como *commodity* en los mercados financieros de futuros.

En línea con estas definiciones, Maristella Svampa propuso en 2013 la noción de "Consenso de los *Commodities*", con la cual entiende la sustitución del viejo "Consenso de Washington" con otro, menos ideológico y más abierto hacia los mercados asiáticos, basado en la carrera común de gobiernos tanto conservadores como progresistas en el favorecer políticas de extracción y exportación de estos productos primarios clasificados como *commodities* en los mercados internacionales financieros.

La inserción de América Latina en el nuevo orden de la globalización neoliberal, entonces, se debe leer junto con el avance de largo alcance del modelo neoextractivo, es decir del papel de la región como exportadora de materias primas y productos agrícolas y energéticos para los viejos (Occidente) y nuevos (China

6 El llamado agronegocio ha emergido fuertemente a partir del cambio del siglo en países de América del Sur como Brasil, Argentina, Paraguay, Uruguay, Bolivia y Chile, como nueva matriz productiva dominante en el campo. Se basa en una fuerte modernización tecnológica que ha permitido relanzar, y relegitimar, el latifundio como estructura social necesaria al abastecimiento alimentario regional y global. El nivel de capital agregado que se le da al producto permite considerar la actividad como agro-"industria", aunque se trate de una actividad primaria. Es debido a eso que, en este texto, preferimos hablar de "reprimarización" de la economía latinoamericana y no de "desindustrialización", porque de alguna manera la matriz "industrial" no desaparece, sino que en buena medida se traslada de la fábrica a la propia actividad agropecuaria o extractiva.

y Asia Oriental) centros de acumulación. Las nociones de neoextractivismo y Consenso de los *Commodities* son sin duda útiles para interpretar el nuevo papel de Latinoamérica en la actual división internacional del trabajo. Sin embargo, no es cierto que las actividades extractivas o de producción de *commodities* sean predominantes en todas las formaciones sociales latinoamericanas, aunque estén en aumento: de hecho, se mantienen centros industriales de cierta importancia, por ejemplo en Brasil, que todavía tiene en su territorio numerosas plantas productivas de las principales compañías automotrices y es un exportador de carros en el MERCOSUR, y hay crecimiento de otros, como la industria de ensamble de tipo maquila en México[7] y otros lugares. Por otro lado, se destaca la importancia, sobre todo en Centroamérica y en parte en la región andina, de las exportaciones de productos agrícolas que no toman la forma de *commodities*[8]. En fin, hay que subrayar el desarrollo de nuevos enclaves informacionales "dependientes", como las llamadas "ciudades modelos" en Honduras o la zona franca Zonamérica en Uruguay (Falero 2015), donde lo que se exporta son servicios. Por todas estas razones, aunque los términos "neoextractivismo" y "Consenso de los *Commodities*" sean útiles en subrayar ciertas tendencias y en dar un marco aglutinador a todo un conjunto de importantes experiencias de resistencia en la región, el sociólogo uruguayo Alfredo Falero (2015:145) considera que con estas nociones "se aprecia una pérdida de capacidad de establecer mediaciones analíticas más amplias que permitan visualizar otras contradicciones del proceso actual y también diferencias más allá de elementos comunes". En línea con estas críticas, es tal vez preferible

7 Las exportaciones de bienes de la industria metalmecánica en México, por ejemplo, han aumentado de 105 404.1 millones de dólares en el año 2002, a 169 896 millones en 2008, hasta tener una baja a 138 673.5 millones el año siguiente (CEPAL 2010:120) debido al estallido de la crisis global. Se trata, sin embargo, de un tipo de industria a la cual México aporta solo en algunos nudos de la cadena, en base al principio del *streatching the factory* (Cowen 2014:102–105) de las cadenas globales de abastecimiento.

8 En 2009, los diez principales productos exportados por el Mercado Común Centroamericano (Costa Rica, El Salvador, Guatemala, Honduras y Nicaragua) eran los siguientes: café, plátanos, piezas de máquinas de oficina, válvulas y tubos electrónicos, instrumentos y aparatos de medicina, azúcar, frutas, medicamentos, sellos de correo y similares, nuez moscada y similares (CEPAL 2010:112). Un país andino como el Ecuador, por otro lado, en 2018 atrás del petróleo tenía, como mayores productos de exportación: camarones, plátanos, enlatados de pescado, flores naturales, cacao y elaborados, otras manufacturas de metal, pescado, extractos y aceites vegetales (Ekosnegocios 2018).

la noción, propuesta por Jaime Osorio (2012), de "nuevo patrón exportador de especialización productiva".

En segundo lugar, se denota un riesgo de generalización del extractivismo, que incluye en esta categoría todo lo que es producción, generación, y uso de la infraestructura física que se implanta en un territorio y se vincula a las necesidades de circulación de mercancías y recursos de las cadenas globales de abastecimiento. Si bien la infraestructura logística –una carretera, un canal, un ferrocarril– puede producir efectos de devastación territorial tan e incluso más grandes que los propios emprendimientos extractivos, y puede tener en sí misma lógicas extractivas, analizar todo aquello bajo la óptica del extractivismo significa no captar la especificidad de la circulación y de las operaciones logísticas. Como señala Martín Arboleda (2018:4), es importante entender cómo "el sistema metabólico de la producción de materias primas no solamente adquiere existencia concreta en los socavones y rajos donde los minerales se extraen del subsuelo, sino también en múltiples flujos logísticos que trascienden los límites del sector primario individualmente considerado".

En fin, cabe reflexionar sobre los alcances y límites de los propios conceptos de extractivismo y extracción, para darles mayor sofisticación y densidad conceptual. Sandro Mezzadra, Verónica Gago y Brett Neilson (Gago y Mezzadra 2015; Mezzadra y Neilson 2019:38–48,139–147), han llamado la atención sobre la necesidad de ampliar el propio concepto de extracción fuera de su declinación territorial-literal. Actividades como el *data mining* del capitalismo digital, que opera en espacios como Google, Facebook, Amazon o Apple, los procesos de gentrificación urbana, y la llamada "financiarización de la vida popular" (Gago 2015), por la cual la población beneficiaria de planes sociales públicos se encadena a circuitos de crédito cuya garantía es ofrecida por los propios Estados, representan casos de extracción de valor que no ocurre sobre materias inertes, sino que se aplica directamente sobre la actividad social incluso de aquellas poblaciones "marginales" que, en buena medida, son los propios desposeídos del extractivismo territorial. Ahora bien, luego de colocar el cuadro histórico-social en el cual se ha dado la implementación de la IIRSA, vale la pena voltear la mirada a esta última, a su génesis y su desarrollo histórico de la mano con los cambios y los altibajos de la (geo)política suramericana.

d) IIRSA y estrategia militar

En diciembre de 1994, bajo invitación del presidente estadounidense Bill Clinton, y a menos de un año de la ratificación del TLCAN, se realizó en Miami la Primera

Cumbre de las Américas de la Organización de Estados Americanos (OEA), y se acordó la *Road Map* para la creación de un Área de Libre Comercio de las Américas (ALCA)[9], propuesta anteriormente bajo el gobierno de George H. Bush, con la finalidad de expandir el modelo del regionalismo abierto bajo liderazgo estadounidense a escala continental. En abril de 1998, durante la Segunda Cumbre en Santiago de Chile, se presentó el Plan de Acción del Consenso de Santiago, con el cual se encomendó al Banco Interamericano de Desarrollo (BID) la propuesta de un plan de desarrollo de infraestructura regional. Este último fue presentado con el nombre de Iniciativa para la Integración de la Infraestructura Regional Sudamericana durante la Primera Cumbre Sudamericana de Presidentes en Brasilia, el 31 de agosto y 1 de septiembre del año 2000, convocada por el presidente brasileño Fernando Henrique Cardoso.

Según Ana Esther Ceceña, Paula Aguilar y Carlos Motto (2007) la IIRSA, junto con el Plan Puebla Panamá (PPP), representaría una tercera etapa de la nueva penetración estadounidense en la región, después de las fases de liberalización comercial y de coordinación militar. Una penetración que sería una reedición y actualización de la antigua Doctrina Monroe y que vio sus presupuestos políticos y diplomáticos en las labores del Diálogo Interamericano durante la década anterior y los principios del llamado Consenso de Washington. En cuanto a la primera fase, bajo la doctrina del regionalismo abierto y en el marco de la "Iniciativa para las Américas", inaugurada por Bush *Senior* en 1990, se habían impulsado tanto el TLCAN como el Tratado de Libre Comercio Chile-EE. UU. y el Tratado de Libre Comercio entre Estados Unidos, América Central y República Dominicana (CAFTA-RD), todos "precedidos por profundas transformaciones de los marcos constitucionales nacionales que desprotegieron los acervos patrimoniales y la soberanía de las naciones sobre los bienes que por naturaleza, geografía e historia les pertenecían" (Ceceña, Aguilar, Motto 2007:10). A ellos se podría agregar la creación del Mercado Común del Sur (MERCOSUR) en 1995, aunque

9 Esta iniciativa (en inglés FTAA – *Free Trade Area of Americas*) fue planeada de la mano de otra, el Acuerdo Multilateral sobre Inversiones (AMI, en inglés MAI – *Multilateral Agreement in Investment*), que apuntaba a modificar radicalmente las relaciones jurídicas entre Estados y empresas transnacionales, de modo que los primeros perderían cualquier tipo de derecho a condicionar contratos de inversión extranjera. Este acuerdo, sin embargo, negociado al interior de la OCDE (Organización para la Cooperación y el Desarrollo Económicos) y la OMC, no llegó a realizarse por oposición de muchos países del sur y de la opinión pública internacional, y las negociaciones se abandonaron en 1998.

sin participación directa de Estados Unidos. Según Beatriz Stolowicz, el regionalismo abierto fue impulsado por EE. UU. en la medida en que este esperaba ser el principal socio-mercado para los países de América Latina y que, al darle soporte jurídico como derecho público internacional, el libre comercio quedaría de esta manera asegurado (Stolowicz 2016:450).

Por lo que corresponde a la coordinación militar, el camino se había puesto en marcha desde la Cumbre Ministerial de Defensa de las Américas de julio de 1995 en Williamsburg, Virginia, con el objetivo de garantizar el acceso a los recursos naturales del continente para las empresas norteamericanas. En muchos casos, se trataba de aquellas empresas que dieron vida a la burbuja especulativa *puntocom* que explotó en 2001, y que se volvieron motor fundamental para imponer tanto la nueva utopía tecnológica de la informatización como el nuevo ataque a los territorios de los países periféricos y el saqueo de sus recursos naturales.

Tras la cumbre de Williamsburg, se definieron nuevas arquitecturas institucionales destinadas a la creación de una *governance* continental, desde la National Defense University, fundada en Washington en 1997 con el objetivo de formar, con sesgo estadounidense, a las policías latinoamericanas, y entrenar a sus ejércitos en el marco de una más estrecha relación militar (Johnson, 2007:205), hasta los llamados Plan Colombia (2001) e Iniciativa Mérida (2008). Formalmente vinculados al combate del crimen organizado y el "terrorismo" (léase, sobre todo en el caso colombiano, "guerrillas"), estos planes en realidad respondieron a la necesidad de controlar "algunas rutas porosas de negocios no regulados y altamente rentables, junto con el interés de penetrar la cuenca amazónica y supervisar la conexión entre el norte y el sur del continente" (Ceceña, Aguilar, Motto 2007:10). Su consecuencia fue la militarización de las sociedades colombiana y mexicana (bajo el lema de la "Guerra contra el Narcotráfico"), la vinculación de sus ejércitos al mando respectivamente del Comando Sur y el Comando Norte de Estados Unidos, y el surgimiento de grupos paramilitares que terminaron saliendo de su control (Saxe 2005)[10]. Paralelamente, hubo una multiplicación de bases militares de Estados Unidos a lo largo del territorio latinoamericano. Muchas de ellas tenían el nombre de CSL (Cooperative Security Location), un tipo de base militar *just in time* especializado oficialmente en contra del terrorismo y la interdicción de tráfico de droga, pero en realidad dedicado a la contrainsurgencia (Johnson 2007, Ceceña 2008, Stolowicz 2016:473). Nueve de ellas se encuentran en Colombia, ocho están en Perú, 12 en Panamá, tres en Honduras y dos en Paraguay, las que se construyeron en respuesta a la victoria de Evo Morales en

10 Véase http://www.jornada.com.mx/2015/01/08/opinion/034a1eco.

Bolivia (Johnson 2007: 205)[11]. Otras cuatro están en las islas de Aruba y Curaçao, frente a Venezuela, una en Comalapa, El Salvador y hasta 2009 hubo en Manta, Ecuador, la base Eloy Alfaro *Air Base*, cerrada tras la victoria electoral de Rafael Correa.

Según Ceceña, Aguilar y Motto, el tercer momento de este *revernissage* de la Doctrina Monroe fue representado por los planes IIRSA y Puebla Panamá (PPP). Se trata, en realidad, más de una superposición temporal que de una estrategia lineal. Pero los entrelazamientos entre los ámbitos comercial, militar y logístico abundan. De hecho, las rutas del control militar de Estados Unidos en América Latina y las del saqueo de recursos naturales han sido en buena medida coincidentes: IIRSA y PPP, en su primer periodo, convivieron y fueron funcionales a una idea de integración regional comercial y militarmente subordinada al liderazgo estadounidense. Si bien las estrategias de seguridad y militarización fueron directamente lideradas por el gobierno de EE. UU., y se fortalecieron en el marco de la "guerra preventiva" lanzada por G. W. Bush tras los atentados de las Torres Gemelas, el tránsito entre la liberalización económica y la dotación de una importante infraestructura logística continental se comenzó a dar bajo la guía de las organizaciones internacionales. El BID ejerció un papel protagónico en la primera fase.

e) 1998: Cumbre de Santiago de Chile

Los antecedentes políticos de la IIRSA se remontan al largo periodo de acercamiento multilateral del continente americano que dio vida al Diálogo Interamericano, el llamado Consenso de Washington y la utilización de las cumbres de presidentes como foros privilegiados para llevar adelante las políticas comunes a los diferentes Estados del hemisferio. La IIRSA y el PPP se derivaron de la propuesta de área de libre comercio hemisférica relacionada con el ALCA. De hecho, si esta representaba de alguna forma la constitución formal del nuevo orden de la globalización, su "sistema de normas", la implementación de una infraestructura logística robusta era su necesario corolario en tanto constitución material, su "sistema de objetos" (M. Santos 2002). Se volvía a proponer en escala latinoamericana lo que en América del Norte se venía realizando con los

11 Además, 12 bases se encuentran en Puerto Rico, aunque se trate ya de por sí de un territorio formalmente sometido a EE. UU. En general, EE. UU. tiene cerca de 800 bases alrededor del mundo, de las cuales 76 están en América Latina (Capote 2018).

corredores CANAMEX y NASCO (North America's Super Corridor Coalition), que fueron elaborados bajo la presión de las mismas firmas que se habían vuelto monopolistas tras la creación del TLCAN (Cowen 2014:65).

La propuesta del ALCA, aparecida por primera vez en la Cumbre de Miami de 1994, fue tratada en términos completos en la Segunda Cumbre de las Américas en Santiago de Chile cuatro años después, los días 18 y 19 de abril de 1998. En aquella ocasión, los jefes de Estado definieron acuerdos consensuales alrededor de cuatro puntos: educación; preservación y fortalecimiento de la democracia, justicia y derechos humanos; integración económica y libre comercio; erradicación de la pobreza y la discriminación (Consenso de Santiago 1998). El tema más destacado de discusión de la Cumbre de Santiago fue la "integración económica y libre comercio" y, en específico, la creación del ALCA. Si bien el primer enfoque se dirigía a las negociaciones de los Ministros de Comercio para la apertura comercial, tema en el cual se esperaban avances significativos para el año 2000, pronto se destacaba la importancia de "una serie de propuestas destinadas a promover la modernización de los mercados financieros, los programas de ciencia y tecnología, la cooperación energética y la infraestructura hemisférica, en particular en los campos del transporte y las telecomunicaciones". Se evidenciaba, en línea con el momento de euforia de la *new economy*, la importancia de generar un "crecimiento de las industrias de la comunicación y la información". Central fue el tema de cooperación energética, donde se pidió a los gobiernos promover, en línea con los principios de regionalismo abierto, "políticas y procesos que faciliten el comercio de los productos, bienes y servicios relacionados con el sector energético", pero más aún impulsar "en el menor tiempo posible, políticas y procesos que faciliten el desarrollo de infraestructura, inclusive a través de fronteras internacionales, para integrar aún más los mercados energéticos" y promover "marcos legales, fiscales y regulatorios para incentivar la inversión privada nacional y extranjera en el sector energético".

De suma importancia, como propuesta operativa más destacada de toda la cumbre, fue la promoción de infraestructura hemisférica, tema de hecho profundamente ligado al anterior sobre la cooperación energética. En esta sección, los jefes de Estado se propusieron encomendar al BID "la preparación de un proyecto (...) con el fin de facilitar la participación del sector privado en proyectos de infraestructura local y transnacional (. . .), para ser discutido durante una reunión de Ministros Responsables de Infraestructura que se realizará en 1999". Más allá del BID, se manifestó la urgencia de procurar "ante los organismos internacionales de financiamiento, la obtención de los recursos necesarios para ejecutar a la brevedad posible, proyectos de infraestructura de transporte en las Américas".

Más aún, se definieron como prioritarios "la promoción de sistemas y servicios de transporte determinados por el mercado, integrados, viables financieramente y sustentables ambientalmente" y "la prestación de servicios de pasajeros y carga, seguros, eficientes y confiables"; y se insistió sobre la necesidad de fomentar una normalización de las normas entre países y políticas que garantizaran, a través de la acción multilateral, "el más alto nivel de seguridad en los sistemas de transportes aéreo, marítimo y terrestre", lo que corresponde, de hecho, a los principios de la *supply chain security* (Cowen 2014:53–90).Además, las infraestructuras energéticas y de transporte están a su vez ligadas a las de telecomunicación, otro sector por el cual se sugirió la máxima cooperación multilateral y con el sector privado.

f) 2000: Cumbre de Brasilia y el bautismo de la IIRSA

Muchos de los temas de discusión de la Cumbre de Santiago (democracia, comercio, infraestructura de integración, drogas ilícitas y delitos conexos, e información, conocimiento y tecnología) se propusieron nuevamente en Brasilia el 31 de agosto y 1 de septiembre del año 2000, y con ellos fue presentada oficialmente la propuesta de la IIRSA, a pesar de que en este caso no se trataba de una cumbre de la OEA, sino de una iniciativa del presidente brasileño Fernando Henrique Cardoso. La excusa para este evento fue la de celebrar los 500 años del "descubrimiento" de Brasil, lo que de alguna manera, por lo menos simbólica, remarca la génesis profundamente colonial de un proyecto logístico como la IIRSA. El primer gran elemento de novedad con las cumbres anteriores fue el formato de la plataforma participativa: a diferencia de las reuniones de Miami y Santiago, la Cumbre de Brasilia fue abierta solo a los 12 países que conforman América del Sur (junto con los presidentes del BID, Enrique Iglesias, y de la CAF, Enrique García). Es decir que, no solamente la cumbre no vio la participación de los Estados Unidos, sino que tampoco de los presidentes centroamericanos, caribeños y, sobre todo, el presidente de México, Ernesto Zedillo, lo que aclaraba que este país desde la promulgación del TLCAN ya se consideraba perteneciente al área de América del Norte. Emergía entonces por primera vez una plataforma que se desvinculaba idealmente tanto del panamericanismo históricamente promovido por EE. UU. en las relaciones continentales como de cualquier perspectiva latinoamericanista, y que reclamaba por lo contrario un lugar propio para América del Sur en las relaciones internacionales. En la reunión, simbólicamente fue importante, por otro lado, la participación del presidente venezolano Hugo Chávez, que había llegado al gobierno a inicios de 1999, y fue el primer presidente de la oleada "progresista". La cumbre, por lo tanto, fue por primera vez expresión de un sentimiento fuertemente sudamericanista. No lo escondió el anfitrión, Cardoso, al hablar, en el cierre del encuentro, de su "sueño de crear los Estados Unidos de América del Sur". Algo que los comentaristas enseguida calificaron de intencional (Gudynas 2000), y a partir del cual ya se especulaba en torno a siglas tales como ALCSA (Área de Libre Comercio de Sudamérica), Amercosur, y SAFTA, un NAFTA del Sur.

El segundo dato relevante en términos geopolíticos que produjo la Cumbre de Brasilia fue el papel de liderazgo que Brasil, en las intenciones de Cardoso y de su canciller Luiz Felipe Lampreia, se prestaba a asumir en esta nueva área regional sudamericana. En opinión de Gudynas (2000), aunque países como Argentina y Uruguay mostraran signos de inconformidad con la hegemonía brasileña, este liderazgo regional de Brasil era básicamente aceptado, incluso por los Estados Unidos. Si bien Brasil estaba lejos de tener una política de contraposición hacia Washington, hechos como la falta de apoyo que esa cumbre dio al Plan Colombia (que justo en aquel tiempo había sido puesto en marcha, y comportaba la llegada de tropas de Estados Unidos al territorio amazónico) se pueden leer como demostraciones de una mayor autonomía. El surgimiento del liderazgo brasileño en la política internacional se certificó dos años después cuando, en ocasión del golpe de Estado planeado por Estados Unidos y que pronto fracasó contra Chávez, Cardoso lideró algunas acciones que impidieron el reconocimiento de los golpistas; más aún, pocos meses después, cuando se realizó el paro petrolero-empresarial al final del mismo año, el presidente brasileño, a punto de terminar su mandato, envió a Venezuela 525 mil barriles de gasolina (IPEA 2011).

El tema central de la cumbre de Brasilia fue el ALCA, acerca de la cual empezó a crearse cierto escepticismo por parte de algunos países sudamericanos, que los llevó a intentar buscar un entendimiento común, reforzar posiciones e intensificar las coordinaciones para tener mayor peso en las negociaciones con EE. UU., evitando así que este pudiera negociar por separado con los diferentes países. El escepticismo ante el ALCA no respondía solo a razones de política internacional, sino también a importantes intereses económicos en el interior de Brasil, que veían con preocupación la "ocupación" del mercado brasileño por empresas extranjeras, y la orientación de Brasil hacia un modelo primario exportador de *commodities* (Gudynas 2000). Al ser Brasil el país que menos había tomado ese camino, ya que su dictadura militar había seguido modelos económicos aún enmarcados en la sustitución de importaciones, y que aún contaba con importantes núcleos industriales, este país era el que más tenía que perder con una completa subordinación a la economía estadounidense y, también, más que ganar en un proyecto de integración de América del Sur, donde tendría un espacio para crecer y para colocar sus productos. La Cumbre de Brasilia no se opuso al ALCA, pero gracias al liderazgo brasileño intentó aumentar el poder de negociación de Sudamérica, como menciona su Comunicado final:

> "Los Presidentes recordaron que los procesos de carácter subregional en América del Sur, en particular el Mercosur, sus procesos de asociación con Bolivia y Chile, la Comunidad Andina, la Corporación Andina de Fomento, el Fondo Latinoamericano de Reservas, así como la ALADI, el Tratado de la Cuenca del Plata, el Tratado de Cooperación Amazónica, el Grupo de los Tres, el Mercado Común Centroamericano y el CARICOM, entre otros, han sido los elementos más dinámicos de la integración latinoamericana y caribeña. Articular América del Sur significa, por lo tanto, fortalecer América Latina y el Caribe. El ejercicio para la conformación de un área de libre comercio de las Américas está, también, basado en la consolidación de procesos subregionales" (Consenso de Brasilia 2000:2).

En otro momento del Comunicado, se explicitó cómo, desde el punto de vista de los presidentes sudamericanos, una mayor integración era funcional a la inserción de Sudamérica en la economía mundial a partir de la lógica del "regionalismo abierto", lo que si, por un lado, ponía tensiones con el ALCA, por otro, vislumbraba compatibilidades. Si bien se reconocía que la globalización producía disparidades, la profundización de la integración sudamericana era vista como capaz de enfrentar tales efectos:

> "La cohesión de América del Sur constituye también un elemento esencial para determinar, en forma favorable, su inserción en la economía mundial. Los desafíos comunes de la globalización –sus efectos desiguales para diferentes grupos de países y, dentro de los países, para sus habitantes–, podrán ser mejor enfrentados en la medida en que la región profundice su integración y continúe, de forma cada vez más eficaz, actuando coordinada y solidariamente en el tratamiento de los grandes temas de la agenda económica y social internacional" (Consenso de Brasilia 2000:2).

Más allá de la reducción de las barreras comerciales a nivel interno, y de formas más contradictorias a nivel hemisférico con el asunto del ALCA, el regionalismo abierto fue propuesto como principio guía también para las relaciones con la Unión Europea y en el ámbito de la OMC. Fue el propio Cardoso quien propuso sumar fuerzas para "luchar contra las barreras proteccionistas que restringen el acceso de nuestros productos a los mercados de los países desarrollados"

(Gudynas 2000). Sin embargo, a pesar del entusiasmo en los proyectos de integración comercial subregionales, en temas de comercio hubo pocos compromisos concretos, que se limitaron en un mayor nivel de liberalización comercial entre MERCOSUR y Comunidad Andina (CAN).

Más concretos fueron, en cambio, los acuerdos relacionados con temas de "infraestructura de integración". De hecho, los pronunciamientos de la Declaración final representaban de alguna medida el punto de encuentro entre países como Brasil o Venezuela, que tenían sus diferencias con el proyecto propuesto por Estados Unidos, y otros como Argentina, Chile, Colombia y Perú, que miraban con difidencia a los intentos brasileños de buscar una integración sudamericana y que no querían posicionarse críticamente frente a la iniciativa norteamericana. Sin embargo, como señalan Agostinis y Palestini (2014:11), el enfoque propuesto por Brasil sobre la infraestructura de transporte y la integración energética se reveló suficientemente persuasivo para hacer llegar a acuerdos comunes. Brasil insistió que el ALCA no tenía que ver solo con el tema arancelario, sino con la infraestructura como deficiencia histórica, que al ser resuelta garantizaría mayor competitividad internacional vía reducción de costos logísticos. Al mismo tiempo, el tema de infraestructura generaba ciertos intereses en Brasil, en particular entre las propias grandes empresas de construcción, debido a las posibilidades que les daba de expandir su presencia en los países vecinos. Pero más allá de intereses específicos, el acuerdo que se dio entre países en el tema de la infraestructura demuestra, de alguna forma, el poder de seducción de la logística, capaz de imponerse como aquel argumento "imparcial" que genera convergencias allí donde asuntos como la integración comercial resultan más polémicos.

Desde el punto de vista de Itamaraty, el ministerio de Relaciones Exteriores brasileño, el mejoramiento de la infraestructura de transporte y energética regional aumentaría la competitividad del sector y los flujos comerciales regionales, y de esta manera sería la precondición para competir por una posición mejor en las cadenas productivas transnacionales. En Brasil, de hecho, tanto los industriales como los sindicatos de trabajadores fabriles, tenían más interés en el comercio con sus vecinos que con socios extrarregionalas. Como también evidencian Agostinis y Palestini (2014–11), Cardoso tenía como modelo la integración de las industrias del carbón y del acero en la primera fase del proceso de creación de la Unión Europea. Por otro lado, los mismos autores destacan que desde la perspectiva brasileña la implementación de la IIRSA significaba de alguna forma proyectar en una escala continental una metodología de planificación territorial ensayada previamente en Brasil: la idea de "ejes de desarrollo" derivaba de los conceptos de "corredores regionales" y "clústeres industriales", promovidos por el BID sobre la base de la experiencia del Banco Asiático de Desarrollo en los años 80 y 90, y de los "ejes nacionales de integración y desarrollo" formulados en el Plan Plurianual "Avanza Brasil" (2000–03). Este plan, junto con el anterior "Brasil en Acción" (1996–99) fue el antecedente del Plano de Aceleración del Crecimiento (PAC, 2007–11), que fue el que dio a la IIRSA su impulso mayor.

La propuesta en el ámbito sudamericano de un plan ambicioso como la IIRSA debe por lo tanto entenderse en su relación con el ALCA y en la dinámica de tensiones y reacomodos geopolíticos y geoeconómicos entre distintos institutos y proyectos multilaterales. En este sentido, Stolowicz considera que "[l]a superposición de la IIRSA con el ALCA implicaría una tensión entre dos hegemones, uno regional y otro global, pero de ninguna manera significaría contradicción entre ambos. Sería una relación de *competencia negociada* con Estados Unidos" (Stolowicz 2016:752).

A los pocos meses de las reuniones de Brasilia, el plan de la IIRSA se comenzó a concretar en la Reunión de Ministros de Transportes, Telecomunicaciones y Energía de América del Sur que se realizó en Montevideo en diciembre del 2000. En aquella ocasión, la IIRSA se definió como diálogo regional basado en el consenso entre los países, cuyos gobiernos mantendrían el papel de decidores en última instancia a través de un consejo ejecutivo integrado por los ministros de planificación, transportes y obras públicas, los que a rotación elegirían un presidente y dos vicepresidentes; asimismo, se crearon grupos ejecutivos técnicos que reunían representantes gubernamentales, semigubernamentales y del sector privado de los 12 países, los que tendrían que analizar y proponer recomendaciones en términos de armonización y estandarización de marcos legales y de regulación, métodos de evaluación de proyectos, su análisis ambiental, social y económico, y otros mecanismos institucionales. Entre estas dos instancias, se creó un Comité de Coordinación Técnica (CCT), integrado por el BID, la CAF y el Fondo Financiero de la Cuenca de la Plata (FONPLATA), que debería proporcionar el apoyo gerencial y operacional con fines de facilitar el flujo de inversiones y la coordinación con los gobiernos nacionales y otras instituciones financieras multilaterales, regionales y extrarregionales; en fin, dentro de esta estructura se definió el papel de los Coordinadores Nacionales, encargados de implementar en consenso regional en cada país y de establecer espacios de coordinación entre gobiernos y sector privado (Van Dijck 2013).

En la reunión de Montevideo se reconoció que la interrelación entre infraestructura y desarrollo debía ser explorada según una visión estratégica que se sintetizaba en siete principios ordenadores: regionalismo abierto; ejes de integración y desarrollo; sostenibilidad económica, social, ambiental y político-institucional;

aumento del valor agregado de la producción; tecnologías de la información; convergencia normativa, y coordinación público-privada. Estos últimos dos aspectos se volvieron prioritarios desde los años siguientes para atraer inversiones privadas. En primera instancia, se afirmó el principio de que las fronteras sudamericanas dejaran de "constituir un elemento de aislamiento y separación para tornarse un eslabón de unión para la circulación de bienes y personas" (Consenso de Brasilia 2000:7). Más allá de la necesidad de fortalecer materialmente la infraestructura de transporte, energía y telecomunicaciones internacional, la superación de las fronteras nacionales en el ámbito de la IIRSA fue entendida también a partir de arreglos institucionales tales como la armonización de las regulaciones, el mejoramiento de las normas comunes sobre el tráfico internacional y la remoción de cuellos de botella administrativos.

En segundo lugar, se aclaró que sería fundamental la atracción de capitales extrarregionalas y una política de inversión con una perspectiva no solo nacional, sino directamente regional, lo que evidenciaba, por lo tanto, la función de la logística de trabajar con diferentes niveles de espacialidad y de *governance*: en este sentido, la colaboración público-privada era vista como la otra cara de la colaboración multilateral, y las dos daban vida a arreglos gubernamentales complejos y sofisticados. De esta manera, el sector privado fue involucrado desde el principio en la IIRSA en todas las etapas: consulta, diseño, construcción, operación y mantenimiento de los proyectos. El Comunicado de Brasilia, de hecho, reconoció que las inversiones requeridas tendrían un volumen tal que impediría su financiamiento exclusivo por los gobiernos nacionales, y por lo mismo se consideró fundamental la participación de las instituciones financieras multilaterales, entre las que se destacaban el BID, la CAF, el BM y el FONPLATA, pero también de capital privado. Para involucrar a este último, se estableció "la necesidad de identificación de fórmulas innovadoras de apoyo financiero para los proyectos de infraestructura" (Consenso de Brasilia 2000:7), tema que desembocó durante los años siguientes en la formulación de importantes legislaciones sobre las Asociaciones Público-Privadas. Se planteó también que avances en el campo de la infraestructura revertirían en nuevos impulsos para la integración, en un círculo virtuoso. Sin embargo, como terminó siendo evidente en años posteriores, la creación de infraestructura se volvió funcional al proceso de reprimarización de las economías suramericanas, en una lógica de interconexión y exportación de *commodities* hacia los mercados extranjeros más que de integración entre economías, sociedades y mercados regionales.

Perfectamente en línea con los requerimientos de la logística global, se señaló la necesidad de adoptar regímenes normativos y administrativos (estándares) que facilitasen la operación transfronteriza de los sistemas de energía, de comunicaciones y de transporte, por el cual se planteó la conformación de redes multimodales que articularan "la utilización de las vías terrestres, fluviales, marítimas y aéreas" (Consenso de Brasilia 2000: 8). Se propuso por lo tanto la integración dentro del nuevo marco de la IIRSA de iniciativas anteriores tales como las siguientes:

> "la Red de Transportes y el Inventario de Proyectos Prioritarios para la Integración de América del Sur, aprobados por la Conferencia de Ministros de Transportes, Comunicaciones y Obras Públicas de América del Sur; el Plan Maestro de Transportes y su Infraestructura para América del Sur, elaborado por ALADI en el marco de la Conferencia de Ministros de Transportes, Comunicaciones y Obras Públicas de América del Sur; las actividades del Grupo de Trabajo Multilateral sobre Corredores Terrestres Bioceánicos; y el trabajo realizado en el ámbito del Tratado de la Cuenca del Plata y del Tratado de Cooperación Amazónica, cuyo propósito es integrar las redes de transporte (Consenso de Brasilia 2000:8).

Indicaciones ulteriores más concretas fueron presentadas en el documento anexo formulado por el BID, que los presidentes aprobaron. Estas directrices fueron confirmadas, el 26 y 27 de julio de 2002, en la Segunda Cumbre Suramericana de Presidentes en Guayaquil, Ecuador. En cuanto a la estrategia temporal de implementación de la IIRSA, se estableció que en los años 2003 y 2004 todos los países propusieran proyectos para realizar bajo ese marco. Al final del periodo, fue presentada la primera cartera con 335 proyectos para ser implementados en los siguientes diez años, teniendo en cuenta los diez Ejes de Integración y Desarrollo (EID): la mayoría de estas obras eran en el área de transporte y una minoría en el área de energía. En los primeros cinco años se invirtieron un total de 37.4 mil millones de dólares. El primer proyecto IIRSA a ser concluido fue el puente binacional Perú-Brasil sobre el río Acre, que fue inaugurado en 2006 (Agostinis y Palestini 2014:13).

Bibliografía

AGOSTINIS, Giovanni; PALESTINI CÉSPEDES, Stefano. 2014. "Constructing regionalism in South America: the cases of transport infrastructure and energy within UNASUR" in *Robert Shuman Center for Advances Studies*, European University Institute: Firenze. In https://cadmus.eui.eu/bitstream/handle/1814/31752/RSCAS 2014_73.pdf?sequence=1&isAllowed=y acceso 28 de enero de 2020.

AMATO, Massimo; FANTACCI, Luca. 2009. *Fine della finanza. Da dove viene la crisi e come si può pensare di uscirne*, Roma: Donzelli editore.

ANSALDI, Waldo. 2010. *La democracia en América Latina, un barco a la deriva*, Buenos Aires: EFE.

ARBOLEDA, Martín. 2018. "Extracción en movimiento: circulación del capital, poder estatal y urbanización logística en el norte minero de Chile", en *Investigaciones Geográficas*, Universidad de Alicante.

ARRIGHI, Giovanni. [1994]1999. *El largo siglo XX*. Madrid: Akal Ediciones.

ARRIGHI, Giovanni; SILVER, Beverly. 1999. *Chaos and Governance in the Modern World System*, Minneapolis: University of Minnesota Press.

ARRIGHI, Giovanni; ZHANG, Lu. 2011. "Beyond the Washington Consensus: A New Bandung?", en Shefner, Jon; Fernández-Kelly, Patricia, Globalization and Beyond. *New Examinations of Global Power and Its Alternatives*, State College: Pennsylvania State University Press.

BAIROCH, Paul. 1993. *Economics and World History*, Chicago: University of Chicag Press.

BM (Banco Mundial). 2018 (visitada en el 2019): https://data.worldbank.org/indicator/NY.GDP.MKTP.KD.ZG acceso 3 de mayo de 2020.

BECKER, Gary. 1964. *Human Capital: A Theoretical and Empirical Analysis with Special Reference to Education*, Chicago: University of Chicago Press.

CAPOTE FERNÁNDEZ, Raúl. 9 de agosto de 2018. "Bases militares de EE.UU. en América Latina y el Caribe. El Plan Suramérica", en *Granma*. http://www.granma.cu/mundo/2018-08-09/bases-militares-de-eeuu-en-america-latina-y-el-caribe-el-plan-suramerica-09-08-2018-17-08-04 acceso 29 de septiembre de 2019.

CARDOSO, Fernando Henrique. Abril 2002. Entrevista al *Financial Times*.

CECEÑA, Ana Esther y AGUILAR, Paula y MOTTO, Carlos. 2007. *Territorialidad de la dominación Integración de la Infraestructura Regional Sudamericana (IIRSA)*, Buenos Aires: Observatorio Latinoamericano de Geopolítica.

CECEÑA, Ana Esther. 3 de abril de 2008. "La base de Manta: posición neurálgica de EE.UU. en la región andino-amazónica" en *Aporrea*. En https://www.aporrea.org/tiburon/a54394.html acceso 24 de agosto de 2018.

CEPAL (Naciones Unidas Comisión Económica para América Latina y el Caribe) 2001 *Anuario Estadístico de América Latina y el Caribe 2000* (Santiago de Chile: CEPAL), febrero. https://repositorio.cepal.org/bitstream/handle/11362/914/1/S0010876_mu.pdf acceso 29 de septiembre de 2019.

CEPAL (Naciones Unidas Comisión Económica para América Latina y el Caribe) 2010 *Anuario Estadístico de América Latina y el Caribe 2010* (Santiago de Chile: CEPAL), septiembre. https://repositorio.cepal.org/bitstream/handle/11362/925/1/S1000780_es.pdf acceso 29 de septiembre 2019.

CONSENSO DE BRASILIA 2000. "Primera Reunión de Presidentes de América del Sur", Brasilia, 31 de agosto – 1 de septiembre. En http://www.iirsa.org/admin_iirsa_web/Uploads/Documents/comunicado_brasilia_esp.pdf acceso el 7 de febrero de 2019.

COWEN, Deborah. *The Deadly Life of Logistics: Mapping Violence in the Global Trade*. Minneapolis: University of Minnesota Press, 2014.

DARDOT, Pierre; LAVAL, Christian. [2009]2013. *La nuova ragione del mondo. Critica della razionalità neoliberista*, Roma: DeriveApprodi.

DE CASTRO, Sergio (coordinador) 1992. *'El Ladrillo'. Bases de la política económica del gobierno militar chileno*, Santiago de Chile: Centro de Estudios Públicos.

Ekosnegocios 2018. "10 principales productos de exportación del Ecuador". En https://www.ekosnegocios.com/articulo/10-principales-productos-de-exportacion-del-ecuador acceso 29 de septiembre de 2019.

FALERO, Alfredo. 2015. "La expansión de la economía de enclaves en América Latina y la ficción del desarrollo: siguiendo una vieja discusión en nuevos moldes", en *Revista Mexicana de Ciencias Agrícolas*. v. 1. Estado de México: Instituto Nacional de Investigaciones Forestales, Agrícolas y Pecuarias.

FALETTO, Enzo. 2007. *Dimensiones sociales, políticas y culturales del desarrollo*, Santiago: FLACSO.

FUKUYAMA, Francis. 1992. *El fin de la historia y el último hombre*. México DF: Planeta.

FUMAGALLI, Andrea. 2006. *Lavoro: vecchio e nuovo sfruttamento*, Milano: Punto rosso.

GAGO, Verónica. 2014. *La razón neoliberal: economías barrocas y pragmática popular*, Buenos Aires: Tinta Limón Ediciones.

GAGO, Verónica. 2015. "Financialization of Popular Life and the Extractive Operations of Capital: A Perspective from Argentina", *The South Atlantic Quarterly*, January, Durham: Duke University Press.

GAGO, Verónica; MEZZADRA, Sandro. 2015. "Para una crítica de las operaciones extractivas del capital. Patrón de acumulación y luchas sociales en el tiempo de la financiarización", *Nueva Sociedad*. n. 255.

GUDYNAS, Eduardo. 15 de octubre de 2000. "El relanzamiento de la integración latinoamericana. Un nuevo escenario y muchas preguntas para el desarrollo sostenible", en *La República*, Montevideo, pp. 10–11.

En http://integracionsur.com/wp-content/uploads/2016/11/GudynasCumbreSudamericaBrasilia2000.pdf acceso el 7 de febrero de 2019.

HAYEK (Von), Friedrich. 12 abril de 1981. Entrevista a *El Mercurio*.

HARVEY, David. [1989]2000. *Condição Pós-Moderna*, São Paulo: Edicões Loyola.

HARVEY, David. [2003]2004. *El nuevo imperialismo*, Madrid: Akal Ediciones.

IPEA (*Instituto de Pesquisa Econômica Aplicada*). 11 de maio de 2011. *A Integração de Infraestrutura Brasil-Venezuela: A IIRSA (Integração da Infraestrutura Regional Sul-Americana) e o eixo AMAZÔNIA -ORINOCO*, Relatorio de Pesquisa, Brasília.

JOHNSON, Chalmers. 2007. *Nemesis. The Last Days of the American Republic*, Audible Audio Edition.

KLEIN, Naomi. 2007. *Shock economy*, Toronto: Random House of Canada.

LANDER, Edgardo. 2015. "Crisis civilizatoria, límites del planeta, asaltos a la democracia y pueblos en resistencia", en *Estudios Latinoamericanos*, Universidad Nacional Autónomo de México, n. 36.

LEÓN HERNÁNDEZ, Efraín. 2015. El expansionismo brasileño en sus límites. Geopolítica, energía, interconexión territorial y crisis material, Ciudad de México: Espacio, Política y Capital.

LUXEMBURG, Rosa. [1913]2003. *The Accumulation of Capital*, New York: Routledge.

Macrotrends www.macrotrends.net acceso 3 de mayo de 2020.

MARINI, Ruy Mauro. 1977. "La acumulación capitalista mundial y el subimperialismo", Cuadernos políticos, n. 12, Abril-Junio, México D.F.: Ediciones Era.

MARX, Karl. [1857–58]1978. *Líneas fundamentales de la crítica de la economía política «Grundrisse».* Barcelona: Crítica.

MCPHERSON. Alan. 2016. *A Short History of U.S. Interventions in Latin America and the Caribbean*, Hoboken: Wiley.

MEZZADRA, Sandro; NEILSON, Brett. 2019. *The Politics of Operations. Excavating Contemporary Capitalism.* Durham and London: Duke University Press.

MOORE, Jason. [2015]2017. *Antropocene o Capitalocene? Scenari di ecologia-mondo nella crisi planetaria*, Verona: Ombre corte.

NOVARO, Marcos; PALERMO, Vicente. 2003. *La dictadura militar (1976–1983)*, Buenos Aires: Paidós.

OSORIO, Jaime. 2012. "América Latina: o novo padrão exportador de especialização produtiva – estudo de cinco economias da região", em Carla Ferreira, Jaime Osorio, Mathias Luce (Org.), *Padrão de reprodução do capital: contribuições da teoria marxista da dependência.* São Paulo: Boitempo, 2012.

POLANYI, Karl. 1989. *La gran transformación. Crítica del liberalismo económico*, Madrid: Ediciones de La Piqueta.

RICARDO, David. [1817]2004. *The Principles of Political Economy and Taxation*, New York: Dover Publications.

SANTOS (BARBOSA DOS), Fabio Luis. 2018. *Uma história da onda progressista sul-americana (1998–2016)*, São Paulo: Editora Elefante.

SINGER, Paul. 1998. "De dependência em dependência: consentida, tolerada e desejada", em *Estudos Avançados*, São Paulo.

STOLOWICZ, Beatriz. 2016. *El misterio del posneoliberalismo*, Tomo II: La estrategia para América Latina, Bogotá: Espacio crítico Ediciones.

SVAMPA, Maristella. 2013. "El 'Consenso de los Commodities' y lenguajes de valoración en América Latina", *Nueva Sociedad*, n. 244, Buenos Aires.

VALDIVIA ORTIZ DE ZÁRATE, Verónica. 2010. "Estamos em guerra, senores!". *História*, v. I, Santiago de Chile.

VAN DIJCK, Pitou. 2013. *The Impact of the IIRSA Road Infrastructure Programme on Amazonia*, London: Earthscan.

WALLERSTEIN, Immanuel. [2013]2015. "La crisis estructural, o por qué los capitalistas ya no encuentran gratificante al capitalismo", en Wallerstein, Collins, Mann, Derluguian, Calhoun, *¿Tiene futuro el capitalismo?*, Ciudad de México: Siglo XXI Ediciones.

III

HISTORIA DE LA IIRSA: DEL ALCA A LA UNASUR

Pero en fin, Bolívar planteaba la integración, sí, cuando se habla de integración nosotros aplaudimos, sí, pero también aplaudimos y preguntamos de qué integración estamos hablando.

Hugo Chávez Frías, Discurso en la ALADI, Montevideo, 16 de agosto de 2003

Planteada en los noventa aún en el marco de un escenario unipolar y en la perspectiva lisa del regionalismo abierto con liderazgo estadounidense, la IIRSA tuvo que articularse con un escenario geopolítico de profunda transformación política y social. Sin embargo, lejos de ser cuestionada o limitada por estos cambios, ella tuvo justamente en el periodo progresista, de manera paradójica, su aceleración real, su salida del papel para concretizarse en la transformación técnico-geográfica material del subcontinente. El análisis de las continuidades y discontinuidades entre los gobiernos neoliberales "puros" y los gobiernos progresistas, y la dialéctica entre racionalidad logística (donde emerge, una vez más, su origen genealógico en tecnologías y estrategias de tipo militar) y escenarios geopolíticos regionales y globales, es la clave para leer la historia de la IIRSA más allá de los tradicionales enfoques, sean esos relativos al imperialismo estadounidense, que a menudo se ha convertido, para muchos analistas de izquierda, como "chivo expiatorio omnipresente y todopoderoso" de toda frustración de proyectos alternativos

Ilustración 1: Mapa de la IIRSA: Fuente: Ministério das Relações Exteriores de Brasil. En https://journals.openedition.org/espacoeconomia/423?lang=en acceso 31 de marzo de 2020

(Benzi 2017:XIX), o sean las teorías valiosas pero un tanto reduccionistas sobre el Consenso de los *Commodities*.

a) Crisis hegemónica y fracaso del ALCA

Mientras iban dándose los primeros pasos hacia la integración sudamericana, el 20 y el 22 de abril de 2001, a menos de un año de la Cumbre de Brasilia, se realizó la III Cumbre de las Américas de la OEA en la ciudad canadiense de Quebec. Aún los equilibrios políticos y sociales en el continente latinoamericano no habían sido quebrados, pero el descontento social iba en auge, mientras las perplejidades acerca del ALCA emergidas un año antes en Brasilia permanecían. No sorprendió, por lo tanto, que en la Cumbre de Quebec se recomendó, por un lado, hacer más transparentes las negociaciones del tratado y más abiertas a la sociedad civil, intentando con esto responder a algunas críticas que iba haciendo Hugo Chávez sobre el carácter secreto y antidemocrático de las mismas; por otro, se buscó acelerar los tiempos, para que el tratado se ratificara y entrara en vigor a más tardar en 2005 (ALCA 2001). No obstante, el gobierno venezolano firmó los acuerdos solo "con reserva", considerando que la ratificación final debería hacerse no solo por voto de los respectivos parlamentos, sino por referendo en todos los países. Además, el mandatario venezolano, junto al cubano Fidel Castro (no presente en la cumbre en cuanto Cuba no pertenece a la OEA), expresó simpatía a las masivas protestas callejeras que acompañaron el evento. A ellos se sumó el propio Cardoso, quien criticó una "globalización económica sin rostro humano" (Valenzuela 2001).

En esta ocasión, en el capítulo "Infraestructura y ambiente normativo" de las actas de la cumbre, no fue tratado directamente el tema de la IIRSA, signo de que este último, aunque vinculado al ALCA y a los principios del regionalismo abierto, había sido *de facto* apropiado por la gestión interestatal sudamericana. El ALCA, por su parte, debía de ser ratificado en la sucesiva Cumbre de las Américas, programada para noviembre de 2005 en la ciudad argentina de Mar del Plata. Durante el medio tiempo entre esas dos cumbres, en la Reunión de los Ministros de Comercio de Américas realizada en Miami los días 20 y 21 de noviembre de 2003, los ministros confirmaron su compromiso en proseguir las negociaciones hasta terminarlas dentro de enero de 2005, se reiteró la compatibilidad del ALCA con otros acuerdos binacionales o subregionales y se permitió una mayor flexibilidad en el grado de adhesión y de compromiso que los diferentes Estados asumirían, lo que significó una evidencia de las dificultades encontradas en las negociaciones. Dificultades que dos años después, con la posición común de Venezuela, Brasil y Argentina, y el apoyo de Uruguay y Paraguay, se volverían insolubles.

De hecho, en los cuatro años que pasaron entre la Cumbre de presidentes en Quebec y la siguiente en Mar del Plata, cambios importantes sacudieron el continente. El gobierno de Chávez, en una tensión permanente con la oligarquía venezolana y los Estados Unidos, radicalizó su acción política, moviéndose desde sus iniciales posiciones cercanas a la Tercera Vía de Tony Blair, hasta acciones más confrontativas, como la "reconquista" de la empresa Petróleos de Venezuela (PDVSA), que a pesar de ser de propiedad 100 % pública había venido operando como compañía privada internacional (Lander 2008:45–47), y la promulgación de una *Ley de Tierras y Desarrollo Agrario*, que establecía límites a los latifundios. La capacidad de revertir una tentativa de golpe de Estado en 2002 y de resistir a un paro petrolero-empresarial en 2002–2003, juntos con el inicio del *boom* del precio del crudo, fortalecieron enormemente la legitimidad del presidente.

También en 2002, en Brasil por primera vez la izquierda logró ganar las elecciones presidenciales con Lula da Silva, aunque en este caso con una plataforma política mucho más moderada, que no tocó las privatizaciones hechas por los gobiernos anteriores (entre las cuales se destacaba la venta fraudulenta de la compañía minera Vale do Rio Doce en 1997), que mantuvo los parámetros neoliberales de estabilización monetaria y fiscal (Turra 2008:82), y que en lugar de realizar reformas estructurales solo implementó algunas medidas sociales compensativas, la más importante de las cuales fue la introducción del programa *Bolsa Família*, creado en el 2004 a partir de la unificación y ampliación de planes asistenciales ya existentes.

En fin en Argentina, en 2003, tras una crisis económica sin precedentes, que había llevado al estallido de diciembre de 2001 y la declaración de *default* de las finanzas públicas, se impuso en las elecciones el peronista Néstor Kirchner que, a través de una combinación de ciertas políticas keynesianas expansivas, la implementación de planes sociales focalizados para responder a las demandas sociales, y sobre todo la coyuntura favorable del precio de los *commodities*, y en particular manera de la soja, dio nuevo impulso al crecimiento y la recuperación económica.

Fue por lo tanto en las condiciones de una relativa estabilidad tras años de incertidumbre que los gobiernos progresistas de Chávez, Lula y Kirchner llegaron a la Cumbre de Mar del Plata decididos a rechazar el proyecto. En los tres países, sin embargo, esta estabilidad se dio sobre todo gracias al aumento generalizado del precio de los *commodities* y a la profundización del proceso de reprimarización de la economía empezado décadas atrás con el viraje neoliberal. A esos tres presidentes se agregaría, mientras tanto, el uruguayo Tabaré Vázquez, que llegó al gobierno el 1 de marzo de 2005, ocho meses antes de la cumbre, encabezando la alianza de izquierda Frente Amplio, y cosechando el descontento popular por la crisis económica que había sacudido Uruguay en 2002. El mandatario se unió a la oposición al ALCA, y lo mismo hizo el presidente paraguayo conservador Nicanor Duarte Frutos, así que todos los países de MERCOSUR, más Venezuela en proceso de adhesión, tenían una posición firme de rechazo.

Lo que ocurrió el 4 y 5 de noviembre de 2005 fue entonces la ratificación de dos posiciones que, de discordantes que eran, llegaron a ser inconciliables. De hecho, si bien el tema central de la cumbre debía ser, supuestamente, la generación de empleo en la región con el doble fin de reducir la pobreza y mantener la gobernabilidad, pronto en las discusiones se volvió central el plato fuerte del ALCA. A pesar de las presiones hechas sobre todo por los gobiernos de México de Vicente Fox y de Canadá de Paul Martin, los países de MERCOSUR, respaldados por masivas movilizaciones populares que se expresaron en la llamada "Cumbre de los Pueblos", se quedaron firmes en una propuesta de postergar la decisión definitiva y someterla a una fuerte reducción de las asimetrías comerciales entre países. El comunicado final de la Cumbre, de hecho, expresó de forma evidente el conflicto relativo al ALCA:

> "Reconociendo la contribución que la integración económica puede efectuar al logro de los objetivos de la Cumbre de crear trabajo para enfrentar la pobreza y fortalecer la gobernabilidad democrática:
>
> Algunos miembros sostienen que tenemos en cuenta las dificultades que ha tenido el proceso de negociaciones del Área de Libre Comercio de las Américas (ALCA), y reconocemos la contribución significativa que los procesos de integración económica y la liberalización del comercio en las Américas pueden y deben aportar al logro de los objetivos de la Cumbre de crear trabajo para enfrentar la pobreza y fortalecer la gobernabilidad democrática. Por ello, mantenemos nuestro compromiso con el logro de un Acuerdo ALCA equilibrado y comprensivo, dirigido a la expansión de los flujos comerciales y, en el nivel global, un comercio libre de subsidios y de prácticas que lo distorsionen, con beneficios concretos y sustantivos para todos, teniendo en cuenta las diferencias en los niveles de desarrollo y tamaño de las economías participantes y el tratamiento especial y diferenciado de las economías más pequeñas y vulnerables. [...]
>
> Otros miembros sostienen que todavía no están dadas las condiciones necesarias para lograr un acuerdo de libre comercio equilibrado y equitativo, con acceso efectivo de los mercados libre de subsidios y prácticas de comercio distorsivas y que tome en cuenta las necesidades y sensibilidades de todos los socios, así como las diferencias en los niveles de desarrollo y tamaño de las economías.
>
> En función de lo expuesto hemos coincidido en explorar ambas posiciones a la luz de los resultados de la próxima reunión ministerial de la Organización Mundial de Comercio (OMC). A tal efecto el gobierno de Colombia realizará consultas con miras a una reunión de responsables de negociaciones comerciales" (OEA 2005).

Si bien se propuso "explorar ambas posiciones", era claro que el consenso para el ALCA en América del Sur no había sido encontrado: en primer lugar, el simple hecho de que se mencionaran dos posiciones era revelador de la divergencia; en segundo lugar, ni siquiera se estableció una fecha cierta para el seguimiento de las negociaciones. El entierro del ALCA dio paso, eventualmente, al desdibujamiento del tratado en varios acuerdo menores, y se privilegió la relación entre Estados Unidos y aquellos países que permanecieron fieles a la doctrina del regionalismo abierto, a partir de los integrantes de la Alianza del Pacífico, que vino a crearse oficialmente en 2011 y que aglutinó México, Colombia, Perú y Chile.

La Cumbre de Mar del Plata marcó el punto de inflexión del viraje progresista de América del Sur. La confluencia de los movimientos sociales en su batalla de largo plazo contra el neoliberalismo con algunos nuevos gobiernos nacionales, surgidos justamente tras la puesta en jaque de cualquier posibilidad de gobernabilidad del contexto regional, había alcanzado su punto más alto con el rechazo de la propuesta de integración que más simbolizaba el regionalismo abierto promovido por Washington y las principales instituciones financieras multilaterales. No obstante, esta acumulación de fuerzas no se tradujo en la formulación de un proyecto alternativo realmente contrahegemónico. Más aún, la negativa al ALCA no afectó de manera sustancial a lo que lo sustentaba en el plano físico y material: la IIRSA. Su continuidad, y su progresiva aceleración, no acompañada por modificaciones en sus objetivos que no fueran meramente retóricas, señala la poderosa resiliencia de las operaciones logísticas a los vaivenes políticos y geopolíticos. Sin embargo, hacia la mitad de la primera década del nuevo milenio, las esperanzas alrededor de un nuevo tipo de integración posible dominaban el debate público y se venían materializando en un conjunto de laboratorios, siglas y arreglos institucionales dirigidos, en sus intenciones, a la superación del neoliberalismo y a la retomada, casi dos siglos después, del ideal libertador de Simón Bolívar. Estos experimentos y debates prosiguieron durante una década dando lugar a un verdadero "rompecabezas de la integración" (Benzi 2017:19).

Los diferentes tipos de acuerdos multilaterales que se han desarrollado en la región en el curso de las últimas décadas han afectado de varias maneras y se han articulado con el desarrollo de la integración de la infraestructura, o más bien de la interconexión a través de la infraestructura. Retomando una definición de Milton Santos (2002), se puede considerar los primeros como "sistema de normas", y esta última como "sistema de objetos". Los "sistemas de normas" son aquellos arreglos institucionales internacionales que suponen, se relacionan con y de alguna medida se sobreponen a los "sistemas de objetos" que representan a su vez el tejido de las alteraciones artificiales y técnicas del espacio geográfico, fijas y fijadas en el territorio, y que deben de ser analizadas como sistemas en cuanto "su utilidad actual, pasada o futura viene exactamente de su uso combinado por parte de grupos humanos que las crearon o las heredaron desde generaciones anteriores" (M. Santos 2002:73). Santos hablaba también de "sistemas de acciones", que a su vez representarían el modo específico, el proceso de ejecución de las normas, las políticas concretas bajo las cuales los sistemas de normas y de objetos son construidos, operados, y vinculados unos con otros.

Los acuerdos multilaterales que vinieron construyendo la arquitectura normativa de la integración, lo que llamamos "sistema de normas", son en primer lugar los TLC, entre los cuales destaca el TLCAN entre Estados Unidos, Canadá y México, pero también los acuerdos de EE. UU. con Chile, Colombia, Centroamérica y República Dominicana y Perú, y en un segundo momento la Alianza del Pacífico entre México, Colombia, Perú y Chile. Otras instancias de integración comercial han sido el MERCOSUR (entre Brasil, Argentina, Uruguay y Paraguay, y desde 2012 Venezuela, pero cuya adhesión fue suspendida en el 2016) y la Comunidad Andina. A nivel más amplio, pero también más consultivo y directamente intergubernamental, se encuentran la más antigua ALADI (Asociación Latinoamericana de Integración), la CELAC (Comunidad de Estados Latinoamericanos y Caribeños, hasta el 2010 Grupo de Río) y la OEA. A estos se sumaron en la primera década del siglo XXI dos proyectos ambiciosos que en diferente medida, según las intenciones de sus creadores, desafiaron la integración panamericana promovida por Estados Unidos y su tradicional Doctrina Monroe: el ALBA-TCP y la UNASUR.

Estos últimos dos proyectos tuvieron como objetivo común la construcción de una integración no dependiente del gran vecino del norte ni enfocada en la apertura comercial, una plataforma de cooperación regional de amplio espectro y que tuviera como fin la reducción de las asimetrías y la promoción de complementariedades productivas entre países. Caracterizar el modelo de integración al cual hacían referencia ha sido objeto de grandes debates entre los analistas y científicos políticos y de relaciones internacionales, y no hay consenso en torno a su definición: autores como Sanahuja (2010) y Serbin, Martínez y Ramanzini (2012) adoptan la expresión "integración post-liberal", Desiderá y Teixeira prefieren "regionalismo neodesarrollista", mientras Riggirozzi y Tussie (2012) utilizan el término "regionalismo post-hegemónico". José Briceño Ruiz (2013), por otro lado, prefiere separar lo que llama "eje revisionista", que los países integrantes del MERCOSUR habrían llevado adelante, desde las victorias electorales de Lula da Silva en Brasil y Néstor Kirchner en Argentina, bajo la idea de "revisión" de las inclinaciones más neoliberales de aquel tratado, y un eje "contrahegemónico", que desafiaría abiertamente los postulados neoliberales a partir de un horizonte ideal libertador y poscapitalista. Si bien al fin y al cabo los gobiernos progresistas tuvieron orientaciones heterogéneas entre sí, que mal se acomodarían en una división demasiado simplista entre moderados, como los de Brasil, Argentina y Uruguay, y populares o "revolucionarios", como los de Venezuela, Bolivia y Ecuador, dicha idea se popularizó en buena medida a partir de la participación de los países en bloques regionales diferentes, que gravitaron alrededor de los dos liderazgos nacionales distintos y competitivos de Brasil y Venezuela.

b) La integración contrahegemónica: el ALBA

La Alianza Bolivariana para los Pueblos de Nuestra América-Tratado de Comercio de los Pueblos (ALBA-TCP)[1] fue el proyecto contrahegemónico liderado por la República Bolivariana de Venezuela. Nació en diciembre de 2004, poco antes de la Cumbre de Mar del Plata, como alianza estratégica entre Venezuela y Cuba y como "expediente discursivo de cara a la política comercial estadounidense y a los intentos de desestabilización que sufrió el gobierno venezolano" (Benzi 2017:23) en los años anteriores, los cuales fueron el golpe de Estado de 2002 y el paro petrolero-empresarial de inicios de 2003. Su primer intento fue básicamente defensivo, tratándose, como señaló Alfredo Toro (2011), de "una estrategia de *soft balancing* basada en herramientas –no militares– para retardar, frustrar y debilitar los ámbitos de dominio de Estados Unidos". Desde su primer momento, este espacio se pensó como articulador de gobiernos nacionales contrahegemónicos con las organizaciones de base continentales, en línea con la coalición de fuerzas que pronto se reveló ganadora en Mar del Plata, y que encontró en el Foro Social Mundial de Caracas en 2006 un momento privilegiado para tejer este diálogo. Sin embargo, como evidencia Benzi (2017: 35–39), el surgimiento del Consejo de los Movimientos Sociales y la Articulación de Movimientos Sociales hacia el ALBA, nunca se tradujo en una participación activa de estos espacios, que más bien siempre fueron usados instrumentalmente como espacios consultivos sin poderes ni atribuciones reales y fuertemente sometidos a una lógica centralizadora intergubernamental.

Tras la reunión de Mar del Plata de 2005, el ALBA tuvo un importante crecimiento y se proliferaron las adhesiones acorde con la tendencia a la llegada al

1 En un primer momento la sigla ALBA significaba "Alternativa Bolivariana para las Américas". En 2009 el nombre pasó de Alternativa a Alianza y se incorporó el Tratado Comercial de los Pueblos (TCP), nacido en el 2006 entre Cuba, Venezuela y Bolivia por iniciativa de Evo Morales.

gobierno de fuerzas progresistas o de izquierda en muchos países de la región. En el 2006, tras la victoria electoral de Evo Morales en Bolivia, ese país entró oficialmente en la alianza. El triunfo del Movimiento al Socialismo (MAS) fue de hecho el último paso, y también la "captura" institucional y progresivo vaciamiento, de una etapa de extraordinaria movilización social antineoliberal (las llamadas Guerra del Agua de 2000 y Guerra del Gas de 2003), que obligó a la renuncia de los presidentes Hugo Banzer Suárez y Gonzalo Sánchez de Lozada. Morales, ex líder sindical cocalero, obtuvo un triunfo electoral el 18 de diciembre de 2005, y empezó un proceso constituyente que, por medio de conflictos sociales y políticos muy agudos, terminó en 2009 con la proclamación del Estado Plurinacional de Bolivia. Con la victoria electoral en 2007 del candidato del Frente Sandinista de Liberación Nacional (FSLN), Daniel Ortega, ya presidente entre 1979 y 1990, Nicaragua también ingresó a la alianza bolivariana. El año siguiente fue el turno de República Dominicana y Honduras, mientras en 2009 hicieron su ingreso Antigua y Barbuda, San Vicente y las Granadinas[2], y Ecuador, donde a finales de 2006, tras un periodo de convulsiones sociales, había llegado a la presidencia el economista Rafael Correa, apoyado por una plataforma ciudadana y por algunos sectores de izquierda, lo que inauguró un proceso constituyente en alguna medida parecido al boliviano. El 2009, sin embargo, fue también el año del golpe de Estado perpetuado al presidente hondureño Manuel Zelaya, evento que llevó a la suspensión de ese país de la Alianza y que marcó el inicio de la crisis del bloque bolivariano.

El ALBA se desarrolló alrededor de cuatro ejes centrales: energético, social, comercial y financiero. Resalta, en este sentido, la ausencia de un proyecto de integración más directamente logístico e infraestructural. Tanto en el plano comercial como en el financiero no se logró ningún tipo de avance sustancial, mientras que los ejes energéticos y social se articularon fundamentalmente alrededor del eje Venezuela-Cuba: el primer país, a través de la provisión de petróleo a precios baratos a los países de la alianza gracias al conjunto de empresas de Petroamérica (Petrosur, Petroandina y Petrocaribe), se garantizaba, en un momento de fuerte alza de los precios internacionales del crudo, una fidelidad política y un cordón de seguridad frente a las amenazas imperialistas de Estados Unidos; la isla caribeña, a su vez, ganaba un respaldo comercial frente al embargo estadounidense, y lograba mantener su influencia ideológica y económica en la región a través de la

2 En el 2013 adhirió la isla de Santa Lucía y en el 2014 se juntaron a la Alianza los Estados caribeños de Granada y San Cristóbal y Nieves.

exportación de sus misiones sobre todo en el ámbito sanitario y educativo, pronto convertidas en verdaderos servicios profesionales.

Si bien el intercambio "médicos por petróleo" y otras formas de cooperación social y energética fortalecieron en el breve periodo, y en clave defensiva, a los países miembros del ALBA, el proyecto de integración energética continental, que representaba el más ambicioso objetivo de mediano plazo de Chávez, se vio frustrado. El objetivo del presidente venezolano se basaba en la doble propuesta de crear una empresa "grannacional" sudamericana y de construir un Gran Gasoducto del Sur que excediera los límites de la Alianza y que llegara a conectar Venezuela, Bolivia, Uruguay, Brasil y Argentina. Ambas propuestas, empero, encontraron fuertes resistencias entre otros países de la región. En cuanto a la integración petrolera, el modelo de *governance* propuesto por el presidente venezolano era de tipo exclusivamente público, lo que creaba problemas de aceptación por parte de aquellos Estados que tenían un sistema energético privatizado. Además, desde el año 2000 se estaba construyendo en Sudamérica la arquitectura energética asociada a la propia IIRSA, que se basaba en los principios de alianza público-privada. Por otro lado, el Gran Gasoducto del Sur, si bien tuvo el respaldo del presidente argentino Kirchner, encontró la firme oposición del Brasil de Lula. Este último acababa de salir de una difícil situación diplomática con Bolivia, ya que la renegociación de las concesiones de hidrocarburos por parte del país andino había en un primer momento afectado los intereses de Petrobras[3]. Más aún, la reforma energética boliviana había tenido la asistencia técnica del gobierno venezolano (Agostinis y Palestini 2014:16–17), lo que complicaba aún más los difíciles equilibrios alcanzados al interior del bloque progresista regional. A la luz de esta situación, Brasil se posicionó cada vez más en una línea diferente de la propuesta por Venezuela, y la unidad de intentos alcanzada en Mar del Plata se fue esfumando. Esta situación fue confirmada en la Cumbre Energética Suramericana de isla Margarita, en Venezuela, en abril de 2007, cuando Lula decidió no secundar la propuesta bolivariana y profundizar más bien las alianzas

3 Esta situación, en realidad, fue pronto revertida. Si bien el gobierno de Morales subió las *royalties* sobre los hidrocarburos del 50 al 62.5 % (lo que sin embargo no representó una nacionalización del sector que el propio gobierno había prometido), la expansión de la producción hacia áreas protegidas y el alza del precio de gas y petróleo hicieron que el valor de la producción de hidrocarburos en el país casi triplicara entre 2004 y 2010, lo que aumentó enormemente las ganancias netas de las ETN que controlaban el sector. Entre ellas, Petrobras era la empresa líder, y aumentó su participación, de 56.7 % en 2005 a 63.7 % en 2010 (F.L.B. Santos 2018:199).

estratégicas con Estados Unidos, especialmente, en el sector de biocombustibles y agroindustria, defendiendo la libertad de las inversiones extranjeras y la presencia de las empresas privadas en el sector (León 2015:60).

En el plano comercial, la gran ambición del ALBA fue sustituir un modelo mercantil basado en las "ventajas comparativas", por otro de alguna forma nunca realmente especificada poscapitalista, centrado en el principio de las "ventajas cooperativas". Para este objetivo vinieron elaborándose los proyectos de "empresas grannacionales" entre los Estados adherentes, y de un Tratado Comercial de los Pueblos (TCP): ambos proyectos quedaron en gran medida en una simple declaración de principios. Como señala Benzi (2017:87), el propósito tanto de las empresas grannacionales como del TCP fue la constitución de un circuito de producción y de comercialización para un mercado intra-ALBA, es decir la internalización de las cadenas del valor. Sin embargo, no solo este objetivo era de muy difícil alcance por economías extremadamente poco diversificadas como las que conformaban el ALBA, sobre todo en ausencia de economías más robustas como las de Brasil o Argentina que podían dar algún tipo de viabilidad a la complementariedad productiva, sino que los Estados adherentes nunca intentaron realmente aterrizar dichos principios en propuestas concretas. Más bien, el simple hecho de que el sostén de toda la arquitectura y el funcionamiento del ALBA continuaba siendo, cada vez más, la renta petrolera venezolana, iba realmente en contratendencia con los propósitos enunciados.

En cuanto a la integración monetaria y financiera, los pasos en esta dirección fueron igualmente escasos. En 2009 fue lanzada la propuesta de creación del SUCRE (Sistema Unitario de Compensación Regional de Pago), que en principio se inspiraba al plan de creación del *bancor* y de la Unión de Compensación Internacional que Keynes presentó en las negociaciones de Bretton Woods; sin embargo, el proyecto no solo no progresó sobre todo por falta de voluntad política real, sino que su primer objetivo de llevar sus sistemas monetarios hacia la desdolarización no fue realmente tomado en serio, ya que "la metodología de valoración y asignación del SUCRE sugiere un claro anclaje al dólar estadounidense" (Benzi 2017:101). En tema de integración financiera, tal como en el caso de la energética, los esfuerzos venezolanos de creación de una Nueva Arquitectura Financiera Regional y de un ambicioso Banco del Sur, fueron frustrados por la negativa brasileña[4]; el proyecto alternativo por fin puesto en marcha, la creación

4 Según Fabio Luis Barbosa dos Santos (2018:313), la razón por la cual Brasil no apoyó el proyecto sería que este último preveía igual poder de voto para todos los países, independientemente del aporte realizado, acorde a un modelo solidario diferente

de un Banco del ALBA, fue un fracaso y hay pocas informaciones sobre los (muy escasos) financiamientos que este instituto realmente otorgó (Benzi 2017:87).

Para concluir, según la hipótesis de Benzi, el proyecto del ALBA sí sirvió a los objetivos mínimos de corto plazo a nivel geopolítico de sus países protagonistas, en primer lugar Cuba y Venezuela, pero nunca fue un modelo de integración realmente diferente y su existencia se reveló completamente dependiente de la renta petrolera venezolana. No fue por lo tanto una sorpresa que, con la salida de escena de sus líderes Fidel Castro (que dejó el poder en 2009) y Hugo Chávez (que murió en 2013), y con la crisis de los precios de los *commodities* y particularmente del petróleo de los años siguientes, el ALBA *de facto* desapareció. Su fin fue decretado por la salida de Ecuador en agosto de 2018, debido al giro a la derecha que se dio con la presidencia de Lenin Moreno.

c) La integración sudamericana: la UNASUR

Una de las carencias del ALBA como proyecto de integración homogéneo fue, de hecho, su alto grado de voluntarismo y de flexibilidad institucional, algo que llevó los países sudamericanos de la Alianza a adherir, contemporáneamente, a la Unión de Estados Suramericanos (UNASUR). Si el ALBA representaba el proyecto ambicioso de una integración anclada en un ideario latinoamericano de inspiración martiana y bolivariana y, por lo mismo, diferente y antagónica a la perspectiva panamericana de Estados Unidos construida alrededor de los principios del regionalismo abierto, la UNASUR se desarrolló como alternativa más realista y sólida, de inspiración "posdesarrollista" y "posneoliberal" pero al mismo tiempo pragmática, y centrada no tanto en una oposición ideológica sino en una idea de Sudamérica como espacio geopolítico propio y autónomo.

Mas allá de las diferentes denominaciones que se dieron a este nuevo proyecto de integración anclado en la idea de América del Sur, es común calificar a los gobiernos progresistas que lo impulsaron entre 2005 y 2015 de "neodesarrollistas". Según el economista Claudio Katz (2015:49–69), el "neo-desarrollismo" se refiere a la idea, elaborada en institutos como la Fundación Getúlio Vargas, de retomar algunos principios del antiguo desarrollismo de la CEPAL, sobre todo el papel del Estado en el promover crecimiento económico, pero sin volver al keynesianismo y

de aquello practicado por el FMI. Esto contrastaba con el pretendido liderazgo de Brasil, lo que desvelaría las ambiciones políticas de este último por detrás del discurso "desarrollista" y "posneoliberal" de la integración regional.

al Estado de bienestar y sin entrar en contradicción con los preceptos neoliberales como un bajo déficit fiscal, la promoción de inversiones privadas y la expansión de mercados. Si bien en teoría el neodesarrollismo postulaba una retomada de la industrialización, esta última no fue pensada en contraste con la oligarquía exportadora y latifundista, como en el caso del antiguo desarrollismo, sino en una alianza común con esta. De esta forma, fue el agronegocio el sector que más se "industrializó", a menudo a expensas de la industria manufacturera tradicional y conforme al papel de Sudamérica en la división internacional del trabajo promovida durante décadas de neoliberalismo. Retomando el entendimiento de neoliberalismo menos como "Estado mínimo" y simple recetario de políticas de privatizaciones, y más como una racionalidad que se basa en la construcción constante y ampliada de mercados, se puede entonces fácilmente leer el neodesarrollismo en línea con las tendencias más "inclusivas" y centradas en el papel del Estado que se enmarcan genealógicamente en la tradición ordoliberal de la "economía social de mercado". Este proyecto neodesarrollista fue de alguna manera "traducido", en el plano de las relaciones internacionales y del regionalismo, en la propuesta de la UNASUR.

Como el modelo del ALBA giró alrededor del liderazgo de la Venezuela de Chávez, el proyecto sudamericanista de la UNASUR tuvo como impulsor el presidente brasileño Lula, además de su canciller Celso Amorim, el secretario general de relaciones exteriores Samuel Pinheiro Guimarães y el asesor especial de la presidencia para asuntos de relaciones exteriores Marco Aurélio García. La noción de América del Sur como espacio geopolítico y geoestratégico de interés inmediato de Brasil empezó en la década de 1970 durante la dictadura brasileña a partir de sus estrategas militares. Esta idea, de alguna forma, siempre se mantuvo en el pensamiento estratégico de los gobiernos brasileños, y prueba de ello fueron los ambivalentes movimientos en política exterior de Fernando Henrique Cardoso que, a pesar de su adhesión al recetario monetarista y a los principios del regionalismo abierto, nunca renunció a una relativa autonomía de la zona geopolítica y geoestratégica de Sudamérica. Con la llegada a la presidencia de Lula, la crisis de hegemonía de Estados Unidos, el giro progresista en América del Sur y el rechazo al ALCA en la Cumbre de Mar del Plata de 2005, la integración sudamericana dio pasos adelante. Este movimiento geopolítico de parcial autonomía de Brasil en el escenario sudamericano pero de no enfrentamiento abierto con la gran potencia del norte, se puede leer de manera explícita en un documento del Grupo Andrade Gutiérrez (2007:252), una de las empresas constructoras que, bajo los gobiernos del PT, más se fortaleció a partir del impulso de la integración de la infraestructura:

> "en cierto sentido, se podría decir que en su discurso básico, el gobierno Lula retomó (...) parte de la visión regional del gobierno Fernando Henrique Cardoso, a cuya iniciativa se debe la realización de la primera cumbre de los países de América del Sur. (...) A pesar de eventuales diferencias de medios y estilos, hay, pues, una cierta continuidad en el sentido del establecimiento, en el continente, de un nuevo regionalismo, el 'suramericanismo' (. . .)
>
> la orientación actual trataría de, sin choques o conflictos con la 'híperpotencia' septentrional, superar el panamericanismo absorbente, que tendría, por la dinámica de fuerzas en acción, a llevar de manera mas o menos formal todos los países del continente a la órbita de Washington. Por otro lado, según nuestro actual Ministro de las Relaciones Exteriores Celso Amorim, habría la intención de desarrollar con Estados Unidos una relación madura, de carácter más estratégica, en la cual nuestro país sería considerado como 'socio indispensable para la estabilidad de América del Sur e incluso de África'".

Un papel decisivo en este proceso fue la realización de diversas cumbres de presidentes de América del Sur, la primera de las cuales fue, como vimos, la Cumbre de Brasilia del 2000, donde se lanzó la IIRSA. Siguieron la Cumbre de Guayaquil en 2002 y la Cumbre de Cusco en 2004, donde se creó la Comunidad Suramericana de Naciones (CSN).

En Cusco, sin embargo, aún antes de que se lograra la derrotada definitiva del ALCA, empezaron las primeras brechas en el bloque progresista en fase de construcción: en aquella ocasión el presidente venezolano Chávez expresó una dura crítica hacia el tipo de *governance* desarrollado por el BID y centrado en los corredores de exportación y en lógicas consideradas puramente financieras, y de hecho el gobierno venezolano dejó de participar por unos años en los encuentros técnicos de la IIRSA. Por otro lado, el recién electo presidente brasileño Lula consideraba que las críticas tuvieron como causa el papel excesivo que su antecesor Cardoso había dejado a los bancos multilaterales, y especialmente al BID, para implementar el proyecto, y propuso como solución que se creara una nueva entidad burocrática al interior de la estructura de la IIRSA más controlada por los gobiernos nacionales, que desde entonces adquirieron mayor influencia sobre el planeamiento y los proyectos de la IIRSA (Agostinis y Palestini 2014:14). De este modo, la Cumbre de Cusco produjo la puesta en marcha de una Agenda de Implementación Consensuada (AIC) de la IIRSA, para ser realizada en el periodo 2005–10.

El último paso previo a la creación de la UNASUR se dio en Cochabamba (Bolivia) en el 2006, cuando se encontraron los presidentes de los 12 países sudamericanos junto con los presidentes electos Daniel Ortega, de Nicaragua, y Felipe Calderón, de México. En línea con las críticas que se venían haciendo al Consenso de Washington, la Declaración de Cochabamba identificó a la integración regional como "una alternativa para evitar que la globalización profundice las asimetrías" (SELA 2006). Se establecieron también cuáles debían ser los principios rectores de la integración sudamericana: solidaridad y cooperación en búsqueda de mayor equidad; soberanía, integridad territorial y autodeterminación; paz; democracia y pluralismo; derechos humanos, y armonía con la naturaleza para un desarrollo sostenible. Más específicamente, se formularon algunas declaraciones de apoyo al nuevo gobierno boliviano de Morales frente a la amenaza secesionista de las regiones orientales y se postuló la exigencia de una integración energética e infraestructural, que remandaba a la continuidad de la IIRSA. En esa ocasión, sin embargo, el propio mandatario boliviano criticó a la IIRSA y al modelo de integración subyacente, subrayando sus consecuencias ambientales y su carácter centrífugo que no permitiría la generación de polos de desarrollo locales: "[d]ebemos revisar el IIRSA para tomar en cuenta las preocupaciones de la gente que quiere ver carreteras en el marco de polos de desarrollo y no autopistas por las que pasan contenedores para la exportación en medio de corredores de miseria y un incremento del endeudamiento externo" (Morales 2006, en Jiménez 2014:20). Sus críticas se sumaban a las que venía haciendo Chávez, y de hecho los dos mandatarios propusieron, en alternativa al modelo de la IIRSA, la creación de una Comisión Energética Sudamericana. Sin embargo, la posición de Lula fue firme en el apoyo incondicional a la IIRSA y a la negativa de la comisión energética, que terminó siendo relegada al ámbito del ALBA y paulatinamente abandonada.

Por su indiscutible fuerza política y económica en el ámbito regional, la posición brasileña se reveló exitosa, y el proyecto de la IIRSA tuvo una aceleración en los años siguientes, gracias a la creación, en Brasil, de un Programa de Aceleración del Crecimiento (*Programa de Aceleração do Crecimento*, PAC) y a nivel regional del Consejo Suramericano de Infraestructura y Planeamiento (COSIPLAN) de la UNASUR. La creación de la UNASUR, y la subsiguiente incorporación de la IIRSA en ella a través del COSIPLAN, significarían un paso más en la dirección, propuesta por el gobierno brasileño, de una *governance* de la IIRSA más anclada a los gobiernos nacionales. En cuanto a sus críticos, pronto se volvieron, sobre todo en el caso de Morales, firmes defensores de la IIRSA, como ocurrió en el 2011 en ocasión del conflicto del TIPNIS, proyecto carretero por el cual el gobierno boliviano llegaría a reprimir con fuerza a los indígenas que lo contrastaban.

La idea de UNASUR fue avanzada por primera vez por Chávez, el 16 de abril de 2007, en ocasión de la I Cumbre Energética Sudamericana en Isla Margarita, pero el organismo fue constituido en la siguiente reunión de presidentes de Sudamérica, celebrada en Brasilia el 23 de mayo de 2008. Con la adhesión de los 12 países de Sudamérica, este instituto agrupó la totalidad de la Comunidad Andina (CAN), del MERCOSUR y del OCTA (Organización del Tratado de Cooperación Amazónico), además de los países sudamericanos que participaban en el ALBA. La integración de la infraestructura a través de la IIRSA fue considerada una prioridad absoluta para la nueva organización, que en el artículo 3 de su Tratado Constitutivo, firmado en aquella ocasión, declaraba entre sus varias prioridades: "la integración energética para el aprovechamiento integral, sostenible y solidario de los recursos de la región [y] el desarrollo de una infraestructura para la interconexión de la región y entre nuestros pueblos de acuerdo a criterios de desarrollo social y económico sustentables" (UNASUR 2011:3). Fundamental para lograr constituir el organismo fue el papel de liderazgo y mediación política de Lula, quien logró que participaran en el mismo Chávez y Álvaro Uribe, presidentes de Venezuela y Colombia respectivamente e históricos enemigos uno del otro. Sin embargo, la aceptación por parte de Uribe fue condicionada al hecho de que las decisiones de la organización fueran tomadas de manera unánime y no por mayoría (F.L.B. Santos 2018:307), lo que concedió poder de veto a sus miembros y que, en el largo plazo, afectaría mucho la capacidad operativa del organismo.

En su arquitectura constitucional, de acuerdo con el artículo 4 del organismo, la UNASUR se organizó en un Consejo de Jefas y Jefes de Estado y de Gobierno, un Consejo de Ministras y Ministros de Relaciones Exteriores, un Consejo de Delegadas y Delegados; una Secretaría General (SG), que cambiaría cada dos años; y una Presidencia Pro Témpore (PPT), la cual se ejercería por rotación entre los Estados miembros. De particular importancia en su estructura organizativa son los doce Consejos Sectoriales: Consejo Energético Suramericano (CES)[5],

5 Vale la pena destacar que el CES debía teóricamente realizar la otra mitad de la integración infraestructural sudamericana prevista por la IIRSA, es decir la parte relativa a la energía, mientras el COSIPLAN se enfocaba mayormente en la infraestructura de transporte. Sin embargo, debido a la profunda divergencia entre el proyecto de integración energética propuesto por Venezuela y aquel defendido por Brasil, la que se evidenció en la Cumbre de Isla Margarita de 2007, un real proyecto de integración en este sentido fue frustrado, y el CES, que consiguió dividirse entre integracionistas "maximalistas" y "minimalistas", de facto nunca procesó (Agostinis y Palestini 2014:18).

Consejo de Defensa Suramericano (CDS), Consejo de Salud Suramericano (CSS), Consejo Suramericano de Desarrollo Social (CSDS), Consejo Suramericano de Infraestructura y Planeamiento (COSIPLAN), Consejo Suramericano sobre el Problema Mundial de Drogas (CSPMD), Consejo Suramericano Economía y Finanzas (CSEF), Consejo Electoral (CE), Consejo Suramericano de Educación (CSE), Consejo Suramericano de Cultura (CSC), Consejo Suramericano de Ciencia, Tecnología e Innovación (CSTI) y Consejo Suramericano en Materia de Seguridad Ciudadana, Justicia y Coordinación de Acciones contra la Delincuencia Organizada Transnacional (UNASUR 2011). De ellos, fundamentalmente solo el CDS y el COSIPLAN avanzaron en sus trabajos, algo fue hecho en el CSS, el CSC, y por un breve periodo el CSDS, mientras los otros no tuvieron avances. Entre las iniciativas llevadas a cabo, se recuerda el Banco de Precios de Medicamentos y la Escuela Suramericana de Defensa (UNASUR 2016).

De hecho, a pesar de estos avances sectoriales, la UNASUR nunca se configuró como un real proceso de integración sino más bien como un espacio de negociación intergubernamental. Sin embargo, este espacio llegó a tener, hasta 2012, alguna efectividad en la resolución de crisis políticas internas a los países, gracias a la activación rápida del mecanismo de las cumbres.

Los principales ejemplos de actuación exitosa de la UNASUR se dieron en ocasión de la crisis boliviana de 2008 y de la ecuatoriana de 2010. Ambas resoluciones de la UNASUR respondieron a uno de sus principios constitutivos: garantizar la paz y seguridad regionales. En Bolivia, casi tres años después del triunfo electoral de Morales, se radicalizó el conflicto político entre el gobierno y la oposición, que mantenía sus bastiones en la llamada Media Luna Fértil a través del Comité Cívico de Santa Cruz y el Consejo Nacional Democrático (CONALDE), que reunía a los prefectos de los departamentos de Pando, Beni, Santa Cruz y Tarija. Estos se oponían a la política de hidrocarburos y redistribución agraria, e impulsaban la creación de un estatuto autonómico que diera amplias atribuciones sobre tierra, impuestos, recursos naturales y migración. Frente a la victoria de Morales en un referendo que no reconocía estas atribuciones, la oposición amenazó la separación de la Media Luna de Bolivia con cada medio necesario, empezó una serie de reuniones con el embajador de Estados Unidos, Philip Goldberg, y comenzó a organizar actividades paramilitares que desembocaron en una masacre de campesinos en el pueblo de Porvenir. La crisis fue resuelta con la pronta acción conjunta de los presidentes de UNASUR en favor del gobierno, que mientras tanto había expulsado el embajador. Si bien en el plano simbólico fue una importante toma de posición común entre presidentes sudamericanos contra la injerencia de EE. UU., en la práctica la posición de Brasil, crucial en la decisión, sirvió en los años siguientes para fortalecer la dependencia de Bolivia a sí mismo, con consecuencias, entre otras cosas, sobre los proyectos IIRSA.

La crisis de Ecuador dos años después, en cambio, tuvo como causa inmediata un asunto gremial, pero llevó al secuestro del presidente Correa por parte de fuerzas policiales y se resolvió con una combinación entre una solución interna, garantizada por el respaldo popular al presidente y la fidelidad de un grupo policial, y una acción diplomática de UNASUR a favor del gobierno. Hoy en día todavía hay debates sobre si el episodio se pueda calificar realmente como intento de golpe de Estado, debido a la poca evidencia de dirección coordinada entre las Fuerzas Armadas, el Departamento de Estado de EE. UU. y la oposición política y al no declarar la formación de un gobierno sustituto (Ayala y Aurazo 2011, Sánchez 2017) .

Otros episodios de actuación unitaria del organismo fueron el rechazo al anuncio de un acuerdo entre el gobierno colombiano y Estados Unidos para el uso de siete bases militares en 2009, la escalada de tensiones entre Colombia y Venezuela en 2010, y el cuestionado *impeachment* de Fernando Lugo en Paraguay en 2012, cuando fue aplicada al país la cláusula democrática, aunque de forma parcial, en la medida en que la participación del país en el instituto fue suspendida, pero no fueron aplicadas las medidas económico-comerciales previstas (Migliori 2012). Sin embargo, en todos estos casos se evidencia la incidencia del organismo más como espacio de toma de decisiones entre poderes ejecutivos sobre asuntos específicos que como verdadero proyecto de integración coherente y estructurado. Además, al verificarse los eventos bolivianos, solo un parlamento nacional, el de la propia Bolivia, había ya aprobado el Tratado Constitutivo de la UNASUR; dos años después, a la hora de la crisis ecuatoriana, eran apenas seis los signatarios, y el país líder, Brasil, todavía no estaba entre ellos. En tiempos más recientes, con el viraje derechista de la mayoría de los gobiernos latinoamericanos, la UNASUR se transformó rápidamente en un esqueleto vacío.

d) El Consejo Sudamericano de Infraestructura e Planeamiento (COSIPLAN)

El Consejo Sudamericano de Infraestructura y Planeamiento fue constituido en agosto de 2009 durante la III Reunión Ordinaria del Consejo de Jefas y Jefes de Estado y de Gobierno de la UNASUR, en Quito, y oficializado en la IV reunión, en la capital de la República Cooperativa de Guyana, Georgetown, en noviembre del año siguiente, para impulsar, fortalecer y llevar a cabo de forma más completa la IIRSA, que por aquel entonces ya tenía una cartera de 510 proyectos (Van Dijck 2013). La importancia al interior de la UNASUR del COSIPLAN y de la propia IIRSA, que desde entonces se denominará IIRSA/COSIPLAN, es destacada por el hecho de que, de los 12 Consejos Sectoriales del organismo, el COSIPLAN era el único que contaba con una estructura, una forma de organización, instrumentos, procesos de planificación y evaluación permanentes, y de hecho se configuró como la iniciativa de mayor impulso, financiamiento y acciones de la UNASUR (Molina 2015:3).

En la reunión de Montevideo de 2000 había sido creado un Comité de Coordinación Técnica (CCT) de la IIRSA, integrado por funcionarios de BID, CAF y FONPLATA. Entre 2000 y 2009 se habían verificado algunos cambios importantes, que fueron incorporados en la formulación y actuación del COSIPLAN: en primer lugar, las difusas críticas al neoliberalismo habían cuestionado la legitimidad de las instituciones financieras internacionales tradicionales, como el FMI, el BM, y en parte el propio BID (cuyas acciones, al 30 %, están en manos de Estados Unidos); en segundo lugar, el *boom* de los precios de los *commodities* y el consiguiente aumento de las reservas nacionales de los países sudamericanos habían permitido una mayor acción de los bancos públicos nacionales, como era el caso del Banco Nacional de Desarrollo Económico y Social (BNDES) de Brasil y, en menor medida, del Banco Nacional de Desarrollo Económico y Social (BANDES) de Venezuela, y regionales, tales como los propios CAF y FONPLATA, además del Banco Latinoamericano de Exportaciones (BLADEX) y el Fundo Latino Americano de Reservas (FLAR; Gudynas 2008:24). Entre estos institutos el BNDES tuvo el papel financiero de mayor relevancia en el avance sustancial del proyecto de la IIRSA. La propuesta de síntesis avanzada por el gobierno brasileño sobre la gestión de la IIRSA fue mantener el tipo de *governance* público-privado originario pero fortaleciendo en su interior la capacidad de iniciativa de los gobiernos y de los bancos públicos. Los 12 ministros de transportes, obras públicas y planeamiento definieron de esta manera una división de las tareas entre IIRSA y COSIPLAN, con el BID y la CAF (con participación residual de FONPLATA) que se convertían en cuerpo de asistencia técnica para la selección, el planeamiento, el diseño y la implementación de los proyectos, y por otro la supervisión sería a cargo de los 12 ministros que participaban en COSIPLAN. Con el fortalecimiento del papel financiero del BNDES vino a crearse también una coexistencia en la IIRSA/COSIPLAN entre proyectos originarios, diseñados por los bancos multilaterales bajo una lógica estrictamente mercantil, y otras obras, más importantes para la integración regional, aunque menos rentables en lo inmediato, que fueron financiadas por el banco brasileño.

Para incrementar el consenso social hacia la IIRSA, el COSIPLAN elaboró también una serie de mecanismos de consulta con las organizaciones ecologistas, involucró más directamente los ministros de Relaciones Exteriores, y creó plataformas de gestión público-privadas con representantes empresariales tales como la FIESP (Federación de las Industrias del Estado de San Pablo). Sin embargo, de acuerdo con Pedro Silva Barros, exdirector de Asuntos Económicos de la UNASUR, los temas sociales y ambientales nunca fueron realmente tomados en cuenta ya que por un lado los consultores del BID y la CAF no consultaban con las localidades, ni distinguían temas culturales, históricos, demográficos, sociales de los distintos territorios; y por otro, por la flexibilización legislativa que los Estados implementaron para atraer financiamiento para los proyectos.[6]

Entre los otros cambios que introdujo el COSIPLAN en la organización de la IIRSA hubo el establecimiento de una Agenda de Proyectos Prioritarios de Integración (API), que significó que, de las 562 iniciativas previstas por la IIRSA, unos 100 proyectos individuales, que iban a formar unos 31 proyectos estructurados[7], fueron considerados "de carácter estratégico" y "de alto impacto para la integración física y el desarrollo socioeconómico regional". Se trataba sobre todo de carreteras, puentes, ferrocarriles y vía fluviales (Cerdas 2015:8). Sin embargo, hasta el año 2010, solo dos de estos 31 proyectos estructurados habían sido realizados: un puente de Brasil a Guyana y un puente de Brasil a Perú, financiados en su totalidad con fondos públicos de Brasil.[8]

Como herramientas para la implementación de proyectos, COSIPLAN fortaleció la Metodología de Integración Productiva y Logística (IprLg) y la Metodología Ambiental y Social con Enfoque Estratégico. Con ella se intentó flexibilizar y reducir la fase de estudio de los impactos ambientales que prevén los parámetros de los estudios tradicionales para evitar retrasos en las inversiones. Asimismo, fueron adoptadas también una metodología para la creación de Programas Territoriales de Integración (PTI), una herramienta de georreferenciamiento y una metodología para la gestión de catástrofes. El principio de la desregulación en materias ambientales, sociales o laborales nacionales ha sido una

6 Entrevista de Daniele Benzi y Marco Narea, agosto de 2017. Se agradece a los autores por compartir el documento.

7 Según los planificadores de la IIRSA, un proyecto estructurado es aquel que consolida redes de conectividad física con alcance regional, con el propósito de potenciar sinergias existentes y solucionar las deficiencias de la infraestructura implantada (Jiménez 2014:22).

8 Entrevista de Daniele Benzi y Marco Narea, agosto de 2017.

meta de la IIRSA a lo largo de toda su historia, además de ser un elemento revelador de la racionalidad logística, con su constante producción de excepciones en su organización espacio-territorial.

En general, en un plano ideológico-discursivo, la incorporación de la IIRSA dentro del COSIPLAN, y por ende de la UNASUR, se dio a partir de la supuesta vocación desarrollista de esta última, de cara al anterior modelo de regionalismo abierto neoliberal. Como destaca Sofía Jarrín Hidalgo (2015:13), el discurso oficial de los Estados integrantes planteaba que las estrategias de integración física fueran alineadas al objetivo político de proteger la soberanía latinoamericana frente a la influencia de las instituciones financieras internacionales y a sus políticas de ajustes privatizadoras. Sin embargo, la mayoría de los proyectos priorizados de la IIRSA solo se realizaron a través de enormes procesos de endeudamiento. Por otro lado, este discurso desarrollista se combinó con la estabilización macroeconómica y la intención de alcanzar el crecimiento económico a través de procesos de reprimarización de las economías, dependientes de las exportaciones de *commodities* y de acuerdo con la idea de "ventajas comparativas". En consecuencia, nunca se intentó realmente fomentar procesos productivos, redistribuir los beneficios económicos en el lugar de origen ni promover un desarrollo integral a nivel local o nacional. Asimismo, la mayor presencia económica del Estado en la provisión de infraestructura fue funcional a los intereses del capital transnacional, destacándose una vez más el mayor papel del Estado como un importante elemento de continuidad del neoliberalismo, una herramienta útil a la ampliación y creación de nuevos mercados y a la articulación profunda de las operaciones extractivas, logísticas y financieras. Estos ensamblajes entre extractivismo, logística y finanzas a través del aporte público a la IIRSA conllevaron la adopción por parte de todos los Estados miembros de la UNASUR de importantes normativas de regulación de las llamadas Asociaciones Público-Privadas como modalidades preferentes de financiamiento de la infraestructura. En este escenario, lo que realmente cambia es la capacidad o no de los Estados de mantener estos procesos de endeudamiento, además de los procesos geoeconómicos de fondo que permiten la continuidad de la inversión.

Desde este punto de vista, la caída de los precios internacionales de los *commodities* en los años que siguieron a la creación del COSIPLAN produjo efectos tanto económicos como políticos. En primer lugar, reduciendo las reservas nacionales de la mayoría de los Estados sudamericanos, obligaron estos últimos a depender más del flujo financiero privado o extranjero. Este problema fue discutido inicialmente en la IV Reunión del Grupo de Trabajo del COSIPLAN sobre Mecanismos de Financiamiento y Garantías, que se realizó en Río de Janeiro en septiembre de 2014, y que tuvo como objetivo principal buscar alternativas de financiamiento para los proyectos de la cartera API. Como señala Cerdas Vega, la presencia en dicha reunión de representantes del Banco de Desarrollo de China (BDC) y del Nuevo Banco de Desarrollo (NBD) de los BRICS dio unas pistas para entender la nueva vocación de la región, no solo a nivel de mercados, sino también de inversiones, hacia Asia-Pacífico. Por otro lado, la crisis económica causada por el agotamiento de superciclo de los *commodities* tuvo como efecto político la crisis y la caída de la mayoría de los gobiernos progresistas, el regreso en algunos países de fuerzas políticas de derecha y, en el mediano plazo, el cierre *de facto* de la UNASUR.

e) "Brasil Potencia" y el PAC

La integración sudamericana centrada en la construcción de la UNASUR, y que posibilitó el impulso y la realización de numerosos proyectos IIRSA en el nuevo marco de COSIPLAN, tuvo en Brasil su operador principal. Bajo los gobiernos de Lula y su política "neodesarrollista", intentó establecerse en aquel país una alianza de clases entre la vieja industria con base en el ABC paulista y la nueva oligarquía del agronegocio, y ambas con la clase trabajadora, "representada" directamente en el palacio de Planalto en la persona del presidente, exsindicalista metalúrgico, y de su partido, el Partido de los Trabajadores. Ambos sectores empresariales fueron entre los que más apostaron en el fortalecimiento de la infraestructura regional, el primero sobre todo debido a las ventajas en términos energéticos del aprovechamiento de los recursos hídricos amazónicos para la propia industria, y para los menores costos logísticos para exportar a sus vecinos en la región, los segundos para el abaratamiento de los costos de exportación hacia los puertos y los mercados extrarregionales. No obstante, la IIRSA no resultó igualmente exitosa para ambos grupos. Debido en parte a dinámicas exógenas (el crecimiento de China y el fortalecimiento de su relación comercial con Sudamérica, y el llamado "superciclo" de los *commodities*) pero en parte también a los propios diseños de los corredores, el comercio extrarregional terminó aumentando enormemente, mientras el comercio intrarregional se quedó en baja. De esta manera, por un lado el agronegocio se benefició enormemente de las infraestructuras de conexión, por otro el sector secundario no logró revertir su proceso de decadencia. Sin embargo, un sector de la industria brasileña, aquella indirectamente vinculada al ciclo exportador de materias primas, sí logró crecer en esos años, y exportar sus servicios al extranjero.

El papel de Brasil para el desarrollo de la IIRSA se articuló en tres distintas esferas: en un plano internacional, su política sudamericanista y de impulso a la UNASUR dio al país un espacio de autonomía relativa, desde el punto de vista geopolítico, para impulsar una política de "relaciones sur-sur"; en un plano interno, a partir de 2007, su Programa de Aceleración del Crecimiento (PAC)[9] dio impulso a los proyectos IIRSA presentes en su territorio; en fin, su política de promoción de las empresas "campeonas nacionales" vinculó el nivel de la política económica interna con el de la política internacional, lo que permitió la transnacionalización de algunas empresas monopolistas brasileñas (o simplemente lo fortaleció, ya que varias empresas ya se habían transnacionalizado durante la dictadura militar y el gobierno de Cardoso) y posibilitó su protagonismo para llevar adelante la IIRSA a escala continental. A la base de estas políticas estaban, según Efraín León, dos supuestos fundamentales: por un lado, la enorme liquidez que obtuvo Brasil generada por su fuerte superávit comercial, a su vez determinado por el alza de los precios de los *commodities*, y por el aumento de las Inversiones Extranjeras Directas (IED) en el país; por otro, el desarrollo nacional de las fuerzas productivas, que le permitió de integrarse productivamente al gran capital transnacional con mayores márgenes de autonomía a pesar del fortalecimiento de una vocación primario-exportadora. Al considerar este aumento de las fuerzas productivas nacionales, ese autor destaca el desarrollo de motores de combustible flexible (*flex fuel*) en el sector automotriz, el Programa Nacional de Alcohol desarrollado por el Centro Técnico Espacial y la Fuerza Aérea Brasileña para generar combustibles alternativos, el desarrollo de tecnología *offshore* para explorar y producir petróleo en aguas profundas y ultraprofundas (Presal) y el programa de producción de combustible nuclear (León 2015:54).

Sin embargo, estos elementos no fueron aprovechados por Brasil para promover un desarrollo técnico independiente, sino que fueron utilizados para "insertarse estratégicamente –en condiciones menos dispares– en algunos procesos productivos que normalmente están controlados por las economías industrializadas" (León 2015:55). En este sentido, las plataformas internacionales promovidas por Brasil permitieron a ese país una mayor flexibilidad en cuanto a dónde y con quiénes encadenar su sistema productivo, produciendo un aumento de la diversificación de sus exportaciones y una política internacional altamente pragmática, entre la hegemonía imperial estadounidense en declive, la mayor dependencia con Asia Oriental, y los impulsos antimperialistas del bloque bolivariano.

9 En portugués, *Programa de Aceleração do Crecimento.*

Un elemento central de esta política de fortalecimiento económico y geopolítico de Brasil lo desempeñó el BNDES. Creado en 1952 durante el último gobierno de Getulio Vargas, en toda su historia el BNDES se configuró como una herramienta que expresaba la orientación de los proyectos de desarrollo económico nacional (Cavalcante 2021): bajo los gobiernos con orientaciones nacional-desarrollistas, hasta el golpe de Estado de 1964, lo hizo fomentando el capital nacional público, durante la dictadura militar, privilegiando el capital nacional privado, mientras que durante los gobiernos neoliberales de la década de 1990 se convirtió en simple instrumento de apoyo a las privatizaciones de empresas estatales. Los gobiernos del PT dieron nueva importancia al BNDES como eje de su proyecto "neodesarrollista", y lo hicieron sin romper con el marco neoliberal, sino que impulsando lo que Cristina Cavalcante (2021) llama "soberanía nacional al revés": es decir, garantizando "protección estatal al capital con base de acumulación nacional, pero impulsando su proceso de internacionalización/transnacionalización a través del estímulo a la monopolización sectorial y financiamiento de la expansión de sus capitales más allá de las fronteras nacionales, con recursos provenientes de los 'fondos de consumo' de los trabajadores y de los tributos nacionales". De hecho, entre 2003 y 2008 el BNDES fue financiado en un 60 % por el fondo de consumo de los trabajadores, a través de la participación del Fondo de Amparo al Trabajador (FAT), el Fondo de Garantía por Tiempo de Servicio (FGTS), el Fondo de Inversión del FGTS (FI-FGTS) y el Programa de Integración Social y Programa de Formación del Patrimonio del Servidor Público (PIS/PASEP), y fondos dedicados al pago de derechos laborales (Zibechi 2013:58). A partir de 2009, la principal fuente de recursos pasó a ser el Tesoro Nacional y demás fuentes gubernamentales, con un promedio del 50 %, llegando a 57.7 % en el 2014 (Cavalcante 2021:232), por lo que estos recursos representan en buena medida el recaudado de los impuestos que, como en la mayoría de los sistemas fiscales latinoamericanos, pesa en mayor medida sobre el trabajo que sobre el capital.

En la práctica, durante los gobiernos del PT, el BNDES otorgó financiamientos a grandes empresas de origen brasileño bajo préstamos directos o por intermedio de otras instituciones financieras acreditadas o bajo la suscripción de valores mobiliarios, fondos de inversión y títulos corporativos en ofertas públicas (Cavalcante 2021:229); sus préstamos tuvieron tasas de interés de largo plazo extremadamente facilitadas, equivalentes a la mitad de la tasa de interés promedio vigente en Brasil. Este renovado rol del BNDES empezó a desarrollarse a partir de 2003, cuando el entrante gobierno Lula reformó su estatuto, permitiéndole por primera vez financiar proyectos fuera de Brasil. Ese mismo año, el BID creó la Coordinación Especial para el Programa de Integración Física Suramericana y nombró presidente de la misma al economista del BNDES Mauro Marcondes Rodrigues. Ya en 2006, según Bugiato y Berringer (2012:30), por primera vez en la historia, el volumen de IED brasileña al extranjero superó el de IED extranjera en Brasil, llegando a 32,3 mil millones de dólares. Estos cambios se aceleraron durante el segundo mandato de Lula (2007–10), cuando el banco fue enormemente recapitalizado y aumentó fuertemente sus préstamos e inversiones. Estos últimos se multiplicaron a lo largo de 10 años por ocho veces, desde 11 563 millones de dólares en 2003 hasta 81 167 en 2013, durante el primer gobierno de Dilma Rousseff. El 39 % de todo el dinero gastado por el banco entre 2003 y 2015 fue destinado al sector industrial y extractivo (con un 8.1 % a la industria de transporte), el 35.5 % a la infraestructura (19.8 % de transporte, 10.9 % de energía eléctrica), el 19.8 % a comercio y servicios y 8.1 % al sector agropecuario (BNDES 2019).

El crecimiento de los aportes del BNDES hacia infraestructura y logística está sobre todo vinculado al PAC. Creado en el Plan Plurianual (PPA) del segundo gobierno Lula, un plan publicado cada segundo año de mandato presidencial y que establece las prioridades de inversiones públicas de los cuatro años de gobierno federal, el PAC representó un salto cualitativo en términos de ambición y de papel del Estado en su intervención en la economía nacional brasileña, después de un primer gobierno Lula aún fuertemente caracterizado por políticas de austeridad. Fuerte del crecimiento de los precios de los *commodities*, que permitieron al país cumplir con el pago de su vieja deuda de 15 mil millones de dólares al FMI en 2005, con un año de antelación, y de conquistar un importante superávit comercial, el gobierno creó el ambicioso plan del PAC, para el cual estimaba una inversión de 503.9 mil millones de reales hasta 2010, con recursos provenientes del presupuesto nacional, capitales de inversiones de empresas estatales e inversiones privadas promovidas vía APP (Van Dijck 2013). El PAC respondía a un doble objetivo: por un lado, promover a un mejoramiento de la infraestructura social y habitacional básica, acorde con programas compensatorios y asistenciales como *Minha casa minha vida* (mi casa mi vida), cuya aplicación correspondió a modalidades público-privadas; el segundo era aprovechar de la vocación primario-exportadora del país en un contexto internacional favorable y con eso beneficiar también al sector del agronegocio. Presentado como el eje del "desarrollo" de Brasil bajo la gestión *petista*, se conformó por megaproyectos atravesados por controversias y generadores de tremendos conflictos ambientales y laborales, como la Transposición del río San Francisco (en la región semiárida brasileña del Cerrado) y las megahidroeléctricas de la cuenca amazónica (Santo Antonio y Jirau en río

Madeira, proyectos estratégicos del EID Brasil-Perú-Bolivia de la IIRSA, y Belo Monte en el río Xingu). De hecho, según Laura Carvalho (2018), el 54.5 % de la inversión total del PAC fue en el sector de la energía eléctrica (54.5 % de la inversión), seguido por el de infraestructura urbana (22.9 %) y logística (11.6 %). Ya en su primera fase, coincidiendo con la entrada de IIRSA dentro del marco de COSIPLAN, los proyectos brasileños de esta pasaron a ser un espejo de proyectos de PAC, coordinado por el mismo Ministerio de la Planificación que actuaba en el COSIPLAN, garantizando los vínculos. Además, estando bajo la coordinación interministerial de Dilma Rousseff –entonces ministra de la Casa Civil– el PAC fue ampliamente explotado en la primera campaña de Dilma para la presidencia de la República. Con la llegada de la crisis económica mundial, este programa fue aprovechado como medida contracíclica y se anunció en 2009 un aporte de 142 mil millones de reales. El PAC fue relanzado en 2011 en el primer PPA de Dilma Rousseff (PAC 2): al fin de los ocho años, no logró atraer toda la inversión esperada ni a concluir el mayor número de obras, pero sí representó un impulso y una aceleración de los proyectos IIRSA de gran alcance.

La vinculación del PAC con el renovado activismo del BNDES es evidente, ya que a partir de 2007 el monto total de los desembolsos del BNDES empezó a aumentar de forma acelerada: de 2003 a 2006, sus inversiones anuales habían aumentado a un ritmo de alrededor 4102 millones de dólares por año; en 2007, su aumento fue de 12 465 millones, en 2009 tuvo un aumento de 41 584 millones, y en 2010 de otros 21 564, demostrando su función de medida contracíclica frente a la crisis económica global. Aún más significativo es el aumento relativo al sector de infraestructura: más o menos estable de 2004 a 2006, el cual tuvo un repunte en 2007 (de 5510 millones de dólares, correspondientes al 30.8 % de la inversión total del BNDES, a 11 922 millones, correspondientes al 39.5 %) y en 2008 (19 650 millones de dólares, 38.6 % de la inversión).

Por otro lado, Cavalcante (2021:237) analiza también que más del 70 % del monto de las 222 inversiones totales en el período fue hecha a favor de grandes empresas. Este impulso a la concentración de capital, y a la monopolización y oligopolización de enteros sectores, se realizó de manera particular en los sectores de la exportación primaria (de productos como soja, etanol, minerales, carne y petróleo) y de transporte, química, petroquímica y sobre todo de construcción. La elección de estas áreas como beneficiarias de los financiamientos se justificó con su mayor competitividad internacional. A través de estos préstamos y financiamientos, y junto con una incansable diplomacia empresarial promovida por el Ministerio de Relaciones Exteriores, el BNDES logró impulsar la transnacionalización y la mejor inserción en los mercados internacionales de empresas líderes en dichos sectores, considerados "campeones nacionales".

Armando Boito (2018) califica estas firmas como "burguesía interna", tratándose de empresas que tienen base de acumulación nacional, pero por su grado de *internacionalización* se dirigen más hacia el mercado externo y están interesadas en la intervención estatal para garantizar mayor control de determinados ramos económicos y fortalecer su competitividad frente al capital extranjero. Aprovechando el cambio de normativa promovido por Lula en 2003, el BNDES empezó a promover el crecimiento y la transnacionalización de estas empresas. Por un lado, adquirió numerosas acciones de empresas y bancos brasileños[10] y promovió adquisiciones de empresas extranjeras[11] y nacionales[12] por parte de grandes conglomerados. En 2009, el llamado *BNDESPar* tenía una participación en 22 empresas multinacionales con sede en Brasil y sus acciones tenían un valor de 92.8 mil millones de dólares, correspondientes al 4 % del capital accionario brasileño (Tautz, Siston, Lopes Pinto, Badin 2010:261); en 2012, el 89 % de estas acciones se concentraban en los sectores de petróleo,

10 En 2010, el BNDESPar tenía porcentajes de capital en América Latina Logística (12,21 %), Gerdau (3,50 %), Banco do Brasil (2,43 %), Itaú Holding (0,25 %), JBS Friboi (17,32 %), Bradesco (0,25 %), Klabin (20,25 %), Brasil Foods (2,55 %), Light (22,96 %), Brasil Telecom (2,20 %), Marfrig (13,89 %), MPX Energia (2,60 %), Braskem (5,55 %), CEG (34,56 %), CPFL Energia (8,42 %), Petrobras (7,66 %), Cia. Siderúrgica Nacional (2,10 %), Eletrobrás (18,50 %), Embraer (5,37 %), Vale S/A (5,34 %) e Fibria (30,42 %; Burgiato y Berringer 2012:31).

11 Se puede destacar el movimiento de capitales brasileños en relación con Argentina: en 2003, Petrobras adquirió Perez Companc (Pecom) y se volvió el segundo grupo económico del país en el sector de petróleo y gas; en 2005 la constructora Camargo Correa compró Loma Negra, la mayor fábrica de cemento del país; en 2010, la empresa minera Vale compró los activos argentinos del Proyecto Potasio Río Colorado de la empresa anglo-australiana Río Tinto; además, la compañía de bebidas Ambev compró la Quilmes, la (JBS) Friboi adquirió las unidades de Swift en Argentina, volviéndose la mayor empresa frigorífica del mundo, la empresa de cemento Votorantim (hoy Fibria) compró el 50 % de Cementos Avellaneda, y el Banco do Brasil adquirió el Banco Patagonia (Novoa 2009; F.L.B. Santos 2018: 302–303).

12 Para dar algunos ejemplos, el BNDES financió con 2.4 mil millones de reales la compra de Aracruz Celulose por parte de Votorantim Celulose, que se convirtió en Fibria, un líder global en el sector de celulosa; más de 1.5 mil millones de reales fueron pagados para la fusión de Sandia con Perdigão, que juntos formaron Brasil Foods, el mayor exportador mundial de pollo (F.L.B. Santos 2018:91).

minería, papel y celulosa, energía y refrigeradores (Garzón 2013). Las fusiones y adquisiciones, sin embargo, tuvieron en algunos casos el efecto inverso de desnacionalizar algunas empresas con base en Brasil: es el caso, por ejemplo, del conglomerado de bebidas Ambev, que tras recibir amplio apoyo por el BNDES fue adquirida por una empresa belga, de la planta de etanol Santa Elisa, que fue comprada por la empresa francesa LDC Dreyfuss después de haber sido apoyada por el banco, de la empresa naval EBX, que también recibió apoyo del BNDES y luego se asoció a empresas de capital chino y coreano, o de Alunorte y Alumar, empresas vendidas por la Vale a la compañía noruega Norsk Hydro (Tautz, Siston, Lopes Pinto, Badin 2010; F.L.B. Santos 2018: 92–93).

Por otro lado, el BNDES creó dos mecanismos de financiamiento de estas empresas: el *BNDES Exim Pré-Embarque*, que prevé préstamos e inversiones para la producción de bienes y servicios destinados a la exportación; y el *BNDES Exim Pós-Embarque*, que tiene el objetivo de apoyar la comercialización de bienes y servicios brasileños en el exterior, anticipando el valor a la empresa exportadora (a través de apoyos directos) de ser después reembolsado al BNDES por el país importador en plazos mensuales de entre 60 y 300 meses (Cavalcante 2021:247). Como señala Barbosa dos Santos (2018:300), la suma de estos dos programas llegó a destinar, en 2010, un volumen de créditos de 96.32 mil millones de dólares, lo que correspondía a 3.3 veces el crédito ofrecido aquel mismo año para las mismas finalidades por el BM (28.6 mil millones) y mucho más que el ofrecido por el FMI (11.4 mil millones). Estos tipos de contrato, de hecho, sirvieron para la construcción de infraestructura logística (hidroeléctricas, puertos, acueductos, carreteras) en un amplio espectro de países latinoamericanos y africanos[13]. A través de estos mecanismos, el BNDES logró articular el nivel de desarrollo interno, representado por el PAC, con el desarrollo internacional, representado por la IIRSA, a través de una política de impulso a los llamados "campeones nacionales" que fue calificada de "subimperialista"[14]. También en este caso, hubo efectos

13 En América Latina: Argentina, Costa Rica, Cuba, Ecuador, Guatemala, Honduras, México, Paraguay, Perú, República Dominicana, Venezuela. En África: Angola, que fue el mayor país receptor, Gana y Mozambique.

14 La base de los debates de los últimos años, sobre todo durante el apogeo *petista*, sobre el papel "subimperialista" de Brasil remonta a la formulación del término hecho por Ruy Mauro Marini (1977). Este teórico marxista de la Dependencia caracterizó de esta manera al régimen brasileño durante la dictadura militar (1964–85), como la situación de un país que, convertido en las décadas anteriores en centro mediano de acumulación (con un componente orgánico de capital relativamente alto), empezó a

negativos respecto a los objetivos estratégicos del gobierno brasileño: algunas empresas, después de recibir apoyo por el banco, automatizaron sus operaciones, como en el caso de Odebrecht en Perú, mientras se supone que muchas hayan

desarrollar una política militarista de subpotencia regional, a través de la cual unificó los intereses de sus dos clases dominantes (burguesía latifundista exportadora y burguesía industrial) en la búsqueda de mejores condiciones productivas y de mercados en la región sudamericana, en una situación de "cooperación antagónica" con, pero al fin y al cabo subordinada a, Estados Unidos. En 2010, la historiadora Virgínia Fontes retomó parcialmente la noción para analizar el Brasil de ese tiempo, pero la modificó en "capital-imperialismo". La autora consideró capital-imperialismo el periodo de máxima concentración de capitales que se dio en el mundo capitalista tras la Segunda Guerra Mundial, bajo la égida de EE. UU.; Brasil se habría convertido lentamente no solo en una simple plataforma para la expansión de capitales imperialistas, sino en una verdadera potencia capital-imperialista, aunque todavía dependiente. Esto ocurrió en principio durante la dictadura militar, luego con la política de privatizaciones de Cardoso (que generó concentración de capitales), y finalmente con la política de "campeones nacionales" bajo el gobierno de Lula (que aportó apoyo público a los capitales de origen nacional y mediaciones mercantiles-filantrópicas en el conflicto de clase nacional). Esta tesis es retomada en parte por Raúl Zibechi (2013), que sin embargo llega a hablar del "nuevo imperialismo" de Brasil, sobrevalorando las intenciones confrontacionales del proyecto lulista con EE. UU., su activismo militar autónomo, y la plena coincidencia entre gobiernos del PT y cúpula militar: todos estos elementos se revelarían en su falacia tan solo tres años después de la publicación de su *Brasil Potencia*, con el golpe parlamentario-judicial-mediático a Dilma Rousseff. En 2015 Efraín León se sumó al debate al caracterizar Brasil como "nuevo desarrollismo nacional internacionalizado expansionista", que retomaría algunos elementos del subimperialismo de la dictadura militar, como la alianza de clase entre burguesía interna y exportadora, pero esta vez en alianza también con las clases populares, y en un proyecto de integración subimperial que responde en primer lugar a EE. UU., pero en alianzas con otras economías industrializadas. En fin, en 2016, Claudio Katz también intentó trazar analogías y diferencias con el periodo subimperial anterior. Según el economista argentino, desde un punto de vista económico, Brasil bajo liderazgo *petista* ya no era una potencia industrial emergente sino que había entrado en una dinámica de reprimarización de la economía; podríamos decir que era entonces una potencia "menos" que subimperial. Desde un punto de vista geopolítico, el acercamiento a los BRICS y el impulso a organizaciones multilaterales sudamericanas serían signosde una mayor autonomía frente a EE. UU., configurándose en este sentido –podríamos decir– como una potencia "más" que subimperial.

accedido a créditos de largo plazo sobre todo para finalidades especulativas, para lucrar a través de la manipulación de las tasas de interés y para reducir costos de capital (F.L.B. Santos 2018:93).

El 77.2 % de los financiamientos para servicios de ingeniería al extranjero se destinó a una sola empresa, la Constructora Norberto Odebrecht SA, y a sus filiales (Cavalcante 2021:254). La misma, junto con la otra constructora OAS, y la empresa de alimentos JBS, gracias a esta política de "campeones nacionales" se convirtieron en líderes mundiales de sus respectivos sectores. Las primeras dos, junto con otras constructoras como Camargo Correa, Queiroz Galvão y Andrade Gutiérrez, lograron llevar adelante los proyectos IIRSA en muchos otros países, siendo vehículos para la llegada de otras empresas (como la petrolera estatal Petrobras y la empresa minera Vale S.A.), que lograron multiplicar sus actividades a lo largo de los tentáculos diseñados por la IIRSA. El respaldo del BNDES a las constructoras brasileñas fue clave para obtener muchas licitaciones en otros países, sobre todo cuando se les pedía a los postulantes de conseguir sus propias fuentes de financiamiento. El BNDES entonces, desde un punto de vista legal, no se configuró como el financiador directo de las obras, sino como simple financiador de la compra de bienes y servicios producidos en Brasil para la realización de las mismas, exportados por medio de sus empresas (Clemente 2017). Esta es la razón por la cual nunca existió realmente una línea de créditos específica del BNDES para la iniciativa, y que según la propia cartera IIRSA, son solo dos los proyectos de la iniciativa financiados directamente por el BNDES. Sin embargo, 322 proyectos de 562 totales son financiados, parcial o totalmente, por el Tesoro Nacional de los diferentes Estados (Pereira 2019:265), y son muchos los casos en que hay por detrás un apoyo del BNDES a las firmas brasileñas.

Tabla 1: Proyectos IIRSA según origen de inversiones estimadas y ejecutadas hasta 2016 (en millones de US$)

Fuente	N.º proyectos	Inversión estimada(US$)	Inversión estimada(%)	Inversión efectuada (US$)	Inversión efectuada (%)
Tesoro Nacional	322	70 374,5	35	27 026,4	55.7
Tesoro Provincial	17	1875	1	200	0.4
Tesoro Municipal	2	2100	1	2100	4.3
Binacional	12	9639,8	5	1408,8	2.9
BID	36	5716,6	3	1211	2.5
CAF	32	4265,1	2	1154,8	2.4
FOCEM	10	819	0	419,3	0.9
FONPLATA	6	298,9	0	0	0
BNDES	2	157,1	0	67,2	0.1
Banco Mundial	3	172,5	0	68,5	0.1
Unión Europea	4	179,5	0	75.3	0.2
JBIC	3	185,9	0	0	0
Varios (público)	10	3611,8	2		
Por definir (público)	6	328,0	0	0	0
Total público		99,729.7	50.1	33 731.3	69.6
Privados	86	43.609,9	22	11 459,2	23.6
Bancos privados	4	108	0	0	0
Varios (privado)	2	719,9	0	0	0
Por definir (privado)	6	1.149,7	1	388	0.8
Total privado		45,587.5	22.9	11 847.2	24.4
Varios	20	13.159,4	7	2748	5.6
Por definir	72	40.431,0	20	170	0.4
Total		198.901,4	10	48 496,5	100

Fuente: COSIPLAN 2017, elaboración del autor.

Ese trato directo entre banco y empresas exportadoras brasileñas, por otro lado, excluye completamente el país beneficiario de la obra, al cual no viene entregado ningún recurso. Como declaró el propio Guido Mantega, expresidente del BNDES y ex Ministro de Hacienda, "el BNDES paga al exportador brasileño, en reales en Brasil, el valor equivalente a las exportaciones realizadas a medida en que se verifica el cumplimiento del cronograma de realización de las obras. El importador, por su parte, repaga el financiamiento al BNDES en moneda fuerte, lo que asegura el ingreso de divisas a Brasil" (Mantega 2007:40). Este direccionamiento permitía orientar la deuda de los países hacia Brasil, aunque por otro lado generaba también una caída de las reservas de divisas de este último, que era al fin y al cabo el prestador en última instancia, y que respaldaba los financiamientos del BNDES a través de su tesoro nacional.

En general, el sistema de financiamiento de la IIRSA en su conjunto, incluyendo tanto las inversiones públicas como las modalidades de inversión público-privada (APP), no solo generó inevitablemente altos niveles de endeudamiento, sino que también comportó numerosos casos de corrupción de empresas responsables de la construcción de las obras. Un fenómeno común es por ejemplo la sobrefacturación, que lleva a inflar los montos a pagar por parte del Estado donde se realiza la obra. Muchas veces esto provocó el involucramiento directo del gobierno brasileño en defensa de los intereses de la firma. En 2008 se llegó hasta la expulsión de la compañía Odebrecht del Ecuador por parte del gobierno de Rafael Correa, por haber encontrado sobrecostos extraordinarios relativos a la recién terminada central hidroeléctrica San Francisco. La obra, que tenía una inversión original de 286,8 millones de dólares, de los cuales 242.9 millones financiados por el BNDES, terminó costando 354.9 millones (Clemente 2017:51). Casos de corrupción similares fueron revelados con cada vez más intensidad en todos los países. En 2014, en Brasil, se abrió la operación judicial llamada "Lava Jato", que desveló un enorme sistema de corrupción y que finalmente desembocó en el *impeachment*, o "golpe parlamentario" a la presidenta Rousseff.

En general, las políticas de los "campeones nacionales" y el horizonte estratégico del PAC (y, por ende, de la IIRSA) tuvieron éxito en el segundo gobierno de Lula y en el primer mandato de Rousseff, para fortalecer los lazos de dependencia política y económica de los otros países de la región con Brasil, con efectos benéficos para el crecimiento del PIB de este último, para el fortalecimiento y la transnacionalización de sus mayores empresas, y para su renovado papel internacional, lo que llevó Brasil a convertirse en la séptima economía del mundo, liderar una misión militar de la ONU en Haití, adjudicarse la organización del Mundial de fútbol de 2014 y de los Juegos Olímpicos de 2016, y hasta reclamar para sí, aunque sin éxito, un lugar permanente en el Consejo de Seguridad de la ONU. Los efectos colaterales de estas políticas fueron benéficos en el plano interno también, ya que permitieron al país llevar adelante algunas políticas distributivas y asistenciales, como planes sociales focalizados y aumento del salario mínimo, que a su vez tuvieron efectos en términos de aumento del empleo (aunque 9 de cada 10 nuevos empleos eran precarizados y con remuneraciones inferiores a 1.5 salarios mínimos), que garantizó una relativa paz social.

Sin embargo, desde el punto de vista de los objetivos inmediatos, si bien hubo un fuerte empuje al crecimiento de ciertas empresas y a un renovado papel de Brasil en las relaciones internacionales, esta política en ocasiones llevó a empresas con base nacional a recibir financiamiento facilitado para luego asociarse a otras multinacionales extranjeras, o más bien a autonomizar sus operaciones, o inclusive a utilizar el apoyo del BNDES como forma de especular a través de las diferentes tasas de interés. Además, desde un punto de vista más sistémico, el PAC y la política de "campeones nacionales" favorecieron el proceso, ya en curso, de re-primarización de la matriz económica del país, cada vez más exportadora de materias primas o bienes naturales, en total contraste con los proclamas desarrollistas que apuntaban a una retomada de la industria doméstica y a una internalización de las cadenas del valor en ámbito regional. En tercer lugar, los devastadores efectos socio-ambientales asociados a esta política han llevado a una relación cada vez más problemática del PT con su base social, como en el caso de los trabajadores rurales sin tierra, los pueblos indígenas, *quilombolas* y tradicionales y otros sectores populares afectados por el avance de las operaciones extractivas tanto en el ámbito rural como en el ámbito urbano. En fin, esta política conllevó un importante número de casos de corrupción que terminó con generar un amplio rechazo social, el cual fue aprovechado por la derecha política y las clases dominantes tradicionales.

Los límites estructurales de esta política se mostraron evidentes a la hora de la caída de los precios de los *commodities*. Se trataba de un proyecto funcional a la reproducción sistémica de un papel subordinado de Brasil en la división internacional del trabajo, y cada vez más dependiente de los vaivenes de los mercados globales: si por ejemplo la parcela de consumo del país atendido por las importaciones era de solo 6 % en 1996, esta alcanzó el 21.7 % en 2014; asimismo, si en 1994 los *commodities* representaban el 50 % de las exportaciones brasileñas, en 2010 llegaron al 64.6 % (Esposito 2017). Fue solo el enorme incremento en los precios de estas últimas lo que fundamentó las ilusiones desarrollistas de Brasil, que durante los gobiernos de Lula, tuvo cinco años seguidos de saldos positivos de la balanza comercial. Sin embargo, esta situación llevó al país a reproducir su propia dependencia al mercado mundial, mientras la vinculación de su desarrollo a la exportación primaria empujó al gobierno a garantizar un apoyo cada vez más incondicional a los sectores de agronegocio y minería, lo que alimentó desastres socioambientales y traicionó la demanda histórica para la reforma agraria, que otrora había sido una bandera del Partido de los Trabajadores.

f) Operación Lava Jato y crisis de UNASUR

La crisis económico-financiera estallada en 2008 representó un momento de quiebre en los equilibrios económicos y geopolíticos mundiales y tuvo efectos enormes también en el contexto latinoamericano. Efectos que fueron diversificados según cada subregión: resultaron inmediatos en México, América Central y el Caribe, debido a su más profunda integración en el mercado estadounidense, pero más demorados en América del Sur. En esta área, a pesar de un estancamiento del crecimiento en el año 2009, debido a una baja de los precios de los *commodities* a los cuales ese crecimiento estaba profundamente ligado, la economía tuvo una recuperación en los años siguientes gracias a unos vínculos más profundos con el nuevo centro emergente de acumulación global, China. Estos vínculos eran de tipo sobre todo comercial (las IED y las iniciativas de cooperación económica crecieron mayormente en los años siguientes), pero fueron suficientes para impulsar el crecimiento económico ya que la fuerte demanda china sostuvo una nueva alza de los precios de las materias primas. Esta situación se mantuvo hasta que, debido a las profundas interconexiones del mercado mundial, la propia economía china empezó a dar signos de estancamiento, pasando su aumento anual del PIB de 10.64 % en 2010 a 7.86 % en 2012 hasta 6.91 % en 2015 (Macrotrends 2020). Como señala Jeffrey Webber, considerando que en aquel momento todavía no se había producido una recuperación real en Estados Unidos o en Europa, no había una fuente de dinamismo en el mercado mundial para recuperar la inactividad provocada por la relativa desaceleración de China (Smith 2019).

Entre las materias primas, las que primeras tuvieron una baja en los precios fueron los metales: el cobre pasó de 4.45 dólares por libra en febrero de 2011 a 1.94 en enero de 2016, la plata bajó de 55.89 dólares por onza en abril de 2011 a 15.09 en diciembre de 2015, el oro tuvo una baja de 2084.1 dólares por onza en agosto de 2011 hasta 1169.8 en diciembre de 2015. Paralelamente, la soja también tuvo una baja de 17.39 dólares el *bushel* en septiembre de 2012 hasta 8.57 en noviembre de 2015. Más tardío pero más repentino fue el derrumbe en los precios de los hidrocarburos, con el gas natural que bajó de 5.92 dólares por m^3 en febrero de 2014 a 1.71 de abril de 2016, y sobre todo el petróleo que pasó desde los 111.65 dólares por barril en mayo de 2014 hasta 36.82 en febrero de 2016 (Macrotrends 2020). La drástica baja de los precios del crudo tuvo efectos devastadores, desde la segunda mitad de 2014, para economías profundamente dependientes de esta *commodity* como Venezuela y Ecuador. Como señala Webber, entre 2009 y 2018 la tasa de crecimiento anual de toda América Latina y el Caribe, más allá de importantes desigualdades entre países, fue la siguiente: -1.8 (2009), 6.2 (2010), 4.5 (2011), 2.8 (2012), 2.9 (2013), 1.2 (2014), -0.2 (2015), -1.0 (2016), 1.3 (2017), 0.9 (2018). Es a la luz de este contexto que puede entenderse el llamado "fin del ciclo progresista" (Gaudichaud 2015).

La fuerte vinculación del crecimiento económico de los países latinoamericanos a los ciclos económicos de las materias primas y los productos agropecuarios y a su venta en el mercado mundial han constituido tal vez el principal rasgo de la "dependencia" de estos países a los centros motores del capitalismo global, una dependencia que vino a constituirse en los largos siglos de la colonización ibérica pero que se mantuvo, en formas distintas, tras los procesos de independencia del siglo XIX. A lo largo de los ciclos históricos, el mito del "desarrollo" como solución para la salida de la condición de atraso que constantemente afectaba la región ha sido el principal rompecabezas para la superación del laberinto latinoamericano (Benzi y Peregalli 2020). A tal respecto, el recetario propuesto por los intelectuales, economistas y gobernantes osciló entre la necesidad de aprovechar la extraordinaria riqueza natural de la región para garantizar flujo de capitales foráneos o, por lo contrario, protegerse de la dependencia hacia los países industrializados para buscar caminos de crecimiento económicos endógenos. Los gobiernos progresistas de inicios del siglo XXI encararon el problema de una forma ambigua y contradictoria.

En ellos convivían coaliciones heterogéneas entre fuerzas de izquierda ancladas o derivadas de movimientos sociales de masas, y fuerzas políticas en mayor o menor medidas partidarios de una "tercera vía" entre las viejas recetas desarrollistas de la mitad del siglo pasado y las políticas neoliberales de la época más reciente. La relación entre estos componentes tuvo, durante la primera década del siglo XXI, equilibrios diferenciados caso por caso. Aunque con la parcial excepción del caso venezolano, estos gobiernos, por un lado, no rompieron con las políticas de ajuste estructural que les antecedieron, y, por otro, manifestaron facetas progresistas no por ser necesariamente de izquierda, sino porque compartieron una visión del mundo que identificaba el combate al subdesarrollo con el crecimiento económico (F.L.B. Santos 2018:13–14). Pero más allá del estímulo al consumo y una política de mayor distribución de recursos públicos hacia los sectores marginados de la sociedad, el tipo de desarrollo propuesto y alcanzado bajo los gobiernos progresistas ha aprovechado hasta sus límites la inserción subordinada de la región en la división internacional del trabajo, y la IIRSA ha respondido precisamente a esta exigencia.

Luego de la crisis de 2008, y paulatinamente acorde con la materialización del estancamiento económico en los países de la región a partir de 2012, los menores rendimientos de las actividades extractivas fueron compensados con un aún mayor aumento de dichas actividades y una ulterior ampliación de la frontera minera y agro-industrial. Además, la progresiva pérdida de fuentes de financiamiento de los planes sociales debido a la baja de los precios de los *commodities* llevó estos gobiernos a aplicar medidas de ajuste y políticas de austeridad.

Bajo esta dinámica regresiva, poco a poco muchos bastiones progresistas empezaron a caer, aunque con dinámicas muy distintas unas de otras. Frente al carácter cada vez más manifiestamente neoliberal de la idea de desarrollo asociada a estos gobiernos, un sinnúmero de movimientos populares, que en los años anteriores parcialmente habían colaborado, participado y apoyado los procesos de cambio, se volcaron hacia la oposición, siendo en algunos casos duramente reprimidos, como ocurrió en Bolivia y Ecuador. Entre ellos se encuentran sectores indígenas y ecologistas en defensa del territorio, movimientos feministas y vanguardias sindicales más radicalizadas. En este tipo de situación, el gran capital, ya favorecido económicamente, terminó fortaleciéndose políticamente.

Tras los golpes de Estado institucionales en Honduras (2009) y Paraguay (2012), el verdadero momento de quiebre de la hegemonía progresista fue la reducida pero sorpresiva victoria electoral de Mauricio Macri en Argentina en 2015, seguida por el triunfo de la oposición venezolana en las elecciones parlamentarias. El año siguiente, en Bolivia, Evo Morales fue derrotado en un referendo en el que buscaba la posibilidad de reelección indefinida, mientras en Brasil la presidenta Dilma Rousseff cayó debido a un *impeachment*. Con su principal articulador fuera del poder, el denominado "ciclo progresista" tuvo un arresto, lo que implicó la puesta en discusión de la UNASUR.

Esta última se convirtió en un organismo internacional exitoso en tanto que espacio de resolución de conflictos de sus Estados miembros de manera autónoma de los tradicionales institutos liderados por Washington, como la OEA. Sin embargo, las únicas áreas donde tuvo una efectividad real fueron la defensa y la infraestructura regional, que se articuló alrededor de la IIRSA, la cual como vimos respondía a una lógica de integración completamente diferente, el "regionalismo abierto", contradicción que evidencia los límites de un instituto que nunca llegó a ser una propuesta realmente alternativa de integración.

En temas de defensa, la UNASUR se limitó a ser un espacio internacional de resolución de crisis no conducido ni liderado por Estados Unidos. Sin embargo, a partir de 2014, también esta función de resolución de conflictos resultó falaz. Los primeros episodios en que se manifestó la incapacidad de UNASUR de tomar una postura común fueron el conflicto venezolano que desató en 2014 entre gobierno y oposición y el *impeachment* a Dilma Rousseff en 2016. En el primer caso, cuando estallaron las llamadas "guarimbas" venezolanas apoyadas por Estados Unidos, la UNASUR propuso una mediación diplomática que se disolvió en enero de 2017, con la negativa de la coalición opositora Mesa de Unidad Democrática (MUD). En la segunda ocasión la UNASUR no logró tomar una posición unitaria frente al *impeachment* a Rousseff en 2016, por lo que se dividió internamente.

La incapacidad de la UNASUR de superar las divisiones y conflictos entre sus países miembros resultó aún más evidente el 31 de enero de 2017, cuando al término del mandato como secretario general del expresidente colombiano Ernesto Samper, y con el comienzo de la Presidencia Pro Tempore argentina, no se logró establecer de forma consensuada el nombre del siguiente SG, por lo que el organismo se quedó acéfalo por un tiempo indefinido. Después de algunas tentativas frustradas del gobierno de Mauricio Macri de proponer un secretario que pusiera el organismo en una línea más abiertamente acorde al regionalismo abierto (Benzi y Narea 2020), en abril de 2018 Argentina, Brasil, Colombia, Chile, Perú y Paraguay anunciaron su salida de manera provisoria de la organización hasta la designación del nuevo SG. Pocos meses después, tras la victoria electoral del derechista Iván Duque, el gobierno colombiano confirmó su salida definitivamente y calificó la UNASUR "una especie de cómplice silencioso de la dictadura de Venezuela" (EFE 2018). En marzo de 2019 el mandatario ecuatoriano Lenin Moreno también empezó el trámite para la salida del organismo, pidiendo que su sede en Quito fuera ofrecida a la Confederación de Nacionalidades Indígenas del Ecuador (CONAIE).[15]

15 Se trataba de una polémica personal con el expresidente Rafael Correa, exaliado pero por entonces ya acérrimo enemigo de Moreno: Correa había apoyado fuertemente la UNASUR y había invertido para construir su sede en Ecuador, mientras por otro lado, sobre todo en la parte final de su mandato, había tenido un duro conflicto con la CONAIE, que se opuso a sus políticas extractivas. Irónicamente, justo siete meses después de la "oferta" de Moreno a la CONAIE, en octubre de 2019, la propia CONAIE lideraría con éxito un levantamiento popular contra el propio Moreno y su "paquetazo" neoliberal acordado con el FMI.

El golpe definitivo que sepultó a la UNASUR se dio el 22 de marzo de 2019 cuando, bajo invitación de Duque y del presidente chileno Piñera, se juntaron en Santiago de Chile Macri, , Moreno, el neoelecto presidente de Brasil Jair Bolsonaro y los mandatarios de Paraguay, Mario Abdo Benítez, y Perú, Martín Vizcarra. Junto con el embajador de Guyana en Chile, ellos firmaron la adhesión al Foro para el Progreso de América del Sur (PROSUR), una nueva plataforma de cuño conservador cuyos contornos quedaron indefinidos, pero que se propuso ser un regreso, sobre todo ideológico, a los principios del regionalismo abierto. Ante la falta total de información y definición conceptual sobre esta nueva iniciativa, Daniele Benzi y Marco Narea (2019) la han descrito como "la farsa de una metamorfosis conservadora".

Si la crisis del bloque progresista tuvo el efecto de debilitar enormemente la UNASUR, el progresivo vaciamiento de las funciones de esta institución implicó consecuencias importantes para la IIRSA, que había progresado, a lo largo de la década anterior, bajo su umbral. Su destino quedó de alguna manera incierto. De hecho, la derecha del continente es bien consciente que la IIRSA es un paquete muy adaptable en términos políticos, movido por aquella racionalidad logística que hoy en día se asocia bien a los distintos apetitos capitalistas. Lo recordó muy bien en 2013 el diplomático brasileño, y excanciller de Cardoso, José Botafogo Gonçalves, cuando se quejó que la IIRSA había sido "poco prestigiada", mientras tal vez podría haber sido la institución que más dinamismo podía dar a la integración sudamericana (F.L.B. Santos 2018:319). Aún más emblemáticas son las palabras de la canciller argentina Susana Malcorra en 2017: "[u]na de las cosas que queremos hacer es volver a las bases de la original idea de la UNASUR, que fue lanzada pensando que había que integrar la infraestructura para propiciar el aumento del comercio intrarregión y el aumento a la inversión directa en la región".

Si bien la IIRSA representa una especie de punto de acuerdo entre los líderes de la izquierda y la derecha latinoamericanas, sus modalidades de actuación, y sobre todo de financiamiento, permanecen como enigmas frente a la dificultad crónica de atraer capital privado y la crisis de los institutos públicos de fomento derivada de la caída de los precios de los *commodities*. Por otro lado, el momento de incertidumbre que ha atravesado la política de integración infraestructural latinoamericana durante el último lustro tiene una relación aún más directa con la crisis económica y política que ha vivido Brasil. De hecho, desde la reforma del BNDES de 2003 y con más fuerza desde el lanzamiento del PAC en 2007, este país había adquirido un protagonismo como financiador y operador en primera (gracias a sus constructoras) y última instancia (gracias al propio BNDES) de los corredores de la IIRSA, en el marco de su política de los "campeones nacionales".

El inicio del fin de la hegemonía del PT en Brasil fue la rebelión de 2013. Si bien durante toda la década anterior ocurrieron protestas y conflictos en el campo (CPT 2016), y a partir de 2012 había aumentado el número de huelgas (DIEESE 2015), este partido había garantizado una relativa paz social. En junio de 2013, sin embargo, a partir de una movilización en San Pablo en contra del aumento del precio del transporte público, se generalizó un movimiento social masivo en protesta contra los fuertes gastos públicos en estadios y grandes obras especulativas, proyectadas en previsión del Mundial de fútbol del año siguiente. El movimiento fue protagonizado por un proletariado urbano de jóvenes trabajadores precarios, que eran en buena medida aquellos que habían tenido acceso a la universidad y a los nuevos empleos (con retribuciones inferiores a 1.5 salarios mínimos) generados bajo la "bonanza" *petista*, pero que reclamaban condiciones de vida y de trabajo mejores. Frente a esta irrupción social, los gobiernos locales reaccionaron desencadenando una violenta represión en la calle, sancionada pocos meses después con una nueva ley antiterrorismo a nivel federal que restringió los derechos a manifestarse; por su parte, las cúpulas de las organizaciones sociales históricamente vinculadas al PT intentaron cooptar y narcotizar la efervescencia social emergida desde la calle. Asimismo, en la medida en que la represión golpeaba los manifestantes más politizados y radicalizados, otros sectores de clase media de inclinaciones conservadoras se sumaron a las manifestaciones, disputando el horizonte político de las mismas.

La situación de inestabilidad social continuó hasta las elecciones de 2014, cuando Dilma Rousseff consiguió reelegirse por poca diferencia de votos, y tras una campaña electoral en que prometió un viraje a la izquierda. Sin embargo, el Congreso que resultó de los comicios registró un aumento importante de los parlamentarios conservadores y de políticos vinculados a las *lobbies* de las llamadas "tres b": bala (policías y militares con inclinaciones autoritarias), buey (latifundistas), y biblia (evangélicos y neopentecostales conservadores). Además, las condiciones en que se dio esta nueva victoria eran adversas: los precios de las materias primas estaban en caída, en el país se daban fuertes presiones inflacionarias y el desempleo aumentaba. Para hacer frente a este nuevo escenario, la presidenta, a pesar de las consignas de campaña, decidió aplicar el programa de la derecha y nombró como Ministro de Hacienda a Joaquim Levy, un *Chicago boy*, exdirigente del BID y del banco Bradesco, para implementar una política de ajuste fiscal.

Mientras tanto, otro frente de amenaza para el gobierno surgió con el inicio de las investigaciones de la Operación Lava Jato, que buscaba descubrir relaciones ilícitas entre el gobierno y los "campeones nacionales". Empezada en marzo de 2014, la Lava Jato intentó en un primer momento descubrir esquemas de lavados de dinero en que estaba involucrado el exdirector de Petrobrás Paulo Roberto Costa. Gracias también a la decisión de Rousseff de no obstaculizar las investigaciones y al recurso por parte de los jueces del método de la "delación premiada" para descubrir los culpables, la operación se aceleró en 2015, cuando fueron detenidos los presidentes de Andrade Gutierrez, Otávio Azevedo, y de Odebrecht. Las acusaciones a Marcelo Odebrecht fueron de transacciones ilícitas en bancos norteamericanos, asociadas a más de 100 proyectos en 12 países, y tuvieron una importancia simbólica notable, siendo que esta empresa era la que había recibido el mayor financiamiento por parte del BNDES y que se autoproclamaba "la constructora de la integración regional". Con la apertura del escándalo Odebrecht, fueron innumerables los políticos latinoamericanos involucrados en la *Lava Jato*, y entre ellos hasta ocho expresidentes de la región: los salvadoreños Mauricio Funes y Francisco Flores, el panameño Ricardo Martinelli, los peruanos Ollanta Humala, Alejandro Toledo, Pedro Pablo Kuczynski y Alan García, quien se suicidó antes de ser arrestado, y el brasileño Lula.

Conforme iban avanzando las investigaciones, que alcanzaban grandes empresas estratégicas y políticos sobre todo de la base gobernativa, los sectores conservadores se movilizaron para pedir el *impeachment* de Rousseff. En su interior, ganaron fuerza algunas organizaciones ultraliberales como el Movimento Brasil Livre (MBL), a su vez conectado a algunos *think tanks* norteamericanos. En Brasil, desde 2007 existía una red de movimientos sociales, la Plataforma BNDES, que había investigado y contrastado la actuación del BNDES tanto desde un punto de vista socioambiental como en asuntos de corrupción. Paradójicamente, ocho años después, esta lucha se había vuelto de masa pero su bandera había sido apropiada por la derecha (F.L.B. Santos 2018:91).

En este escenario, con la finalidad de parar el curso de las investigaciones judiciales, que estaban abriendo una caja de pandora de corrupción en todo el espectro político, el PMDB, partido de centro-derecha pero hasta entonces aliando en el Congreso al gobierno de Rousseff, decidió sacrificar el PT como chivo expiatorio y retiró su apoyo al gobierno. Este intento encontró el beneplácito de la burguesía, que frente a la baja de la tasa de ganancia generada por la crisis económica, intentó recuperarla a través de una nueva política del *shock* que permitiera aumentar la súper explotación del trabajo. De esta manera, en abril de 2016, con el pretexto de las "pedaleadas fiscales", un estratagema contable para minimizar los desequilibrios del presupuesto público que había sido ampliamente usado en pasado, Dilma Rousseff fue suspendida del cargo a través de un golpe parlamentario-jurídico-mediático, para ser luego oficialmente destituida en agosto. Las reformas de corte neoliberal para las cuales estaba trabajando su gobierno fueron retomadas, en el sentido más radical, por su exvicepresidente Temer (PMDB).

Si bien el llamado "golpe parlamentar" salvó a buena parte de la clase dirigente de los juicios de corrupción y permitió disciplinar de manera más rápida y eficaz a la fuerza de trabajo en un contexto de crisis económica, esto sin embargo quitó del escenario al actor que hasta entonces había garantizado, a través de su política de "campeones nacionales" y el impulso infraestructural nacional y regional, cierta estabilidad de largo plazo a la reproducción del capital asentado en el país. Con el PT desplazado en la oposición, el BNDES fuertemente golpeado, y empresas estratégicas como Petrobras, Andrade Gutierrez y Odebrecht sangrando en juicios de corrupción, el "sistema de acciones" relativo a la IIRSA se veía afectado.

Para analizar continuidades, discontinuidades y líneas de tendencia de la gestión de la infraestructura en esa fase, vale la pena tomar en consideración los distintos Planes Plurianuales (PPA), que proyectan y regulan el desarrollo económico-social de la nación. Como vimos, las bases de la IIRSA, y su organización a partir de la lógica de corredores intermodales, se planteó bajo los dos PPA de Cardoso (Plano Brasil en Acción, 1996–99, y Plano Avanza Brasil, 2000–03). Fue en el segundo PPA elaborado por Lula (Desarrollo con Inclusión Social y Educación de Calidad, 2008–11) donde se dio, a través del PAC, el mayor impulso a la IIRSA, y gracias al nuevo importante rol del BNDES como financiador de las obras. El PPA que le siguió (Brasil sin Miseria, 2012–15), ya durante el primer gobierno de Rousseff, siguió básicamente las líneas maestras del PAC, se articuló al rededor del PAC2 y el Programa de Inversiones en Logística (PIL), se centró en el papel del BNDES como prestamista, lo que aumentó la posibilidad de acceder a tasas de interés bajas y de largo plazo para la construcción de obras, y paralelamente abrió espacios para nuevas privatizaciones, como ocurrió con los puertos. Como señala Aguiar (2017:63), en el medio del primer gobierno de Rousseff, la Ley 12815 de 2013 reglamentó el establecimiento de terminales portuarias de uso privado (TUP) en el país y abrió el camino para el *boom* de los puertos para la exportación de *commodities*.

Sin embargo, desde el segundo mandato de Dilma (interrumpido por el golpe), hubo repetidas dificultades en llevar adelante las obras de infraestructura impulsadas por el PAC (1 y 2) y se intentó retomar proyectos parados o no iniciados debido a la crisis político-económica. La apuesta en atraer el financiamiento chino y de promover más privatizaciones se inauguró con Dilma y siguió con Temer, con el cual se profundizó el aspecto privatista. A finales de 2014, las dificultades, financieras como judiciales[16], del BNDES, llevaron el gobierno de Rousseff a abrir el financiamiento de la infraestructura interna y regional a las inversiones chinas, con el Banco de Desarrollo de China y el Nuevo Banco de los BRICS que entraron en la *governance* de la IIRSA.

El Plan Plurianual 2016–19 (Desarrollo, Productividad e Inclusión Social), planeado en el medio del proceso de *impeachment*, terminó centrándose alrededor del Programa de Asociaciones de Inversiones (PPI), inaugurado por Temer en su primer día de gobierno a través de una medida provisoria. Dicho plan consolidó las tendencias anteriores, abiertas con la Ley de Asociaciones Público-Privadas de 2004, al uso de las APP para la atracción de capital privado en un contexto de crisis del principal banco público de fomento. Este, de la mano con la crisis de las principales constructoras del país, sumergidas en el escándalo de la Lava Jato, llevó aceleradamente a una internacionalización de las concesiones y a un aumento del endeudamiento externo.

La crisis del mecanismo BNDES-"campeones nacionales", de hecho, no conllevó una reducción de la prioridad de la inversión en infraestructura, que continuó siendo considerada estratégica, sino que planteó el desafío de la modalidad de atracción de los capitales sobreacumulados en búsqueda de inversiones más seguras. Su inevitable consecuencia fue la profundización de la dependencia de Brasil al capital extranjero. Como analiza Aguiar (2017:12), "en un contexto de retracción de los financiamientos públicos, la supuesta inexorabilidad de los mega-proyectos de infraestructura para garantizar el desarrollo capitalista ha justificado la canalización de programas y políticas públicas en pos de garantía de regreso a la inversión privada". Como ya ocurrido en el pasado, el BNDES, lejos de desaparecer, cambió sus funciones: pasó a componer el Consejo del PPI junto con los ministerios de Casa Civil, Hacienda, Planeación, Transportes y Medio Ambiente, y se convirtió en estructurador de privatizaciones.

16 Desde 2014 la Estruturadora Brasileira de Projetos (EBP), un ente público-privado formado por el propio banco junto con ocho otras entidades bancarias nacionales y extranjeras y otros sectores financieros de grupos empresariales, y que tenía como función contratar y coordinar específicamente proyectos de infraestructuras para las modalidades de concesiones públicas y Asociaciones Público-Privadas en Brasil y América del Sur, fue objeto de juicios legales por reembolsos "exorbitantes" para pagos relativos a estudios de algunas terminales portuarias (Portogente 2014). El BNDES, además, estuvo involucrado en un juicio de deuda ilícita en Ecuador, en el ámbito del caso Odebrecht (Vargas 2010:15).

Estas tendencias se profundizaron con el gobierno de Bolsonaro. Diputado exmilitar con relaciones con grupos paramilitares de Río de Janeiro, Jair Bolsonaro llegó a ganar las elecciones de octubre de 2018 explotando y radicalizando los anteriores movimientos anti-PT, cosechando los frutos de la avanzada hegemónica conservadora y la "Teología de la Prosperidad" de las iglesias evangélicas y neopentecostales, haciendo hincapié sobre un escenario internacional que se volcaba a la derecha, aprovechando el encarcelamiento de Lula que todas las encuestas daban como ganador, y beneficiándose de un uso fraudulento de *fake news*. En término de financiamiento de la infraestructura, el nuevo gobierno mostró desde un comienzo una continuidad. El nuevo ministro de Infraestructura Tarcísio Gomes de Freitas, joven ingeniero que se formó en la Academia Militar das Aguilas Negras y en el Instituto Militar Engenharia (IME), se considera parte del ala pragmática del gobierno, encarnada por el ejército y el vicepresidente Hamilton Mourão, y tiene mayor moderación en el escenario internacional y cierta continuidad con la tradicional estrategia de mayor autonomía en ámbito geopolítico, sobre todo en términos de mantenimiento de las directrices estratégicas anteriores en política de infraestructura. Además, el ministro tuvo un papel importante en las gestiones anteriores, siendo director ejecutivo desde 2011 en el Departamento Nacional de Infraestrutura de Transportes (DNIT) y trabajando desde 2015 en el PPI, teniendo como objetivo desarrollar más profundamente las APP en proyectos de infraestructura.

Si la prioridad a las rutas de infraestructura logística es un interés constante en los gobiernos brasileños de los últimos años, sus directrices geográficas preferentes han tenido un desplazamiento desde los corredores bioceánicos hacia la cuenca amazónica. En el último lustro, tres obras se han definidos como estratégicas. En primer lugar, la concesión de la Ferrovia Norte-Sul (proyectos del EID Amazonas) a la iniciativa privada, hoy bajo gestión pública. Este ferrocarril une a los estados de Goiás, Tocantins y Maranhão, donde la ciudad de Açailândia se conecta a la Ferrovia Ferro Carajás. Aunque esté prácticamente finalizado, este tramo no opera como debería, posiblemente a causa de que los costos de transporte por carretera en la misma ruta son menores. La Ferrovía Ferro Carajás, administrada por la empresa Vale S.A., tiene 892 km de extensión que conectan la mayor mina de hierro a cielo abierto del mundo, en el Carajás, sureste de Pará, con el puerto de Itaqui, en el estado de Maranhão. La conexión entre la Ferrovia Norte-Sul y el tramo Açailândia-São Luís de la Ferrovía Carajás implica el uso compartido de la Carajás para el hierro y la soja en este tramo. Un segundo corredor es el ferrocarril denominado Ferrogrão, un proyecto *greenfield* que atraviesa parte de la cuenca amazónica para conectar los estados de Mato Grosso y Pará permitiendo la salida de *commodities* por el río Tapajós. Finalmente, el otro corredor priorizado es la Ferrovia de Integração Oeste-Leste (FIOL), proyecto del EID Amazonas de la IIRSA que busca conectar los estados de Tocantins y Bahía con una salida por el puerto de Ilhéus.

Estos tres proyectos son corredores que van desde el Cerrado, corazón de la producción y expansión del agronegocio en el país, hasta puertos brasileños en el Océano Atlántico. Por otro lado, escasean en Brasil pronunciamientos oficiales sobre los corredores bioceánicos transfronterizos que hacen parte de IIRSA-COSIPLAN. Esto hace suponer que el énfasis del gobierno brasileño hoy está orientado al impulso de la salida atlántica en dirección a Asia a través del Canal de Panamá, por lo que no se están priorizando los proyectos de salida directa por vía terrestre al Pacífico.

Bibliografía

AGOSTINIS, Giovanni; PALESTINI CÉSPEDES, Stefano. 2014. "Constructing regionalism in South America: the cases of transport infrastructure and energy within UNASUR" in *Robert Shuman Center for Advances Studies*, European University Institute: Firenze. In https://cadmus.eui.eu/bitstream/handle/1814/31752/RSCAS2014_73.pdf?sequence=1&isAllowed=y acceso 28 de enero de 2020.

AGUIAR, Diana. 2017. A geopolítica de infraestrutura da China na América do Sul. U*m estudo a partir do caso do Tapajós na Amazônia brasileira*, Rio de Janeiro: Act!onaid e FASE.

ALCA (Área de Libre Comercio de las Américas) 2001. *Tercera Cumbre de las Américas. Plan de Acción*, Quebec, 20–22 de abril. http://www.ftaa-alca.org/summits/quebec/plan_s.asp acceso 14 de febrero de 2019.

Andrade Gutiérrez. 2007. "América del Sur: el desafío de la infraestructura", en *Revista DEP – Diplomacia, Estratégia y Política*, Brasília: IPRI – Instituto de Pesquisa de Relações Internacionais.

AYALA, Rubén; AURAZO, Renzo. 2011. "¿Qué ocurrió en el 30–S? A propósito del juicio a los 'actores involucrados'". *Revista Andina de Estudios Políticos*, n. 7. Lima.

BENZI, Daniele. 2017. *ALBA-TCP. Anatomía de la integración que no fue*, San Martín: Imago Mundi.

BENZI, Daniele; NAREA, Marco. 2020. "Crónica de una Secretaría general acéfala: un insumo para la interpretación de la crisis de la Unasur", en *Visioni LatinoAmericane*, Centro Studi per l'America Latina, anno XII, n. 22, Trieste.

BENZI, Daniele; PEREGALLI, Alessandro. 2020. "América Latina em seu labirinto: crise, restauração, resistência. Introdução ao dossiê", em *Cadernos do Ceas*, v. 45, n. 250, Dezembro, Salvador da Bahia: Universidade Federal da Bahia.

BNDES (Banco Nacional de Desenvolvimento Econômico e Social). 2019. Série Histórica Indicadores financeiros do BNDES desde 2002. Em https://www.bndes.gov.br/wps/portal/site/home/transparencia/centraldedownloads acceso 30 de janeiro de 2020.

BOITO Jr, Armando. 2018. Reforma e crise política no Brasil. Os conflitos de classe nos governos do PT, Editora Unicamp-Editora Unesp: São Paulo.

BUGIATO, Caio Martins; BERRINGER, Tatiana. 2012. "Um debate sobre o Estado logístico, subimperialismo e imperialismo brasileiro", Revista Digital Em Debate, n. 7.

CAVALCANTE, Cristina. 2021. Desarrollismo, neodesarrollismo y progresismo en Brasil: un análisis histórico-estructural de los pactos político-económicos, Tesis de doctorado en Ciencias Sociales y Humanidades, Universidad Autónoma Metropolitana – Cuajimalpa (UAM-G).

CERDAS VEGA, Gerardo. 2015. "Nuevos actores en el financiamiento a IIRSA/COSIPLAN", en AA. VV. *De IIRSA a COSIPLAN. Cambios y continuidades*, Boletín No. 2, La Paz: Coalición Regional. Por la transparencia y la participación.

CHÁVEZ FRÍAS, Hugo. 16 de agosto de 2003. Discurso en la ALADI, Montevideo.

CLEMENTE, Dario. 2017. *Las estrategias IIRSA-COSIPLAN y Campeones Nacionales en el proyecto regional de Brasil: la construcción de una hegemonía (2002–2016)*, Tesis de Maestría, FLACSO Sede Académica Argentina: Buenos Aires.

COSIPLAN (Consejo Suramericano de Infraestructura y Planeamiento) 2017. *Cartera de Proyectos 2017*, UNASUR (Unión de Naciones Suramericanas).

CPT (Comissão Pastoral da Terra) Nacional 2016. "Conflitos no campo Brasil 2016", Goiânia https://www.cptnacional.org.br/component/jdownloads/send/41-conflitos-no-campo-brasil-publicacao/14061-conflitos-no-campo-brasil-2016?Itemid=0 acceso 25 de marzo de 2020.

DIEESE (Departamento intersindical de estatística e estudos socioeconômicos) 2015 "Balanço das greves em 2013" https://www.dieese.org.br/balancodasgreves/2013/estPesq79balancogreves2013.pdf acceso 25 de marzo de 2020.

EFE. 29 de junio de 2018. "Duque expone en Washington sus planes contra Nicolás Maduro" https://www.efe.com/efe/america/politica/duque-expone-en-washington-sus-planes-contra-nicolas-maduro/20000035-3667048 acceso 15 de marzo de 2019.

ESPOSITO, Maurício. 2017. "Desindustrialização do Brasil: uma análise a partir da perspectiva da formação nacional", em *Revista da Sociedade Brasileira de Economía Política*, n. 46.

FONTES, Virgínia. 2010. *O Brasil e o capital-imperialismo: teoria e história*. Rio de Janeiro: EPSJV/UFRJ.

GAUDICHAUD, Franck. 2015. "¿Fin de ciclo en América del Sur? Los movimientos populares, la crisis de los 'progresismos' gubernamentales y las alternativas ecosocialistas", en *América Latina. Emancipaciones en construcción*, Santiago: Tiempo Robado Editoras/América en movimiento.

GUDYNAS, Eduardo. 2008. "As instituições financeiras e a integração na América do Sul", en Ricardo Verdum (organizador) *Financiamento e Megaprojetos. Uma interpretação Da dinâmica regional sul-americana*, INESC: Brasilia, pp. 21–47.

JARRÍN HIDALGO, Sofía. 2015. "Apuntes críticos sobre la integración en infraestructura suramericana", en AA. VV. *De IIRSA a COSIPLAN. Cambios y continuidades*, Boletín No. 2, La Paz: Coalición Regional. Por la transparencia y la participación.

JIMÉNEZ CORTÉS, Elizabeth. 2014. *Dilemas ecoterritoriales de la integración regional: IIRSA en las sociedades de Bolivia y Chile*, Buenos Aires: CLACSO (Consejo Latinoamericano de Ciencias Sociales).

KATZ, Claudio. 2016. "Subimperialismo II: Aplicación actual". En *Rebelión* http://www.rebelion.org/noticia.php?id=225350 acceso 24 de agosto de 2018.

LANDER, Edgardo. 2008. "Venezuela: logros y tensiones en los primeros ocho años del proceso de cambio", en Stolowicz, Beatriz, *Gobiernos de izquierda en América Latina. Un balance político*, Bogotá: Ediciones Aurora.

LEÓN HERNÁNDEZ, Efraín. 2015. El expansionismo brasileño en sus límites. Geopolítica, energía, interconexión territorial y crisis material, Ciudad de México: Espacio, Política y Capital.

Macrotrends www.macrotrends.net acceso 3 de mayo de 2020.

MANTEGA, Guido. 2007. La integración de américa del sur: el BNDES como agente de la política externa brasileña, Brasilia: Ministerio de Relaciones Exteriores.

MARINI, Ruy Mauro. 1977. "La acumulación capitalista mundial y el subimperialismo", Cuadernos políticos, n. 12, Abril-Junio, México D.F.: Ediciones Era.

MIGLIORI, Eugenia. 2012. "La resolución de conflictos al interior de la Unión de naciones suramericanas", VI encuentro internacional de economía política y derechos humanos, Buenos Aires, pp.1–20, Noviembre. En http://www.madres.org/documentos/doc20130123140507.pdf acceso 24 de marzo de 2020.

NOVOA GARZÓN, Luis Fernando. 2009. "O Brasil e seu 'desdobramento': o papel central do BNDES na expansão das empresas transnacionais brasileiras na América do Sul". En Vários Autores, Transnacionais Brasileiras: um debate necessário, Expressão Popular: São Paulo.

OEA (Organización de Estados Americanos) 2005. *Cuarta Cumbre de las Américas. Declaración de Mar del Plata*, Mar del Plata http://www.oas.org/en/sedi/dsd/riskmanagement/mandates/declaracionmardelplata.pdf acceso el 14 de febrero de 2019.

PEREIRA DE SOUZA, Vitor Hélio. 2019. "A política de transporte regional no século XXI: o caso da IIRSA/COSIPLAN na América do Sul". Tese de doutorado em Geografía na Universidade Federal de Santa Catarina (UFSC), Florianópolis.

Portogente, "Como estão os "privilégios" da Estruturadora Brasileira de Projetos?", 4 de Janeiro de 2014.

RIGGIROZZI, Pia; TUSSIE, Diana. 2012. *The Rise of Post-Hegemonic Regionalism*, New York: Springer.

SANAHUJA, José Antonio. 2010, "La construcción de una región: Suramérica y el regionalismo postliberal", en Cienfuegos, Manuel y José Antonio Sanahuja (eds.), *Una región en construcción. UNASUR y la integración en América del Sur*, Madrid: Fundación CIDOB, pp. 87–136.

SÁNCHEZ CABARCAS, Fabio. 2017. *UNASUR: poder y acción en Sudamérica*. Bogotá: Universidad Sergio Arboleda.

SANTOS (BARBOSA DOS), Fabio Luis. 2018. *Uma história da onda progressista sul-americana (1998–2016)*, São Paulo: Editora Elefante.

SANTOS, Milton. 2002. *A Natureza do Espaço, Técnica e tempo. Razão e emoção*, São Paulo: Edusp.

SERBIN, Andrés; MARTÍNEZ, Laneydi; RAMANZINI JÚNIOR, Haroldo. 2012. El regionalismo "post-liberal" en América Latina y el Caribe: nuevos actores, nuevos temas, nuevos desafíos, en *Anuario de la Integración Regional de América Latina y el Gran Caribe*, Buenos Aires: Coordinadora Regional de Investigaciones Económicas y Sociales.

SMITH, Ashley. 15 de noviembre de 2019. "Rebelión, reformismo y reacción en América Latina. Entrevista a Jeffery R. Webber, profesor titular en Goldsmiths, Universidad de Londres", en *Rebelión*. En https://www.rebelion.org/noticia.php?id=262441 acceso 20 de enero de 2020.

TAUTZ, Carlos; SISTON, Felipe; LOPES PINTO, João Roberto; BADIN, Luciana. 2010. "O BNDES e a reorganização do capitalismo brasileiro: um debate necessário", em Magalhães, João Paulo de Almeida *et all*. *Os anos de Lula. Contribuições para um balanço crítico: 2003–2010*, Rio de Janeiro: Garamond.

TORO, Alfredo. 2011. "El ALBA como instrumento de *soft balancing*", en *Pensamiento Propio*, n. 33, pp. 159–183.

TURRA, Julio. 2008. "Lula en Brasil: un gobierno en contradicción con su base social", en Stolowicz, Beatriz, *Gobiernos de izquierda en América Latina. Un balance político*, Bogotá: Ediciones Aurora.

UNASUR (Unión de las Naciones Suramericanas) 2011. *Tratado Constitutivo de la Unión de Naciones Suramericanas*, Quito https://www.unasursg.org/images/descargas/DOCUMENTOS%20CONSTITUTIVOS%20DE%20UNASUR/Tratado-UNASUR-solo.pdf acceso 3 de mayo de 2020.

UNASUR (Unión de las Naciones Suramericanas) 2016 "En el marco del proceso de paz en Colombia, Samper propone Cumbre regional por la paz y la integración" http://www.unasursg.org/es/node/911 acceso 15 de marzo de 2019.

VALENZUELA, Javier. 22 de abril de 2001, "Las protestas cercan la cumbre americana de Quebec. Quince mil manifestantes rompen los cordones de seguridad en protesta por la globalización", en *El País*, Madrid https://elpais.com/diario/2001/04/22/internacional/987890401_850215.html acceso 14 de enero de 2019.

VAN DIJCK, Pitou. 2013. *The Impact of the IIRSA Road Infrastructure Programme on Amazonia*, London: Earthscan.

VARGAS COLLAZOS, Mónica (Coord.). 2010. *Un caso de anticooperación española. El Complejo del Río Madera*, Observatori del Deute en la Globalització (ODG). En https://justiciaalimentaria.org/sites/default/files/docs/el_complejo_del_rio_madera.pdf acceso 25 de agosto de 2020.

ZIBECHI, Raúl. 2013. *Brasil potencia. Entre la integración regional y un nuevo imperialismo*, Ciudad de México: Bajo Tierra Ediciones.

IV

UNA LECTURA *LOGÍSTICA* DE LA IIRSA

La infraestructura que se dé es fundamental. Siempre recuerdo a Felipe González haber dicho una vez: mire, mucho mejor una carretera que un tratado. Y no está mal lo que dijo. Yo creo que en el fondo la infraestructura abre puertas y permite realmente además vigorizar la economía cuando el ciclo está bajo

Enrique Iglesias, expresidente del Banco Interamericano de Desarrollo[1]

El recorrido hecho hasta ahora ha evidenciado unos elementos generales para encuadrar el desarrollo de la IIRSA dentro del complejo panorama geopolítico de la región sudamericana: su origen militar ligada a los planes de seguridad hemisférica de Estados Unidos, su vinculación con los tratados de libre comercio, en especial manera el ALCA, y los principios del regionalismo abierto, su venturosa supervivencia a la disputa entre proyectos políticos conservadores y progresistas que se ha sucedido en la región y a las diferentes plataformas integracionistas y marcos institucionales multilaterales que se han ido formando y desarrollando durante las últimas décadas. Adoptando las categorías de Giovanni Arrighi ([1994]1999:49), se puede decir que todos estos aspectos se refieren a la

1 En Coordinadora Antiirsa, *IIRSA: La Infraestructura de la Devastación*, 2016, https://www.youtube.com/watch?v=qDw8pHuc4cI&t=827s acceso 28 de septiembre de 2019.

"lógica territorialista" presente en la IIRSA, que dan muestra de cómo a través de la dotación de una imponente infraestructura regional se reflecten las diputas de control territorial y los proyectos espaciales de las grandes potencias. Es ahora preciso mover hacia un terreno diferente, que considere la IIRSA desde el punto de vista de su "lógica capitalista" al interior de la cual se pueden leer dichas disputas territoriales. La categoría de logística se vuelve ahora útil a pensar la IIRSA a partir de cómo sus operaciones impactan dichos territorios, articulándose profundamente con otras, de naturaleza extractiva y financiera.

a) Extracción, logística y finanzas: infraestructura para la exportación de *commodities*

En trabajos recientes Sandro Mezzadra y Brett Neilson (2015; 2019) han propuesto conectar la dimensión del extractivismo y la extracción tanto con las finanzas, cuya tendencia creciente sería de "penetrar y subsumir la actividad económica y la vida social como un todo", como con la logística, entendida como "arte y ciencia de organizar el *turnover* del capital para maximizar rendimientos en transporte, comunicación, conexión, y distribución". Se trata de un enfoque capaz de capturar algunas cuestiones y mediaciones analíticas que los análisis exclusivamente centrados sobre el "neoextractivismo" han dejado inexploradas. Como argumentado en otra ocasión (Peregalli 2019), la concreción de estas tendencias globales en la realidad social latinoamericana representa el tercer momento neoliberal de la historia de la región. Después del periodo de las dictaduras militares y de la llamada "terapia del *shock*" para el cambio del patrón de acumulación, y después del periodo de regreso a la democracia "restringida" que se acompañó con la creación de una arquitectura institucional internacional de libre mercado, fuertes oleadas privatizadoras y el inicio de políticas sociales compensatorias, entre finales de la década de 1990 e inicios del siglo XXI, una serie de transformaciones y acontecimientos llevó al concretarse de un tercer periodo neoliberal, fuertemente caracterizado por el entrelazamiento y la profundización de las operaciones extractivas, logísticas y financieras del capital transnacional en la región. Una fase del neoliberalismo que, después de la implementación de las reformas estructurales de libre mercado, pasa a reestructurar la división internacional del trabajo y a reorganizar de manera coherente los territorios. Esa nueva división internacional del trabajo y ese nuevo reordenamiento territorial, tienen en la expansión de las operaciones extractivas, logísticas y financieras, y en el entrelazamiento de ellas, su elemento central.

Logística, extracción y finanzas se articulan en maneras heterogéneas en la compleja realidad del capitalismo contemporáneo. En América Latina, como en cualquier otra macrorregión con una propia formación histórico-estructural, lo hacen con formas también específicas. Entender estas articulaciones significa partir de aquel tipo específico de operaciones logísticas que caracteriza la producción y aprovechamiento de la infraestructura de transporte, energética y de telecomunicaciones. Como vimos, Marx consideró la función del movimiento de mercancías y la industria de transporte como aspectos particulares y ambivalentes dentro del ciclo productivo:

> "El movimiento de mercancías, la circulación efectiva de mercancías en el espacio, se identifica con su transporte. La industria de transporte constituye una rama independiente de producción y, por tanto, una base especial de inversión del capital productivo. Se distingue por el hecho de manifestarse como la continuación de un proceso de producción *dentro* del proceso de circulación y *para* éste" (Marx [1867]2011:135).

Por lo tanto, el sector del transporte es por un lado un verdadero sector industrial, apto a la producción de un determinado tipo de bienes y mercancías que son los medios de transporte y las propias infraestructuras de transporte. Como tal, este sector atrae importantes cuotas de inversiones que se materializan en la construcción de contenedores, grandes naves, puertos, carreteras, trenes, canales, ferrocarriles, inversiones que hoy en día tienen la importante función de liberar cuotas de capital financiero excedente y de amarrarlo a procesos "productivos". Por otro lado, el sector de transporte, como "continuación de un proceso de producción *dentro* del proceso de circulación y *para* éste", se vuelve fundamental para la reproducción, a través de la circulación de mercancías, del capital total en su conjunto. Esta doble función nunca es completamente separable, si bien es posible hasta cierta medida analizar un aspecto u otro. Ambos, en la fase actual del capitalismo neoliberal, engendran importantes ensamblajes de operaciones extractivas, logísticas, y financieras. La IIRSA, como gigantesco plan de construcción de infraestructura intermodal, refleja en sí misma estos ensamblajes.

Desde el punto de vista de la reproducción del capital total, a través de "la continuación de un proceso de producción *dentro* del proceso de circulación y *para* éste", la IIRSA ha respondido históricamente a las demandas del mercado global de acceso más eficiente y barato a las materias primas y a la necesidad de Sudamérica como área macrorregional de "enganchar" los parámetros de la logística global para competir[2]. En este sentido, la IIRSA atiende a la exigencia del capital de "aniquilar el espacio con el tiempo" (Marx [1857–58]1978:539), es decir de reducir lo más posible el tiempo y el costo de la distribución de las mercancías entre los lugares de producción y de consumo, de reducir entonces el tiempo de rotación del propio capital. Este imperativo implica desarrollar innovaciones tecnológicas que permitan integrar regiones remotas a las cadenas productivas globales sin que esto implique que el tiempo de circulación de estas mercancías se amplíe al punto de dejar de representar una realización del valor. Como señala Nicholas Hildyard (2016:69), "la distancia importa porque el tiempo importa. Y el tiempo importa porque más rápidamente las mercancías pueden ser producidas e intercambiadas, mayor serán las ganancias para los capitalistas individuales y más aguda será su ventaja frente a sus competidores". Si bien se trata de una exigencia constante para la acumulación de capital, ella se ha vuelto más prioritaria en tiempos recientes por dos razones: primero, porque el avance tecnológico en el transporte ha permitido extender enormemente la geografía global de extracción, producción y consumo; segundo, porque justamente en los momentos en que la reproducción ampliada del capital a través de la expansión del comercio, la producción y el consumo mundiales se encuentra en una fase de estancamiento, se vuelve aún más esencial abaratar los costos de transporte.

A estas tendencias responde, a lo largo de todo el globo terráqueo, la creación de un conjunto de planes infraestructurales que encuentran su forma geográfica específica en los corredores. En el caso de Sudamérica, la construcción de una imponente plataforma infraestructural fue favorecida por el incremento de la capacidad tecnológica y logística de exploración de depósitos remotos para integrarlos a las cadenas globales de abastecimiento (como las actividades de *fracking* o la extracción de petróleo en aguas profundas o ultraprofundas) y, sobre todo, por el boom en el precio de los *commodities*. Entre 1999 y 2012 todos los minerales, los recursos energéticos y los *commodities* agrícolas tuvieron aumentos de 500 % hasta más de 2000 % (Macrotrends 2020). Eso fue paralelo a la emergencia y el fortalecimiento de gobiernos progresistas en la región, que con sus políticas de conciliación de clases dejaron de lado cambios estructurales y desarrollaron políticas de ayudas focalizadas y de inclusión al consumo de las clases populares

2 El Banco Mundial ha venido formulando políticas e imperativos para el desarrollo logístico, y púbica un Índice de Desempeño Logístico (LPI, por su sigla en inglés: *Logistics Index Performance*), que compara 160 países en un *ranking* global. En 2018, el primer país latinoamericano era Chile, en 34 lugar, seguido por Panamá (38), México (51), y Brasil (56; BM 2018).

financiadas con la captación de un excedente de estas operaciones extractivas de las empresas transnacionales. Hasta que duró la bonanza, dichas políticas dieron frutos importantes, pero a costa de la degradación ambiental y el despojo de poblaciones indígenas, afrodescendientes y campesinas.

El modelo neoextractivo ha sido objeto de duros debates en toda la región. En Bolivia, luego de la intensificación de las políticas extractivas del gobierno de Morales y del conflicto alrededor de la construcción de la carretera del TIPNIS, una fuerte polémica tuvo por protagonista el intelectual marxista y exvicepresidente Álvaro García Linera. En un texto de justificación de su propio operado político, Linera calificó a sus críticos de ingenuos, utopistas y los acusó de confundir el extractivismo con el propio modo de producción capitalista, cuando en este último conviven en realidad sociedades fundamentalmente extractivistas y otras donde prevalen actividades industriales y de servicios, divididas entre sí por antiguas y profundas relaciones centro-periferia. Según Linera (2013:107–108), esta división internacional del trabajo sería en sí misma tan rígida, que el neoextractivismo funcionaría, en el corto plazo, como único posible punto de partida para la "superación" de la hegemonía neoliberal sobre los países de América Latina, en cuanto permitiría a los procesos progresistas o "revolucionarios" de "generar riqueza y distribuirla con justicia".

Como señalan Gago y Mezzadra (2015:40), tanto la posición de García Linera como de los intelectuales críticos con el modelo neoextractivista comparten el mismo supuesto: "el extractivismo parece diferenciado del momento financiero". El problema, sin embargo, es que la alternativa "productiva" al sistema financiero no era tan una alternativa y que la supuesta superación de la hegemonía neoliberal, si entendida a partir de un fortalecimiento del extractivismo, llevaba consigo la trampa de una aún mayor dependencia de los mercados financieros internacionales. Los precios de los *commodities*, de hecho, se establecen en tres específicos mercados financieros (el *London Metal Exchange* LME, el *Shangai Futures Exchange* SHFE, y el *Chicago Mercantile Exchange* CME) y responden más a operaciones especulativas que a vaivenes del mecanismo de demanda-oferta de la economía real, a pesar de que estos últimos factores, junto con las fluctuaciones de las tasas de cambio entre monedas, jueguen un papel relevante (Kegomoditswe y Tsuyoshi 2018:88). Siendo los *commodities* medidos a través de los derivados financieros llamados "futuros", se vuelve evidente cómo toda la bonanza que caracterizó el momento de auge del llamado ciclo "progresista" se sentaba sobre el castillo de papel de la especulación. La caída dramática de dichos precios a partir de 2012 transformó en pesadillas las ilusiones progresistas de autonomía frente al capital financiero transnacional.

Más allá de la fuerte vinculación del extractivismo con los procesos de financiarización de los mercados de las materias primas, la calidad específica de algunas de estas, al relacionarse a la llamada industria 4.0, ofrece una perspectiva más para analizar las implicaciones entre extracción, logística y finanzas. Lejos de ser una esfera inmaterial y desterritorializada, el sector de la información y de la industria *high tech* necesita de poderosas infraestructuras físicas (cables, *modems*, servidores, antenas, satélites...) que aumenten la conectividad en cada rincón del globo terráqueo. La llamada "nube" informacional, de hecho, no es tan una nube sino más bien un conjunto de extensas infraestructuras materiales y, además, fuertemente antiecológicas. La locación de estos servidores e infraestructuras tiene su importancia geopolítica. Su dimensión logística, sin embargo, es igualmente relevante. Según el colectivo Into the Black Box (2018), el 'modo de producción a tracción logística' encuentra en la llamada Revolución Industrial 4.0 un pasaje fundamental, debido a que los procesos llamados de digitalización, automatización, capitalismo de plataforma, *e-commerce*, *gig economy*, hacen parte del campo de operaciones que responden a una racionalidad logística. Pero dicha revolución no se sustenta sin el acaparamiento de preciosos recursos minerales a lo largo del planeta, recursos que abundan en América Latina.

Clasificados como *High Tech Metals* y *Gateway-metals* (Herrera 2017:123), estos son históricamente aprovechados por la industria de la electrónica, informática y de inteligencia artificial de Estados Unidos (Google, Facebook, Amazon y Microsoft), pero cada vez más emerge una presencia competitiva de la industria china (Baidu, Alibaba Group, Tencent Holdings, Huawei) y de otros países. En consecuencia, estos recursos generan violentas disputas geopolíticas: es el caso de Venezuela, donde se encuentran importantes yacimientos de coltán, un mineral que es insumo fundamental para las tecnologías electrónicas y de comunicación, en la nueva inmensa Zona Económica Especial del Arco Minero del Orinoco (AMO), conectada a los corredores IIRSA Escudo Guayanés y Andino; y, aún más recientemente, de Bolivia, donde el descubrimiento del más rico yacimiento de litio del mundo en el Salar de Uyuni es considerado una de las causas que llevaron al golpe de Estado contra Evo Morales en noviembre de 2019. Por otro lado, en otros escenarios, como en los Andes chilenos, donde también hay grandes reservas de litio, a pesar de una fuerte alianza geopolítica con EE. UU. desde varios años se está cosechando una relación geoeconómica privilegiada con China, que ha llevado inclusive a la adhesión de Chile a la Belt and Road Iniciative, sin que por ello haya situaciones de fuerte tensión internacional.

b) Infraestructura como "solución espacial"

Un segundo nivel de articulación de extracción, logística y finanzas a través de la IIRSA se ubica al considerar la industria de transporte sea como "rama independiente de producción y, por tanto, una base especial de inversión del capital productivo" (Marx [1885]1982:135), es decir como sector industrial y productivo específico, sea como vector para la conquista y sumisión de nuevos mercados al régimen del capital. Desde este punto de vista, el desarrollo de la infraestructura responde a demandas especulativas generadas por el propio proceso de financiarización y la necesidad de resolver las crisis cíclicas de acumulación del capital. En este sentido, la construcción de una imponente palanca de infraestructura en Sudamérica, como en otras regiones, fue planeada para dar una salida "productiva" a un excedente de capital financiero en constante riesgo de devaluación debido a las recurrentes crisis especulativas de la década de 1990: los llamados "Efecto Tequila" (México, 1995), "Efecto Samba" (Brasil, 1998, a su vez generado por la crisis de los dragones asiáticos de 1997), y "Efecto Tango" (Argentina, 2001). Se trataba de mover, *territorializándolo*, el exceso de capital hacia ciclos de acumulación con tiempos de rotación más lentos pero más seguros, ofreciendo inmensos espacios de valorización en el territorio, y además garantizando a los capitales dispuestos a invertir todo un conjunto de garantías, tales como el abaratamiento de los costos, la flexibilización de las normativas sociales y ambientales y garantías financieras de ganancias ciertas y bajos o nulos riesgos de inversión. David Harvey (2014:155) ha llamado este proceso "solución espacial", refiriéndose a la tentativa de expandir el capital en una dimensión espacial y geográfica más amplia fijándolo en el territorio. Se trata de un tipo de medida contracíclica clásica del capitalismo, y que según Xin Zhang (2017) representa también el principal objetivo del proyecto chino de la Belt and Road Initiative. De hecho, es justamente en los tiempos de financiarización que, en el nivel de la "economía real", se compensa "la crisis productiva con la intervención sobre las geografías (es decir sobre las formas de poder) de la circulación de mercancías y capitales" (Into the Black Box 2018).

En América Latina esta operación fue favorecida por la retórica "productivista" de finales de la década de 1990, cuando instituciones como el BID y el BM, para capturar y subsumir las insurgencias antineoliberales y las emergentes fuerzas políticas progresistas, hicieron amplio uso de argumentos "posneoliberales" y antidesregulación. Ejemplar fue en este sentido el Informe del Banco Mundial de 1997 sobre el desarrollo mundial:

> "lejos de respaldar la teoría del Estado minimalista, el desarrollo exige la existencia de un Estado eficaz, que actúe como agente catalizador y promotor, alentando y complementando las actividades de las empresas privadas y los individuos. No cabe duda de que el desarrollo promovido por el Estado ha sido un fracaso. Pero también lo han sido los intentos que han tratado de alcanzar ese objetivo al margen del mismo [...] La historia ha demostrado una y otra vez que el buen gobierno es una necesidad vital, no un lujo. Sin un Estado eficaz, es imposible alcanzar un desarrollo sostenible, ni en el plano económico ni en el social" (BM 1997:13).

El plan de estas organizaciones financieras internacionales consistía en centrar la retórica posneoliberal, que ya venían adoptando desde la década de 1990, alrededor de tres importantes ejes. Primero, un insistente discurso sobre la lucha a la pobreza, que fue inaugurado por Joseph Stiglitz cuando era vicepresidente del BM (1997–2000) y que llevó a la creación de algunos importantes programas sociales y la multiplicación de políticas de microcrédito y, tras algunos importantes fracasos mundiales (India, Bosnia, Turquía) y regionales (Nicaragua) de estas en ocasión de la crisis financiera de 2007–08, de políticas de inclusión financiera de los pobres (Stolowicz 2016:947–1010). Segundo, una retórica antidesregulación con el objetivo de crear una gran plataforma logística e infraestructural para "territorializar" el excedente financiero en ámbitos económicos considerados más "productivos". En fin, una retórica antiprivatizaciones con el objetivo de promover el regreso del Estado y las inversiones públicas en aspectos centrales de la política económica, lo que llevó además a una importante producción normativa sobre las llamadas Asociaciones Público-Privadas (APP). Los tres aspectos mencionados se relacionaban entre sí: los programas sociales y la inclusión financiera a ellos relacionada (Gago 2015) sirvieron para incrementar el "ahorro" financiero, mientras que su vinculación a la "economía real" se hizo a través de la construcción de infraestructura.

De hecho, si bien la retórica sobre el "regreso del Estado" fue el expediente discursivo que posibilitó el amplio uso de recursos públicos para la generación de infraestructura útil al capital privado y a las operaciones extractivas en tiempos de hegemonía política "progresista" y de balanzas comerciales positivas, la búsqueda de inversiones en infraestructura siguió a su vez de manera significativa la explosión de crisis financieras. Stolowicz (2016:1035) reconstruye esta relación argumentando que tras la crisis financiera mexicana de 1995 y la brasileña de 1998 se advirtió que la 'euforia' por la llegada de capitales gracias a las 'reformas estructurales' se había terminado, y que había que 'retener' a esos capitales con 'posprivatizaciones'. Allí el llamado 'productivista' posneoliberal apareció en la región, y se prolongó hasta 2003. Con ese argumento, los Estados latinoamericanos crearon el marco institucional con la IIRSA en 2000 y el Plan Puebla Panamá en 2001 (rebautizado Proyecto Mesoamérica en 2007).

Las "posprivatizaciones", elaboradas en 1996 por el entones economista del BM Guillermo Perry, reflejan exactamente este renovado papel del Estado para impulsar el crecimiento tras la "terapia del shock" de las políticas de ajuste fiscal. El centro normativo de las posprivatizaciones fueron las Asociaciones Público-Privadas, que fueron promovidas tanto para la construcción de infraestructura como para los servicios sociales y la explotación de las riquezas naturales. Estos arreglos eran dirigidos a responder a la necesidad difusa de atraer financiamientos privados bajo el umbral de la protección del Estado y de la garantía a la ganancia sin riesgos. Ya en el documento de presentación de la IIRSA, presentado por el BID en la Cumbre de Brasilia del 2000, se destacaba el problema del acceso al capital privado para la inversión en infraestructura:

> "Hasta hace pocos años el financiamiento de proyectos de infraestructura estaba a cargo exclusivamente de los gobiernos o las empresas y organismos estatales con recursos propios o de origen impositivo, y financiamiento de proveedores y entidades financieras internacionales a las que los gobiernos aportaban las correspondientes garantías. Con los procesos de reestructuración y privatización llevados a cabo en la mayor parte de los países de la región, la responsabilidad de la realización y financiación de los proyectos recae cada vez en mayor medida en el sector privado. [...] una buena rentabilidad del proyecto no es suficiente para atraer grandes inversiones de riesgo mientras no estén totalmente consolidados los cambios en los países que tiendan a disminuir el riesgo político y económico, y las fluctuaciones de los mercados frente a crisis regionales. En este punto es que aparece la conveniencia de la presencia de instituciones que puedan otorgar el grado de respaldo que está requiriendo el capital privado para encarar proyectos de largo aliento. El BID, el Banco Mundial y otros organismos financieros internacionales están ayudando a cubrir este rol, participando en el financiamiento y otorgamiento de garantías" (BID 2000).

En la coyuntura de crisis entre-siglos resultaba que las instituciones financieras internacionales (IFI) se presentaron como garantes de la inversión privada, de cara a la retirada de los Estados tras la implementación de las reformas estructurales. Sin embargo, como el propio BID certificó años después, en cada crisis financiera se genera inevitablemente un descenso de los flujos de capital privado a los mercados emergentes, los que se revierten posteriormente gracias a acciones contracíclicas. En este sentido, la propuesta del BID de que las IFI ayudaran a respaldar la inversión privada con financiamiento y otorgamiento de garantías se configuró como la tentativa de responder a las crisis financieras de finales de los 90. Según los datos del Banco, a nivel de mercados emergentes la inversión privada en infraestructura en 1995 (tras el "efecto tequila") era de poco más de 200 000 millones de dólares; estos valores crecieron hasta casi 400 000 millones en los dos años siguientes, pero en 1998, sumándose los efectos de la crisis asiática y brasileña, hubo una drástica reducción a menos de 200 000, y se mantuvieron hasta 2002, tras la crisis puntocom y el *default* argentino. Siguió un gran crecimiento hasta 2007, cuando las inversiones tocaron el pico de 1 billón y 250 000 millones de dólares, y una nueva baja a 350 000 millones en 2009 bajo el efecto de la crisis financiera global. Esto significa, como señala Stolowicz (2016:1036), que las crisis financieras estallan inmediatamente después de las mayores afluencias de capital, con una sobreproducción de valor que no puede seguir valorizándose.

Las acciones contracíclicas del BID y de otros institutos, sin embargo, no dieron inmediatamente resultados positivos, porque estos organismos no disponían por sí solos de los recursos necesarios para sustentar iniciativas de este tamaño, mientras los Estados nacionales, tras dos décadas de políticas monetaristas, habían perdido dicha capacidad. Aún en 2003, tres años después de su lanzamiento, un informe del BID lamentaba las limitaciones que se estaban dando al impulso de la IIRSA debido a las restricciones financieras de los países miembros, incapaces de implementar las políticas públicas necesarias para la creación de un mercado de capitales suficiente a la realización de los proyectos. Había por lo tanto que salvar el neoliberalismo de sí mismo, flexibilizando algunas de las políticas monetaristas y de austeridad para llevar adelante su verdadero objetivo: la renovada acumulación de capital vía expansión de los mercados en cada lugar del globo y en cada rincón de la vida social. Si para esto servía un mayor papel del Estado no debía ser un problema. Justo en el mismo año en que el BID admitía los límites de los mercados de capitales para financiar la infraestructura, el gobierno brasileño de Lula reformaba el banco público de inversiones BNDES, recapitalizándolo enormemente, y permitiéndole por primera vez financiar proyectos fuera de Brasil. Fue el inicio de la política de apoyo a los llamados "campeones nacionales", que en los años siguientes fueron los mayores receptores de los préstamos del BNDES y que, transnacionalizándose, se encargaron de llevar adelante la mayoría de los proyectos de la IIRSA a nivel continental. Se configuró por lo tanto, con esa triangulación BNDES-empresas constructoras-empresas extractivas, otro paso en adelante del ensamblaje entre operaciones financieras, logísticas, y extractivas. El marcado papel activo del Estado brasileño le daría, de hecho, su connotación "posneoliberal".

c) Infraestructura y Asociaciones Público-Privadas

Mientras el liderazgo brasileño, que gracias a la acumulación de una importante reserva comercial, al crecimiento de sus fuerzas productivas, y a una política económica centrada en el fortalecimiento de los "campeones nacionales", empezaba a dar insumos económicos a la IIRSA, se venían formando cuadros normativos más avanzados para la atracción del capital privado en proyectos de infraestructura y su respaldo por parte de los Estados. Estas tendencias vieron la promulgación en casi todos los países de las llamadas Asociaciones Público-Privadas, que representaron un salto en adelante en el papel del Estado como garante y financiador de las operaciones extractivas, logísticas y financieras en la región. Se trató, de hecho, de una dinámica global, pero que tuvo particular importancia en el Sur global tras la crisis financiera de 2008, revelándose una vez más como medida "contracíclica" para transformar en "productivo" el excedente financiero generado por esa crisis.

De acuerdo con Jean Perarnaud, director de la inversora internacional en infraestructura *Partners Group*, "infraestructura es flujo de caja estable, contratado para el largo plazo". Como nota Nicholas Hildyard (2016:27), de esta frase la palabra central es "contratado", porque esconde el verdadero facilitador de la acumulación y extracción financiera que se genera a través de la infraestructura como "*asset-class*": el Estado. La construcción de la IIRSA se sostiene de facto sobre el importante papel del Estado, que garantiza al capital privado seguridad jurídica y política, niveles adecuados de ganancia, y acceso al crédito.

Tan pronto como en el año 2000, el BID señalaba que la "ejecución de obras hidroeléctricas binacionales sobre la base de riesgo privado exigirá el desarrollo de instrumentos novedosos y el establecimiento de marcos regulatorios e institucionales que mitiguen los riesgos y den seguridades apropiadas a los inversionistas". Si bien ese documento se centrara todavía en la esperanza de que el respaldo de las IFI como el propio BID pudieran favorecer la masiva llegada de capitales privados, el mismo planteó algunas sugerencias sobre cómo construir esos marcos normativos más favorables. En primer lugar, se veía como fundamental consolidar "los cambios en los países que tiendan a disminuir el riesgo político y económico, y las fluctuaciones de los mercados frente a crisis regionales", tales como concesiones de largo plazo y lo más irreversibles posible. Además, se señalaba la necesidad de crear nuevos "mecanismos de interacción entre el gobierno y la actividad privada", y "marcos de referencia para los inversionistas privados y públicos" (BID 2000:5). Una propuesta operativa que los técnicos del BID propusieron fue, en el sector energético, la de "crear un grupo de proyectos de infraestructura, con estudios a nivel de anteproyecto, que ahorraría tiempo y costos facilitando el involucramiento del inversor privado", lo que significaría "avanzar en el estudio de ingeniería básica de proyectos hidroeléctricos" para poder, de esta manera, disminuir "el riesgo de la inversión en el diseño final, hasta el punto de que pueda interesar al sector privado". A nivel de integración, en fin, el BID (2000:6) propuso la creación de nuevos marcos institucionales para la "coordinación y armonización de políticas y normas". Muchas de estas indicaciones se concretizaron años después con la proliferación a nivel mundial de normativas de regulación de las APP.

Las APP son parientes estrechas de las concesiones, su derivación más reciente. Según David Hall (2015:171) las concesiones tienen una historia de siglos, que remonta su origen en las acciones de los "corsarios" en el siglo XVI. Según el autor británico, estas nacieron con el principio que la compañía privada concordara de invertir su propio dinero en retorno del cual el Estado le garantizaba un monopolio sobre un servicio, y así la compañía podía esperar de obtener una ganancia sobre su propio capital a través de tarifas para los usuarios. Las concesiones se volvieron muy frecuentes en el siglo XIX para sistemas de agua, gas y electricidad, y para ferrocarriles, que necesitaban altas inversiones de capital. Pero eran incapaces de garantizar el tamaño de la inversión requerida para servicios universales a tasas módicas, y de ese modo venían generalmente substituidas por la propiedad y la inversión pública.

De acuerdo con el crecimiento del Estado moderno, durante los siglos XIX y XX la construcción y el manejo de la infraestructura logística se volvieron monopolio público. Según Pitou Van Dijck (2013), siendo la infraestructura carretera generalmente caracterizada por una gran amplitud, un limitado mercado secundario, una gran economía de escala, un carácter generalmente monopólico, y un interés político en la provisión de sus servicios básicos, por gran parte del siglo XX el sistema carretero de los países (y de igual manera el sistema energético y de telecomunicaciones) fue monopolizado por el Estado, tanto en su construcción como en su gestión. Esto ha popularizado la idea de que las carreteras fueran bienes públicos. Las cosas empezaron a cambiar en la década de 1980, cuando con el crecimiento de la deuda pública de los Estados y la imposición de políticas de austeridad fiscal, junto con una demanda por servicios públicos de mejor calidad, se abrió espacio para una concepción más pragmática del manejo de la infraestructura y a nuevos arreglos ente sector público y privado, con nuevas división de tareas y responsabilidades. Estos nuevos mecanismos tienen fundamentalmente dos tipos de contratos: las concesiones y las APP, y se afirmaron como alternativas a la plena privatización de activos públicos.

Las concesiones son contratos con los cuales una administración pública atribuye a uno o más sujetos privados derechos y deberes sobre bienes de dominio público. Después de un lazo de tiempo establecido, en el cual el sujeto privado puede hacer ganancias sobre la construcción, gestión y explotación de estos activos, infraestructuras, servicios o recursos públicos, estos derechos y deberes vuelven al Estado. Las APP son contratos entre una organización pública y una compañía privada para la provisión de bienes públicos y de sus servicios relacionados, también por un periodo de tiempo (generalmente largo) establecido, en que sin embargo la propiedad jurídica de ese bien siempre se queda con el Estado y el financiamiento es hecho según modalidades mixtas o compartidas, bajo tipos de contratos muy diferentes uno del otro.

Las versiones contemporáneas de concesiones hicieron su aparición en los años setenta y ochenta en los dos países más representativos del viraje neoliberal: el Chile de Pinochet, que las instauró de forma embrionaria en 1974, y la Gran Bretaña de Margaret Thatcher. En ambos casos, los posteriores gobiernos de "centro-izquierda" actualizaron estos contratos abriendo la posibilidad a una mayor participación pública: por un lado, la Concertación los profundizó con la Ley de Concesiones de Obras Públicas, con modificaciones sucesivas hasta 1999, por otro fue el gobierno laborista de Tony Blair quien modernizó las concesiones del sistema británico en 1997, y previó el pago por parte del gobierno a las concesionarias en función del tráfico. Según Hall (2015:171), el primer objetivo de estos contratos era poder seguir financiando infraestructura con dinero público pese a las restricciones fiscales de las políticas monetaristas. Las normas contables permitían tratar estas inversiones como un préstamo privado, de modo que el dinero podía tomarse prestado sin infringir las normas fiscales. Las APP nacieron así como una estratagema contable, una manera de sortear las propias restricciones del gobierno sobre el endeudamiento público.

Más allá de lo de ser un "estratagema contable", las APP, sobre todo a partir del nuevo siglo, han respondido a un segundo importante objetivo: responder al fracaso económico y político de las privatizaciones, que habían sido promovidas (e impuestas) por los planes de ajuste del FMI en las décadas de 1980 y 1990. Central en este sentido era el hecho que la propiedad jurídica se quedaba en manos públicas y que el Estado mantenía cierto papel activo de financiamiento y gestión. Como argumenta Hildyard (2016:34), las APP representaban una respuesta a las tibias ganancias financieras que se generaron tras la privatización de mucha infraestructura pública en las décadas anteriores. De hecho, un estudio sobre los servicios públicos privatizados en 31 países en desarrollo reveló que el 80 por ciento "tuvieron experiencias negativas en términos de ganancia". En 2004, incluso el Banco Mundial describía la privatización de infraestructura como "sobrestimada y malinterpretada". Como solución al problema se introdujeron las APP, que por lo mismo comenzaron a ser fuertemente impulsadas por bancos multilaterales, gobiernos, y *think tanks* como mejor vehículo para atraer inversiones privadas en infraestructura con respaldo público. La ventaja de las APP frente a las concesiones tradicionales era que el mantenimiento de la propiedad por parte del Estado y su participación activa en el financiamiento servía como garantía para la inversión privada frente al riesgo de pérdidas (Stolowicz 2016:1038). Pero más allá del fracaso económico, el fuerte rechazo político y social al neoliberalismo, asociado erróneamente con la política de privatizaciones, ayudaba a legitimar formas alternativas o "posneoliberales" como las APP. En este sentido, la propia CAF, uno de los tres bancos regionales que impulsaron la IIRSA, en un informe de 2010 propuso estos contratos acorde a los siguientes argumentos:

a) reducir el impacto de la inversión en infraestructura en el presupuesto fiscal y promover el financiamiento privado para obras de interés público ante restricciones presupuestarias;
b) crear un espacio fiscal que permitiera expandir la provisión de servicios públicos en otros sectores como salud y educación;
c) crear un espacio fiscal para expandir la provisión de servicios a segmentos de los sectores marginados a través de subsidios focalizados;
d) distribuir los riesgos, aunque en buena medida se trataba de una distribución que dejaba los riesgos en el lado del público;
e) promover la "equidad", es decir, cobrar tarifas para no hacer pagar a los contribuyentes y a la vez recuperar recursos para promover el financiamiento público sin cobros de infraestructuras con poco tráfico de usuarios. Como señala el informe, de hecho, bajo el principio de la equidad interregional, "la participación de la iniciativa privada y aplicación del peaje en las regiones más desarrolladas permite liberar recursos públicos que la administración puede destinar a la construcción de infraestructura en regiones poco desarrolladas" (Vassallo e Izquierdo 2010:97). Se trata por ejemplo, señala Stolowicz, de las propias carreteras de la IIRSA, que en su mayoría no son para uso de la población pues atraviesan "zonas menos desarrolladas" sino para la extracción de recursos naturales. "En suma: cobrar peajes a la población que transita por las carreteras, y también subsidiar el tráfico de las empresas extractivas" (Stolowicz 2016:1055).

Por lo que concierne Latinoamérica, más allá de la CAF, las APP fueron promovidas en una serie de foros de las organizaciones internacionales tales como la II Conferencia España-Iberoamérica de Responsabilidad Social Empresarial, las Alianzas Público-Privadas para el Desarrollo, que tuvo lugar en Madrid en el 2007, el Seminario Internacional de la CEPAL "Fortaleciendo la alianza público-privada en América Latina", que se realizó en Santiago de Chile en 2009, y las conferencias "PPPAméricas" del BID-FOMIN (Fondo Multilateral de Investimentos), que se realizaron en Washington (2008), Madrid (2009), Bahía (2010), Guanajuato (2011), Cartagena (2013), Punta del Este (2015), Santiago de Chile (2016), y San José (2017). Mientras tanto, surgieron directrices sobre APP hechas por la Unión Europea, el FMI, el BM, el Banco Asiático de Desarrollo, el propio BID y la FAO, que aplicó el modelo de las APP al agronegocio y a los llamados "negocios inclusivos" (Stolowicz 2016:1028–1043). Estos contratos establecen específicas formas de gobernanza donde el Estado y el "capital productivo" de las empresas de construcción se articulan directamente con los bancos y los inversores institucionales.

En su forma general, las APP pueden definirse, según Pitou Van Dijck y Simon den Haak (2006), como las relaciones contractuales de largo plazo entre el sector público y el privado, designadas para la provisión de servicios públicos por el sector privado, en las cuales las dos partes han compartido intereses financieros. Entre sus características generales se encuentran: la transferencia de un activo o unas facilidades a una entidad privada y por un largo periodo de tiempo (hasta unos 50 años o incluso más) y su construcción, mantenimiento, operación, financiación y explotación; garantías del Estado al concesionario en términos de exenciones fiscales y financiamiento; el arriendo de servicios al sector privado por parte del sector público; la distribución de riesgos entre el sector público y el privado, pero con especial inclinación sobre el primero, ya que se prevé el subsidio de las tarifas en el caso de que las ganancias del privado caigan abajo de ciertos niveles, la protección del Estado frente a la competencia del mercado, y seguros de indemnización en el caso en que el Estado actúe en un futuro, en contra del privado con políticas de nacionalización o expropiación; la determinación por parte del sector público de resultados y estándares de calidad, aunque con participación del propio sector privado en su definición; la regulación por parte del sector público de precios y tarifas; y esquemas de pago basados en el cumplimiento.

Más allá de estos aspectos comunes, los tipos de contratos APP que se han ido multiplicando en estos años son muchos, un entramado tan heterogéneo que es difícil hoy en día establecer las características comunes de las APP frente a simples privatizaciones o más bien a contrataciones tradicionales de empresa privada por la gestión o construcción de un bien público. Fundamentalmente, las APP difieren de las contrataciones tradicionales en la medida en que las primeras dan en gestión al privado un conjunto de servicios diferentes (diseño, construcción, mantenimiento, financiación) mientras las segundas tienen que ver con tan solo un servicio específico. En segundo lugar, las APP se caracterizan por tiempos medios de concesión particularmente largos. Estas dos características tendrían como objetivo incentivar el privado a no simplemente cumplir los requisitos con el menor gasto para maximizar su propia ganancia, sino a usar un enfoque más completo y temporalmente más largo. Dentro de estos criterios, sin embargo, y dependiendo del tipo específico de contrato, las APP pueden variar desde una situación donde la inversión, los riesgos y las tareas son casi enteramente públicas, a otra en que estas recaigan más sobre los privados. Entre los diferentes tipos de contrato, podemos señalar:

- BOT: (*Build-Operate-Transfer*): un sujeto privado financia la construcción y es repagado por el Estado, en pagos regulares, por uso de edificios y servicios bajo contrato. El privado puede alquilar el activo. Al terminar del contrato, la posesión pasa al Estado. La propiedad siempre se queda pública. Se aplica para proyectos *greenfield*, es decir nuevos, y no preexistentes.
- BOOT (*Build-Own-Operate-Transfer*): como en el BOT, pero la propiedad pasa al sujeto privado, hasta que expira la concesión.
- BROT (*Build-Rent-Own-Transfer*), BLOT (*Build-Lease-Operate-Transfer*), BTO (*Build-Transfer-Operate*): variantes de BOT y BOOT.
- DBFO (*Design-Build-Finance-Operate*): como el BOT pero el sujeto privado interviene en el diseño del proyecto. También se aplica a proyectos *greenfield*.
- DCMF (*Design-Construct-Manage-Finance*): como el DBFO pero con transferencia al privado no solo de la gestión del activo, sino también de un servicio asociado. Frecuentemente usado en cárceles y centros sanitarios.
- BOO (*Build-Operate-Own*): el concesionario privado es contratado para diseñar, construir, operar y gestionar el activo. La propiedad se queda con el privado (privatización), pero el Estado aporta en diferentes maneras. También se aplica a proyectos *greenfield*.
- LDO (*Lease-Develop-Operate*): un activo ya existente es alquilado por el gobierno a un privado, que lo gestiona, moderniza, o expande.
- BBO (*Buy-Build-Operate*): variante del LDO.
- BDO (*Build-Develop-Operate*): variante del BBO.
- BLT (*Build-Lease-Transfer*): la sociedad privada construye el proyecto a su propio riesgo, pero recibe pagos periódicos previamente acordados por el Estado.

En base a todos estos tipos de contratos, el Estado de hecho pierde su función de proveedor de servicios y se transforma en comprador de estos servicios al sujeto privado. Sin embargo, la responsabilidad en última instancia de la provisión de un servicio al público se queda en sus manos.

En América Latina, en los últimos años, casi todos los países se han dado cierta legislación sobre las Asociaciones Público-Privadas, siguiendo *rankings* internacionales. Uno de estos es Infrascope, que evalúa el ambiente económico más o menos favorable a las APP a partir de cinco aspectos: marco legal y normativo, cuadro institucional, capacidad operacional de los gobiernos, entorno político, social y empresarial, y facilidades financieras para financiar infraestructuras.

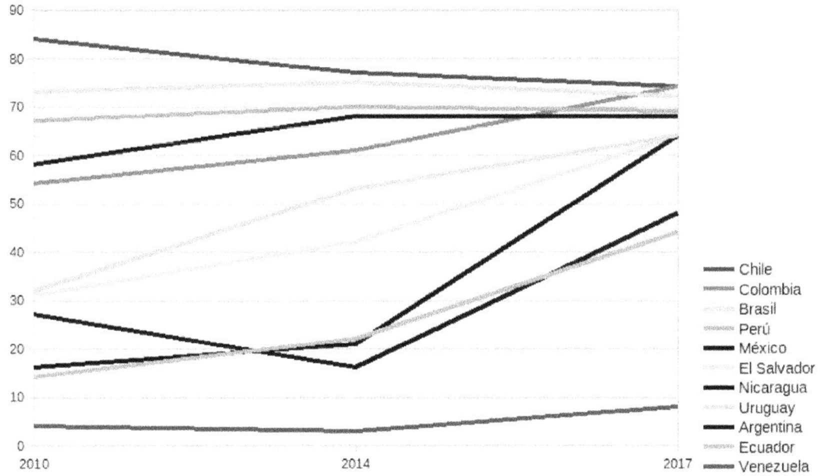

Al analizar la evolución del ambiente económico favorable para la implementación de APP en América Latina tomando como referencia los índices Infrascope[3] del 2010, 2014 y 2017, se nota que ha habido una general "mejora" que ha abarcado, con formas y ritmos distintos, casi todos los países. Al confrontar estos datos con la fecha de promulgación de leyes orgánicas sobre las APP, emerge que los índices crecieron sobre todo tras la ratificación de dichas normativas. En Chile, las APP fueron incluidas tempranamente en la "ley de Concesiones de Obras Públicas" promulgada y modificada por los gobiernos de la Concertación en los años 90. Por su parte Brasil, cuya ley sobre las APP remonta al 2004, segundo año de gobierno de Lula, está también con índices altos, mientras Colombia vio su mayor crecimiento tras la implementación de su ley orgánica en el 2012, bajo el gobierno de Juan Manuel Santos. Los tres se posicionan con valores superiores al 70 %. Los siguen Perú, también estable en niveles altos gracias a su ley de 2008, durante el gobierno de Alán García, México, cuyos índices

3 *Infrascope* se basa sobre cinco criterios: leyes y regulaciones que permiten APP, cuadro institucional, madurez operacional, clima de negocios e inversiones, servicios financieros para proyectos de infraestructura (Infrascope 2020).

tuvieron un crecimiento excepcional tras la implementación de una ley federal en el 2010, durante el sexenio de Felipe Calderón, y El Salvador, con valores que crecieron mucho tras la ley de 2012, promulgada por el presidente del Frente Farabundo Martí de Liberación Nacional, Mauricio Funes. Nicaragua no tuvo una ley orgánica pero sí una ley vinculada exclusivamente al gigantesco proyecto de construcción del canal de Nicaragua (*Ley del Régimen Jurídico de El Gran Canal Interoceánico de Nicaragua y de creación de la Autoridad de El Gran Canal Interoceánico de Nicaragua*), promulgada por el gobierno de Daniel Ortega en el 2012: tras esa fecha, los valores *Infrascope* subieron desde 16 % en el 2010 hasta 64 % en 2017, aunque posteriormente el proyecto se ha frenado. En los mismos niveles se encuentra Uruguay, con un crecimiento importante tras la ley de APP promulgada por el gobierno del Frente Amplio de José "Pepe" Mujica en 2010. Con valores más bajos están Argentina (no obstante una ley temprana, firmada por Néstor Kirchner en el 2005), Ecuador (cuya ley orgánica es de 2015, promulgada por el gobierno de Rafael Correa) y Venezuela, que no tiene normativa nacional pero cuyo proyecto del Arco Minero del Orinoco, inaugurado en el 2016, merecería un capítulo aparte. Extrañamente, los índices *Infrascope* nunca calcularon el ambiente económico de Bolivia, que en 2014, durante el gobierno de Morales, aprobó una Ley de Promoción de Inversiones.

Tabla 2: Leyes de Asociaciones Público-Privadas en América Latina, por país

Chile	1999	Ricardo Lagos
Colombia	2012	Juan Manuel Santos
Brasil	2004	Luiz Inácio Lula da Silva
Perú	2008	Alán García
México	2010	Felipe Calderón
El Salvador	2012	Mauricio Funes
Nicaragua	2012 (*Ley del Régimen Jurídico de El Gran Canal Interoceánico de Nicaragua y de creación de la Autoridad de El Gran Canal Interoceánico de Nicaragua*)	Daniel Ortega
Uruguay	2010	José Mujica
Argentina	2005	Néstor Kirchner
Ecuador	2015	Rafael Correa
Bolivia	2014 (*Ley de Promoción de Inversiones*)	Evo Morales

Elaboración del autor.

La adopción de normativas que regulan el utilizo de contratos de APP en países del Sur del mundo ha sido importante porque la garantía del Estado y la provisión de préstamos a través de bancos públicos se ha revelado en muchos casos una opción obligada por la ausenciade un mercado de capitales comparable con lo de los países más desarrollados; por otro lado, en América Latina este protagonismo económico estatal ha sido varias veces presentado por el BM, las instituciones transnacionales y los propios gobiernos progresistas, como el síntoma de un nuevo rumbo "posneoliberal", y las APP fueron calificadas de "posprivatizaciones". Lo que una vez más llama la atención sobre el papel del Estado en el neoliberalismo, ya que una mayor presencia o activismo económico del Estado no necesariamente se realiza para redistribuir parte de las ganancias a beneficio de la colectividad. Lo importante, de hecho, es la "cualidad" de este activismo, a cuáles intereses responde. De hecho, la racionalidad gubernamental del neoliberalismo se distingue de la del liberalismo clásico justamente por la necesidad, entre otras cosas, de que un Estado fuerte actúe para la creación de mercados y la preparación de las condiciones de la acumulación de capital. En este sentido, las infraestructuras pueden ser caracterizadas como los "bienes comunes del capital" (Dardot y Laval [2009]2013), cuya necesidad para el capital total en su conjunto va más allá de la posibilidad o menos de representar un negocio de corto plazo de uno u otro capitalista individual, y deben ser por esto garantizadas por los Estados.

Esta necesidad de financiar las obras a pesar de la posibilidad de lucro, y por lo tanto de inversión, de capitalistas individuales, hizo con que muchos de los proyectos de la IIRSA terminaron porser implementados con capitales totalmente públicos. De hecho, a pesar de la proliferación de leyes que regulan e incentivan las APP, el uso de estos contratos en obras de la IIRSA ha sido más baja de lo esperado, resultando tan solo en el 23.41 % de la inversión total, siendo en mayores cantidades las obras financiadas con financiamientos públicas. No obstante, cuando un proyecto logra atraer capitales privados, su efectiva implementación se encuentra facilitada y acelerada. De hecho, como ha calculado Pereira (2019:267), de la inversión desembolsada para las 153 obras ya concluidas, el 50.1 % es de tipo APP, mientras solo el 40.1 % es totalmente pública. Esta inversión corresponde a apenas 10 proyectos específicos, evidenciándose una mayor efectividad de la inversión público-privada cuando se trata de financiar obras particularmente caras.

Según Van Dijck, una causa del bajo porcentaje de APP en el total de la cartera IIRSA es la desconfianza del capital privado hacia la volatilidad política de la región, la que genera una alta percepción de riesgos para las inversiones, y la debilidad institucional de los países latinoamericanos. Si bien la creación de

Tabla 3: Proyectos IIRSA concluidos hasta 2017, según origen de las inversiones (en millones de US$)

Inversión	N.º proyectos	% Proyectos	Inversión efectuada (US$)	Inversión efectuada (%)
Público	122	79.7	19 459,8	40.1
Privado	21	13.7	4759,9	9.8
Público-Privado	10	6.6	24 276,8	50.1
Total	153	100	48 496,50	100

Datos de COSIPLAN (2017), elaboración del autor.

estos marcos normativos va en la dirección de satisfacer las exigencias del capital privado, es evidente que, para que estos mecanismos funcionen en la manera esperada, se necesita una larga estabilidad político-social y la puesta en seguridad jurídica, política y hasta militar del dominio del capital transnacional en las sociedades latinoamericanas. Esto vuelve a tensionarse, una vez más, con las profundas desigualdades sociales de esta región, y con la cíclica explosión de la resistencia popular, como ha ocurrido en ocasión de las numerosas resistencias contra varios de los proyectos IIRSA, y como se ha repetido de forma generalizada a finales del 2019. Esto ha llevado los Estados, las empresas y las agencias intergubernamentales latinoamericanas a fortalecer mecanismos para garantizar la seguridad de los flujos logísticos frente a la amenaza de interrupción y bloqueo de la ciudadanía y del trabajo organizado.

d) *Governance* corporativa y militarización de los corredores

Según Deborah Cowen (2014), el imperativo de proteger los corredores y los flujos logísticos de las cadenas globales de abastecimiento ha significado en las últimas décadas la emergencia de nuevas formas de militarización. Lo que ella llama *Supply Chains Security* (SCS) es un rasgo que permanece en la época contemporánea del origen militar de la logística, de su estrecha conexión con la exigencia por parte de los Estados modernos de garantizar la gestión eficiente del monopolio de la violencia en un territorio dado. En su investigación, la geógrafa canadiense se ha concentrado sobre las reconfiguraciones de la SCS en el contexto de la globalización neoliberal, poniendo el acento en los procesos de transformación de la soberanía política a lo largo de espacios económicos excepcionales como los corredores logísticos.

A partir del análisis de la *governance* del International Recommended Transit Corridor (IRTC), que representa hoy un nudo fundamental del proyecto chino de la Belt and Road Initiative y donde transitan más de 20 000 naves de carga cada año, la autora evidencia la importancia de la gestión militar de los corredores como forma de enfrentar la actividad de la piratería somalí, que se concentra en atacar los navíos comerciales que pasan por el golfo de Adén y que ha representado un severo daño para la industria naval global y ha hecho crecer abruptamente las tasas de interés de las compañías de seguro de las naves que allí transitan. Surgida como respuesta a las continuas intervenciones económicas, comerciales y militares en Somalia, que han llevado a la difusión de la pesca ilegal, la descarga ilegal de residuos tóxicos con total impunidad por parte de las naves europeas y la destrucción de la pesca de subsistencia de las comunidades locales, la piratería somalí puede ser leída como el prototipo de la amenaza "terrorista" que afecta la logística global en las fronteras del saqueo y en territorios de destrucción de los tejidos sociales tradicionales.

En su entendimiento, la nueva SCS supone un tipo de militarización de los corredores que, acorde con la racionalidad logística, rompe tanto con la dicotomía interno–externo (policial-militar) como con la separación público–privado del manejo de la violencia. De hecho, la *governance* militar del IRTC ha sido realizada en conjunto por la Unión Europea, los Estados Unidos, Canadá, y la propia China, y ha implicado la puesta en acción de cuadros legislativos y autoridades muy diversas, autorizadas por resoluciones de las organizaciones gubernamentales internacionales, códigos nacionales y *best practices* corporativas. El corredor IRTC, frente al peligro común de la piratería, ha tal vez desarrollado el modelo más articulado de gestión logística del poder. Si bien se trata, en alguna medida, de un caso excepcional por la densidad de un ensamblaje gubernamental tan profundamente heterogéneo, es importante destacar como los principios de la multiescalaridad local-nacional-internacional y de las alianzas público-privadas y, también, entre formas de gobierno legal e ilegal, son rasgos comunes, aunque con articulaciones diferentes, de muchos de los corredores de la IIRSA también.

Tal como es importante relevar la importancia de las APP para la gestión compartida de los proyectos entre Estado y empresas y la centralidad de espacios de *governance* intergubernamentales y multisectoriales como el propio COSIPLAN, un aspecto crucial para la provisión de infraestructura logística y extractiva así como para la gestión eficiente de los enclaves y los corredores es la capacidad de garantizar la sincronización constante de estas actividades y estos flujos y su seguridad frente a cualquier amenaza de interrupción derivada de la protesta social. De hecho, tanto como organismos internacionales como la UNASUR, la Alianza del Pacífico, la Asia-Pacific Economic Cooperation (APEC) inducen los Estados a adoptar criterios comunes para mejorar la interconectividad logística a lo largo de corredores comunes, sus propias *best practices* a menudo sugieren regular espacios estratégicos como los puertos y las ZEE de una manera independiente de los procesos de control político y democrático que debería existir en las instituciones públicas. Como consecuencia, estas reconfiguraciones institucionales terminan manifestándose como "duras formas de violencia estatal y corporativa" (Arboleda 2020:107).

Como argumenta Martín Arboleda, esta falta de responsabilidad democrática de la gestión de los nudos logísticos y la constante intervención de la fuerza pública en los casos de interrupción de los flujos por parte de la protesta social son "las principales maneras como la objetividad ajena del Estado como expresión fetichizada del 'giro logístico' se hace palpable para las clases trabajadoras". Según el sociólogo chileno, "para el trabajo organizado en puertos y minas, la infraestructura logística de las cadenas de abastecimiento de minerales y la territorialidad del poder estatal no son dos cosas diferentes". De hecho, las huelgas que se han realizado en espacios estratégicos de la IIRSA como la hidroeléctrica de Jirau en Brasil o el puerto de Valparaíso en Chile han adoptado la forma del bloqueo y el sabotaje, tácticas que se entienden al mismo tiempo como insurgencia laboral y como protesta política contra el Estado y que representan también fundamentales herramientas de lucha por las comunidades en resistencia contra la implementación de los propios corredores viales o energéticos de la iniciativa.

La seguridad de los corredores logísticos es una tarea fundamental para las fuerzas públicas de los Estados latinoamericanos. Ella se busca generalmente a través de una mezcla de consenso y coerción por parte de los actores estatales y empresariales presentes en el territorio, una invisibilización de los cuestionamientos sociales y la tentativa constante de aislar los eventuales conflictos locales de los debates nacionales. El consenso es cada vez más tarea de las prácticas de Responsabilidad Social Empresarial que llevan adelante las empresas, a menudo a través de fundaciones a ellas vinculadas. En estos casos, las empresas realizan "acciones a nivel comunitario-territorial en relación con la educación, la salud, el deporte, etc. procurando construir una subjetividad colectiva favorable o al menos fracturando posiciones anteriores" (Falero 2015:235). Esto es cierto sobre todo en el caso de los enclaves mineros. Las fundaciones de Vale S.A. (Fundación Vale y Fundación Renova) son ejemplo de ello, y su presencia ha sido decisiva a la hora de gestionar la reconstrucción y reparación del daño social y ambiental tras los crímenes ambientales de Mariana (2015) y Brumadinho (2019) en el estado brasileño de Minas Gerais, cuando el derrumbe de represas de detritos mineros causó decenas o centenas de muertos y afectaciones ambientales incalculables. En los enclaves mineros y en los territorios donde se realizan importantes obras de infraestructura, tales como las grandes represas, es también estratégico la creación por parte de las empresas de las denominadas "company towns", territorios donde la producción está fuertemente vinculada a la reproducción de la fuerza de trabajo ya que tanto las viviendas como los otros equipamientos colectivos son construidos y proveídos por las empresas. Ejerciendo un control sobre la entrada y la salida de estos acampamientos o comunidades, y garantizando el mantenimiento de la segregación, marginación y aislamiento de ciertos segmentos sociales (trabajadores mineros, portuarios o de construcción, pero también pobladores, informales, migrantes, trabajadoras sexualesy otros grupos que viven en los márgenes del emprendimiento y garantizan las funciones reproductivas de los trabajadores), las empresas subordinan los habitantes a su control, determinan ciertos patrones de comportamiento y determinan "las reglas a ser cumplidas tanto en el trabajo como fuera de él" (Piquet 1998).

Sin embargo, junto con ellas actúan cada vez más otros actores armados, paraestatales y criminales. Organismos paramilitares como las Autodefensas Unidas de Colombia son tan solo la punta del iceberg de un fenómeno de proliferación de formas de control ilegal o mafioso que actúan bajo lógicas necropolíticas (Mbembe [2006]2011) de gestión de territorios de frontera y de sus poblaciones. A lo largo de los enclaves de extracción y de las fronteras del agronegocio, estos aparatos paralegales tienen una importancia crucial en la puesta en seguridad de los flujos logísticos.

Por otro lado, igualmente relevantes son los dispositivos de excepción que operan en estos territorios desde los propios aparatos públicos. Como señala Arboleda (2020:120) relativamente al caso chileno, en respuesta a las demandas de los trabajadores, el imperativo de fortalecer la SCS no se ha limitado a la represión física, sino que ha llevado al uso sistemático de intimidaciones y amenazas por parte de las agencias de inteligencia estatales. Asimismo, el surgimiento o fortalecimiento de leyes antiterrorismo se ha derivado o ha sido funcional a garantizar el mantenimiento de las actividades logísticas y extractivas. Es el caso por ejemplo de la Ley de Seguridad Pública y del Estado en Ecuador, aprobada en 2009 durante el gobierno de Rafael Correa, que tuvo enormes consecuencias en términos de criminalización de la protesta social al ser aplicada contra los indígenas que se opusieron a las expropiaciones mineras y petroleras y a la implementación de la Ley Minera de 2009 y la Ley de Recursos Hídricos de 2010; de la Ley Antiterrorismo de Brasil, formulada en respuesta al estallido social de 2013 y sancionada por el gobierno de Dilma Rousseff en marzo de 2016, un mes antes de su destitución por *impeachment*; y de la Ley Antiterrorismo chilena, aprobada tempranamente en 1984, aún durante la dictadura de Pinochet, pero expandida en 2018 por el gobierno de Sebastián Piñera de modo a favorecer la represión de la protesta social. Con base a dicha ley, el gobierno de Piñera lanzó a finales de 2018 el "Plan Araucanía", que se planteaba "traer la paz" a la región sureña de la Araucanía, históricamente habitada por el pueblo mapuche. Dicho plan, además que de intervención militar, tenía entre sus ejes un programa de infraestructura vial y otro para promover energías renovables. En noviembre del mismo año, en el marco de las operaciones del Plan Araucanía, se cometió el asesinato del joven mapuche Camilo Catrillanca. Una operación similar fue lanzada en agosto de 2017 en el lado argentino del territorio mapuche por parte del gobierno de Mauricio Macri, y culminó con la desaparición forzada y el asesinato de Santiago Maldonado, activista argentino solidario con el pueblo mapuche, por parte de la Gendarmería Nacional, en una operación de represión contra familias mapuches que habían bloqueado una carretera en la localidad de Cushamen, protestando por la recuperación de tierras usurpadas por la empresa italiana Benetton. En general, en la Argentina la puesta en seguridad de los corredores de infraestructura es llevada a cabo por este órgano especial, un cuerpo militar con funciones de seguridad interior, que desde su fundación en 1917 ha sido históricamente protagonista de la represión hacia los pueblos indígenas garantizando el fortalecimiento y el control de la nación argentina sobre sus históricas fronteras coloniales (Motto 2018:47:53).

De manera similar al caso del IRTC descrito por Cowen y a la represión conjunta contra la "piratería" por parte de organismos públicos y privados, estatales y multilaterales, el uso de normativas excepcionales para enfrentar el "terrorismo" de los pueblos originarios, de los trabajadores de las cadenas de abastecimiento y de los movimientos sociales a lo largo de los corredores de infraestructura y los enclaves extractivos evidencian rasgos de los orígenes genealógicos de la logística como racionalidad capitalista: su carácter de ciencia militar para el control del territorio y de los suministros, y su naturaleza colonial, para la expansión del poder estatal y corporativo sobre las fronteras de la minería, el agronegocio y los hidrocarburos.

Bibliografía

ARBOLEDA, Martín. 2020. *Planetary Mine. Territories of Extraction under Late Capitalism*, London: Verso.

ARRIGHI, Giovanni. [1994]1999. *El largo siglo XX*. Madrid: Akal Ediciones.

BID (Banco Interamericano de Desarrollo) agosto 2000. "La contribución del Banco Interamericano de Desarrollo a la integración física de América del Sur" http://www.iirsa.org/admin_iirsa_web/Uploads/Documents/rp_brasilia2000_contribucion_bid_infraestructura.pdf acceso 3 de mayo de 2020.

BM (Banco Mundial). 1997. *Informe sobre el Desarrollo 1997: El Estado en un mundo en transformación*. En http://documentos.bancomundial.org/curated/es/701691468153541519/Informe-sobre-el-desarrollo-mundial-1997-el-estado-en-un-mundo-en-transformacion acceso 3 de mayo de 2020.

Coordinadora Antiirsa, *IIRSA: La Infraestructura de la Devastación*, 2016, https://www.youtube.com/watch?v=qDw8pHuc4cI&t=827s acceso 28 de septiembre de 2019.

COWEN, Deborah. *The Deadly Life of Logistics: Mapping Violence in the Global Trade*. Minneapolis: University of Minnesota Press, 2014.

DARDOT, Pierre; LAVAL, Christian. [2009]2013. *La nuova ragione del mondo. Critica della razionalità neoliberista*, Roma: DeriveApprodi.

FALERO, Alfredo. 2015. "La expansión de la economía de enclaves en América Latina y la ficción del desarrollo: siguiendo una vieja discusión en nuevos moldes", en *Revista Mexicana de Ciencias Agrícolas*. v. 1. Estado de México: Instituto Nacional de Investigaciones Forestales, Agrícolas y Pecuarias.

GAGO, Verónica. 2015. "Financialization of Popular Life and the Extractive Operations of Capital: A Perspective from Argentina", *The South Atlantic Quarterly*, January, Durham: Duke University Press.

GARCÍA LINERA, Álvaro. 2013. *Geopolítica de la Amazonía. Poder hacendal-patrimonial y acumulación capitalista*. La Paz: Vicepresidencia del Estado Plurinacional.

HALL, David 2015. "Why Public-Private Partnerships don't work. The many advantages of the public alternative", *PSIRU (Public Services International Research Unit)*, University of Greenwich http://www.world-psi.org/sites/default/files/documents/research/rapport_eng_56pages_a4_lr.pdf acceso 3 de mayo de 2020.

HARVEY, David. [2003]2004. *El nuevo imperialismo*, Madrid: Akal Ediciones.

HERRERA SANTANA, David. 2017. *Hegemonía, poder y crisis. Bifurcación, espacialidad estratégica y grandes transformaciones globales en el siglo XXI*, Ciudad de México: Universidad Nacional Autónoma de México, Ediciones Monosílabo.

HILDYARD, Nicholas. 2016. *Licensed larceny. Infrastructure, financial extraction and the global South*, Manchester: Manchester Capitalism MUP.

Infrascope, "Measuring the enabling environment for public-private partnerships in infrastructure". En https://infrascope.eiu.com/ acceso 30 de marzo de 2020.

Into the Black Box. 2018 (visitada en el 2019). "Manifiesto de crítica logística" http://www.intotheblackbox.com/manifesto/manifiesto-de-critica-logistica/ acceso 29 de abril de 2020.

KEGOMODITSWE, Koitsiwe; TSUYOSHI, Adachi. 2018. "The Role of Financial Speculation in Copper Prices", *EconPapers. Economics at your fingertips*, v. 5, Issue 4, Örebro, pp. 87–94.

MARX, Karl. [1867]2011. *El Capital.* Tomo I. México D.F.: Siglo XXI editores.

MARX, Karl. [1885]1982. *El Capital.* Tomo II. México D.F.: Fondo de cultura económica.

MARX, Karl. [1857–58]1978. *Líneas fundamentales de la crítica de la economía política «Grundrisse».* Barcelona: Crítica.

MBEMBE, Achille. [2006]2011. "Necropolítica", en *Melusina*, Ciudad de México.

MEZZADRA, Sandro; NEILSON, Brett. 2015. "Operations of Capital", in *The South Atlantic Quarterly*, 114:1, January, Durham and London: Duke University Press.

MOTTO, Carlos Ernesto. 2018. "La Gendarmería Nacional Argentina y el desarrollo solapado de la militarización de la seguridad interior", en *CESPyDH*, n. 5, Diciembre, Grupo de Estudio Sobre Sistema Penal y Derechos Humanos: Buenos Aires.

PEREGALLI, Alessandro. 2019. *Finance, extraction and logistics as axes of the third neoliberal moment in Latin America*, in Work Organisation Labour Globalisation (WOLG), vol. 13, n. 1, Spring, London, pp. 57–78.

PEREIRA DE SOUZA, Vitor Hélio. 2019. "A política de transporte regional no século XXI: o caso da IIRSA/COSIPLAN na América do Sul". Tese de doutorado em Geografía na Universidade Federal de Santa Catarina (UFSC), Florianópolis.

PIQUET, Rosélia. 1998. *Cidade-empresa. Presença na paisagem urbana brasileira*, Rio de Janeiro: Jorge Zahar Editor.

STOLOWICZ, Beatriz. 2016. *El misterio del posneoliberalismo*, Tomo II: La estrategia para América Latina, Bogotá: Espacio crítico Ediciones.

VASSALLO MAGRO, José Manuel; IZQUIERDO DE BARTOLOMÉ, Rafael. 2010. Infraestructura pública y participación privada: conceptos y experiencias en América y España. Caracas: Confederación Andina de Fomento (CAF). En http://scioteca.caf.com/handle/123456789/421 agosto de 2020.

ZHANG, Xin. 2017. "Chinese Capitalism and the Maritime Silk Road: A World-Systems Perspective", *Geopolitics*, Taylor & Francis, London.

V

ANATOMÍA DE LA IIRSA

Si uno recorre los territorios hay una invisibilización de este megaproyecto. Estos proyectos vienen siendo presentados como proyectos aislados: una hidroeléctrica allí, una carretera, un puerto, y difícilmente las poblaciones locales y regionales ven la magnitud de estas adecuaciones espaciales y técnicas de la IIRSA

Milson Betancourt, investigador[1]

"Queremos perforar la Cordillera en los tramos que haya que perforar como un queso gruyère"

José Luis Gioja, exgobernador de la Provincia de San Juan, Argentina, 2014[2]

a) Planificación, discursos, conflictos

El geógrafo Neil Brenner (2014:184) ha definido la IIRSA un ejemplo paradigmático de urbanización planetaria, un proyecto tecnocrático dirigido por elementos

1 En Coordinadora Antiirsa, *IIRSA: La Infraestructura de la Devastación*, 2016, https://www.youtube.com/watch?v=qDw8pHuc4cI&t=827s acceso 28 de septiembre de 2019.

2 *Ibidem.*

utópicos, cuales son, de hecho, los diseños producidos por sus planificadores y gestores públicos y privados. Sin embargo, las retoricas implementadas por dichos gestores al presentar la IIRSA adoptan registros discursivos diferentes, que a veces subrayan imágenes de integración, progreso y bienestar social, mientras otras veces intentan simplemente esconder su real naturaleza, o incluso su propia existencia como plan conjunto y unificado. Si por un lado la infraestructura se manifiesta a partir de su extrema "visibilidad", que engendra grandes expectativas e imágenes de "desarrollo", por otro lado, y en sentido contradictorio, la infraestructura se abre paso también gracias a su "invisibilidad".

El primer discurso que aflora desde la narrativa oficial sobre la IIRSA es el tema del desarrollo. La asociación entre aumento de la conectividad y del rendimiento logístico y un mito del desarrollo capaz de traer bienestar social y hasta la reducción de desigualdad y pobreza, es una idea recurrente, aunque este desarrollo y bienestar siempre estén considerados a partir de parámetros como el PIB per cápita (CEPAL 2011:9), lo que ha sido fuertemente cuestionado desde perspectivas como el *sumak kawsai*, o "buen vivir", que adoptan parámetros no meramente cuantitativas en su noción de desarrollo. Otras críticas han surgido desde los enfoques de la Dependencia, que leen los corredores de la IIRSA como ejes de reproducción y profundización de las asimetrías sociales y territoriales, que históricamente relegaron América Latina en posición periférica en el sistema-mundo capitalista, profundizando su patrón exportador de especialización productiva y su inserción dependiente en las cadenas productivas globales.

El segundo ideal abundantemente embanderado por los planificadores de la IIRSA es el de la infraestructura como necesaria herramienta para la integración entre los pueblos sudamericanos, como se denota desde el mismo nombre del plan. La integración, como ha señalado Daniele Benzi (2017:19–22), ha sido un verdadero "rompecabezas" en las últimas dos décadas en América Latina, y ha sido asociada a los más diversos fines ideológicos, políticos, geopolíticos y económicos. Para celebrar las virtudes de la integración se han utilizado retóricas latinoamericanistas y hasta bolivarianas y anticoloniales, como en el caso del proyecto del Corredor Bioceánico Belo Horizonte-Coquimbo, en el Eje MERCOSUR-Chile y de su obra clave el túnel andino de Agua Negra, para el cual las expresidentas Michelle Bachelet y Cristina Fernández de Kirchner en 2009 reevocaron simbólicamente la vieja alianza entre los libertadores José San Martín y Bernardo O'Higgins, y afirmaron que el proyecto representaría el signo de la hermandad histórica entre Chile y Argentina. Sin embargo, como señalan Mansilla, Panez y Ponce (2019:449), proyectos de este tipo "no están destinados a la mejora del flujo de personas o de la comunicación entre los países involucrados, lo que daría cuenta de una integración más sustantiva". Según Raúl Zibechi (2015), la IIRSA no es realmente un plan de integración, sino más sencillamente de "interconexión", donde el objetivo es la mera, rápida y eficiente expulsión de *commodities*. De hecho, como admitió en 2015 Jorge Acosta, coordinador de la UNASUR en el Ministerio de Relaciones Exteriores y Movilidad Humana de Ecuador, "no existe una estrategia para la integración en la región sudamericana" y además la IIRSA tiene "muy bajos impactos y efectividad" en términos de integración. Como si fuera poco, Gerardo Cerdas, del instituto Ibase, señaló que los proyectos de la IIRSA "se decantaron por las grandes obras de infraestructura en detrimento de infraestructuras sociales de mayor impacto para la población, evidenciando el carácter centrípeto de estas obras enfocadas hacia el comercio internacional de commodities, que hoy en día es la principal relación sudamericana con el mercado global" (Zibechi 2015). No hubo, de hecho, internalización de cadenas productivas, que es lo que habría significado un grado mayor de "progreso" e integración reales.

En la medida en que, desde la intelectualidad crítica, los movimientos sociales, organizaciones ambientalistas y pueblos y comunidades indígenas, se fue articulando un espectro de críticas a la iniciativa y de desvelamiento de sus contradicciones en mérito al tema de la integración, otra estrategia comenzó a surgir por parte de los planificadores de la IIRSA: un verdadero "silenciamiento" de la iniciativa. La IIRSA fue poco a poco saliendo del debate público regional, y sus obras vinieron siendo presentadas como proyectos separados y de mero alcance local. La fragmentación de las obras invisibiliza los corredores. Estos dos momentos, lo de la promoción de un discurso de desarrollo e integración y lo de la invisibilización de la IIRSA, son bien evidenciados en el caso del conflicto en contra de la carretera que cruzaría el Territorio Indígena y Parque Nacional Isiboro Secure (TIPNIS) en Bolivia, en ocasión del cual el gobierno boliviano hizo uso de una retórica integracionista para motivar la necesidad de la construcción de las obras vinculadas a la IIRSA al mismo tiempo en que negó la existencia de una relación orgánica entre estas y la iniciativa. El propio Zibechi (2006:6) también ha señalado la invisibilización de la IIRSA, evidenciando una vez más cómo esta se esconda atrás del debate sobre los tratados comerciales, es decir su "sistema de normas": "como en todo el continente hay un amplio debate sobre el ALCA y los TLC, los proyectos vinculados a la IIRSA se vienen realizando sin participación de las sociedades civiles ni de los movimientos sociales, sin información por parte de los gobiernos". Dario Clemente (2017:55), por su parte, retoma la preocupación de Zibechi al recordar que la naturaleza "silenciosa" del desarrollo de la IIRSA contribuyó a reducir las ocasiones en que gobiernos o parlamentos de la región se pronunciaron directamente sobre la iniciativa en su conjunto, privilegiando al contrario enfocarse sobre las obras individuales. De esta forma, el debate alrededor de estas obras quedó confinado al ámbito nacional y raramente llegó a tener un alcance regional.

En línea con estas argumentaciones, Giorgio Grappi (2016:158) plantea que la "política de los corredores" (Grappi 2016:158) tiene entre sus características la de conectar diferentes operaciones del capital, que tienen consecuencias heterogéneas sobre los oprimidos, lo que hace sí que estos últimos no logren fácilmente articular sus luchas a la misma escala de los planificadores de dichos planes. Un ejemplo de ello son las palabras de Medha Patkar, activista opositora del Delhi Mumbai Industrial Corridor, que en una cumbre organizada por la National Alliance of People's Movements de la India en 2013 argumentó que "la gente ha estado luchando batallas en contra de las Zonas Económicas Especiales, contra la construcción de ferrocarriles, contra las plantas industriales pero pocos se daban cuenta que estaban luchando en contra del DMIC" (Dey y Grappi 2015:166). Lo mismo ha afirmado el colombiano Milson Betancourt al referirse a la IIRSA: "si uno recorre los territorios hay una invisibilización de este megaproyecto. Estos proyectos vienen siendo presentados como proyectos aislados: una hidroeléctrica allí, una carretera, un puerto, y difícilmente las poblaciones locales y regionales ven la magnitud de estas adecuaciones espaciales y técnicas de la IIRSA". Al considerar estas reflexiones, se destaca por un lado la capacidad de dichos planes de esconderse detrás de un lenguaje técnico fuertemente despolitizado y de legitimarse a partir de criterios ingenieriles; por otro, los proyectos tomados por separado vienen legitimados, de una forma de igual manera apolítica, a partir de su propia magnitud, lo que genera, en el debate público que el discurso de progreso y desarrollo se concentre en un nivel local, fortaleciendo la invisibilidad de la coherencia territorial y transnacional del conjunto de las obras.

Hablando de las obras chilenas de la IIRSA, Mancilla, Panez y Ponche (2019:44) relevan que la atención que en la mayoría de los instrumentos de planificación (elaborados por los gobiernos regionales, el Ministerio de Obras Públicas y el Ministerio de Relaciones Exteriores) y en los discursos de autoridades, la referencia a IIRSA, COSIPLAN y UNASUR es casi inexistente. En Brasil la situación es parecida, y aunque se trate del país que más instrumentalizó la IIRSA para fines geopolíticos, esta última no ha sido objeto de ningún tipo de escrutinio político o mediático, escondiendo sus proyectos atrás del espejo de planes nacionales como el PAC. Un momento en que la IIRSA logró entrar en el debate público de un país interesado por el plan fue el mencionado caso boliviano del TIPNIS. En esa ocasión, fueron los movimientos sociales que echaron luz sobre la iniciativa, mientras que el entonces vicepresidente García Linera (2013:58–67) condujo una dura batalla política de descalificación de los vínculos que se hicieron, por parte de activistas ambientalistas y pueblos indígenas, entre esa carretera y la IIRSA, como meras invenciones puestas en circulación por el imperialismo norteamericano y sus ONG. Estos ejemplos son representativos de los múltiples niveles en los cuales los discursos producidos alrededor de la IIRSA se cruzan con los heterogéneos y variados conflictos que su implementación produce en la materialidad social de la región.

Al plantear su propuesta de materialismo histórico-geográfico, David Harvey (2007:347) subrayó la dificultad representada por la enorme diversidad de entornos físicos, bióticos y socioculturales en la superficie terrestre que vienen continuamente subyugados, subsumidos y aplastados por la totalizante lógica del capital. En el caso de la IIRSA, resulta evidente cómo el espacio concebido busca transformar inmensos biomas como la Cordillera de los Andes y el Amazonas, y las múltiples territorialidades que los han históricamente habitado y producido, en simples problemas técnicos de ingeniería por un lado, y en "ventajas comparativas" por otro. Es en este sentido que un plan presentado como neutro, técnico y apolítico como la IIRSA conllevó y conlleva conflictos y contradicciones políticas, sociales y ambientales de inmensa profundidad. De modo que el resultado de esta expansión siempre fue el producto de una disputa y de una serie de composiciones y recomposiciones, que se realizaron de acuerdo con los aspectos concretos de cada espacio particular.

Teniendo en mente este marco contradictorio y complejo en el que se desarrollan relaciones de inclusión, expulsión y diferenciación social a lo largo del avance de la infraestructura logística intermodal sobre todo el territorio de América del Sur, se pueden considerar tres niveles prioritarios de conflictividad y fricciones que atraviesan la IIRSA. En un primer nivel, contradicciones entre sectores o fracciones capitalistas ocurren cuando algunos de ellos se colocan contra algún proyecto o aspecto de la IIRSA: esto puede pasar cuando sectores burgueses se oponen al aumento del gasto público para la provisión de infraestructuras en nombre de estrategias económicas más cortoplacistas, cuando algunos sectores locales contrastan la llegada de firmas extranjeras en su territorio, o cuando algunas fracciones capitalistas privilegian fines más políticos, como fue la Operación Lava Jato en Brasil, que junto con los gobiernos del Partido de los Trabajadores puso fin a la política de los "campeones nacionales".

Un segundo nivel de contradicción tiene que ver con las disputas interimperialistas, cuando un gobierno nacional ve en algún corredor una amenaza geopolítica rival. Se trata en general de todos aquellos escenarios sudamericanos en que se juega la rivalidad hoy en día entre Estados Unidos y China. Se trata, en manera particular, de la situación que vive actualmente Venezuela, donde alrededor de los corredores de la IIRSA y de las Zonas Económicas Especiales que los atraviesan se juega un conflicto que pone fracturas antelas tendencias homogeneizadora de la logística como racionalidad global.

En fin, un último nivel de contradicción es representado por un espectro heterogéneo de resistencias populares. Entre ellas, cabe distinguir entre las resistencias "dentro" y "contra" la logística. Las primeras son las luchas, conflictos y huelgas llevadas adelante por los sectores sociales que portan el peso de la IIRSA en sus, en ocasiones tremendas, condiciones de trabajo y de superexplotación. Se trata por ejemplo de los trabajadores de la industria de la construcción, los mineros, los portuarios, y todos aquellos sectores informales y/o precarizados que fluyen hacia los emprendimientos extractivos o infraestructurales. Las segundas son las resistencias llevadas adelante por las distintas "territorialidades" cuya existencia y modo de vida es directamente afectada por la "producción logística del espacio" impulsada por la IIRSA. Se trata de las luchas en defensa del territorio, sean llevadas a cabo por comunidades indígenas, afrodescendientes, tradicionales, o comunidades urbanas marginadas en barrios, villas o *favelas.* En último, se encuentran las resistencias de aquellos que se oponen, a menudo de forma indirecta, a los costos de las obras, cuyo peso frecuentemente es portado por el proletariado y las clases medias en su conjunto, en términos de altos impuestos y precarias condiciones de vida y de servicios. Es el caso, por ejemplo, de los movimientos de lucha por la vivienda popular, o de las revueltas que ocurrieron en Brasil en junio de 2013, contra los altos costos sociales de las grandes obras impulsadas por los gobiernos del PT.

b) Los Ejes de la IIRSA

El plan IIRSA, esta utopía logística y capitalista, se articula en 10 Ejes de Integración y Desarrollo (EID): Amazonas, Andino, Capricornio, del Sur, Escudo Guayanés, Hidrovía Paraná-Paraguay, Interoceánico Central, MERCOSUR-Chile, Perú-Bolivia-Brasil; Andino del Sur. Este último todavía no se ha incluido oficialmente en la cartera de proyectos, así que no se conocen las obras a él asociadas. Los otros nueve ejes abarcan un total de 47 corredores logísticos o grupos de proyectos.

La división en ejes correspondería, según un informe de la IIRSA (COSIPLAN 2017:14), a una específica herramienta de planificación teórico-práctica llamada Metodología de Planificación Territorial Indicativa. Dicha metodología se propuso coadyuvar el desarrollo y las inversiones a lo largo de estos ejes, definiéndose por EID

> "una franja internacional de territorio que incluye una cierta dotación de recursos naturales, asentamientos humanos, áreas productivas y servicios logísticos. Se articula por la infraestructura de transporte, energía y comunicaciones que facilita el flujo de bienes y servicios, de personas y de información tanto dentro de su propio territorio como hacia y desde el resto del mundo" (COSIPLAN 2017:15).

Los ejes Andino y del Sur cruzan longitudinalmente la región de norte a sur, mientras los EID Amazonas, Capricornio, Interoceánico y MERCOSUR-Chile lo atraviesan a nivel latitudinal de este a oeste. Los EID Escudo Guayanés, Hidrovía Paraná-Paraguay y Perú-Brasil-Bolivia, en fin, tienen una trayectoria diagonal que une los unos con los otros. En su conjunto, estos ejes cruzan los principales biomas de la región (Amazonas, Cerrado brasileño, Cordillera de los Andes, Pampas, Tierras Bajas, Mata Atlántica) y abarcan la totalidad de los 12 países independientes del subcontinente y la casi totalidad de su territorio. En general, la tensión estratégica de estos corredores es doble: por un lado, se proponen articular zonas con alta concentración de recursos naturales y energéticos con las ciudades del sureste brasileño donde está concentrada la mayor parte de la infraestructura industrial de la región; por otro, apunta a conectar los *commodities* producidos en el lado oriental de los Andes, con el Océano Pacífico y los mercados asiáticos.

El número total de proyectos de que se compone la IIRSA es 562 (161 terminados, 165 en construcción y los otros en etapa de perfil o preejecución) por una inversión total de 199 920 309 762 dólares (IIRSA 2019). Sin embargo, para el 9.8 % de estos proyectos, la cartera IIRSA no señala la cantidad de inversión esperada o gastada, por el cual el valor total de esta debe ser mayor de lo declarado. Además, debido en buena medida a la histórica dificultad de atraer capital privado, hasta 2016 habían sido gastados apenas 48 496.5 millones de dólares (Pereira 2019: 264), es decir el 24.26 % del total.

El 90 % del total de las obras, es decir 502 proyectos, son de infraestructura de transporte, y la mitad de ellos carreteras, mientras el 9 % son proyectos energéticos, pero que atraen un tercio de la inversión total, especialmente en el caso de las centrales hidroeléctricas, las obras de mayor impacto para los pueblos. Los proyectos carreteros están presentes en todos los EID, con particular importancia en el MERCOSUR-Chile y Capricornio. Se trata tanto de proyectos *greenfield* como de la rehabilitación y ampliación de carreteras existentes, y el 27 % de ellos están concluidos (COSIPLAN 2017:48). Las obras ferroviarias, por su parte, se encuentran principalmente en etapas tempranas de desarrollo, debido a la envergadura y la dificultad de ingeniería de estos proyectos. Entre ellos, casi el 60 % se encuentra en perfil o preejecución. También en este caso hay proyectos de rehabilitación de vías existentes y obras nuevas, que son el 40 % del total y atraen el 75 % de las inversiones. El EID con mayor monto de inversión estimada es el Eje Andino (35 %) pero en términos de cantidad de proyectos, lideran el Eje Capricornio (26 %) y la Hidrovía Paraguay-Paraná (21 %; COSIPLAN 2017:49).

Las hidrovías y los puertos fluviales están concentrados sobre todo en los ejes Hidrovía Paraguay-Paraná y Amazonas. Como en el caso de los proyectos ferroviarios, casi el 60 % se encuentra en perfil o preejecución. El 70 % de las inversión entre las obras fluviales es relativa a los puertos, con la construcción de 11 nuevos y la ampliación prevista de 27 puertos existentes (COSIPLAN 2017:49). En cuanto a los puertos marítimos, son 35 los incluidos en la cartera de la IIRSA, pero de ellos siete son obras nuevas, mientras que las demás son ampliaciones de los existentes. Nueve puertos están en el EID MERCOSUR-Chile, ocho en el Amazonas y seis en el Eje del Sur y tres en el EID Escudo Guayanés, que sin embargo son los más caros. El 25 % de estas obras portuarias está concluida (COSIPLAN 2017:49).

Las obras multimodales se encuentran en fase aún atrasada, ya que no existen proyectos en ejecución y solo dos son concluidos. La mayoría de ellas se encuentran en el EID Amazonas, pero el 70 % de la inversión se concentra entre los Hidrovía Paraguay-Paraná e Interoceánico Central (COSIPLAN 2017:49). Los pasos de frontera consisten en 34 nuevas obras y 13 ampliaciones de existentes. La mayoría de estas se encuentra en el EID Andino y la mayor parte de la inversión en el MERCOSUR-Chile. Las obras concluidas son un tercio del total (COSIPLAN 2017:49).

En el subsector aéreo, un tercio de las obras pertenecen al MERCOSUR-Chile, seguido por el Interoceánico Central. La más importante de ellas es el proyecto Ampliación del Aeropuerto de Campinas, en el estado brasileño de San Pablo. Se trata sin embargo de un sector que tiene escaso valor en términos logísticos de movimiento de cargas, y nulo en términos de circulación energética y de telecomunicaciones, por lo que su importancia estratégica en el conjunto de la IIRSA es relativa.

En términos de proyectos energéticos, se encuentran 54 obras, 25 de ellas concluidas, 10 en ejecución, y el resto en perfil y preejecución. Casi la mitad son centrales hidroeléctricas. Muchas de estas obras se encuentran en el Eje MERCOSUR-Chile, pero los proyectos más caros son los tres proyectos del EID Perú-Brasil-Bolivia (COSIPLAN 2017:49–50), en el Río Madera. Hay también algunas obras de interconexión energética, sobre todo en el Eje Andino, y se trata en todos los casos de proyectos *greenfield*, el 60 % de los cuales ya han sido concluidos (COSIPLAN 2017:50).

En fin, hay seis proyectos de interconexión de telecomunicaciones, y de ellos cuatro son binacionales. La obra más destacada de este grupo es la Instalación de Fibra Óptica en la Carretera Pailón-Puerto Suárez, proyecto concluido que atrae el 60 % de la inversión total del subsector.

De todo el conjunto de obras, 77 están incluidas en la Agenda de Proyectos Prioritarios de Integración (API), agregadas en 26 proyectos estructurados, cuyo costo previsto es 23 097 040 310 dólares (COSIPLAN 2020). Más allá de los proyectos API, particular importancia la tienen los Proyectos Ancla: se trata de 50 proyectos (1 de energía y 49 de transporte, de los cuales 26 carreteros, 8 fluviales, 8 pasos de frontera, 5 ferroviarios y 2 multimodales) que son "identificados como el cuello de botella o el eslabón faltante de la red de infraestructura que impide el aprovechamiento óptimo de los efectos combinados del grupo" (COSIPLAN 2017:45–46). Ellos se dividen bastante equitativamente entre los 47 grupos de proyectos que conforman los EID. De estos Proyectos Ancla, la mayoría (28) se encuentran concluidos o en ejecución y la mayoría de los concluidos están en los EID MERCOSUR-Chile, Amazonas y Andino, aunque estos últimos dos son los ejes con la mayoría de Proyectos Ancla en ejecución también (COSIPLAN 2017:45).

El 83 % de todas las obras de la IIRSA son proyectos nacionales, el 16 % son binacionales, y apenas el 1 % son multinacionales. Sin embargo, como destaca un informe de COSIPLAN (2017:43), muchos proyectos nacionales son indispensables para atender conectividades transnacionales. El 60.79 % del financiamiento total es público, mientras el 15.79 % es privado y el 23.41 % es a través de Asociaciones Público-privadas, pero este último se concentra en solo 44 proyectos, nueve de los cuales son prioritarios. Entre los proyectos considerados prioritarios, el 50.38 % de su financiamiento es público, el 14.87 privado y el 34.76 por APP. Si se toman en consideración los sectores, la mayor participación del sector privado está en las obras de transporte, en particular manera ferroviario (más del 40 %), mientras en cuanto a los ejes el que más atrae capital privado es el MERCOSUR-Chile (con casi el 40 %), pero también se hacen con financiamiento privado las obras fluviales del EID Amazonas. Las APP se encuentran por casi un tercio en el EID Amazonas, seguido por los Ejes Andino y MERCOSUR-Chile. El Eje Perú-Brasil-Bolivia tiene el 45 % del financiamiento total en modalidad público-privada, repartido en apenas dos proyectos, el Complejo Hidroeléctrico del Río Madera, constituido por las represas de Santo Antonio y de Jirau, y la Línea de Transmisión entre las dos Centrales Hidroeléctricas del Río Madera y el Sistema Central. Todos los proyectos de telecomunicaciones y la mayoría de los de transporte y de integración energética tienen financiamiento público (COSIPLAN 2017:51–52).

De cara a este gigantismo logístico, que representa el espacio concebido por los planificadores de la IIRSA, una investigación del Laboratório de Estudos de Movimentos Sociais e Territorialidades (LEMTO) ha analizado las particularidades del espacio vivido: se trataría de 1347 diferentes territorialidades, entre las cuales 664 son comunidades indígenas, 247 comunidades campesinas, 146 comunidades de afrodescendientes, 139 comunidades de poblaciones tradicionales, 60 organizaciones sociales, 59 organizaciones ambientalistas y 19 definidas como "otras territorialidades" (Porto-Gonçalves 2011:54). Más allá de los diversos grupos humanos que habitan, proyectan y construyen el espacio a partir de sus territorialidades, cabe subrayar la riqueza natural y la biodiversidad. Estas hay que considerarlas no en términos de valor de cambio sino como parte activa, junto con las poblaciones, de un entramado territorial. Veamos ahora, eje por eje, las principales características específicas de esta planificación logística, las obras fundamentales, la disputa entre las diferentes concepciones del espacio y los conflictos que se han dado a lo largo de las últimas dos décadas en cada nudo estratégico.

Eje Amazonas

El Eje logístico de Integración y Desarrollo Amazonas es el más extenso de la IIRSA y abarca un área total de 8.1 millones de km^2, el 45 % de todo Sudamérica, que incluye la parte meridional el valle del Cauca y el Parque Nacional Natural Río Puré en Colombia, la totalidad del territorio de Ecuador, la parte septentrional de Perú hasta Lima y el Parque Nacional Alto Purus y casi todos los estados brasileños de la región norte y centro-oeste más la totalidad de la región Noreste. En términos de biomas, más allá de la floresta amazónica, este eje comprende también un tramo de la Cordillera, buena parte del Cerrado (la sábana brasileña) y las regiones costeras del noreste brasileño y del Pacífico colombiano, ecuatoriano y peruano.

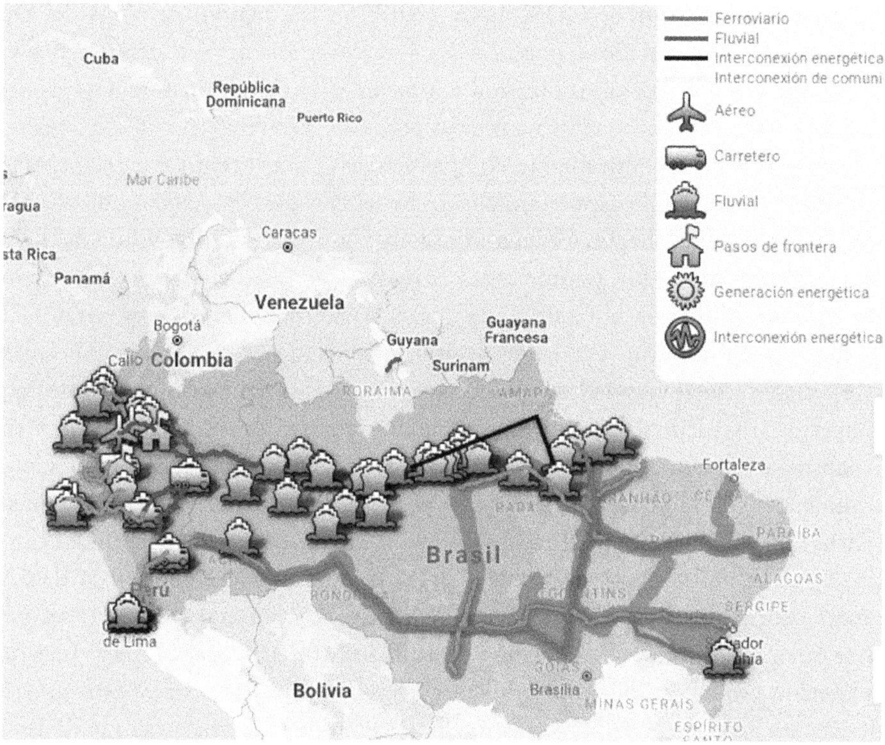

Ilustración 2: Fuente: http://www.iirsa.org/infographic#ama

La función principal del eje es abrir el Amazonas a la llegada de capitales y crear las vías necesarias para la expulsión de materias primas y productos agropecuarios hacia el Atlántico. La "perforación" infraestructural del Amazonas se impuso como estratégica para los gobiernos de estos países, especialmente los de Brasil, ya desde la década de 1970, con la apertura de caminos y el inicio de la construcción de la carretera entre Cuiabá (Mato Grosso), Porto Velho (Rondônia) y Manaos (Amazonas) y de la carretera Transamazónica. Desde la década de 1990, los PPA Brasil en Acción (1996–1999) y Avanza Brasil (2000–2003) impulsaron proyectos de valorización del transporte fluvial y la integración multimodal. Uno de ellos fue la hidrovía Araguaia-Tocantins, que buscaba facilitar el transporte de la producción agrícola de la región del Río Araguaia e integrar este eje fluvial con la línea férrea Estrada Ferro Carajás (EFC), que conecta el complejo minero del Carajás, en Pará, hasta el puerto de San Luis en Maranhão (Franchi, Lopes, Cavalcante 2016:7).

Según un informe de COSIPLAN (2017:75), el conjunto de obras del Eje Amazonas está orientado a potenciar la interconexión de la Cuenca del Río Amazonas con los territorios limítrofes, a mejorar las condiciones de navegabilidad de los ríos, a ofrecer acceso a nuevos puertos y promover el comercio regional entre zonas económicamente complementarias y a incentivar el transporte ferroviario potenciando supuestamente los beneficios para el medio ambiente y la eficiencia energética. Según Ceceña, Aguilar y Motto (2007:23), se trata del EID más ambicioso de todos, porque cruza la mayor y más variada selva del mundo abriendo una fisura en el Continente por su parte más ancha, desplegándose a lo largo de 20 000 km. Los autores también señalan que esta franja concentra el 40 % de la biodiversidad del planeta y entre el 15 y 20 % del agua dulce no congelada. Es además un territorio extremamente rico de recursos naturales en el subsuelo. De ellos, el petróleo crudo es el recurso más exportado de la región, seguido por los minerales de hierro, mineral de cobre y derivados de petróleo (Porto-Gonçalves 2011), pero en el subsuelo se encuentran también grandes cantidades de metales, uranio, oro, esmeraldas. El espacio concebido por la IIRSA otorga enorme importancia a las actividades agrarias, forestales y turísticas. En el primer caso, se trata de una región profundamente interesada por el avance de la frontera productiva de la soja y de otros cereales de exportación, por la que se destaca un esfuerzo general para la modernización de la agricultura, que va de la mano con el avance de la infraestructura logística de transporte. En el segundo, es histórica la presencia y los intereses de las empresas madereras en la zona, que chocan directamente con las necesidades de conservación de la selva, vitales no solo a nivel regional sino mundial. En fin, las actividades turísticas han entrado en el área de la mano con la idea de capitalismo verde y desarrollo sustentable en supuesta armonía con la agrobiodiversidad, pero en realidad representan otras formas de acumulación por desposesión de las comunidades y conllevan procesos de mercantilización de la naturaleza a través de patentes, con las cuales los ambientalistas conservacionistas extraen valor de las especies endémicas y los conocimientos locales sobre su uso (Ceceña, Aguilar, Motto 2007:24). Además, la abundancia de agua en la región genera excelentes condiciones para la generación de hidroelectricidad.

La cuenca amazónica ha tenido históricamente una importancia estratégica por parte de los actores más diversos, desde los planificadores estatales que han promovido la construcción de carreteras, a los estrategas militares que han intentado extender sobre la zona el control geopolítico a través de los ejes viales pero también los sistemas de radares, monitoreo, satélites, hasta las empresas extractivas y energéticas, que se han orientado al aprovechamiento de las grandes riquezas naturales presentes. Ceceña, Aguilar y Motto (2007:24) destacan además que la región es la más militarizada de Sudamérica, con presencia de bases de Estados Unidos y aeropuertos y helipuertos asociados a las actividades de la DEA. Sin embargo, como evidencia Zibechi (2013), en la zona hay también importantes e históricos intereses militares de Brasil, que remontan a la dictadura militar (1964–85), que se fortalecieron en los años de gobierno del PT (2003–2016) y que se relacionan de manera ambivalente con la gran potencia del norte.

De los 70 proyectos del eje, 69 son de transporte, de los cuales 16 están hoy en día en la cartera de proyectos prioritarios. En las zonas cordilleranas, la mayoría de las infraestructuras es de tipo carretero, y se conectan con una serie de puertos en la costa del Pacífico; en el Amazonas son sobre todo redes de transportes fluviales, que vinculan las regiones del interior a la costa Atlántica. En ambas regiones hay cierta presencia de transporte ferroviario.

Los proyectos están agrupados en ocho corredores o grupos de proyectos. El principal corredor es el que conecta la cuenca amazónica y el noreste septentrional de Brasil, entre cuyos proyectos principales están el ferrocarril brasileño Norte-Sul, los proyectos ancla relativos a la Ferrovía Nova Transnordestina y la modernización de la carretera Cuiabá-Santarem BR163, que con una inversión estimada de 6500 millones de dólares es la obra más cara de todo el EID. Ya construida entre 1970 y 1976 como simple carretera de tierra, su pavimentación empezó en 2009 en el marco de la IIRSA y a través de un financiamiento público-privado y su objetivo es la reducción del costo del transporte de carga de soja, fertilizantes, derivados de petróleo y madera desde Mato Grosso a los puertos atlánticos de Pará. El segundo grupo de proyectos por inversión es la conexión ferroviaria entre Porto Velho, en el estado brasileño de Rondônia, y el puerto de Ilhéus, en el estado de Bahía. Es un corredor que requiere un financiamiento de 6150 millones de dólares y que une la Ferrovía de Integración Oeste-Leste (FIOL) y la Ferrovía de Integración Centro-Oeste, dedicadas al transporte de minerales, granos y productos petroquímicos. Otros grupos de proyectos del eje son el Acceso a la Hidrovía del Ucayali, entre Perú y el estado brasileño de Acre; el Acceso a la Hidrovía del Huallaga–Marañón, en Perú; el Acceso a la Hidrovía del Morona-Marañón Amazonas, entre Ecuador y Perú; el Acceso a la Hidrovía del Putumayo, entre Ecuador y Colombia; y el Acceso a la Hidrovía del Napo, entre Perú y Ecuador; y la Red de Hidrovías Amazónicas (COSIPLAN 2017:76–95).

Después de 2016 hubo una cierta reformulación de las prioridades de este eje, con la salida de los 11 proyectos de la Red de Hidrovías Amazónicas de la cartera API. Estas hidrovías, que unen a los ríos Ucayali, Huallaga, Marañón,

Morona, Napo, Putumayo y Icá con el Río Amazonas y cuyo objetivo es garantizar el mejoramiento del transporte y la conectividad de larga distancia entre Colombia, Ecuador, Perú y Brasil, fueron incorporadas al nuevo megaproyecto, paralelo a la IIRSA, de Hidrovía Amazónica o Corredor Bioceánico Manta-Manaos, un proyecto que prioriza aún más una lógica exógena de vinculación con los mercados asiáticos que una lógica de integración regional. La concesión para la Hidrovía Amazónica fue dada en 2016 por el Ministerio de Transportes y Comunicaciones (MIC) de Perú y la Agencia de Promoción de la Inversión Privada (PROINVERSIÓN) al consorcio chino-peruano Hidrovías II (COHIDRO), formado por las empresas Construcción y Administración S.A. (PER) y Sinohydro (CHN). La obra generó el rechazo de las poblaciones indígenas locales, que denunciaron la falta de consulta previa. En febrero de 2018 se realizaron en la zona de Iquitos unos paros y manifestaciones indígenas en rechazo a la obra, que llevaron al desabastecimiento de productos en la zona de la triple frontera; más que la hidrovía en sí, el blanco principal de la resistencia indígena eran las actividades de exploración petrolera en la selva peruana, a las cuales la hidrovía garantizaba conexión logística. Según Thais Virga (2018), a través de esta hidrovía China podría acceder a mayores recursos que podrían incluso ser transformados en loco, abriendo así nuevos frentes de negocios con agregación de valor y tecnologías, con sello *made in* Amazonía Sudamericana, pero con capitales asiáticos. Posteriormente, podría inundar la región con bienes manufacturados y servicios propios, amenazando perspectivas de fortalecimiento de la integración productiva y comercial en los ámbitos nacional e intrarregional.

La segunda parte del Corredor Manta-Manaos, es decir la carretera Providencia-Manta, es un proyecto dirigido a transformar el Ecuador en un nodo estratégico en el comercio entre la cuenca amazónica y el Pacífico. Sin embargo, en los últimos años de gobierno de Rafael Correa y durante el mandato de Lenin Moreno, con la crisis económica y el nuevo empuje a las privatizaciones, la implementación de la lógica IIRSA ha quedado suspendida. Si bien el Corredor Bioceánico Manta-Manaos sigue abierto, la inversión hacia la carretera Manta-Providencia está estancada, aunque sus obras parciales ya han generado numerosos despojos y han conllevado el avance de la explotación petrolera en el territorio amazónico ecuatoriano, como es el caso del Bloque 43, un rico y polémico yacimiento que es parte del Parque Nacional Yasuní. En tiempos recientes, la competencia intercapitalista ha hecho que Ecuador ya no sea un lugar de paso de mercancías, y por tanto sus élites oligopólicas comerciales han priorizado el *business as usual*, promoviendo el fracaso de las infraestructuras viales de la IIRSA.

Más allá de la planificación estratégica de la IIRSA, la franja de este EID se configura también como un área extremadamente rica en términos sociales y naturales. Allí se encuentran, además de unos 200 pueblos indígenas, una enorme cantidad de comunidades rurales tradicionales (costeras, recolectoras de castaña, *balateiros*, mujeres quebradoras de coco babaçu, *seringueiros*[3]), afrodescendientes y *quilombolas*[4], sobre todo en los estados brasileños de Pará y Amapá y en el litoral Pacífico colombiano (Porto-Gonçalves 2011:58). Estos grupos sociales son representados por un amplio enredo de organizaciones sociales locales y nacionales, tales como la Coordinadora de Organizaciones Indígenas da la Cuenca Amazónica (COICA), la Coordinadora de las Nacionalidades Indígenas del Ecuador (CONAIE), la Coordinadora Nacional de Comunidades Afectadas por la Minería (CONACAMI) en Perú, el Conselho Nacional dos Seringueiros y el Movimento Nacional dos Atingidos pelas Barragens (MAB) en Brasil y el Proceso de Comunidades Negras (PCN) de Colombia.

En términos de biodiversidad, en esta área existen más de dos mil unidades territoriales con algún grado de protección ambiental, principalmente en Brasil, donde apenas en los Estados de Pará y Amazonas hay más de 1,4 millones de km^2 de territorio protegido (COSIPLAN 2017:74). Dicha biodiversidad se encuentra fuertemente amenazada, incluso cuando supuestamente es valorizada por proyectos de capitalismo verde. De hecho, si un proyecto de infraestructura es considerado estratégico, no es difícil que obtenga las licitaciones ambientales necesarias, a pesar de que los territorios involucrados tengan estatuto de protección. Un conflicto de este tipo es la desposesión de tierras indígenas generadas por el tramo carretero entre Pasto y Mocoa, en Colombia, parte del Corredor Tumaco-Pasto-Mocoa-Puerto Asís, y a su vez parte del grupo de proyectos Acceso a la Hidrovía del Putumayo. Esa obra es duramente resistida por los pueblos kamentza e inga (Torres 2015:16) al atravesar la Reserva Forestal Protectora de la Cuenca Alta del Río Mocoa (RFPCARM) y sobreponerse a la milenaria ruta Zachamates (Clemente 2017:57).

Sin embargo, la relación entre la proyección estratégica de la IIRSA y las múltiples territorialidades afectadas por ella no es un campo de confrontación lineal, sino ambivalente. La infraestructura, en ocasiones, con su utopía de progreso y

3 Comunidades recolectoras de caucho.

4 Comunidades de cimarrones en Brasil, que huyendo de la esclavitud hacia zonas del interior dieron vida a los llamados *quilombos*.

de interconectividad llega a capturar las imaginaciones y las subjetividades subalternas. Como reportan Wilson y Bayón (2016:359) acerca del Corredor Manta-Manaos, en los primeros años el proyecto del puerto intermodal de Providencia, lejos de ser resistido, fue apoyado por sus habitantes, inspirados por la imagen de grandes naves que llegarían hasta el puerto rompiendo su condición de aislamiento y llevándole la prosperidad. El caso mencionado pone luz sobre la capacidad de las infraestructuras de presentarse al mismo tiempo como "neutrales" y como sinónimo de "progreso", ya que transmiten una "sensación de modernidad" (Larkin 2013), genérica y supuestamente a-conflictiva. Sin embargo, con el avance de la frontera petrolera, los sueños de interconectividad de los habitantes de Providencia pronto se frustrarían: "a pesar de haber gastado 50 millones de dólares en la autopista y el puerto, el gobierno ni siquiera instaló un servicio de agua o de saneamiento en Providencia" (Wilson y Bayón 2016:361). En el 2010, las comunidades de la zona crearon una organización para oponerse al proyecto.

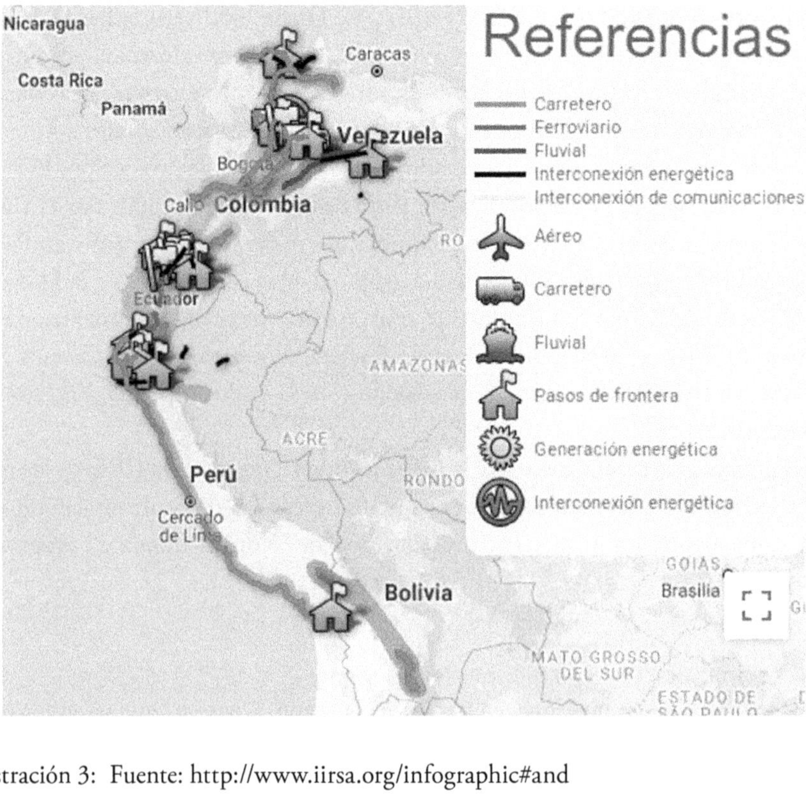

Ilustración 3: Fuente: http://www.iirsa.org/infographic#and

Eje Andino

El Eje de Integración y Desarrollo Andino tiene un área de 2 845 658 km^2 e incluye la totalidad del Ecuador, vastas porciones de territorio andino y costero de Venezuela, Colombia y Perú, y el territorio andino de Bolivia. Es una región muy poblada, ya que allí habita el 27,5 % de la población sudamericana, pero muy pobre, ya que el PIB de esta franja solo equivale al 20,7 % del Producto Interno Bruto de la región (IIRSA 2019)[5]. Esta pobreza se refleja también en una deficiencia histórico-estructural de la infraestructura, que impide un eficiente aprovechamiento de los recursos naturales, algo que la IIRSA busca colmar. Por lo que concierne el ambiente biótico y ecosistémico, este EID incluye una gran porción de costa pacífica, toda la Cordillera de los Andes centro-septentrional y algunas porciones amazónicas en Ecuador.

> La infraestructura tanto existente como planificada es principalmente de transporte, ferroviario y sobre todo carretero, y portuaria. Debido a su división territorial entre los dos lados de la Cordillera, la columna vertebral del eje es representada por dos corredores longitudinales: la Carretera Panamericana, y la Carretera Marginal de la Selva. Estos son a su vez conectados con otros transversales (viales y fluviales) que los vinculan a los ejes Escudo Guayanés, Amazonas, Perú-Brasil-Bolivia e Interoceánico Central (COSIPLAN 2017:101).

Los planificadores de la IIRSA han agrupado los 65 proyectos del EID en una serie de corredores: la propia Carretera Panamericana, la conexión Caracas-Bogotá-Quito, el corredor Pacífico-Bogotá-Meta-Orinoco-Atlántico entre Colombia y Venezuela, el corredor Cusco-La Paz-Tarija-Bermejo entre Perú y Bolivia, el corredor Bogotá-Mocoa-Tena-Zamora-Palanda-Loja entre Colombia y Ecuador, la conexión entre Bogotá y el río Orinoco en Venezuela, y la conexión entre las regiones septentrionales de Venezuela y Colombia. Los objetivos oficiales de este eje son crear y mejorar corredores viales para potenciar el comercio regional y el turismo, incorporar nuevas regiones al comercio internacional, mejorar el funcionamiento de pasos de frontera entre Ecuador, Colombia y Venezuela que generan cuellos de botella en el tráfico de bienes y servicios e integrar los sistemas energéticos para impulsar el desarrollo de sectores de alto valor agregado (COSIPLAN 2017:102).

El petróleo, con sus derivados, es el principal producto de la región, cubre por sí solo más del 50 % de las exportaciones cuya inmensa mayoría proviene de

5 Los datos son de 2012.

Venezuela. Le siguen otros *commodities* mineros como mineral de cobre, oro, hierro, bauxita, bronce, silicio, plata, más allá de gas natural, café, banano, piedras preciosas y carbón (Ceceña, Aguilar y Morro 2007:37; Porto Gonçalves 2011:62–65). También sobresalen las operaciones extractivas de la biopiratería, a través de la cual el capital se apropia sobre la diversidad y la riqueza sociocultural, transformando la sabiduría milenaria y de los conocimientos ancestrales de pueblos y culturas locales en yacimiento de saberes, útiles para el desarrollo de productos farmacéuticos y de biotecnología. De hecho, la zona abarcada por el EID es particularmente rica en biodiversidad, que "se combina con la diversidad de puntos ecológicos que generan la interacción de las costas marítimas con la Cordillera de los Andes y la bajada a la Floresta Amazónica" (Porto-Gonçalves 2011:63). Otro elemento importante de la economía de la región es el turismo, que se nutre de la inmensa herencia histórico-cultural de las civilizaciones precolombinas y la imagen folclórica de las poblaciones indígenas de hoy.

Con toda esta riqueza y diversidad natural, las territorialidades históricamente existentes en la región han convivido durante siglos, haciendo florecer visiones del mundo difícilmente conciliables con la planificación productiva de la IIRSA. Estas territorialidades son representadas en primer lugar por los pueblos originarios, junto con las poblaciones negras del Pacífico Colombiano y las poblaciones campesinas que a lo largo de las décadas han sido protagonistas de intensos conflictos, inclusive armados. Hoy en día hay conflictos contra las actividades mineras por parte de los pueblos bagua e yslay en Perú, yasuny en Ecuador, yukpa y pemón en Venezuela, sobre todo en el Arco Minero del Orinoco, donde desde 2016 se ha instalado una enorme Zona Económica Especial. Esta situación ya muy conflictiva de por sí tuvo una escalada en los últimos años, en la medida en que el desarrollo de la crisis venezolana y el aumento de las tensiones geopolíticas volvieron aún más estratégico el control militar de los territorios y de los recursos.

Eje Capricornio

El Eje Capricornio incluye un tramo de costa pacífica en el norte chileno, una parte de la Cordillera de los Andes, la pampa argentina y buena parte de lo que se conoce como la República Sojera, entre el norte de Argentina, el sur de Brasil y Paraguay.

Según Alberto Valz Gris (2021), hubo dos etapas previas a la formulación de este eje en el ámbito de la IIRSA: la primera fue la creación del Grupo Empresarial del Centro Oeste Sudamericano (GEICOS), que fue creado en 1974 como una asociación entre entidades públicas e intereses empresariales privados; el segundo

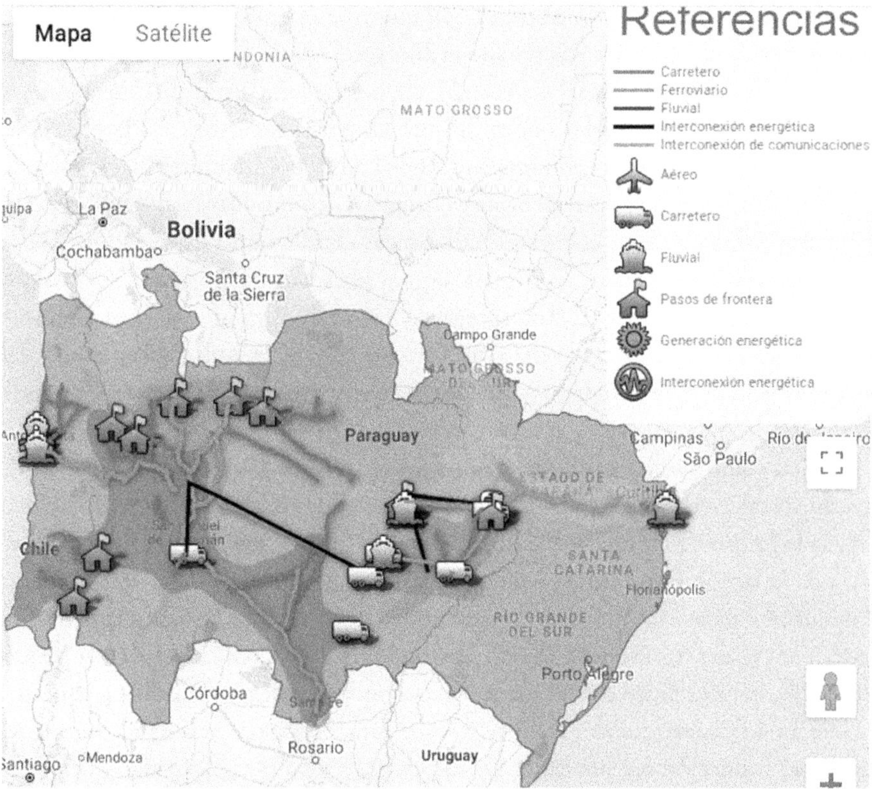

Ilustración 4: Fuente: http://www.iirsa.org/infographic#cap

fue la creación en 1995 de una Zona Integrada del Centro Oeste de América del Sur (ZICOSUR), otro proyecto de cooperación intergubernamental y público-privada entre norte de Chile, norte de Argentina, Paraguay y el centro-sur de Brasil.

Los 77 proyectos del EID se dividen en cinco corredores: el Antofagasta–Paso de Jama-Jujuy-Resistencia-Formosa–Asunción, el Asunción–Paranaguá, el Salta-Villazón-Yacuiba–Mariscal Estigarribia, el Presidente Franco-Puerto Iguazú-Pilar–Resistencia y el corredor Capricornio Sur. Particularmente estratégicos son los dos primeros, que juntos deberían constituir el Corredor Bioceánico Ferroviario Paraguaná-Antofagasta, proyecto para el cual el BNDES financió el estudio de los aspectos técnicos, económicos, financieros, jurídicos y socioambientales (Pereira 2019:274). Ese corredor, una vez realizado, mediría 3574 km, aprovechando los tramos ferroviarios ya presentes a los cuales añadiría 63 km en territorio argentino y 608 en territorio paraguayo. Sin embargo ese proyecto, que debía de terminar en 2014, fue parado el año anterior por la Associação Nacional de Transportadores Ferroviários (ANTF), cuyo presidente Rodrigo Otavio Vilaça afirmó que la baja actividad económica entre los países no justificaba la inversión. En 2017, debido a la crisis económica en Brasil, los Coordinadores Nacionales de este país, junto con los de Argentina y Paraguay, comunicaron que el proyecto no se encontraba más en la cartera API. No es claro cuánto de hecho esta obra sea compatible, o más bien rivalizaría, con el proyecto de Corredor Ferroviario Bioceánico, aferente al EID Interoceánico Central. Pero sin duda permanece la importancia logística tanto del complejo portuario de Antofagasta como del puerto brasileño de Paranaguá y la conexión entre los dos se prevé ser aprovechada por proyectos carreteros sustitutivos.

En su conjunto, las obras del eje, según el informe COSIPLAN (2017:131), buscan fortalecer la conectividad de los territorios involucrados hacia el Pacífico y hacia la Hidrovía Paraguay-Paraná, mejorar la integración productiva y competitiva de la región noroeste de Argentina y el sur de Bolivia y Paraguay, reforzar el desarrollo socioeconómico de los territorios y aprovechar las complementariedades para el desarrollo del turismo integrado. Según Ceceña, Aguilar y Motto (2007:27), lo estratégico de este eje son los yacimientos de gas de Bolivia, el petróleo del área fronteriza entre Bolivia y Argentina, la región industrial del sur de Brasil, la producción cerealícola en la "República Sojera" y la capacidad hidroeléctrica de las represas Itaipú y Yaciretá y el acuífero Guaraní, tercero en tamaño del mundo y el mayor del Continente, con un área de 1,195.7 km^2 y una capacidad de almacenamiento de 40 000 km^3. Por su parte, Daniel Lobos (2013) ha hecho hincapié sobre la posición estratégica de Paraguay en el desarrollo de enclaves extractivos y logísticos para la producción y comercialización de soja, un territorio donde se articulan tanto intereses económicos y políticos de la burguesía "brasiguaya" como históricos intereses militares de Estados Unidos. Importantes son también los yacimientos metálicos de la Cordillera de los Andes entre Chile y Argentina, ricos de cobre, hierro, plata y piedras preciosas. Además, existen en el área cerca de 400 Unidades Administrativas con algún grado de protección y se encuentran en el territorio posibles amenazas naturales debido a sismos, volcanes, tsunamis e inundaciones (COSIPLAN 2017:130).

En términos de "espacio vivido", este territorio es poblado por comunidades campesinas en el Chaco boliviano y paraguayo, en el sur de Brasil y en el noreste argentino, a menudo en resistencia frente al avance del monocultivo de soja, además de poblaciones tradicionales, comunidades de pescadores y *quilombolas* en el sur brasileño, y de marisqueros y ribereños en la costa de Chile (Porto-Gonçalves 2011:71–72) .

Según Valz Gris (2021), este eje ha sido objeto en tiempos recientes de interés por parte del proyecto logístico a liderazgo chino de la Belt and Road Iniciative, que se supone pueda determinar un salto de escala en el alcance de conectividad de algunos corredores de la IIRSA. Tres son principalmente las obras donde se denota este interés: el Corredor Ferroviario Bioceánico Asunción-Paranaguá, que a pesar de estar parado podría tener un resurgimiento debido al interés creciente de la compañía china Ganfeng, cuya *joint venture* Minera Exar estaría a punto de firmar un contrato para la explotación de una reserva de litio en el salar de Cauchari, en Argentina (Mining Technology 2020), aumentando la presión para la superación del cuello de botella andino y la conexión más rápida con los puertos chilenos de la región de Antofagasta; el control del Paso de Jama, que se ha transformado en zona franca y que desde su realización ha incrementado fuertemente su tráfico para permitir el pasaje de camiones que llevan materiales para la construcción de una planta de energía solar en el salar de Cauchari; y el Complejo Portuario de Mejillones, 16 kilómetros al norte de Antofagasta, que ha sido construido con la específica finalidad de soportar el incremento de la relación comercial con China.

Eje del Sur

El EID del Sur tiene un área de apenas el 3,8 % de la superficie de América del Sur y coincide con el territorio de la Patagonia, que para las poblaciones mapuches se denomina Wallmapu (Gulumapu en la parte chilena y Puelmapu en la parte argentina). Aún más reducida es la densidad demográfica al interior del EID, habitado por solo el 1.6 % de la población sudamericana.

En total, el EID tiene 45 proyectos, que se distribuyen entre dos corredores, el Concepción–Bahía Blanca–Puerto San Antonio Este, y el Circuito Turístico Binacional de la Zona de los Lagos. De ellos, oficialmente solo la obra de modernización del Puerto de Talcahuano es de tipo portuario, pero en 2018 la prensa local chilena generó noticias de posibles "puertos bioceánicos" promovidos por autoridades locales, noticias que despertaron la crítica y la incipiente movilización de colectivos y agrupaciones, que los asociaron a la IIRSA.

Desde el año 2016, con la producción y divulgación de un documental sobre la IIRSA por parte de una plataforma de colectivos del norte semiárido chileno (Coordinadora Antiirsa 2016)[6], la sensibilidad de los movimientos sociales en

6 https://www.youtube.com/watch?v=qDw8pHuc4cI&t=827s.

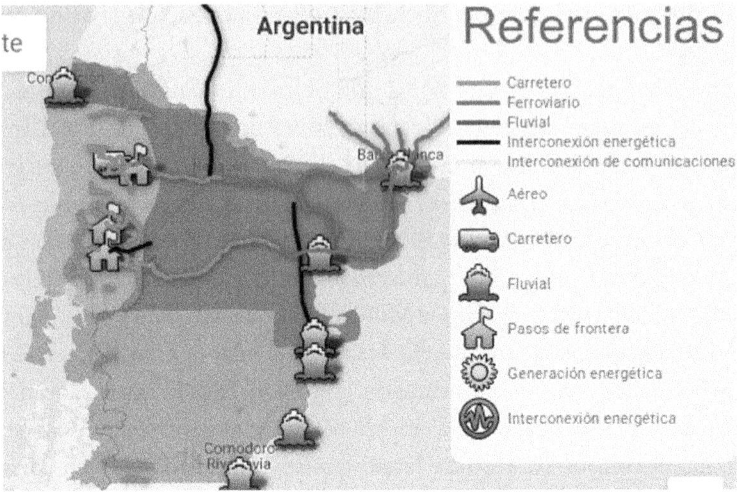

Ilustración 5: Fuente: http://www.iirsa.org/infographic#des

Chile hacia la iniciativa se ha despertado enormemente, sobre todo si se la compara con la invisibilización y la despolitización alrededor de este proyecto que reinan en los otros países. De particular manera en el sur chileno –afirman los activistas del colectivo El Kintral en entrevista– se observa una muy incipiente articulación de pueblos de ambos lados de la cordillera frente al avance del extractivismo y de las infraestructura de integración binacional y el tema ha sido problematizado por las organizaciones mapuches y otras agrupaciones territoriales campesinas. Estas organizaciones denuncian que muchas obras cordilleranas, a pesar de haber sido presentadas como turísticas, esconden en realidad proyectos mayores.

En el lado argentino se encuentran además obras vinculadas al yacimiento de hidrocarburos no convencionales como Vaca Muerta, en la provincia de Neuquén. Como ha evidenciado Terán Mantovani (2018), ese proyecto, donde se encuentra la segunda mayor reserva mundial de *shale gas*, a pesar de la promesa de que logrará activar una cadena productiva regional se configura como ejemplo de economía de enclave, entendida como un territorio cuyos emprendimientos extractivos transfieren la renta hacia mercados externos y donde hay una relativa desconexión con las poblaciones locales.

En esta región, el conflicto más específico representado por el avance de las operaciones y actividades logísticas y extractivas se salda fuertemente con la lucha histórica del pueblo mapuche, un pueblo que ha estado resistiendo a la ocupación militar de Chile y Argentina en su territorio por un siglo y medio. Como en otros casos, la disposición de infraestructura logística sobre un territorio atravesado por reclamos históricos ha generado un aumento de la militarización dirigido tanto al mantenimiento de la soberanía estatal-colonial como al funcionamiento de las cadenas de abastecimiento. Hoy en día en el lado chileno opera la Ley Antiterrorista y a finales de 2018 el gobierno de Sebastián Piñera lanzó en la región el "Plan Araucanía", que se planteaba "traer la paz a la Araucanía", que tenía entre sus ejes un programa de infraestructura vial y que llevó al asesinato del joven mapuche Camilo Catrillanca.

En el lado argentino también la escalada represiva ha tenido un salto en adelante con el gobierno de Mauricio Macri, siendo su auge la desaparición forzada y el asesinato de Santiago Maldonado en agosto de 2017, por parte de la Gendarmería Nacional, en una operación de represión contra familias mapuches que habían bloqueado una carretera en la localidad de Cushamen. La puesta en cargo de las tareas de defensa de los corredores estratégicos por parte de un órgano militar especial, ni totalmente parte del ejército ni totalmente policial y particularmente ligado a los poderes privados locales, los terratenientes algodoneros antiguos y nuevos (como es el caso de la multinacional italiana Benetton), es un rasgo típico de la *Supply Chain Security* (Cowen 2014): un tipo de militarización de los corredores que, acorde con la racionalidad logística, rompe tanto con la dicotomía interno–externo (policial-militar) como con la separación público–privado, y que ve en la defensa de la infraestructura la forma más notable de reproducción de la invasión colonial.

Eje Escudo Guayanés

El Eje logístico de Integración y Desarrollo Escudo Guayanés cubre la totalidad de Guyana y Surinam, la parte oriental de Venezuela hacia Caracas y el Arco Minero del Orinoco (donde se conecta y yuxtapone al Eje Andino), los estados brasileños de Roraima y Amapá y partes de los estados de Amazonas y Pará, donde se conecta al Eje Amazonas. Entre estos países, Guyana y sobre todo Surinam son particularmente pobres, dependen de la exportación de pocos productos (oro, bauxita, arroz, azúcar y banana), mientras Guyana vive además un clima de constante tensión geopolítica con Venezuela por el control de la región del Essequibo, donde se encuentran importantes reservas petroleras (Rückert y Carneiro 2018:27).

La infraestructura de la zona ha sido históricamente carente, siendo que la conexión de Brasil con los países vecinos se limita a tres carreteras, lo que ha sido en cierta medida hasta voluntario, ya que la falta de conexiones protegía de alguna manera los países del riesgo de invasión militar (Rückert y Carneiro

Ilustración 6: Fuente: http://www.iirsa.org/infographic#guy

2018:26). Fue sobre todo con la pavimentación y señalización de la BR-174 en 1998, bajo el programa Brasil en Acción, que se materializó por primera vez una conexión entre Manaos, Caracas y los puertos de Ordaz (en el río Orinoco) y De la Cruz (en la costa caribeña), a través de la ciudad brasileña de Boa Vista. Su objetivo consistió en establecer una salida terrestre de los *commodities* hacia el Mar Caribe, y una nueva ruta de transporte de carga para las mercancías provenientes del mercado asiático. Esta carretera representaría el último tramo del antiguo proyecto brasileño de corredor San Pablo-Cuiabá-Manaos y permitiría de esta manera conectar de forma más rápida el centro industrial brasileño con el Caribe. Como señalan Franchi, Lópes y Cavalcante (2016:7), la integración con Venezuela tuvo otros avances importantes con la construcción de la línea de transmisión entre la ciudad venezolana de Guri y Boa Vista, inaugurada en 2001 a pesar de la oposición del pueblo pemón, y la incorporación de Venezuela en el Mercosur en 2012, aunque desde finales de 2016, con la profundización del conflicto político en ese país y el viraje a la derecha de Brasil y Argentina, esta incorporación se encuentra suspendida. El EID Escudo Guayanés se configura entonces como una etapa más de esa tendencia hacia la conexión logística entre la zona del Amazonas y el litoral caribeño.

Entre las 20 obras previstas por el eje, destaca el proyecto binacional de rehabilitación de la carretera Caracas–Manaos, hoy en ejecución. Este corredor ha sido objeto, en el lado brasileño, de una disputa territorial entre la población local y empresarios privados, que buscaban utilizar el avance de la carretera para expandir las actividades de agronegocio y la extracción de materias primas dentro de áreas ambientalmente protegidas y territorios indígenas, al amparo de leyes federales (Kanai 2015:167). Más allá de la conectividad Venezuela-Brasil, el eje se propone unirlos estados brasileños de Amazonas e Roraima al puerto de Georgetown, en Guyana, promover la conexión entre Venezuela, Guyana y Surinam y aquella entre Guayana Francesa y los estados brasileños de Amapá y Pará. Según Ceceña, Aguilar y Motto (2007:51), un objetivo del eje es aprovechar los vínculos culturales y comerciales de Guyana, Surinam y Guyana Francesa con Europa, el Caribe y la India, y facilitar así la introducción de productos del Amazonas profundo a esos mercados. En términos de recursos naturales, más allá de los yacimientos de petróleo, bauxita, oro, hierro, gas, maderas, biodiversidad, agua dulce, la región es atravesada por múltiples ríos que ofrecen condiciones para la generación de energía eléctrica y es la salida atlántica de la cuenca amazónica no solo para estos recursos naturales, sino también para productos industriales desde la zona franca de Manaos.

En su análisis sobre el eje, Rückert y Carneiro (2018) consideran la especificidad de la zona en ser la periferia del Amazonas, a su vez históricamente considerada periferia de Brasil. Consecuencia de ello es que los procesos transfronterizos en el área son todavía fuertemente embrionarios, mientras el volumen de la circulación de mercancías y personas entre un pueblo y otro es muy bajo, específicamente limitado al movimiento de minerales, a menudo de forma ilegal. Justamente este comercio criminal, tradicionalmente desempeñado por los llamados *garimpeiros* brasileños, y recién ampliado gracias al tráfico de droga, podría fácilmente aumentar en la medida en que vayan concluyéndose las obras de la IIRSA. Miguel Kanai (2015), por su parte, considera la centralidad de la zona franca de Manaos en el desarrollo del Eje Escudo Guayanés. A través de la red de infraestructuras promovidas por el EID, Manaos encuentra otro flujo direccional hacia el Atlántico, que se suma al corredor Manta–Manaos del EID Amazonas, que permite la salida al Pacífico, y también al Eje Perú–Bolivia–Brasil y la BR-179 hacia el sur, aumentando de hecho las posibilidades de conectividad, flexibilidad y resiliencia que garantizarían la competitividad de Manaos como zona franca y nudo territorial estratégico. Recién se ha creado una zona de libre comercio en Boa Vista también, a través de exenciones fiscales y otros beneficios, que hicieron con que la ciudad haya crecido enormemente, en buena medida a expensas del resto del estado de Roraima.

En general, debido a su escepticismo y a su contrariedad a la manera en que se venía implementando la IIRSA, Venezuela tuvo una baja participación en la iniciativa en sus primeros diez años, lo que tuvo efectos sobre el EID Escudo Guayanés, que fue menos priorizado que los otros ejes. En la década siguiente, a partir de la creación de COSIPLAN, la participación de Venezuela fue aumentando, hasta estancarse otra vez tras el golpe parlamentario de 2016 en Brasil y aún más luego de la victoria electoral de Bolsonaro, que hicieron aflorar la rivalidad ideológica y geopolítica entre los dos países por sobre los intereses comunes hacia la integración y la conectividad.

Durante el mejor momento de COSIPLAN, hubo también un cierto redireccionamiento del EID hacia el valle del Rio Orinoco, de modo tal que se llegó inclusive a proponer la sustitución del nombre del eje con el de Amazonía-Orinoco (IPEA 2011). Esta centralidad de la cuenca del Orinoco tiene que ver con el desarrollo de un importante plan venezolano, dirigido a la ampliación de la extracción petrolera en esa franja y a la apertura de nuevos yacimientos mineros, presentados por el gobierno como la alternativa de "diversificación" de las exportaciones respecto a la monoproducción del petróleo, una diversificación sin embargo que profundizaría, en lugar de amenizar, el carácter extractivista del modelo bolivariano. Se trata de la nueva Zona de Desarrollo Estratégico del Arco Minero del Orinoco, un proyecto que tuvo su primer diseño durante el gobierno de Rafael Caldera, en la década de 1990, que se quedó estancado durante los gobiernos de Chávez, pero que tuvo una acelerada a partir de 2016, cuando Nicolás Maduro dispuso la entrega de un área de 112 000 km^2 (el 12.2 % del territorio nacional), para la explotación conjunta entre corporaciones transnacionales y Estado bolivariano. A partir de entonces, en la zona se instalaron una empresa constituida por el Alto Mando Militar de las Fuerzas Armadas Nacionales y una serie de otras empresas mixtas, con capital al 55 % público y al 45 % en mano a empresas chinas[7], turcas[8]

7 Se destaca la presencia de la empresa de energía eléctrica CAMC Engineering Co. Ltd y las compañías minera Yankuang Group Company Limited y China CITIC Group (Primer Informe 2019).

8 Marilyns Proje Yatirim S.A. y Glenmore Proje Insaat S.A. (Gobierno Bolivariano de Venezuela 2018) Estas alianzas se dieron en el marco de un fuerte acercamiento político de Venezuela con el presidente turco Recep Tayyip Erdogan, tras una aproximación de este a Rusia.

de Barbados[9], y hasta estadounidenses, como en el caso de Chevron (EnerNews 2019). Este proyecto, además de reducir aún más la escasa producción agrícola del país caribeño, destinando al extractivismo la región más fértil del país, llevó a una confrontación muy dura con los pueblos indígenas de la zona, a normativas excepcionales de suspensión del derecho de huelga de los trabajadores y a la creación de una *governance* público-privada. El control del territorio en esta región ve además la activa presencia de un conjunto de actores ilegales, extraoficiales y armados, como el narcotráfico, las guerrillas (FARC y ELN) y el paramilitarismo colombiano, que tejen complejas relaciones de colaboración o conflicto con el ejército venezolano (Quintero 2018:27).

Eje Hidrovía Paraná-Paraguay

El EID Hidrovía Paraná-Paraguay se articula alrededor de las cuencas de sus tres ríos principales Paraná, Paraguay y Uruguay, todos afluentes del Río de la Plata. Su superficie abarca el estado brasileño de Mato Grosso del Sur y porciones de

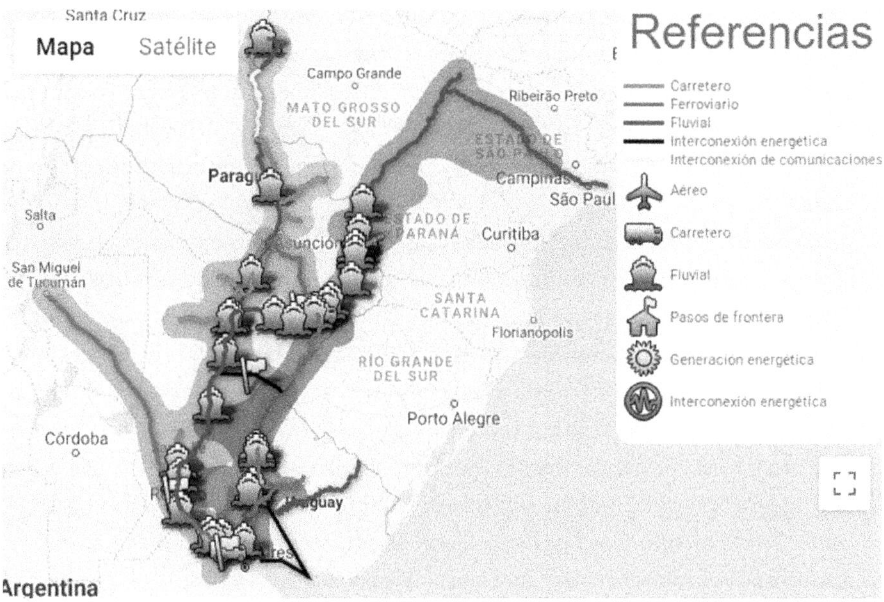

Ilustración 7: Fuente: http://www.iirsa.org/infographic#hpp

9 Barbados Inc. (Gobierno Bolivariano de Venezuela 2018).

Mato Grosso, San Pablo, Paraná, Santa Catarina y Río Grande del Sur, el Oriente boliviano, la totalidad de Paraguay, la mayor parte de la superficie de Uruguay y la zona noreste de Argentina. Buena parte del territorio coincide con lo del Eje Capricornio, pero también se conecta con el Interoceánico y el MERCOSUR-Chile. Tanto la infraestructura anteriormente presente en la zona como aquella planificada por la IIRSA responden fundamentalmente a la centralidad de los ríos, sobre todo el Paraguay y el Paraná.

Los 84 proyectos del EID se dividen en corredores: el Asunción-Delta del Paraná; el del río Uruguay; el Tieté-Paraná, el Asunción-Corumbá y el Itaipú-Confluencia. Según el informe COSIPLAN (2017:180), el conjunto de obras del EID está orientado a fortalecer la competitividad de la región mediante una conexión eficiente con el Atlántico, estimular la integración de las cadenas productivas y de consumo a lo largo del eje y facilitar los flujos de habitantes entre los países.

Los principales productos transportados por este corredor son granos, cereales (trigo y soja sobre todo), madera, cargas pesadas (minerales de hierro y manganeso), fertilizantes, combustibles y petróleo crudo, que gracias al desarrollo de las hidrovías podrían beneficiar de una reducción de más del 50 % del tiempo de transporte. Al mismo tiempo, es considerado de fundamental importancia conectar fluvialmente San Pablo con Buenos Aires, los dos grandes centros económicos de la región, abriendo el tramo Paraná-Tieté gracias al proyecto binacional de transposición de Itaipú, considerado un Proyecto Ancla, útil sobre todo para reducir los tiempos de transporte de soja y etanol, pero que nunca ha superado ni siquiera la etapa de perfil.

En este eje se encuentra el humedal de agua dulce más extenso del planeta, el Gran Pantanal Matogrossense, con más de 14 millones de hectáreas, que es una inmensa reserva de megadiversidad, donde han sido catalogadas alrededor de 3500 especies de plantas, más de 100 especies de mamíferos, 180 de reptiles, más de 260 especies de peces y 650 de aves, y algunas de estas especies son amenazadas de extinción. Como señalan Ceceña, Aguilar y Motto (2007:29), el aprovechamiento de estas riquezas naturales es preocupación de organizaciones como Conservación Internacional, pero también de empresas interesadas en el agua del acuífero. Por lo mismo, hay conflictos latentes entre sectores capitalistas distintos, unos que valorizan los recursos naturales y bióticos locales y otros que privilegian la conexión logística con el mercado mundial. Entre estos últimos se encuentra la Bolsa de Comercio de Rosario, que en tiempos recientes ha demandado la mejora de la Hidrovía en la provincia de Santa Fe, proponiendo modificaciones a los tramos locales para mejorar la cadena agroindustrial (Clemente 2017:56). Por otro lado, hay las comunidades locales, quienes llevan años luchando contra la expansión del monocultivo de soja en la región y el avance del latifundio. Entre las principales territorialidades que componen el "espacio vivido" del EID se encuentran comunidades *quilombolas* y campesinas, poblaciones tradicionales y pueblos indígenas, estos últimos concentrados principalmente en Paraguay y Mato Grosso del Sur (Porto-Gonçalves 2011:74).

Desde un punto de vista geopolítico, Bolivia ha buscado aprovechar este corredor para dotarse de una "salida al mar", que es un objetivo histórico del país desde 1879, cuando perdió la provincia de Antofagasta por mano de Chile durante la Guerra del Pacífico. La pelea en el plano del derecho internacional se prolongó hasta 2018, cuando la Corte Internacional de La Haya decretó que Chile no tenía obligaciones a negociar tal salida. Fue en este contexto que en 2014, por una gestión del embajador uruguayo en Bolivia Carlos Flanagan y un convenio entre los gobiernos de Morales y Mujica, Bolivia tuvo su primera salida al mar, pero hacia el Atlántico, a través de la propia hidrovía.[10]

Eje Interoceánico Central

El EID Interoceánico Central incluye el extremo norte de Chile, el sur de Perú, casi toda Bolivia, la totalidad de Paraguay y los estados brasileños de Mato Grosso, Mato Grosso del Sur, Paraná, San Pablo y Río de Janeiro. Se trata de una región densamente poblada, donde vive el 24.7 % de la población de Sudamérica, y donde se produce el 29.8 % de su PIB, a pesar de los bajos rendimientos de Bolivia y Paraguay. Con la excepción de la zona sureste brasileña, la infraestructura vial es todavía extremadamente carente, mientras más desarrolladas son las líneas de ferrocarriles.

El espacio concebido por los planificadores de la IIRSA en este EID se articula alrededor del agronegocio, sobre todo de soja, maíz y caña de azúcar, de actividades ligadas a la industrialización de productos agrícolas, de la extracción de cobre, oro y molibdeno, actividades logísticas vinculadas a las concesiones de transporte ferroviario y otros tipos de actividad multimodal, la construcción de infraestructuras, y las actividades vinculadas a la mitigación de impactos ambientales (Porto-Gonçalves 2011:66). En esta franja, por otro lado, se encuentra una multiplicidad de territorialidades que son vistas como límite a superar por parte de los gestores de la IIRSA: 100 comunidades indígenas, más de 50 *quilombolas* y tradicionales, además de comunidades urbanas y organizaciones sin techo

10 Beatriz Stolowicz, entrevista personal, agosto de 2020.

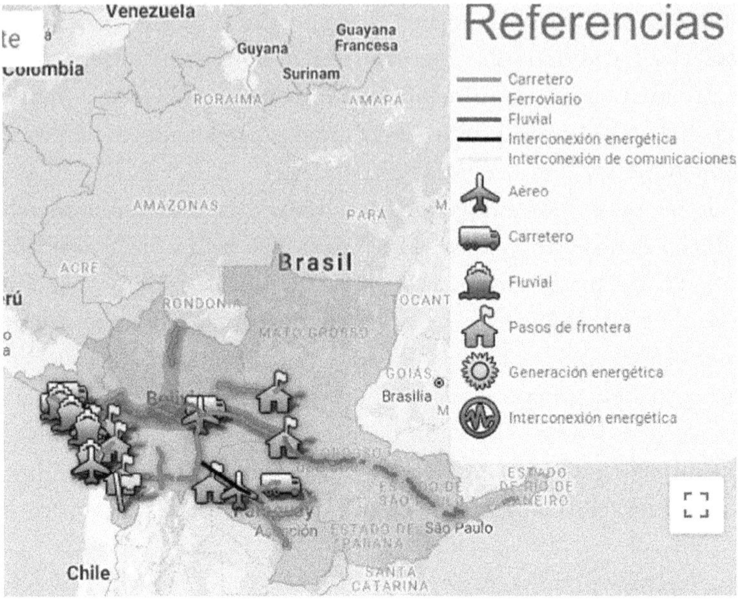

Ilustración 8: Fuente: http://www.iirsa.org/infographic#ioc

residentes en las *favelas* y barrios populares caracterizados por enormes déficits habitacionales. De hecho, se encuentran en esta zona las ciudades brasileñas más atravesadas por la especulación inmobiliaria que se impulsó en preparación de la Copa del Mundo de 2014 y de los Juegos Olímpicos de 2016 y donde estallaron las revueltas populares de 2013.

Si bien solo seis proyectos del EID se financian a través de APP, ellos tienen un costo total de 8029.49 millones de dólares, el 40.3 % de la inversión total en el eje, mientras que los 45 proyectos con financiamiento público ocupan el 30.2 % de la inversión total. Entre los proyectos de la cartera API, seis son de financiamiento público y uno público-privado, mientras ninguno tiene financiamiento exclusivamente privado y esto evidencia otra vez más la función de la inversión pública y público-privada en las obras consideradas estratégicas. El proyecto prioritario a ser financiado por APP es el más importante cuello de botella del EID, es decir el tramo boliviano del Corredor Ferroviario Bioceánico, un proyecto de infraestructura que se encuentra en el grupo de proyectos IIRSA denominado Conexiones del Eje al Pacífico. Se trata del grupo de proyectos más caro de todo el eje, con un valor estimado de 11 164.3 millones de dólares, de las cuales el solo tramo boliviano del ferrocarril tendría un monto de 7000 millones. El proyecto general se propone cruzar longitudinalmente, con una única malla ferroviaria, el subcontinente sudamericano desde el puerto brasileño de Santos hasta Ilo, en el sur de Perú, atravesando el estado brasileño de Mato Grosso del Sur y Bolivia. Más allá del proyecto ferroviario, el corredor prevé la realización también de una red vial, que ha tenido fuerte apoyo por la Cámara Nacional de Industrias (CNI) y la Confederación de Empresarios Privados de Bolivia (CEPB) por el desarrollo productivo que traería, permitiendo un mejor tránsito de las mercaderías hacia los países limítrofes (Clemente 2017:55).

Este corredor fue teatro del quizás más importante conflicto social estallado en contra de una obra IIRSA y de la iniciativa en su conjunto, el que los pueblos indígenas de las Tierras Bajas bolivianas, junto con organizaciones sociales y ecologistas del resto del país, llevaron a cabo en defensa del Territorio Indígena y Parque Nacional Isiboro Secure (TIPNIS) y en contra de la construcción de la carretera Villa Tunari-San Ignacio de Moxos, impulsada por el gobierno de Evo Morales. Si bien oficialmente dicha carretera no hace parte de la cartera IIRSA, ella es un cuello de botella fundamental para la realización del corredor. Este último, de hecho, incluye el proyecto carretero Trinidad-Puerto Ustárez, que está en etapa de ejecución con una inversión esperada de 1280.4 millones de dólares y que conectaría con la frontera brasileña. Al concluir el tramo Trinidad-Puerto Ustárez, la realización de otra carretera entre San Ignacio de Moxos, próxima a Trinidad, y Villa Tunari, en el Trópico Cochabambino y punto de pasaje de la carretera Santa Cruz-Cochabamba, facilitaría enormemente el tránsito de la soja de Mato Grosso a través de Bolivia hasta el Océano Pacífico. Por otro lado, la carretera facilitaría el acceso a dos pozos petroleros concesionados por el gobierno boliviano a Petrobras y Petroandina (Paz 2012). Según Patricia Molina (2017), la región del Chapare es un nudo fundamental para la logística continental y el transito bioceánico, siendo considerado por BM, BID, CAF y FONPLATA como "la barrera para la integración física de los países sudamericanos".

El conflicto que surgió alrededor de esa carretera es ejemplar en lo que concierne la complejidad y no linealidad de las rupturas y alianzas que puede generar un proyecto logístico al insertarse en un territorio. En este caso no hay presencia de un conflicto intercapitalista, sino de yuxtaposiciones entre intereses estatales, corporativos y de sectores campesinos locales en la promoción de la carretera, frente a intereses indígenas de defensa del territorio, de sus usos comunitarios y de su biodiversidad. El interés estatal es planteado, desde el propio gobierno del MAS, al considerar la carretera como obra estratégica del Proceso de Cambio, que al unir tierras bajas y altas, aseguraría la presencia estatal y por ende la inclusión de sus habitantes más necesitados y la extensión de los derechos ciudadanos. Hay aquí por un lado una idea de infraestructura como soporte de la soberanía estatal, algo que ha sido históricamente un rasgo común de los procesos de *nation-building* del pasado. Por otro lado, hay una retomada del argumento de que la infraestructura conllevaría desarrollo integral y bienestar social, pero aquí desarrollo y bienestar social ya no son acompañados por la idea de integración regional: de hecho, en su defensa de la obra, el vicepresidente Álvaro García Linera (2013:58–67) insistió mucho en desvincularla del proyecto de la IIRSA, contribuyendo así a la invisibilización de esta última. Sin embargo, si se considera que la obra fue anunciada por Morales junto con el presidente brasileño Lula (Jiménez 2014:34), que su concesionaria era la constructora brasileña OAS, que su financiamiento de 332 millones de dólares provenía del BNDES bajo el clásico esquema *BNDES Exim Pós-Embarque* de exportación de servicios de ingeniería, y que la carretera pasaría por la localidad de Río Hondo, donde existen reservas petroleras que el gobierno en 2007 dio en concesión a Petrobras, es evidente que la obra se vincula de muchas maneras a la IIRSA y a los intereses de los "campeones nacionales" brasileños.

A estos intereses estatales y corporativos se suman los de los campesinos "cocaleros" del Chapare. Se trata de comunidades de "colonizadores", exmineros de origen aimara y quechua originarios de las tierras altas que, desde la década de 1970, y sobre todo tras la privatización de las minas del país en 1985, migraron al Trópico cochabambino en búsqueda de tierra para cultivar. Son el núcleo duro del MAS desde sus orígenes, de ellos proviene el propio Evo Morales, y son un elemento central del llamado Pacto de Unidad, un conjunto de organizaciones sociales e indígenas en apoyo al presidente. Su territorialidad, sin embargo, está marcada por fuertes tendencias desarrollistas y por usos de la tierra de tipo individual. Además, su presencia en una región que bordea el TIPNIS ha llevado históricamente esos campesinos a tener una relación complicada con los indígenas de la zona. Estos grupos de cocaleros han defendido la construcción de la carretera, argumentando que esta los conectaría a los circuitos comerciales de la hoja de coca (lo que sin embargo significa narcotráfico[11]), mejoraría su capacidad

11 Se trata de una cuestión compleja: los *cocaleros* bolivianos han protagonizado fuertes luchas sociales desde la década de 1980 en defensa de su derecho a cultivar la coca ante las políticas antidroga liderada por la DEA (*Drug Enforcement Administration*) estadounidense que históricamente empujó los gobierno boliviano a contrastar esa práctica. La hoja de coca es de hecho un producto consumido en Bolivia desde siglos y que tiene inclusive un valor espiritual para muchos indígenas. Bajo el gobierno de Morales, fue despenalizado el cultivo de coca y se dio una expansión de su área de producción. Sin embargo, una parte de esta sí termina integrándose a las cadenas

productiva, promovería la integración latinoamericana y conllevaría incluso el "desarrollo" de los pueblos indígenas que habitan el parque (Jiménez 2014:46).

Estos últimos, agrupados en la Subcentral TIPNIS y en la CIDOB (Confederación de Indígenas del Oriente Boliviano) se movilizaron en vez mayoritaria y masivamente en contra de la carretera junto con algunas organizaciones ambientalistas y este hecho resultó en una ruptura en el Pacto de Unidad, constituido entre los movimientos sociales que apoyaban el gobierno de Morales. La oposición al proyecto carretero tuvo cuatro vertientes principales: el peligro representado por la posible desaparición de 40 comunidades, la amenaza de parcelación de tierras y de destrucción de sus formas de propiedad común y diversificación productiva, la falta de respeto a los mecanismos de consulta libre e informada previstos tanto por la OIT como por la constitución boliviana y la falsedad del discurso sobre el "desarrollo", siendo que la carretera propuesta solo pasaría por dos comunidades, privilegiando la integración entre enclaves productivas a una integración de tipo social (Jiménez 2014:41–43). La movilización organizada por la CIDOB en contra de la carretera en 2011 fue duramente reprimida, con un saldo de tres muertos, niños desaparecidos por días y mujeres embarazadas que perdieron sus hijos (F.L.B. Santos 2018:202), pero obligó el gobierno a decretar la Ley 180 de intangibilidad del TIPNIS. Sin embargo, poco tiempo después el mismo empezó una política de desarticulación y volvería a proponer nuevamente el proyecto. El conflicto del TIPNIS llegó a poner públicamente la IIRSA en debate, y obligó a posicionarse al respecto de la iniciativa a la propia Coordinadora de Organizaciones Indígenas de la Cuenca Amazónica,

productivas y de abastecimientos de la cocaína hacia los mercados del norte. De hecho, la coca que se consuma comúnmente en Bolivia es la que se cultiva en los Yungas, en el altiplano paceño, y no en el Chapare. Hay por lo tanto una sospecha de que los cocaleros del Chapare estén involucrados en actividades de narcotráfico, y que en Bolivia no solo se plante coca, sino que se procese cocaína peruana (Barbosa dos Santos 2018:205). Además, hubo algunos escándalos que involucran exfuncionarios de gobierno. Con base en todo esto, en los últimos años de gobierno de Morales emergió, no solo en medios imperialistas sino que también entre círculos de izquierda, la idea de que el propio "proceso de cambio" se haya transformado en alguna medida, en un "gobierno narcotraficante", como postulan el exministro de Tierras de Morales Alejandro Almaraz (2015), la estudiosa feminista Silvia Rivera Cusicanqui (2015), y el ex presidente de la Asamblea Constituyente Raúl Prada Alcoreza (2019). Por lo mismo, no sería equivocado considerar que la mayor integración logística promovida por la carretera del TIPNIS fuera funcional, entre otras cosas, a los intereses del crimen organizado.

organización que reúne representantes de Venezuela, Colombia, Ecuador, Perú, Bolivia y Brasil.

Eje Perú–Bolivia–Brasil

El Eje logístico de Integración y Desarrollo Perú–Bolivia–Brasil abarca la parte sur de Perú, los departamento amazónicos del norte boliviano Pando y Beni y los estados amazónicos brasileños de Acre y Rondônia. Se trata, por lo tanto, de un eje transversal pero no bioceánico. Allí vive apenas el 3.1 % de la población regional. Desde un punto de vista económico, es un territorio importante por la generación de energía eléctrica y de hecho la construcción de represas es la finalidad estratégica de la IIRSA y el PAC en la franja. Los *commodities* más exportados del EID son petróleo, mineral de hierro, soja, mineral de cobre, oro y gas natural. Además de estas actividades extractivas, los gestores de la IIRSA prevén el fortalecimiento de las actividades agropecuarias, forestales y turísticas (Porto Gonçalves 2011:60).

En la región hay una presencia relevante de pueblos originarios, que se dedican sobre todo a actividades de subsistencia y agricultura en pequeña escala o son asalariados rurales y mineros. Tratándose de una región amazónica y donde la ocupación colonial y poscolonial llegó en época más tardía, hay también una importante presencia de pueblos en aislamiento voluntario, mientras en el estado brasileño de Acre hay comunidades de *seringueiros* (recolectores de goma). En este territorio se encuentran también 132 áreas protegidas, que lo convierten enuna de

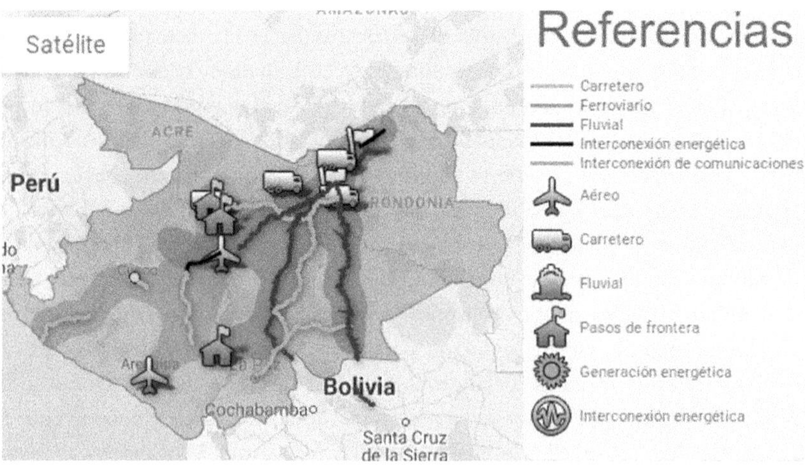

Ilustración 9: Fuente: http://www.iirsa.org/infographic#pbb

las mayores reservas de biodiversidad del planeta (COSIPLAN 2017:247). Estas riquezas biológicas junto con la solidez de las culturas originarias abren posibilidades a la industria farmacéutica, de biotecnologías y a las actividades de biopiratería (Ceceña, Motto, Aguilar 2007:43).

La IIRSA prevé para este Eje solo 24 obras, agrupados en tres corredores o grupos de proyectos: el Corredor Porto Velho-Río Branco-Puerto Maldonado-Cusco/Juliaca-Puertos del Pacífico, el Corredor fluvial Madera-Madre de Dios-Beni y el Corredor Río Branco-Cobija-Riberalta-Yucumo-La Paz. Este último sería un tramo de la llamada "carretera interoceánica", un conjunto de obras viales distribuidas entre Brasil, Perú y Bolivia. De ello hace parte la carretera peruana IIRSA Sur, construida por un consorcio entre Odebrecht y algunas constructoras locales. Pero el corredor más importante es el Madera-Madre de Dios-Beni, en el cual se encuentran los dos proyectos estructurados más caros, ambos ya concluidos: el complejo hidroeléctrico del Río Madera, constituido por las represas de San Antonio y Jirau, y la línea de trasmisión entre estas y el sistema central. La provisión de energía eléctrica es el elemento económicamente clave de todo el eje, en la medida en que se considera que pueda proveer el abastecimiento energético suficiente para la producción industrial brasileña. Además, como observa Clemente (2017:47), la construcción de centrales hidroeléctricas permite también reducir indirectamente los costos de transporte de la producción agropecuaria, al posibilitar la realización de hidrovías en las zonas que se inundan en consecuencia de las obras. Este complejo hidroeléctrico tiene su núcleo en Brasil, pero también tiene arterias importantes en Bolivia y Perú, y son justamente las obras en estos dos países que están teniendo los mayores problemas de realización. En Bolivia, la construcción de una represa sobre el río Beni y de otra sobre el río Madera están directamente vinculadas a la venta de los excedentes a Brasil. En 2007 se calculaba que una vez terminadas las centrales bolivianas producirían alrededor de 3600 MW, frente a un consumo nacional que aún en 2015 era de 1,329 MW, destinándose mucho más de la mitad de la capacidad energética al país vecino (Clemente 2017:54). Estas razones, junto a fuertes riesgos de inundación y daños ambientales, llevaron la cámara de diputados boliviana a rechazar la continuación del proyecto del río Madera. Sin embargo, esta decisión fue revertida por un Memorándum de Entendimiento firmado con Brasil en 2015 (Paredes 2015).

En Perú, por otro lado, se realizó una cooperación energética con Brasil que llevó a la firma de un acuerdo en 2010 que preveía la construcción de las represas de Inambari, Pakitzapango, Tambo 40, Tambo 60 y Mainique I, que a pesar de no hacer oficialmente parte de la cartera IIRSA, se encuentren en la franja. En este caso también, señala Clemente (2017:54), estas centrales juntas tendrían una potencia de 7200 MW, muy por encima de las actuales necesidades de Perú, tanto que el acuerdo firmado por Lula y el presidente peruano Alan García preveía la exportación del 80 % del gas al territorio brasileño (F.L.B. Santos 2018:306). Sin embargo, el congreso peruano canceló el acuerdo en 2014, motivando la decisión con el rechazo a comprometer recursos naturales peruanos para abastecer un país extranjero en perjuicio de su propio mercado interno.

En el lado brasileño, el Complejo Hidroeléctrico del río Madera es un típico caso de contrato APP para la provisión de infraestructura. Terminado entre noviembre y diciembre de 2016, el proyecto tuvo una inversión total de 18 209 millones de dólares. De este dinero, 12 746 millones fueron de financiamiento público y 5463 millones de financiamiento privado. A ellos se suma la línea de transmisión entre las dos centrales, también proyecto APP y con un costo de 3823 millones de dólares (2676 millones públicos y 1147 millones privados). El principal financiador del Complejo fue el BNDES, que dio una contribución del 65 % del costo total de la represa de San Antonio y del 68,5 % de la de Jirau, además de financiar una parte de la línea de transmisión. Ambas centrales recibieron para su construcción y operación una inversión mayoritariamente pública, pero su planificación y gestión se opera a través de dos consorcios privados, que en ambos casos podrán comercializar la energía producida a precios de mercado, hasta el límite de garantía física de la represa establecido por la Agência Nacional de Energía Elétrica (ANEEL).

En el caso de San Antonio, aproximadamente la mitad del financiamiento provino de fondos propios del BNDES y la otra mitad está cofinanciada por un consorcio, llamado MESA/SAESA (Madeira Energia-Santo Antônio Energia), que incluye los bancos Bradesco, Unibanco, Investimento do Brasil (BES), Caixa Econômica Federal, Banco do Brasil, Banco do Nordeste, Banco da Amazônia, el banco portugués Banif y, en un primer momento, el banco español Santander. Estos últimos dos participaban a través del Fondo de Inversión de Participación (FIP), que representaban el 20 % del consorcio. Otras empresas presentes en el consorcio son las constructoras Odebrecht (17.6 %), Andrade Gutiérrez (12.4 %), Furnas Centrais Elétricas S.A. (39 %), y Cemig (10 %).

En el caso de Jirau, casi mitad del financiamiento del BNDES (un total de 13 300 millones de reales; F.L.B. Santos 2018:305) se liberó en realidad a través de un grupo de bancos (Banco do Brasil, Caixa Econômica Federal, Bradesco BBI, Unibanco y Banco do Nordeste do Brasil; BNDES 2009), bajo la modalidad de *Project Finance*. El consorcio beneficiario es el ESBR–Energia Sustentável do Brasil, formado por las empresas Grupo Suez (50.1 %), Eletrosul (20 %), Companhia Hidro Elétrica do São Francisco

(Chefs; 20 %) y Camargo Corrêa (9.9 %; BNDES 2009). A la construcción de esta represa participó la empresa francesa Suez, mientras la transnacional española Abengoa participó por el 51 % en la construcción de la línea de transmisión eléctrica Porto Velho-Araraquara. Ambos contratos tienen una duración de 35 años.

Además del BNDES, otros bancos públicos apoyaron el proyecto, unos brasileños, como el Banco da Amazonia que financió la represa de San Antonio y el Banco do Nordeste que financió Jirau, otros internacionales, como el BID y el BM. Este último financió el polémico estudio hecho por Sultan Alam para analizar los impactos de sedimentación de San Antonio, que negó el acceso a la información a la sociedad civil. Posteriormente, en la financiación de San Antonio apareció el fondo de inversión FI-FGTS21 que compró las cuotas del banco Santander. Según ODG (Observatori del Deute en la Globalització), Santander desde un principio asesoró la entera operación financiera y luego de vender sus cuotas siguió liderando el grupo de bancos que financian el proyecto, como "Banco-Agente", además de como simple acreedor de las empresas (Vargas 2010:27).

Los costos totales del proyecto, desde sus estimaciones iniciales, fueron aumentando, y terminaron en un 60 % más de los previstos, a causa del cambio del emplazamiento original de la represa y del retraso en la concesión de la licencia ambiental (Goulart 2009). Conforme los costos aumentaban, la participación del BNDES bajó del 80 % de las obras al 66 %, pero la diferencia no fue cubierta por un mayor flujo de capital privado, sino por Caixa Econômica Federal y el Banco da Amazônia. De acuerdo con Luis Novoa, miembro de la Red Brasil sobre Instituciones Financieras Multilaterales, dicha decisión se vinculaba con el papel protagónico del BNDES en la atenuación de la crisis financiera que ya comenzaba a afectar a Brasil. La disminución de la aportación significaba que el BNDES tuvo que repartir sus esfuerzos en Brasil y en el continente, al seguir siendo una de las pocas fuentes seguras para soportar inversiones en megaproyectos. El Estado tuvo entonces que absorber todos los riesgos que la iniciativa privada no estaba dispuesta a asumir (Vargas 2010:26).

Este caso muestra algunas dinámicas importantes de las APP, tales como el preponderante papel del público en el financiamiento efectivo de los proyectos, pero al mismo tiempo la fuerte presencia de actores privados en las tareas de planificación, coordinación, asesoría y ejecución. Además, si en el caso de proyectos carreteros o en la gestión de servicios como escuelas y hospitales, una característica común de las APP es la protección estatal ante el riesgo de empresa, en una represa amazónica tal riesgo es cubierto por la abundante disponibilidad de los ríos[12], mientras que la duración del contrato permitiría a la empresa de deshacerse en parte de los riesgos de usura o rompimiento, que pasarían en manos del Estado al término de los 35 años. En este sentido, más allá de toda retórica sobre las energías renovables, las grandes hidroeléctricas se configuran como importantes ejemplos de extracción, tanto en sentido literal-territorial (extracción de un recurso, el agua, de la naturaleza) como financiero.

Las represas del Complejo del río Madera fueron también causa de conflicto con las comunidades presentes en la zona y lo mismo ocurrió con la hidroeléctrica peruana Madre de Dios. Además, no faltaron conflictos laborales entre las empresas y los propios obreros encargados de construir la obra, como en el caso del violento conflicto que explotó en la represa de Jirau en 2011. En marzo de aquel año 20 000 trabajadores, en protesta contra sus condiciones de superexplotación, incendiaron las instalaciones de Camargo Correa, y quemaron entre 45 y 80 autobuses, los dormitorios de los encargados e ingenieros, oficinas y cajeros automáticos. Tras la acción, 80 000 obreros de la construcción civil en todo el país se declararon en huelga (Zibechi 2011), a pesar de la posición contraria de la Central Única dos Trabalhadores (CUT), sindicato fuertemente ligado al PT en ese entonces en el gobierno nacional. La revuelta terminó siendo reprimida. Jirau no fue un caso isolado entre las obras pertenecentes al PAC. Entre 2009 y 2014, se produjeron huelgas explosivas también en las obras de las centrales hidroeléctricas de Belo Monte, en el Complejo Portuario de Suape, en la refinería Abreu e Lima y en el Complejo Petroquímico de Río de Janeiro (Campos 2016, Lima 2015).

La dinámica del conflicto de Jirau hace luz sobre los complejos movimientos de poblaciones que conllevan estas hidroeléctricas y otras grandes obras de infraestructura. Como evidencia Eduardo Barcelos (2018), es posible distinguir en estos casos tres grupos de personas: los que se quedan, a pesar de la transformación del contexto socionatural en que son insertados y que cambian directa o indirectamente su modo de vida; los que llegan, generalmente jóvenes trabajadores que en búsqueda de un empleo en la construcción de obras; y los que parten, luego de despojados de sus medios de producción y de vida, en dirección de las periferias de grandes o pequeñas ciudades, con la precariedad de empleo y de acceso a servicios que típicamente caracteriza esta migración interna. En el caso de Jirau, por un lado las expropiaciones hechas por las empresas y las consecuencias de la operación de las represas tuvieron impactos ambientales, no solo en la zona de Porto Velho, sino que también en Bolivia, y afectaron a la propiedad colectiva de las comunidades

12 San Antonio tiene por objetivo una generación de 3150 MW, Jirau de 3450 MW (Vargas 2010:16).

indígenas y campesinas (Coordinadora Antiirsa 2016), de manera que muchas personas fueron forzosamente empujadas a migrar hacia los centros urbanos cercanos o hacia otras regiones del país. Por otro lado, la masiva llegada de trabajadores de la construcción desde zonas pobres de Brasil, sobre todo desde el noreste, cambió profundamente los equilibrios demográficos en la región, favoreció la llegada de muchas trabajadoras sexuales desde Bolivia a través de redes de trata gestionadas por el crimen organizado, y llevó a un incremento de situaciones de violencia crónica, precariedad laboral y de servicios, apenas mitigada por las acciones de Responsabilidad Social Empresarial de las empresas o por aquellas represivas, de hiperencarcelación y hasta de masacre por parte de las fuerzas estatales y paraestatales (Brum 2019). Es en este contexto que se dio la violenta huelga de Jirau.

Eje MERCOSUR-Chile

El Eje logístico de integración y desarrollo MERCOSUR-Chile es el más relevante en términos de población (141 453 273 habitantes, el 34.9 % de la población regional) y sobre todo de Producto Interno Bruto (1 973 410 millones de dólares, el 47.7 % del PIB regional[13]) de la IIRSA (IIRSA 2019). El Eje abarca un área que incluye los estados brasileños de Minas Gerais y San Pablo y toda la región sur de Brasil, todo Uruguay, partes de Paraguay y la zona central de

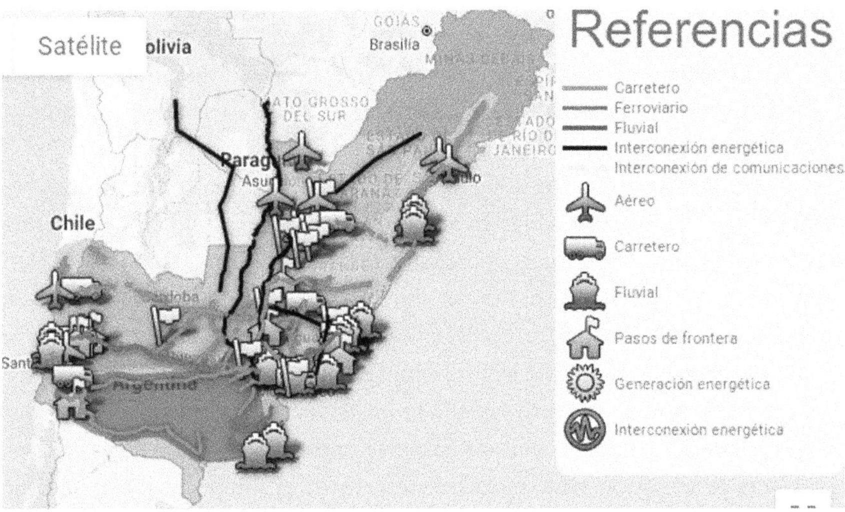

Ilustración 10: Fuente: http://www.iirsa.org/infographic#mcc

13 Los datos relativos al PIB son de 2012.

Argentina, para terminar en el centro y centro-norte de Chile, en proximidad de los grandes puertos de Coquimbo, Valparaíso y San Antonio. La riqueza de este Eje frente a los demás se refleje en su malla compleja y densa de infraestructura, situada sobre la Cuenca del Río de La Plata y los Estados Brasileños que participan en él (COSIPLAN 2017:221).

Según Pablo Mansilla, Alexander Panez y María Ignacia Ponce-Hille (2019:38), este eje tiene tres elementos centrales: Brasil, que es visto como potencia y motor de "desarrollo"; Argentina, como productor de *commodities* asociados a la agroindustria; y Chile, que tiene el potencial logístico para la salida de los productos hacia el Asia-Pacífico. Los autores destacan cómo, a diferencia de los mitos coloniales sobre el "vacío demográfico" que se encuentran en la retórica de otros ejes de la IIRSA en su tensión para expandirse hacia las zonas de frontera, por sus características de alta urbanización el EID MERCOSUR-Chile se desarrolla de la mano con otros mitos: el de la Cordillera como barrera natural para el desarrollo económico y el del borde costero de Chile como oportunidad para la integración productiva de la región con el Pacífico sur. Sin embargo, en los últimos años, tal vez debido al menor impulso a la integración regional que se ha dado con la crisis de los gobiernos progresistas en la región, o tal vez al más robusto y directo anclaje de la economía chilena al comercio con China, el gobierno chileno ha demostrado un menor interés en la superación de los pasos cordilleranos, separando de alguna manera la necesidad, cada vez más estratégica, de desarrollar la plataforma logística de su costa, y sus propias conexiones de los Andes al mar, del objetivo mayor de una integración que supere los cuellos de botella históricos de la Cordillera. Lo que parece generar desencuentros con Argentina, más interesada a vincularse al Pacífico.

La inversión total para el EID es de 58 515.62 millones de dólares y está destinada a 115 obras, agrupadas en seis grupos de proyectos. El que más inversión estimada tiene es el grupo energético, con un costo de 18 966.1 millones de dólares, y cuyas mayores obras, ya construidas, son relativas al ya existente sistema hidroeléctrico de Itaipú, en la frontera entre Brasil y Paraguay. El segundo grupo es el corredor Belo Horizonte–Frontera Argentina/Brasil–Buenos Aires, que tiene como principales proyectos la ampliación del aeropuerto de Campinas y la construcción del anillo vial de San Pablo, ambas en ejecución. Los otros grupos son el corredor Valparaíso-Buenos Aires, el Coquimbo-región centro Argentina-Paysandú, el Pehuenche y el Porto Alegre-límite Argentina/Uruguay-Buenos Aires.

Predomina en este eje el financiamiento público, con 81 obras y un costo total de 45 097.59 millones y el sector transporte, con 96 proyectos por un total de 39 379.47 millones de inversión, con cinco proyectos fluviales considerados prioritarios. Cuatro proyectos prioritarios son pasos de frontera y dos son proyectos de reacondicionamiento ferroviario, relativos a los ferrocarriles Montevideo-Rivera y Rivera–Santana do Livramento–Cacequi, entre Brasil y Uruguay. Pero la mayoría absoluta de los proyectos de transporte del Eje son carreteros: se trata de 55 obras en total, entre las cuales los prioritarios son el puente internacional Jaguarão–Río Branco, entre Brasil y Uruguay, el Túnel Binacional Agua Negra, entre la provincia argentina de San Juan y la región chilena de Coquimbo y la optimización del Sistema Cristo Redentor, paso andino entre la ciudad argentina de Mendoza y Santiago de Chile. Estos últimos dos se piensan como solución a la exigencia de cruzar con menores costos y mayor rapidez la Cordillera de los Andes, para unir la rica zona del sureste brasileño y la región de Buenos Aires con los mercados asiáticos. Ellos representan los mayores cuellos de botella que la IIRSA se propone resolver en la Cordillera de los Andes y los eslabones finales de los corredores paralelos Valparaíso-Buenos Aires y Belo Horizonte-Porto Alegre-Coquimbo.

c) El centro-norte de Chile como plataforma logística

Debido a sus características físicas, con sus 6345 km de costa que da hacia el Pacífico y sus más de 4000 km de Cordillera que lo dividen del resto del continente, Chile se presenta a la vez como palanca para el acceso a los mercados del Pacífico, tanto norteamericanos como asiáticos, y una zona de difícil alcance vía tierra por ser separada de los otros países por cerros geográfica y logísticamente hostiles. Debido a ello, a cualquier verdadero intento de crear caminos para superar las montañas corresponde necesariamente una presión sobre la costa, los puertos y los corredores marítimos. Asimismo, siendo los Andes chilenos particularmente ricos de minerales, se sobrepone a esta utopía logística transnacional otra nacional, aunque dirigida a la exportación oceánica, lo que crea una sobreposición de intereses que en momentos convergen y en otros siguen caminos diferentes.

Estas características geográficas han contribuido a transformar el país en una verdadera territorialidad logística. De hecho, Chile es atravesado por cinco de los 10 EID de la IIRSA, uno longitudinal (el Eje del Sur), y cuatro latitudinales (el último eslabón del Interoceánico Central más al norte, el Capricornio, también al norte, el MERCOSUR-Chile, en el centro, y el Eje Andino del Sur, todavía incipiente, en el sur). Este país andino fue pionero en la adecuación de su sistema logístico y de transporte a los estándares de la moderna logística intermodal. Las

Tabla 4: Proyectos IIRSA por sector (número de proyectos, inversión*)

EID	Aéreo	Carretero	Ferroviario	Fluvial	Pasos de frontera	Marítimo	Multimodal	Energético**	Comunicación
Amazonas	4 (143.8)	21 (11 815.41)	10 (10 650)	18 (530.43)	2 (12)	8 (2859.9)	1 (165.95)	1 (1320)	0
Andino	1 (47.13)	35 (7263.33)	2 (18 190)	1 (71.04)	12 (238.52)	0	0	14 (2331.22)	0
Capricornio	1 (28)	42 (6733.39)	14 (6822.49)	3 (175)	9 (183.87)	4 (318)	1 (20)	3 (1577)	0
Del Sur	0	30 (2927.6)	3 (520)	0	2 (17.6)	6 (496)	0	3 (450)	0
Escudo Guayanés	0	13 (1555.4)	1 (no inversión estimada)	0	1 (5.86)	3 (3020)	0	0	0
Hidrovía Paraguay-Paraná	1 (no inversión estimada)	21 (2058.96)	11 (1653.3)	39 (2077.05)	0	0	3 (202.85)	7 (1535)	2 (7)
Interoceánico Central	6 (193.11)	32 (6406.99)	6 (11 813)	0	8 (57.6)	5 (843.8)	2 (263.5)	2 (321.75)	2 (13,99)
Perú-Bolivia-Brasil	3 (751.57)	10 (3580.78)	0	3 (no inversión estimada)	3 (60.28)	0	0	5 (28 255.62)	0
MERCOSUR-Chile	8 (6424.5)	55 (26 658.25)	6 (2969.9)	7 (44.82)	9 (374)	9 (2881)	2 (27)	18 (19 136.14)	0

Millones de dólares*.

Generación energética + interconexión energética**.

Tabla 5: Proyectos IIRSA por tipo de financiamiento, etapa e inversión*

EID	Total	Público	Privado	APP	Construidos	Ejecución	Preejecución/perfil
Amazonas	27 498	9625.7 (36 obras, 1 API)	9039.55 (21 obras, 11 API)	8832.25 (10 obras, 4 API)	24 (7073.57)	17 (15 475.6)	29 (4948.33)
Andino	28 141.24	24 607.63 (49 obras, 11 API)	1513.22 (4 obras)	2020.39 (8 obras, 2 API)	21 (1231.85)	25 (5395.02)	19 (21 514.36)
Capricornio	215 857.75	12 772.89 (63 obras, 6 API)	2762.86 (9 obras, 1 API)	322 (3 obras)	23 (3059.17)	16 (3978.89)	28 (8238)
Del Sur	28 141.24	4128,2 (41 obras)	53 (1 obra)	230 (1 obra)	5 (443.1)	13 (1714)	27 (2254.1)
Escudo Guayanés	4581.26	3930.36 (16 obras, 3 API)	0	650.9 (2 obras, 1 API)	6 (86.5)	5 (872.96)	9 (3620.8)
Hidrovía Paraguay-Paraná	7534.16	7114.69 (77 obras, 13 API)	4.87 (1 obra)	414.6 (2 obras)	22 (2304)	23 (2731.17)	39 (1499)
Interoceánico Central	19 913.73	6023.05 (45 obras, 6 API)	5861.19 (14 obras)	8029.49 (4 obras, 1 API)	24 (1495.4)	20 (5181.88)	19 (13 236.46)
Perú-Bolivia-Brasil	32 648.25	7743.28 (17 obras, 1 API)	2872.97 (5 obras)	22 032 (2 obras)	6 (24 189.01)	5 (1431.46)	13 (7027.78)
MERCOSUR-Chile	58 515.62	45 097.59 (81 obras, 9 API)	9332 (17 obras, 4 API)	4086.03 (12 obras, 1 API)	30 (16 088)	41 (23 089.69)	44 (25 235)

Millones de dólares*.

políticas neoliberales comenzaron a intervenir sobre el sistema portuario chileno desde la década de 1980. Antes de esta época, todos los puertos chilenos eran gestionados por el Estado y los trabajadores eran empleados con un sistema de matrículas, que conseguían a través del sindicato y que les daba seguridad en el trabajo y cierta autonomía frente a la empresa. En 1981, con la ley 18042, la dictadura de Pinochet reestructuró el sistema portuario, promoviendo la entrada de compañías privadas en los puertos públicos, y en 1982 (ley 18032) puso fin al sistema de matrículas: el Estado indemnizó a los trabajadores, que se convirtieron de independientes en empleados, muchos de ellos con contratos temporales, de las empresas, pasando a ser organizados directamente por estas últimas. A los portuarios solo se les permitió trabajar por una única empresa y en una específica terminal, lo que redujo fuertemente sus márgenes de autonomía. Si con el sistema de matrículas los trabajadores eran pagados tanto por cada turno como por la cantidad de carga transferida, desde 1982 las empresas empezaron a pagar solo el turno quedándose con la carga transferida y buscaron minimizar los tiempos de embarque/desembarque. Los trabajadores, retrocedieron tanto en términos de salario como de duración de la jornada laboral, y esto fue favorecido por las transformaciones ocurridas en las operaciones logísticas en escala mundial. En los comienzos de la década de 1980, de hecho, el trabajo portuario en Chile fue enormemente transformado por la llegada de los contenedores, de tamaño cada vez mayor. Con las transformaciones logísticas aumentó enormemente también el control sobre el trabajo, como es el caso de la adopción de la llamada "nombrada electrónica", un sistema de datos biométricos para la toma de huellas digitales puesto en las entradas de las terminales para controlar la entrada y salida de los trabajadores. La adopción de este sistema garantizó a las empresas un método de control de los trabajadores que no se basara en la intermediación de los sindicatos (Grappi y Neilson 2019).

En 1997 el gobierno de la Concertación privatizó todos los puertos menores de Chile y decretó, a través de la ley 19542, que los diez puertos más importantes fueran concesionados a empresas privadas por plazos de 20 años o más, descentralizando su gestión. Como señalan Budrovich y Cuevas (2018:167–168), lo que se vino a crear es un régimen económico híbrido donde la intervención pública, en lugar de desaparecer, se dirigió hacia la promoción de inversiones privadas y emprendimientos logísticos, la regulación del sector, la creación de mercados o cuasimercados de servicios logísticos y, otra vez más, una alianza público-privada. En 2010 el Ministerio de Transporte y Telecomunicaciones (MTT) lanzó el Programa de Desarrollo Logístico, dirigido a la planificación del sistema de transporte intermodal y las infraestructuras de conectividad (Arboleda 2018:13).

En los últimos años, la *governance* logística se ha desarrollado de forma particularmente acelerada en respuesta a iniciativas de organismos multilaterales como la UNASUR (vía IIRSA-COSIPLAN), la Alianza para el Pacífico, la APEC (Foro de Cooperación Asia-Pacífico, compuesta por 21 países de la cuenca del Pacífico) y más recientemente la Belt and Road Initiative. En el 2012 la APEC emitió una declaración con la cual propuso una serie de iniciativas políticas conjuntas para optimizar el desempeño de las cadenas de abastecimiento declarando, acorde a la "perspectiva de sistemas", que las mismas deben ser consideradas como "una red moderna integrada, equipada con tecnologías inteligentes", que incluyen sistemas de transporte inteligente, sistemas de monitoreo a base de Sistemas de Navegación Global por Satélite, sistemas automatizados de identificación de carga a base de Identificación de Radiofrecuencia y servicios logísticos automatizados de manejo de transporte. En 2016 la propia APEC emitió el Mapa de Conectividad 2015–25 (*APEC Connectivity Blueprint for 2015–2025*), en que se buscaba reforzar la "conectividad física", "institucional" e "interpersonal". Con esto, identificó la diferencia en regímenes laborales en el área "como un obstáculo clave para la productividad de los puertos y sus procesos de automatización" y coordinó esfuerzos para estandarizar lo sistemas legales y normativos correspondientes (Arboleda 2018:12).

La CEPAL, que en Chile tiene su sede, ha sido otro organismo multilateral que ha buscado proveer una mayor coordinación logística al país y cuyo Perfil Marítimo y Logístico ha venido abogando por un enfoque sistémico e integrado de planificación y diseño portuarios, que incluye la integración con el *interland* y los sistemas logísticos intermodales (CEPAL 2015:3). Esta planificación portuaria ha conllevado también la necesidad de construir nuevas terminales o ampliar aquellas ya existentes. Esta ampliación en la región central de Chile en parte responde a las expectativas de conectividad internacional generadas y promovidas por el plan IIRSA, en parte es promovida a partir de una intensificación de las actividades mineras en los Andes chilenos y del "giro logístico" de la industria minera en su conjunto (Arboleda 2020). La intensificación de los flujos en el Pacífico y la centralidad que no solo el cobre[14], sino que otros minerales presentes

14 El cobre organiza de forma particularmente intensa la relación Chile-China, siendo el país andino el primer exportador global de ese metal, y el país asiático el primer importador. A pesar de esto, sin embargo, en los últimos años, el crecimiento de la demanda mundial de cobre no ha resultado en un aumento de la demanda a Chile. De hecho, los datos muestran que el 40 % de los proyectos mineros que han obtenido licitación en Chile se han quedado parados debido a los precios demasiado inestables de ese metal (Grappi y Neilson 2019).

en los Andes chilenos, como el litio, tienen como componentes indispensable de la creciente economía *high tech*[15], han sido motores tanto del incremento de la exportación minera por parte de Chile como de una reorganización de la industria minera en el país para alcanzar niveles más profundos de integración con las cadenas globales de abastecimiento.

Arboleda ha destacado cómo la industria minera chilena pasó en años recientes desde un enfoque dirigido exclusivamente en el sitio de extracción hacia dar mayor énfasis en la cadena global de valor. En primera instancia, los cambios que han venido reorganizando la industria minera chilena se pueden remontar al periodo que siguió el golpe de Estado de 1973, cuando a pesar de que el cobre recién nacionalizado se mantuviera en las manos de la empresa estatal CODELCO (Corporación Nacional del Cobre), su industria fue objeto de intervención a fines de destruir el poder de los sindicatos, lo que llevó a un aumento de la mecanización y terciarización de sus actividades y a un direccionamiento de una cuota fija del 10 % de la ganancia de su renta a las Fuerzas Armadas chilenas. En este periodo, el gobierno también dio en concesión numerosas minas a empresas transnacionales (Grappi y Neilson 2019). De manera parecida a la propiedad jurídica de los puertos, cuyos 10 más grandes se quedaron en manos públicas, también en el sector minero CODELCO sigue manteniendo una presencia mayoritaria pero en un contexto de coexistencia-competencia con empresas privadas bajo lógicas exclusivamente mercantiles. También en este caso, en lugar de una retirada del Estado o de un "Estado mínimo", lo que emerge es una mercantilización de la sociedad, inclusive del propio Estado, a partir de sus propias lógicas de funcionamiento.

Las transformaciones en el sentido propiamente logístico son más recientes. Desde 2007, CODELCO ha venido desarrollando iniciativas para integrar las diversas fases de la actividad minera con la iniciativa "Codelco Digital", con la cual ha introducido "sensores, inteligencia artificial y métodos de aprendizaje estadístico a todo el espectro de operaciones (exploración, tronadura, carguío,

15 Otras cuestiones relativas al cobre son importantes para un entendimiento de la articulación entre operaciones extractivas, logísticas y financieras. En primer lugar, la medición de los precios de este metal a través de derivados llamados "futuros", en tres específicos mercados financieros: el *London Metal Exchange* (LME), el *Shangai Futures Exchange* (SHFE), y el *Chicago Mercantile Exchange* (CME). En segundo lugar, las propiedades de durabilidad del cobre, que se vuelve un *commodity* particularmente conveniente a ser almacenado y usado como colateral para operaciones financieras (Grappi y Neilson 2019).

lixiviación, análisis de laboratorio, fundición, y refinería), reduciendo así la brecha de comunicación entre éstas" (Arboleda 2018:8). Asimismo, las empresas mineras, junto con las portuarias, navieras y de transporte terrestre, han comenzado a "trazar" los productos desde su punto de extracción hasta su entrega en los puertos, bajo pedido de las empresas constructoras, de fundición y manufactura, con fines en controlar con exactitud los atributos del mineral. Esto ha permitido la difusión de estándares y sistemas tecnológicos comunes a distintos sectores.

Estas transformaciones, junto con el aumento de la mecanización y la caída de los precios internacionales del cobre a partir de 2011, tuvieron consecuencias negativas sobre la clase trabajadora. Desde el 2007 los trabajadores han organizado una serie de huelgas contra CODELCO, que han venido combinándose tanto con las luchas de los trabajadores portuarios como con las olas de movimientos estudiantiles y de resistencias indígenas que han atravesado en estos últimos años la sociedad chilena, hasta su explosión generalizada en octubre de 2019. Sin embargo, la articulación de estas resistencias diversas en un frente común a menudo ha sido problemática. De hecho, estos trabajadores, si por un lado son capaces de sabotear los mecanismos más estratégicos de la reproducción del capital, por otro ven también sus intereses inmediatos (el mantenimiento de un puesto de trabajo en el puerto o en la minería) identificados con la necesidad de mantener y reproducir la presencia y el papel social del mismo puerto y de la misma minería, es decir de las propias operaciones logísticas y extractivas que sabotean. Su carácter antagonista "dentro de la logística" resulta entonces difícilmente ensamblable con el carácter antagonista "contra la logística" de los grupos sociales que resisten al despojo territorial. La posible alianza entre estos sectores es tal vez la tarea más ambiciosa para la construcción de un proyecto político que no se limite a contrastar el "mundo logístico" (Cuppini 2019) del capital sino que imagine un "mundo nuevo", con su propia maquina logística.

La modernización y ampliación de la industria minera y del sistema portuario, y la más estrecha vinculación de estas dos actividades de acuerdo a las perspectivas de "costo total" han determinado una transformación del territorio chileno, especialmente en las regiones centrales y septentrionales del país, convirtiéndolo en una verdadera territorialidad logística, en línea con los paradigmas de "urbanización planetaria" (N. Brenner 2014) y "urbanismo logístico" (Cowen 2014:163–196; Arboleda 2018:14). Como lo describe Martín Arboleda,

> "[e]sta emergente forma de diseño y planificación urbano-territorial se caracteriza por el desarrollo de un paisaje funcional a los sistemas técnicos de conectividad y circulación de cadenas transnacionales de suministro.

> Considerando que el espacio de la ciudad es -por su naturaleza- congestionado y politizado, el urbanismo logístico combina una diversa gama de mecanismos arquitectónicos, técnicos, institucionales, y policiales, para evitar y mitigar cualquier obstrucción que pueda afectar el normal desempeño de los sistemas de conectividad logística. [. . .] El concepto de urbanización
>
> logística [. . .] involucra entender la articulación de estos
>
> emergentes paisajes urbanos logísticos con espacios que están más allá de la ciudad, como socavones mineros, océanos, ríos, e infraestructuras de transporte, entre otros" (Arboleda 2018:14–15).

Las transformaciones que han ocurrido en las regiones centrales y septentrionales de Chile han promovido la emergencia de escenarios de conectividad infraestructural, logística y extractiva continuas que desafían cada vez más la clásica distinción y polarización entre ámbito urbano y rural. Por otro lado, esta misma "urbanización planetaria" produce también otros tipos de territorialidades cada vez más irreducibles a las clásicas nociones de campo y ciudad: se trata de las zonas oscuras, marginadas, sacrificadas, y que en Chile han sido llamadas "zonas de sacrificio". Son lugares que, como en el caso de Ventana, en los alrededores de Valparaíso, concentran altos niveles de detritos tóxicos y contaminación, emisiones de azufre, arsénico y mercurio derivados de la actividad extractiva.

De acuerdo con esta transformación de Chile en verdadera plataforma logística en el Pacífico y en puerta para las exportaciones de *commodities* hacia Asia oriental, la IIRSA ha buscado en años recientes enganchar este desarrollo logístico del país para promover una aceleración del comercio intermodal desde los países del MERCOSUR, a través de la creación de corredores bioceánicos rápidos y eficientes a los largo de los ejes Capricornio y MERCOSUR-Chile. En este último, dos son los rutas que se ha querido desarrollar de manera prioritaria: la que conecta Mendoza con Valparaíso, cuyo principal cuello de botella es el paso del Cristo Redentor y que desemboca en los puertos de Valparaíso y San Antonio; y la conexión entre la provincia argentina de San Juan y la región chilena de Coquimbo, cuyas obras principales son túnel de Agua Negra y la ampliación de la Ruta 41.

Focus 1: El paso Cristo Redentor y el puerto de Valparaíso

La región de Valparaíso es un área que moviliza casi el 50 % de los contenedores de carga marítima a escala nacional y es central para la IIRSA debido a su emplazamiento geográfico y a su infraestructura vial y portuaria (Mansilla, Panez y Ponce-Hille 2019:45). Dichas características promueven la ejecución de una gran cantidad de proyectos que, si bien no forman parte oficial de la cartera de ese plan, se vinculan a él. Entre el 2000 y el 2017 se aprobaron mediante el Sistema de Evaluación de Impacto Ambiental un total de 160 proyectos incluidos en un área de 10 kilómetros en proximidad de la ruta internacional 60-CH y la carretera San Antonio-San Fernando.

Las redes de infraestructura directamente diseñadas por la IIRSA en la región de Valparaíso incluyen 10 proyectos que concentran el 45.6 % de los recursos de la cartera total de Chile, que asciende a aproximadamente a 16 105 millones de dólares. El eje articulador entre los proyectos IIRSA en las provincias de Santiago y Valparaíso y el resto del EID es el Corredor Bioceánico Aconcagua. Su proyecto ancla era inicialmente un túnel que debía cruzar la Cordillera abajo del Cristo Redentor, llevando trenes de alta velocidad sobre los cuales transportar camiones de carga y sus contenedores. La intención sería superar las dificultades climáticas que mantienen cerrada esta parte de la Cordillera durante el invierno, generando pérdidas millonarias para las empresas. La iniciativa, que surgió de Corporación América, fue aprobada por los gobiernos de Chile y Argentina en el 2008. Corporación América creó entonces un consorcio internacional en el cual entraron Empresas Navieras S.A. (Chile), Mitsubishi Corporation (Japón), Geodata (Italia), Contreras Hermanos (Argentina). Sin embargo, en los últimos años este proyecto parece haber encontrado dificultades tales que ha salido de los reflectores. El proyecto que hoy se encuentra en la cartera IIRSA como prioritario (y proyecto ancla) es una obra menos ambiciosa, que tiene como objetivo dotar de mayor fluidez y seguridad al cruce Cristo Redentor (IIRSA 2019). Ya no se trata de realizar un túnel sino de optimizar el actual paso carretero a través de cinco obras dedicadas y por una inversión estimada de más de 1000 millones de dólares.

A estos se asocian otras obras en el litoral pacífico, ya concluidas, relativas al acceso a los puertos de San Antonio y Valparaíso, la Ruta de la fruta entre San Antonio y San Fernando, proyecto en preejecución que afectaría 6.1 km^2 de un área protegida y la ampliación del propio puerto de Valparaíso. Este último proyecto, por sus impactos en una ciudad de relevancia, ha estado al centro de una serie de análisis y de conflictos que tienen efectos sobre la forma en que se articulan y confrontan containerización, operaciones extractivas y políticas neoliberales (Budrovich y Cuevas 2018).

En el puerto de Valparaíso, antes de las reformas de los años ochenta operaba directamente la Empresa Portuaria de Valparaíso (EPV), empresa estatal. Luego la compañía Ultramar comenzó a arrendar la gestión de las terminales al Estado y en 1982 formó Ultrapor como subcontratada para las actividades de carga y descarga y la gestión de personal y maquinaria. Con todos los sindicatos ilegalizados por Pinochet, Ultrapor empezó a gestionar el personal sin intermediarios. En ese contexto, la gestión de la Terminal 1 de Valparaíso fue dada a Ultramar y a su subconcesionaria Terminal Pacífico Sur (TPS). La Terminal 2 se quedó en manos del Estado hasta 2013, cuando también fue licitada y la ganó la empresa española OHL.

A este escenario se sumó en tiempos recientes el proyecto de ampliación del puerto, obra en ejecución por un costo de 560 millones de dólares y parte de la cartera IIRSA/COSIPLAN. La necesidad de esta obra fue planteada a partir del aumento del *turnover* del puerto de 27.3 % en el 2010, lo que fue el resultado de un fortalecimiento de la relación comercial con China que, tras el acuerdo de libre comercio firmado en 2005 (Chile, de hecho, fue el primer país no asiático a firmar un TLC con China), había llevado el gigante asiático al rol de primer socio comercial del país andino (Grappi y Neilson 2019), una tendencia que se aceleró tras la victoria de Donald Trump en Estados Unidos y el rechazo al Acuerdo Transpacífico de Cooperación Económica (TPP). A pesar del carácter privado de la inversión prevista, para atraerla la EPV y el Ministerio de Obras Públicas realizaron con dinero público una serie de otras obras anexas, tales como el túnel de Artillería y Playa Ancha y la modernización de la autopista La Pólvora, que une el puerto y la Ruta 68-CH Valparaíso–Santiago. Con el proyecto de ampliación, que prevé la extensión del sitio 3 de la T1, la expansión a 12.5 hectáreas de la T2 y la creación de una nueva terminal, el objetivo sería dotar el puerto de mayor capacidad de carga, para acercarlo a los grandes puertos de contenedores del EID, como Santos y Buenos Aires, y con la justificación de que las condiciones de carga actual y proyectada indican que en el corto plazo se llegaría al límite de su capacidad (IIRSA 2019). La capacidad de transferencia de carga se elevaría de este modo a 1 150 000 TEU anuales, lo que, sumado a la modernización del puerto de San Antonio llevaría la capacidad del complejo portuario integrado del Chile central a 2 millones de TEU por año, casi el doble de su capacidad actual.

En los últimos años, sin embargo, una serie de situaciones ha puesto en cuestión el avance de los trabajos. En primer lugar la crisis que afectó en 2017 a la OHL, que tuvo que entregar la gestión de la T2 al Fondo Australiano IFM. Además, los planes de construir dos gigantescas grúas pos-Panamax no se materializaron, a causa, según Grappi y Neilson (2019) del incremento de la competencia del cercano puerto de San Antonio, de obstáculos técnicos y económicos para la construcción del túnel del Aconcagua, del desarrollo de la infraestructura logística en la costa atlántica y su vinculación con la ampliación del canal de Panamá y la resistencia y oposición de la población de Valparaíso al plan, en nombre de una preservación del patrimonio histórico de la ciudad.

Budrovich y Cuevas (2018:163) han analizado los ensamblajes entre logística y extracción en el proyecto portuario de Valparaíso. Desde su punto de vista, la extracción se liga a las actividades del puerto de Valparaíso no solo en cuanto la mayoría de las exportaciones chilenas hacia Asia Pacífico es representada por los sectores de la minería[16], el agronegocio, la pesca, la agricultura y la industria maderera, sino en cuanto los propios procesos de modernización del puerto se entrelazan a fenómenos como el turismo de masa y la especulación inmobiliaria, que tienen efectos sobre modos de vida, identidad, historia y herencia material y simbólica de la comunidad y que terminan siendo valores apropiados y comercializados en grande escala.

Al mismo tiempo, a través de la containerización, la logística incide en las transformaciones portuarias en la medida en que fragmenta, externaliza y programa las actividades a partir de la adopción de grúas de alta tonelaje, la modificación de los procesos de carga y descarga, la modernización de las formas de control de las mercancías y el uso intensivo de los espacios alrededores del puerto para actividades multimodales, llegando a la creación en estas áreas de un puerto seco con el objetivo de suplir la falta de espacio del puerto. A esta zona se le otorgaría el nombre de ZEAL, un tipo de ZEE donde se realizarían actividades de almacenamiento de carga y que se conectaría tanto al propio puerto como a los circuitos de transporte a través de sofisticados sistemas gerenciales computarizados.

Todas estas operaciones extractivas y logísticas se articulan con el proceso de neoliberalización que, más allá de las privatizaciones, implicó una fuerte coordinación pero al mismo tiempo competición interna entre los puertos en la carrera para la atracción de inversiones. En el caso de Valparaíso –subrayan los autores– esta dinámica de coordinación-competición se da principalmente en relación con el cercano puerto de San Antonio. Ambos puertos son formalmente públicos, pero operan de acuerdo con lógicas mercantiles en competición entre sí y con las terminales privadas.

Los procesos que afectaron a los puertos de Chile, como del resto del mundo, conllevaron también profundas modificaciones en la relación capital-trabajo. Gracias a la containerización, la adopción de enormes grúas y la informatización,

16 En el 2016 correspondía al 50 % de las exportaciones del país, aunque la mayoría del cobre saliera de la zona de Antofagasta (Grappi y Neilson 2019, Arboleda 2018:15).

los trabajadores fueron perdiendo derechos, empleos y condiciones laborales. Emblemática ha sido en este sentido la ley 20773 del 2014, que permitió a los operadores portuarios contratar trabajadores mediante contratos de 8 horas, usualmente renovados cada día (Atienza, Lufin y Soto 2018:22). Pero al mismo tiempo el papel fundamental de los trabajadores en la gestión de dichos procesos hizo crecer sus posibilidades disruptivas en estos nudos estratégicos. Su evidencia se dio en las huelgas de los portuarios de Antofagasta en 2013 y de Valparaíso a finales de 2018. Como señalan los propios trabajadores involucrados[17], en Valparaíso estas luchas han sido protagonizadas por trabajadores eventuales, que tienen contratos precarios y que son llamados a trabajar como mano de obra ocasional en función de las necesidades especiales de carga y descarga de los buques. En virtud de esta posición de trabajadores de alguna manera "expulsos" del sistema laboral clásico, estos portuarios han dado vida a formas de lucha que avecinan fuertemente la práctica de la huelga, del paro, del bloqueo y del sabotaje, que comportan formas radicales de bloqueo de vías, suspensión de operaciones, quema de neumáticos y construcción de barricadas para enfrentarse a las fuerzas policiales. Las huelgas de los portuarios se reactivaron nuevamente y de forma generalizada en octubre y noviembre de 2019, en ocasión del estallido social en contra del gobierno de Sebastián Piñera, articulándose políticamente con otras demandas sociales de la ciudadanía.

Focus 2: El proyecto del túnel de Agua Negra

Menos de 400 km al norte de las provincias de Santiago y Valparaíso, en la ciudad-puerto de Coquimbo, desemboca en el Océano Pacífico el segundo eslabón del EID MERCOSUR-Chile. Se trata del último tramo del grupo de proyectos Coquimbo-Región Centro Argentina-Paysandú. Este corredor comienza en Paysandú, en la frontera entre Uruguay y Argentina, atraviesa la ciudad de Santa Fe y toda la región central argentina hasta la provincia de San Juan y de allí se propone cruzar la Cordillera a través del túnel de Agua Negra.

El Túnel Binacional de Agua Negra, pasada la fase de perfil, se encuentra todavía en etapa de preejecución, y forma parte de la cartera API de obras prioritarias del eje. El proyecto ha generado el rechazo de varios sectores a nivel local y entorno a él se ha constituido el primer conflicto que se reconoce a nivel nacional como un conflicto IIRSA/COSIPLAN, aunque se trate de una lucha latente y no de una confrontación abierta

17 Esta y otras informaciones son productos de entrevistas realizadas a trabajadores en huelga en el puerto de Valparaíso, en diciembre de 2018.

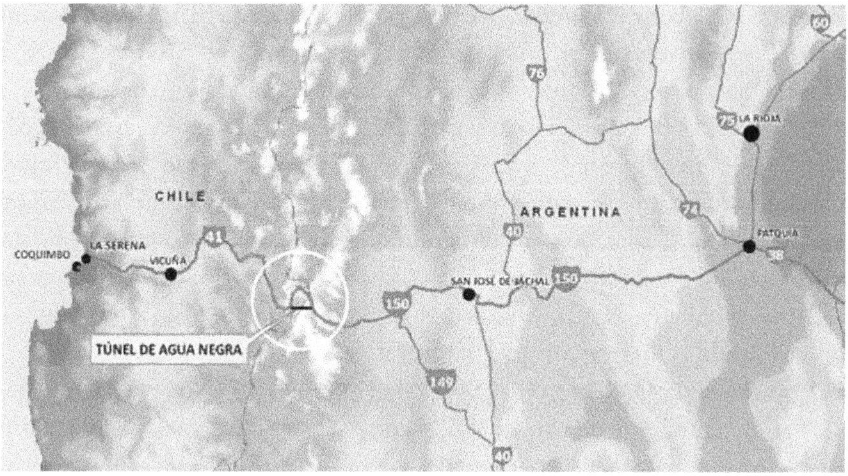

Ilustración 11: Ubicación del Túnel Binacional en la frontera entre Argentina y Chile. Fuente: UNASUR/COSIPLAN, "Túnel Binacional Agua Negra. Programa Territorial de Integración", 2016

El proyecto se compone de dos túneles, uno por cada sentido de circulación, más dos conductos específicos de ventilación. Los túneles son largos aproximadamente 13.9 km cada uno, de los cuales un 72 % de la longitud corresponde al sector argentino, y el 28 % al sector chileno, y se encuentra en una altura de 4800 a 4000 msnm en el lado argentino y de 4000 a 3600 msnm en el lado chileno (EBITAN 2020). El total de la inversión de 1600 millones de dólares debe ser financiada por el BID a través de préstamos a los dos países.

Como señalan los integrantes de la Asamblea de Defensa del Valle del Elqui, principal resistencia a la obra, del túnel se habla desde el 1998, cuando fue planteado en el ámbito del proyecto de mejoramiento y pavimentación de la Ruta Nacional argentina N.º 150, pero en un principio la idea era desarrollar tan solo un negocio regional de capitalistas argentinos y chilenos, y no se vislumbraba como plan de interés estratégico regional. El proyecto actual fue propuesto en 2008 y fue oficialmente anunciado en ocasión del Tratado binacional de Maipú, firmado por las presidentas Michelle Bachelet y Cristina Kirchner en 2009, en una ceremonia donde reestablecieron simbólicamente la vieja alianza entre los libertadores José San Martín y Bernardo O'Higgins de dos siglos antes. En aquella ocasión, Chile y Argentina decidieron crear la Entidad Binacional Túnel Agua Negra (EBITAN), para que llevara a cabo la licitación, que se realizaría con financiamiento del BID.

Según Elizabeth Jiménez (2014:105), la creación de la EBITAN desvincula, en términos discursivos, el túnel de Agua Negra de la plataforma IIRSA. La EBITAN ha promovido un discurso legitimador centrado en tres asuntos: en primer lugar, el carácter supuestamente desértico e inhabitado de esta área de la Cordillera, lo que supone deba ser conquistada y conectada con la civilización[18]; en segundo lugar, una vinculación del túnel con una larga historia de caminos transandinos en la zona, lo que configuraría la obra como la concreción final de un proyecto histórico; en fin, una idea de progreso y de hermandad entre pueblos (argentino y chileno, de San Juan y de Coquimbo), que la EBITAN ha promovido utilizando la imagen histórica y libertadora de Maipú.

El anuncio de Maipú siguió un periodo (1999–2009) en que se habían realizado varios estudios de demanda, análisis de flujos de transporte y carga, y estudios geológicos, hidrológicos, geotécnicos del túnel (EBITAN 2020). Desde sus inicios el túnel se planteó como una obra orientada al turismo, pero acercándose el proceso de licitación se evidenció su rol en la movilización de mercancías desde Brasil y Argentina con el fin de favorecer la circulación de *commodities* producidos o extraídos en territorios lejanos a los de la propia Cordillera. Esto empezó a generar cierta desconfianza en la población local por las posibles amenazas al territorio, el potencial de contaminación del río, la congestión de vehículos, la pérdida del valor de la tierra y la pérdida del carácter turístico de la zona. Los productos que pasarían por este corredor serían mayormente cobre, soja, petróleo crudo, minerales de hierro y harinas de semillas oleaginosas, y su transporte favorecería el crecimiento del puerto de Coquimbo (IIRSA 2019).

18 En realidad Vicuña, la mayor ciudad del valle, tiene una población de 27 771 habitantes (datos de 2017), mientras Paihuano, el mayor pueblo del alto valle, de 4497. Vicuña es conocida internacionalmente como uno de los mejores lugares para la observación astronómica, por lo que cuenta con los observatorios científicos Mamalluca y del cerro Toledo. Es también un muy importante centro turístico, famoso por la artesanía diaguita y porque allí nació la poetisa, pedagoga y Premio Nobel de la Literatura Gabriela Mistral. En general, además de la actividad minera presente en la alta altitud, practicada históricamente en pequeña escala por la población indígena diaguita y recién dominada por las empresas transnacionales, hay una creciente actividad vinícola y de agronegocio en el bajo valle, además de una actividad pastoral en toda el área. Históricamente la relación de las poblaciones locales con los afuera se ha dado mucho más hacia Coquimbo y La Serena que hacia la provincia argentina de San Juan, a la que el valle está conectado por una carretera abierta de diciembre a abril y que une a los dos países en el paso de Agua Negra, que con sus 4780 msnm es uno de los pasos más altos del mundo.

Según la propia EBITAN, el proyecto inicial preveía la construcción del túnel a través de APP, por lo cual en junio 2013, se hizo un llamado a expresiones de interés para empresas y consorcios de todo el mundo dispuestos a investir en la construcción del túnel (EBITAN 2020). Este llamado contó con la inscripción de 23 empresas interesadas que se pusieron en espera del proceso de licitación, que sin embargo no siguió, ya que en 2014 el BID se ofreció de financiar en su totalidad el proyecto. En diciembre de ese año, Argentina y Chile aprobaron el II Protocolo Complementario al Tratado de Maipú, que definió el marco regulatorio aplicable al proyecto, asignándole a EBITAN personalidad jurídica internacional para el cumplimiento de sus objetivos. En abril de 2016, los ministros de Hacienda de Argentina, Alfonso Prat-Gay, y de Chile, Rodrigo Valdés Pulido, junto con el presidente del BID, Luis Alberto Moreno, acordaron el primer desembolso del financiamiento del proyecto, por un monto de USD 40 000 000 destinados a toda la instancia previa al inicio de obra. En junio del mismo año el EBITAN aprobó el Reglamento de Funcionamiento y en octubre llamó a la precalificación de empresas y consorcios, como primera etapa del proceso de licitación para la construcción.

Sin embargo, no hay informaciones oficiales sobre los avances del proyecto por parte de autoridades públicas chilenas y menos aún ha habido algún proceso de participación ciudadana. Además, de acuerdo con el colectivo de La Serena El Kintral, pese a tener ya el diseño de los túneles y a estar en marcha la estrategia de financiamiento, la obra no ha ingresado al Sistema de Evaluación de Impacto Ambiental. El primer proceso de licitación no tuvo éxito, mientras el segundo tuvo una apertura de sobres a finales de mayo de 2017, en la que se dieron a conocer las 29 empresas que precalificaron para la construcción del túnel. Al final del mismo año se dieron a conocer los 10 consorcios que pasaron la etapa de declaración de intención: entre ellas, destaca la presencia de China Railway Tunnel, la española ACS, la sueca Skanska, la francesa Vinci Construction y la norteamericana Bechtel Corporation, tristemente famosa en América Latina por ser la empresa que en 2000 llevó al estallido de la "Guerra del Agua" en la ciudad boliviana de Cochabamba. Desde entonces, sin embargo, el proceso se quedó nuevamente parado. En marzo de 2018 se esperaba el comienzo de la licitación y en julio debía salir el nombre del ganador, pero el nuevo gobierno regional, administrado por el partido de derecha Unión Democrática Independiente (UDI), no la presentó.

Es probable que la licitación no se haya concluido por falta de recursos, pero el proyecto sigue siendo considerado estratégico. En general, más allá de cierto descontento popular frente al proyecto, la situación de estancamiento que vive la obra puede ser testigo de un conflicto intercapitalista: por un lado está el capital transnacional, interesado en la concesión del túnel y las garantías económicas del Estado, y la política local, interesada más en captar los sobornos que generaría la obra; por otro, el empresariado local, que no ve muchas oportunidades con el túnel pero que sí apoya la modernización de la carretera y del puerto de Coquimbo.[19]

El túnel de Agua Negra, de hecho, es entendido como impulsor de otras obras IIRSA, como la mejora vial de la Ruta 41, que vincula la Cordillera con el puerto de Coquimbo a través del valle del Elqui, la construcción de la Ruta 43 La Serena-Ovalle y la doble calzada de la Ruta 5 La Serena-Vallenar. La obra relativa a la Ruta 41 contempla un Programa Territorial de Integración (PTI), que a su vez se compone de unos 100 proyectos que si bien no son parte de la cartera IIRSA, se entienden como proyectos asociados, de los cuales el más relevante es la ampliación del puerto de Coquimbo.

En los últimos años parece haberse dado prioridad, más que al túnel en sí mismo, a la modernización de la Ruta 41. De acuerdo con la cartera del eje MERCOSUR-Chile, y según la anterior intendencia de la región de Coquimbo, la carretera existente se debería ampliar a dos carriles por sentido de marcha en donde pasarían, una vez realizado el túnel, 2200 camiones diarios. Para las comunidades más cercanas a la ruta, la obra significa amenaza a los equilibrios hídricos, contaminación y precarización de las actividades tradicionales. Junto con la desinformación e imposición de la obra sin participación ciudadana, estas consecuencias más inmediatas en términos ambientales generaron malestar en ciertos sectores (Jiménez 2014:80–81).

Sin embargo –afirma la investigadora Elizabeth Jiménez–, esta oposición a la obra no ha dado lugar, hasta la fecha, a un conflicto abierto, sino que tan solo a manifestaciones esporádicas de descontento. La misma autora ha identificado algunos principales grupos sociales de opositores al proyectos del túnel y, de una u otra manera, a sus obras secundarias. En primer lugar, los indígenas locales diaguitas, quienes se oponen a la obra principalmente por considerar la montaña sagrada y que reclaman al gobierno la falta de respeto a sus derechos ancestrales. En segundo lugar, las comunidades *hippies* o *krishnas*, que desde la década de 1980 se instalaron en el valle en relaciones de convivencias contradictorias con los nativos y que contrastan la obra desde una mirada ecologista. En tercer lugar, los "nuevos elquinos", un grupo de profesionales y de clase media de origen urbana

19 Entrevista a Víctor Hugo Villegas, funcionario del sector portuario de CODELCO (Corporación Nacional del Cobre, Chile), Santiago de Chile, diciembre de 2018.

que ha llegado al valle en tiempos recientes y allí se establecen en residencias temporales, contrastan la obra desde una perspectiva de defensa del paisaje y por sus consecuencias en términos de contaminación. En fin, los elquinos nacidos y criados en el valle no siempre rechazan abiertamente la obra (en algunos casos apuntan a obtener medidas de compensación), pero la ven con sospecha y con miedo a que dañe a sus fuentes productivas. Entre ellos están los pastores de cabras, que utilizan la práctica de la trashumancia y que perciben los riesgos de aumento del tráfico de la Ruta 41, y los agricultores, que tienen como mayor preocupación el tema de la escasez del agua. Jiménez (2014:104) destaca una dificultad de articulación de estos grupos sociales en una oposición común frente al túnel, lo que en parte se debe a una escasa tradición de resistencia popular y en parte al hecho que esa obra se presenta como desconectada del mejoramiento de la Ruta 41 y la ampliación del puerto, escondiéndose las implicaciones para obras menores que reorganizan el territorio urbano y rural de la región de Coquimbo. Se trata, una vez más, de la estrategia de la logística de legitimarse a partir de su propia invisibilización.

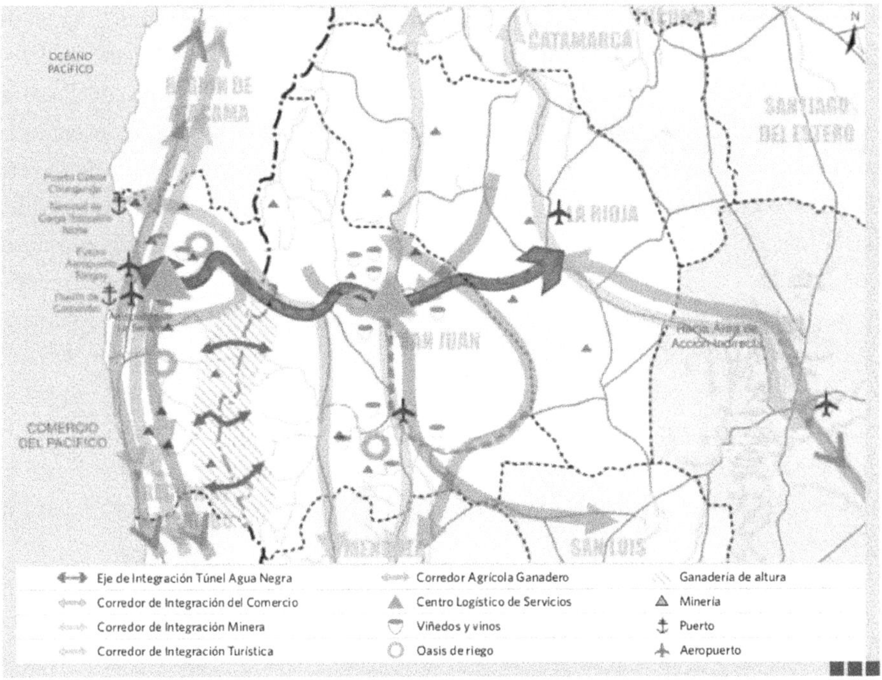

Ilustración 12: Mapa conceptual del Subsistema económico. Fuente: UNASUR/ COSIPLAN, "Túnel Binacional Agua Negra. Programa Territorial de Integración", 2016

Desde entrevistas con integrantes de la Asamblea de Defensa del Valle del Elqui y del colectivo El Kintral, resulta que hay dos tipos de problemáticas traídas al valle por este conjunto de proyectos, una local y una transnacional. En el plano local, la ampliación de la carretera es funcional a la expansión de dos actividades: la minería en los altos valles de la Cordillera, tanto en el lado chileno como en el argentino, y el agronegocio vinícola en la cuenca.

En la zona fronteriza entre el Valle del Elqui y la Reserva de uso múltiple Valle Fértil están las minas El Indio (de cobre, lado chileno) y Tambo (de oro, lado argentino), ambas de Zaldivar SpA, de propiedad por el 50 % de Barrick Gold y por el 50 % de la familia Luksic, una de las más ricas de Chile, que es dueña de todo el agua del Valle del Elqui y que tiene concesiones también en el puerto de Valparaíso y en la sociedad minera Antofagasta Mineral. La mina El Indio en 2002 paró las actividades, pero se especula que, de realizarse el túnel, podría reactivarse. Por otro lado, Tambo sigue funcionando, enfrentando la oposición de la Asamblea Jáchal, que ha venido denunciando los derrames de cianuro, que se encuentra en la zona en una proporción de 8g por tonelada de tierra.

En la vertiente chilena, el Valle del Elqui constituye el eje articulador de una serie de valles en cuyos altos se encuentran muchos proyectos mineros: el Valle Copiapó, donde actúa la mina Cacerones, de propiedad de las japonesas Pan-Pacific y Mixui; el Valle Huasco, donde está la mina Pascua Lama, de Barrick Gold, recientemente cerrada por una decisión de un tribunal internacional ambiental; el propio Valle del Elqui, que además de la mina El Indio tiene otra llamada Teck, en la localidad Andacoyo; el Valle Limarí, donde solo hay pequeñas minas de capital nacional de baja escala, pero donde hubo intentos de entrar por parte de Pan-Pacific y Mixui, hasta la fecha bloqueados por la oposiciones de unos hoteleros; y el Valle Choapa, donde hay la mina Pelambres de Antofagasta Mineral, de propiedad de Luksic, que comparte capital con Pan-Pacific y Mixui. En estos valles se encuentran inmensas reservas de cobre y hay un tratado binacional con Argentina para su explotación desde 1996. Ubicándose en el centro de estos valles, y comunicándose las minas entre sí a través de unos caminos de alta montaña, el Valle del Elqui se encuentra en una posición estratégica para el transporte de minerales hacia Coquimbo.

Más abajo en el valle del Elqui, la principal actividad capitalista es el monocultivo de uva, que se produce tanto para la exportación sin procesar, como para la producción de pisco, principal bebida alcohólica nacional. Este cultivo ha producido, en una zona tradicionalmente semiárida, un verdadero "desierto verde", cuyas consecuencias ambientales son un gran uso de agrotóxicos y la privatización y acaparamiento intensivo de agua, generando escasez hídrica para el resto de la población. La empresa vinícola monopolista en el valle es la Capel, una excooperativa. Este sector del agronegocio presiona, junto con las empresas mineras del alto valle, para la modernización de la carretera y del puerto de Coquimbo y vé también con favor la construcción del túnel.

A pesar de un general consenso de los principales intereses corporativos para la construcción del túnel de Agua Negra y al conjunto de proyectos asociados, su implementación ha sido más bien complicada. Al acompañar las pocas y confusas notas de la prensa local argentina y chilena, emerge que el túnel es sin duda una obra más estratégica para Argentina que para Chile, que no necesita de él para vincular sus enclaves extractivas al Océano Pacífico. De hecho, el 16 de octubre de 2019, tan solo dos días antes que se produjera el inicio del estallido social, el viceministro de Obras del gobierno chileno, Lucas Palacios, avanzó en el curso de una reunión del EBITAN la posibilidad de buscar "alternativas de conectividad regional" (Tiempo de San Juan 2019). La razón principal sería que la obra triplicaría su costo al descubrirse algunas fallas geológicas. La provincia de San Juan respondió al informe chileno con contrainformes que negaban este aumento. Poco más de un mes después, y en el pleno de las movilizaciones contra Piñera, una concejala de la coalición oficialista de La Serena, ciudad de la región metropolitana de Coquimbo, remarcó que la crisis social que vivía Chile podía incurrir en una frenada en la inversión para el túnel y en la necesidad de privilegiar gastos sociales (Diario El Zonda 2019).

Tanto las dificultades financieras de los últimos años como los desafíos políticos traídos por el estallido pueden estar a la base de este escepticismo de las autoridades chilenas hacia esta obra de interconexión transfronteriza y el corredor bioceánico en su conjunto, que se distancia de la euforia con la que la Intendencia de Coquimbo solía afirmar la necesidad de la obra en los primeros años de la década de 2010, con referencias constantes al desarrollo y la integración regional. De hecho, es posible identificar un cierto cambio de estrategia por parte de este país andino: si en un momento de fortalecimiento de la *governance* regional, y bajo el liderazgo estabilizador del Brasil de Lula y de Dilma, imaginar cierto tipo de conectividad regional era un escenario prometedor, el desdibujamiento de la UNASUR por un lado y el fortalecimiento de las relaciones bilaterales con China y Asia oriental por el otro, podrían haber inducido el gobierno a imaginarse una conexión transpacífica por separado de sus socios sudamericanos, aprovechando su infraestructura logística portuaria y minera sin tener particular interés en la perforación andina. Por su parte, a pesar de dos cambios de color político en el gobierno federal argentino (de Kirchner a Macri a Fernández), ese país insiste en la centralidad estratégica del túnel, como fue remarcado en su visita a la provincia de San Juan en marzo de 2020 tanto por el embajador argentino en Chile, Rafael Bielsa (Mundo Marítimo 2020), como el neoministro de Obras del gobierno de Alberto Fernández, Gabriel Katopodis (Tiempo de San Juan 2020).

Bibliografía

ALMARAZ, Alejandro. Abril de 2015. "La frustración agraria", en *Página Siete.*

APEC (Asia-Pacific Economic Cooperation) Transportation Working Group 2012. "Automated transport management systems implementation for optimizing logistics within the Asia-Pacific with an emphasis on ITS and GNSS application". En https://www.apec.org/Publications/2013/02/Automated-Transport-Management-Systems-Implementation-for-Optimizing-Logistics-within-the-AsiaPacifi

ARBOLEDA, Martín. 2018. "Extracción en movimiento: circulación del capital, poder estatal y urbanización logística en el norte minero de Chile", en *Investigaciones Geográficas*, Universidad de Alicante.

ARBOLEDA, Martín. 2020. *Planetary Mine. Territories of Extraction under Late Capitalism*, London: Verso.

ATIENZA, Miguel, LUFIN, Marcelo; SOTO, Juan. 2018. "Mining linkages in the chilean copper supply network and regional economic development", en *Resources policy*, London: Elsevier Ltd.

BARCELOS, Eduardo. 5–6 de novembro de 2018. Ponencia en panel "Neoliberalismo e mercantilização da vida na America Latina", en II Simposio de Estudos Regionais e Agrários do Sul e Sudeste do Pará, Marabá.

BENZI, Daniele. 2017. *ALBA-TCP. Anatomía de la integración que no fue*, San Martín: Imago Mundi.

BNDES (Banco Nacional de Desenvolvimento Econômico e Social). 2009. "BNDES aprova financiamento de R$ 7,2 bilhões para construção da usina hidrelétrica Jirau". Em https://www.bndes.gov.br/wps/portal/site/home/imprensa/noticias/conteudo/20090218_jirau acceso 25 de agosto de 2020.

BRENNER, Neil. 2014. *Implosions/Explosions: Towards a Study of Planetary Urbanization*, Berlin: Jovis.

BRUM, Eliane. 15 agosto de 2019. "As crianças de Altamira. O massacre dos inocentes nos denuncia na mais violenta cidade amazônica", en *El País.* En https://brasil.elpais.com/brasil/2019/08/14/opinion/1565799016_403909.html acceso 30 de marzo de 2020.

BUDROVICH SÁEZ, Jorge; CUEVAS VALENZUELA, Hernán. 2018. "Contested Logistics? Neoliberal Modernization and Resistance in the Port City of Valparaíso", in Alimahomed-Wilson, Jake; Ness, Immanuel (eds.), *Choke Points: Logistics Workers Disrupting the Global Supply Chain*, Pluto Press, pp. 162–178.CAMPOS, Cauê. 2016. Conflitos trabalhistas nas obras do PAC: o caso das Usinas Hidroelétricas de Jirau, Santo Antônio e Belo Monte. Dissertação de mestrado em Ciência Política, Universidade de Campinas. En https://repositorio.unicamp.br/Acervo/Detalhe/969044

CECEÑA, Ana Esther y AGUILAR, Paula y MOTTO, Carlos. 2007. *Territorialidad de la dominación. Integración de la Infraestructura Regional Sudamericana (IIRSA)*, Buenos Aires: Observatorio Latinoamericano de Geopolítica.

CEPAL (Naciones Unidas Comisión Económica para América Latina y el Caribe) 2011 *UNASUR. Infraestructura para la integración regional*, Santiago de Chile: CEPAL-UNASUR. En https://repositorio.cepal.org/bitstream/handle/11362/3121/1/S2012341_es.pdf acceso 1 de febrero de 2020.

CEPAL (Naciones Unidas Comisión Económica para América Latina y el Caribe) 2015. *El gran desafío para los puertos: la hora de pensar una nueva gobernanza portuaria ha llegado*. En cepal.org/handle/11362/37847 acceso 26 de marzo de 2020.

CLEMENTE, Dario. 2017. *Las estrategias IIRSA-COSIPLAN y Campeones Nacionales en el proyecto regional de Brasil: la construcción de una hegemonía (2002–2016)*, Tesis de Maestría, FLACSO Sede Académica Argentina: Buenos Aires.

Coordinadora Antiirsa, *IIRSA: La Infraestructura de la Devastación*, 2016, https://www.youtube.com/watch?v=qDw8pHuc4cI&t=827s acceso 28 de septiembre de 2019.

COSIPLAN (Consejo Suramericano de Infraestructura y Planeamiento) 2017. *Cartera de Proyectos 2017*, UNASUR (Unión de Naciones Suramericanas).

COSIPLAN (Consejo Suramericano de Infraestructura y Planeamiento), Sistema de información de proyectos, Cartera de Proyectos del COSIPLAN. En http://cosiplan.org/proyectos/ acceso el 15 de abril de 2020.

COWEN, Deborah. *The Deadly Life of Logistics: Mapping Violence in the Global Trade*. Minneapolis: University of Minnesota Press, 2014.

CUPPINI, Niccolò. 2019. *Un mondo logistico: Sguardi critici su lavoro, migrazioni, politica e globalizzazione*, Milano: Ledizioni.

DEY, Ishita; GRAPPI, Giorgio. January 2015. "Beyond Zning: India's Corridors of 'Development' and New Frontiers of Capital", in *South Atlantic Quarterly*, v. 114, n. 1, Durham: Duke University Press, pp. 153–170.

Diario El Zonda. 27 de noviembre de 2019. "Estiman en Chile que se frenará la inversión en el Túnel de Agua Negra". En https://www.diarioelzondasj.com.ar/estiman-en-chile-que-se-frenara-la-inversion-en-el-tunel-de-agua-negra/ acceso 9 de marzo de 2020.

EBITAN (Entidad Binacional Túnel Agua Negra): *www.ebitan.org* acceso 9 de marzo de 2020.

EnerNews. 7 de agosto de 2019. "Chevron ignora sanciones y apuesta por Venezuela". En http://enernews.com/dictadura-venezuela/323019/chevron-ignora-sanciones-y-apuesta-por-venezuela 30 de marzo de 2020.

FRANCHI, Tassio; LOPES, Rute Holanda; CAVALCANTE, Katia Viana. 2016. "Ejes de Integración Nacional y Regional: El caso Amazónico", en *Estudios de seguridad y defensa*, v. 11, n. 21, Junio, Bogotá.

GARCÍA LINERA, Álvaro. 2013. *Geopolítica de la Amazonía. Poder hacendal-patrimonial y acumulación capitalista*. La Paz: Vicepresidencia del Estado Plurinacional.

GOULART, Josette. Abril de 2009. "Jirau: engenheiros estimam gasto 60% maior", en *Valor Online*. En http://www.bicusa.org/es/Article.11191.aspx acceso 25 de agosto de 2019.

GRAPPI, Giorgio. 2016. *Logistica*, Roma: Ediesse.

GRAPPI, Giorgio; NEILSON, Brett. 2019. "Elements of Logistics: Along the Line of Copper", *Society and Space*, v. 37(5), Santa Barbara, pp. 833–849.

HARVEY, David. [2001]2007. *Espacios del capital. Hacia una geografía crítica*, Madrid: Ediciones Akal.

IIRSA (Iniciativa para la Integración de la Infraestructura Regional Suramericana): http://www.iirsa.org/ acceso el 12 de mayo de 2019.

JIMÉNEZ CORTÉS, Elizabeth. 2014. *Dilemas ecoterritoriales de la integración regional: IIRSA en las sociedades de Bolivia y Chile*, Buenos Aires: CLACSO (Consejo Latinoamericano de Ciencias Sociales).

KANAI, Miguel. 2015. "The pervasiveness of neoliberal territorial design: Cross-border infrastructure planning in South America since the introduction of IIRSA", *Geoforum*, Amsterdam: Elsevier.

LIMA, Rodrigo. 2015. Desenvolvimento e Contradições Sociais no Brasil contemporáneo. Um estudo do Complexo Petroquímico do Rio de Janeiro – Comperj. Dissertação de mestrado e Ci-encias Sociais, Universidade Estadual Paulista. En https://repositorio.unesp.br/bitstream/handle/11449/149214/000879054.pdf

Mining Technology. February 10th of 2020. China's Ganfeng to increase stake in Argentina lithium project. En https://www.mining-technology.com/news/ganfeng-stake-argentina-lithium-project/ acceso 28 de abril de 2020.

MANSILLA QUIÑONES, Pablo; PANEZ PINTO, Alexander; PONCE-HILLE, María Ignacia. 2019. "Discursos geopolíticos de desarrollo y reestructuración territorial IIRSA en el Eje MERCOSUR-Chile", en *Diálogo Andino*, n. 59, pp. 37–63.

MOLINA, Patricia. 2017. "Sobre la Geopolítica Vicepresidencial, el TIPNIS y el IIRSA", en *FOBOMADE* (Foro Boliviano sobre Medio Ambiente y Desarrollo). En http://fobomade.org.bo/2017/08/02/sobre-la-geopolitica-vicepresidencial-el-tipnis-y-el-iirsa/ acceso 31 de enero de 2020.

Mundo Marítimo. 11 de febrero de 2020. "Embajador de Argentina en Chile buscará impulsar la concreción del Túnel de Agua Negra". En https://www.mundomaritimo.cl/noticias/embajador-de-argentina-en-chile-buscara-impulsar-la-concrecion-del-tunel-de-agua-negra acceso 9 de marzo de 2020.

PAREDES, Jimena, 16 de marzo de 2015. "Proyectos binacionales generarán 3.700 MW. Técnicos de Bolivia y Brasil trabajan el diseño de dos hidroeléctricas", en *La Razón*. En http://www.la-razon.com/economia/Energia-proyectos-binacionales-generaran-MW_0_2235376488.html acceso 1 de febrero de 2020.

PEREIRA DE SOUZA, Vitor Hélio. 2019. "A política de transporte regional no século XXI: o caso da IIRSA/COSIPLAN na América do Sul". Tese de doutorado em Geografía na Universidade Federal de Santa Catarina (UFSC), Florianópolis.

PORTO-GONÇALVES, Carlos Walter. 2011. "Encruzilhadas da Integração Regional Sul-americana. Dilemas e contradições do desenvolvimento sustentável na América do Sul", em IPEA – Instituto de Pesquisa Econômica Aplicada *Governança Global e Integração da América do Sul*, Niterói.

PRADA ALCOREZA, Raúl. 3 de diciembre de 2019. "La izquierda colonial", en *BolPress*. En https://www.bolpress.com/2019/12/03/la-izquierda-colonial/ acceso 28 de abril de 2020

RIVERA CUSICANQUI, Silvia. 2015. *Mito y desarrollo en Bolivia. El giro colonial del gobierno del MAS*, La Paz: Plural.

RÜCKERT, Aldomar Arnaldo; CARNEIRO, Camilo Pereira. 2018. "Politicas territoriais na América do Sul: infraestruturas de conexão e repercussões em regiões perféricas", en Rückert, A. A., Silva, A. C. P. da, Silva, G. de V. (Orgs.), *Geografia Política, Geopolítica e Gestão do Território: integração sul-americana e regiões perféricas*, Porto Alegre: Editora Letra1.

SANTOS (BARBOSA DOS), Fabio Luis. 2018. *Uma história da onda progressista sul-americana (1998–2016)*, São Paulo: Editora Elefante.

TERÁN MANTOVANI, Emiliano. 17 de enero de 2018a. "La disputa es por los territorios. Repensar un proyecto emancipatorio, en tiempos muy conflictivos", en *Rebelión*. En http://www.rebelion.org/noticia.php?id=251353 acceso el 12 de mayo de 2019.

Tiempo de San Juan. 17 de octubre de 2019. "Chile oficializó su decisión de buscar ubicaciones alternativas al túnel de Agua Negra". En https://www.tiempodesanjuan.com/politica/2019/10/17/chile-oficializo-su-decision-de-buscar-ubicaciones-alternativas-al-tunel-de-agua-negra-268889.html acceso 9 de marzo de 2020.

UNASUR/COSIPLAN (Unión de las Naciones Suramericanas-Consejo Suramericano de Infraestructura y Planeamiento) 2016. "Túnel Binacional Agua Negra. Programa Territorial de Integración", Argentina http://www.iirsa.org/admin_iirsa_web/Uploads/Documents/PTITUNELBINACIONALAGUANEGRA.pdf acceso 3 de mayo de 2020.

VALZ GRIS, Alberto. March 2021. "Enduring axes of dispossession. Emerging geographies of the Belt and Road Initiative in Latin America", thesis chapter in Urban and Regional Development, Politecnico di Torino.

VARGAS COLLAZOS, Mónica (Coord.). 2010. *Un caso de anticooperación española. El Complejo del Río Madera*, Observatori del Deute en la Globalització (ODG). En https://justiciaalimentaria.org/sites/default/files/docs/el_complejo_del_rio_madera.pdf acceso 25 de agosto de 2020.

WILSON, Japhy; BAYÓN, Manuel. July 2016. "Black hole capitalism. Utopian dimensions of planetary urbanization", in *City: analysis of urban trends, culture, theory, policy, action*, University of Manchester: Routledge, Taylor & Francis Group.

ZIBECHI, Raúl. 2006. "IIRSA: La Integración a La Medida de Los Mercados", en *Ecología Política*, Retrieved June 14, 2017. En https://dialnet.unirioja.es/descarga/articulo/2259975.pdf acceso 1 de febrero de 2020.

ZIBECHI, Raúl. 2011 "La rebelión obrera de Jirau", en *La Jornada*. En http://www.jornada.com.mx/2011/04/08/opinion/023a2pol acceso 21 de agosto de 2018.

ZIBECHI, Raúl. 2013. *Brasil potencia. Entre la integración regional y un nuevo imperialismo*, Ciudad de México: Bajo Tierra Ediciones.

ZIBECHI, Raúl. 2015. "Interconexión sin integración: 15 años de IIRSA", en *Coalición regional. Por la transparencia y la participación*. En https://www.coalicionregional.net/interconexion-sin-integracion-15-anos-de-iirsa/ acceso 20 de noviembre de 2019.

VI

EL DESEMBARQUE CHINO EN AMÉRICA LATINA

"No sorprende que China haya sido líder en proyectos de corredores y plataformas. A menudo imaginada como la fábrica del mundo, China está produciendo una cuota extraordinaria de las exportaciones globales, hasta una cuarta parte del total [...]. Sin embargo, las lecciones de la revolución logística no se perdieron en China; en lugar de una fábrica para el mundo, China podría ser mejor conceptualizada como un imperio logístico."

Deborah Cowen, *The Deadly Life of Logistics*, 2014

De forma paulatina en las últimas cuatro décadas, pero de forma cada vez más acelerada a partir de la crisis económico-financiera de 2008, el centro del capitalismo mundial ha ido desplazándose del Océano Atlántico al Océano Pacífico. Es acorde a este movimiento que una iniciativa como la IIRSA se ha desarrollado a lo largo de los años, sobre todo desde cuando Brasil ha invertido en el proyecto con fines de conectar su dimensión territorial, volcada al Atlántico, con las nuevas rutas emergentes en la economía-mundo. Las cifras de carga marítima son particularmente ilustrativas de esta transformación geoeconómica: si en 1970 el comercio transatlántico representaba el 80 % del comercio global, en 2013 se había reducido a la mitad, representando el 40 % y siendo superado por el eje Asia-Medio Oriente-África-Latinoamérica (OCDE 2016:9). Aunque este eje haya tenido como motor principal en un primer periodo a Japón, luego a los llamados "Tigres" o "Dragones Asiáticos" (Hong Kong, Singapur, Corea del Sur y Taiwán), y en fin, a la República Popular de China, se trata de momentos distintas de un único y heterogéneo movimiento. En la medida que los flujos comerciales, económicos y financieros se redirigieron hacia el Pacífico, Latinoamérica, y en específico Sudamérica, fortalecieron sus relaciones con esos países asiáticos.

Este cambio se dio, y sigue dándose, en una situación de "caos sistémico" (Arrighi [1994]1999), en que el viejo ciclo de acumulación bajo liderazgo estadounidense se encuentra cada vez más en crisis, las inversiones capitalistas se desplazan cada vez más hacia el mercado financiero y viejas y nuevas agencias geopolíticas, estatales y no estatales disputan entre sí la gestión de estos flujos y la dirección del sistema capitalista como un todo, sin que ninguno, por el momento, logre afirmarse sobre los demás y sobre todo logre redirigir el sistema capitalista en la senda de un nuevo patrón de desarrollo productivo. Esta situación no se puede reducir, como a menudo se hace, a una competencia entre EE. UU. y China y nada garantiza que uno de estos dos actores logre efectivamente en algún momento (re)tomar el liderazgo. En tiempos recientes se ha especulado fuertemente sobre una posible "transición hegemónica" del primer al segundo país como líder geopolítico mundial; más allá de los valores macroeconómicos clásicos (crecimiento del PIB, balanza comercial y de pagos), este hipótesis se ha dado sobre todo gracias a la capacidad china de alcanzar un liderazgo sobre algunas de las líneas productivas estratégicas del capitalismo mundial. Sin embargo, muchos factores complican los diagnósticos sobre una posible transición hegemónica de EE.UU. hacia China. En primer lugar, cabe subrayar el persistente dominio del dólar en los mercados internacionales, a pesar de los intentos recientes de los BRICS y sobre todo de China de desafiarlo. Hasta ahora, de hecho, China ha fortalecido, paradójicamente, al propio dólar a la hora de invertir sus reservas financieras en el financiamiento de la deuda pública estadounidense, volviéndose desde el 2008 en su primer acreedor (Hung 2016). Y es justamente esta situación a representar una anomalía histórica: se trataría de hecho de la primera vez, como reconocido por Arrighi y Silver (1999), que un posible liderazgo en ascenso financia tan fuertemente un liderazgo en descenso, mientras en las anteriores transiciones hegemónicas (de Holanda a Gran Bretaña y de esta a Estados Unidos), había ocurrido fundamentalmente lo contrario. Por otro lado, la actual crisis del Coronavirus parece poner en cuestión esta capacidad del dólar de mantenerse hegemónico.

Otra anomalía de la situación actual frente a anteriores crisis hegemónicas es que durante estas últimas siempre hubo fuertes competencias para la asunción del nuevo liderazgo (entre Francia y Gran Bretaña durante la crisis holandesa, entre Alemania y Estados Unidos durante la británica), ahora no se vislumbran otros posibles actores que puedan competir con China para la hegemonía, ya que el otro gran poderío militar, Rusia, se está fuertemente periferizando desde un punto de vista económico.

Además, la transición hegemónica tiene entre sus obstáculos el potencial bélico de EE. UU., que es tan grande que es muy difícil que un eventual desplazamiento de este país en términos económicos pueda ser acompañado por uno de tipo militar. Cabe también señalar que el avance de las tecnologías bélicas de tipo nuclear o químico impiden una rendición de cuentas en gran escala, como ocurrió en el pasado (a menos de una destrucción realmente planetaria), y las amenazas ecológicas nos acercan a un momento "terminal" del capitalismo (Wallerstein [2013]2015) como un todo.

En fin, el llamado "capitalismo de las *supply chain*" (Tsing 2009) está poniendo bajo presión, hoy en día, los supuestos geopolíticos que nos han acompañado hasta ahora. Los geógrafos Deborah Cowen y Neil Smith (2009) llamaron la atención sobre el progresivo deslizarse de las lógicas de poder desde un plano centrado en el Estado, fundado en la construcción política de una unidad entre el territorio homogéneo del Estado-nación y una sociedad, una economía, una cultura y una ciudadanía nacionales, hacia lógicas de dominación más directamente centradas en el mercado y en la necesidad "vital" de garantizar el flujo transnacional a través de las cadenas globales de abastecimiento. Sin embargo, la reciente interrupción generalizada de estas últimas en el ámbito de la crisis del Coronavirus hace pensar que el papel de los Estados-nación como principales actores políticos en el panorama global y sobre todo como principales modos de existencia de la práctica social capitalista está lejos de desaparecer. De hecho, la autoridad que garantiza la acumulación capitalista en escala global sigue siendo mediada nacionalmente y quizás sea más útil investigar las coevolución de las formaciones estatales junto con los procesos de reestructuración del mercado global que imaginar su desaparecimiento.

Más allá de todos estos factores, que hacen de este tiempo de caos sistémico una situación fuertemente inestable e imprevisible en el mediano plazo en sus tendencias geopolíticas, lo que es cierto es que a Asia Oriental, considerada como un todo y a pesar de su heterogeneidad y fragmentación geopolítica en alianzas opuestas unas a otras, se está transformando en el nuevo centro propulsor del capitalismo mundial.

Es necesario por lo tanto considerar en su complejidad este momento histórico y captar las líneas de tendencia que han venido emergiendo desde el análisis atento y concreto de la realidad socioeconómica sudamericana y, en manera particular, de la inversión en infraestructura en un momento en que la capacidad articuladora de Brasil como potencia regional se ha desmoronado. Bajo estos supuestos se propone aquí un análisis de la relación entre China y América Latina (y América del Sur en particular) en la última década, con la intención de vislumbrar los efectos que dichas relaciones pueden tener para el futuro de la infraestructura logística sudamericana en general y para el plan IIRSA en particular.

China ha tenido un crecimiento económico impresionante a lo largo de las últimas tres o cuatro décadas. Su inserción en el mercado mundial capitalista se dio en primer lugar, a partir de la apertura económica de Deng Xiaoping a finales de la década de 1970, cuando impulsó las primeras *Export Processing Zones* para instalar, bajo condiciones altamente ventajosas, sucursales de empresas extranjeras para producir mercancías de tipo industrial a precios baratos. Este sistema volcado a las exportaciones ha convivido por décadas con un Estado planificador heredero de las conquistas de la revolución de 1949, en primer lugar la reforma agraria.

En 2001, con la entrada de China en la OMC, se inauguró más de una década de crecimiento acelerado, con un aumento anual del PIB que pasó del 8.34 en aquel año al 14.23 % de 2007, justo antes del estallido de la crisis financiera global (Macrotrends 2020). Después de esta crisis, que afectó fuertemente las economías de los países centrales, China se mantuvo hasta 2011 en niveles de crecimiento que promediaban casi el 10 %, convirtiéndose en 2010 en la segunda mayor economía del planeta, después de EE.UU., siendo también el primer país exportador, el segundo mayor importador, el principal destino para la IED y el tercer mayor inversionista en el exterior (Roldán, Castro, Pérez, Echavarría, Ellis 2016:11). El surgimiento espectacular de China conllevó entonces el crecimiento de otras economías emergentes, las que también tuvieron importantes logros en reducción de la pobreza y vieron aumentado su protagonismo a nivel internacional, sobre todo gracias al Grupo de los BRICS, cuyo motor y liderazgo incuestionable era chino.

Es sobre todo gracias al fuerte crecimiento de la economía china que las economías sudamericanas lograron mantenerse en pie en los años posteriores a la crisis económica: la fuerte expansión en escala ampliada de la industria china comportó una sobredemanda para insumos, recursos naturales y productos primarios, que el gigante asiático compró sobre todo a los países africanos y sudamericanos, que pudieron de esta manera compensar la baja en la demanda por parte de Europa Occidental y Norteamérica. Desde 2012, el gobierno chino bajo el nuevo liderazgo de Xi Jimping decidió, frente a una leve baja en las tasas de crecimiento (que promediaba, en tendencia decreciente, entre 7 y 8 % entre 2012 y 2014 y entre 6 y 7 % entre 2015 y 2019) y una sobreacumulación por parte de las empresas y los bancos chinos, de inaugurar su estrategia del *Going Out*, de conquista de nuevos mercados a través de un aumento de la IED y nuevas formas de cooperación económica. Este hecho fortaleció la relación económica y financiera con Brasil y los demás países latinoamericanos, que mientras tanto se encontraban cada vez menos en condiciones de financiar su propio "desarrollo" de manera autónoma. La expresión más ambiciosa de esta nueva estrategia china es la Belt and Road Initiative, o Nueva Ruta de la Seda, un gigantesco proyecto logístico que ha venido cruzando su camino, entre otras cosas, con el de la propia IIRSA.

a) Historia reciente de las relaciones China-América Latina

Tras la entrada de China en la OMC en 2001, y hasta el 2013–14, las exportaciones de América Latina al gigante asiático tuvieron un incremento constante, impulsado en gran parte por el aumento de la demanda de materias primas por parte de China, la que a su vez determinó un aumento de sus precios y por ende mayores beneficios a los países exportadores de estos productos también para su venta hacia otros mercados. Durante esos años, el comercio bilateral entre América Latina y China pasó de 15 765 millones de dólares en el 2001 hasta 277 175 millones de dólares en 2014, con un crecimiento anual del 26 %, mientras en el mismo periodo el comercio entre Latinoamérica al resto del mundo solo aumentó de un 10 % por año. Como señala un informe de la Fundación Adenauer, la evolución de las relaciones comerciales entre China y América Latina "llevó a una sincronización de sus ciclos económicos, es decir, la segunda crecía a niveles superiores al promedio mundial de la mano de la primera" (Roldán, Castro, Pérez, Echavarría, Ellis 2016:25).

Esto vale en realidad mucho más para los países de América del Sur que para México y los países centroamericanos y caribeños, cuyas economías están mucho más insertadas en las cadenas del valor de la economía estadounidenses y cuyo patrón exportador de especialización productiva es más ligado a la exportación de piezas de productos manufacturados en industrias maquiladoras.

Considerando la región latinoamericana como un todo, en 2014 China se convirtió en su segundo socio comercial (después de EE.UU. pero superando la UE), mientras al considerar solo Sudamérica ya es el primero.[1] Pese a ello, el comercio bilateral entre China y Sudamérica ha sido fuertemente desequilibrado relativamente a la diferente inserción de las dos regiones en el mercado mundial y a la división internacional del trabajo, con China que exporta al subcontinente sobre todo productos industriales e importa materias primas y bienes naturales, y viceversa. Además, las exportaciones de América Latina como un todo hacia China tienen la debilidad de ser fuertemente concentradas en algunos productos: hacia mitad de la década de 2010, más del 70 % de estas eran representadas por tan solo cuatro productos: soja, petróleo, minerales de hierro, y cobre (Roldán, Castro, Pérez, Echavarría, Ellis 2016:27). El informe de la Fundación Adenauer coloca a los países de América del Sur en dos grupos: los exportadores mineros o energéticos (Venezuela, Colombia, Chile, Perú, Bolivia) y los exportadores de alimentos (Brasil, Argentina, Uruguay y Ecuador). El 90 % de las exportaciones chilenas y peruanas a China es representado por tan solo cobre y hierro, mientras el principal producto de exportación de Brasil a China es la soja.

Si entonces, en términos comerciales, China y América Latina tienen una relación muy intensa, que se ha ido fortaleciendo desde la entrada en el presente siglo, a partir de 2010 la IED de China a América Latina también ha tenido un crecimiento importante, transformando una relación dominada por transacciones comerciales a una en que las empresas chinas, públicas y privadas, tienen una presencia física importante en Latinoamérica, como protagonistas en la construcción de infraestructura, telecomunicaciones y turismo (Roldán, Castro, Pérez, Echavarría, Ellis 2016:73). Esta presencia ha ido aumentando en importancia a lo largo de los años, en la medida en que las empresas "campeones nacionales" brasileñas y el propio BNDES no lograron más sostener en manera significativa

1 Las exportaciones de Sudamérica a China superaron por primera vez en 2015 las exportaciones hacia la Unión Europea, que hasta entonces representaba el principal destino de exportación de la región. Según datos de la CEPAL, en 2018 el 20 % de las exportaciones sudamericanas se dirigía a China, el 16 % a Estados Unidos, y el 15 % a la UE (CEPAL 2018:58). Por importaciones, China superó EE.UU. en 2014. A partir del año siguiente el país asiático fue el origen del 20 % del total de las importaciones sudamericanas. Si tomamos la región de América Latina y el Caribe en su conjunto, el principal socio comercial sigue siendo (en 2018) EE.UU., que recibe el 45 % de las exportaciones de la región, seguido por China (11 %), y la UE (10 %; CEPAL 2018).

el desarrollo infraestructural y productivo de la región. Por otro lado, la presencia "económica" del capital chino en el subcontinente ha hecho, hace e inevitablemente hará aumentar el capital "político" –o, podríamos decir, el *soft power*– de China en Latinoamérica, a pesar del viraje atlantista de algunosgobiernos regionales.

La exportación de capitales chinos hacia el extranjero es una tendencia estratégicamente favorecida por el Partido Comunista Chino (PCC) desde 2001 y responde a la idea del "*Going Out*", "ir afuera". Hasta aquella fecha, y desde la apertura económica de Deng Xiaoping a finales de los setenta, el país asiático se había desempeñado como importador de capitales extranjeros. Bajo la política del *Going Out*, esta tendencia se revertió poco a poco, hasta que en 2015 el país se volvió no solo exportador neto de capitales, sino que el segundo mayor exportador de capitales en el mundo (People Daily 2016). A partir de 2010, las inversiones chinas en países en desarrollo crecieron enormemente, sobrepasando los préstamos dados a estos por el propio BM, y llevaron a la creación de institutos financieros internacionales tales como el Nuevo Banco de Desarrollo de los BRICS, la Organización de Cooperación de Shangai (OCS) y el AIIB (Banco Asiático de Inversión en Infraestructura). La BRI representa un paso más en esta dirección.

Inicialmente el escenario de inversión del capital chino fue casi exclusivamente el mundo asiático, mientras solo después de 2007, y aún más desde 2010, la IED china alcanzó con fuerza otras regiones y, de manera particular, América Latina y el Caribe. De 2007 a 2013 la inversión extranjera directa de China a Latinoamérica creció en promedio del 35.7 % anual, superior al aumento de IED de China hacia el mundo, que fue de 30.4 % (Roldán, Castro, Pérez, Echavarría, Ellis 2016: 78). Un dado que en realidad puede ser mayor ya que una parte importante de estas inversiones alcanzaron primero paraísos fiscales como las Islas Vírgenes Británicas, las Islas Caimán, y Hong Kong, de modo que en muchos casos los orígenes reales de la IED china invertida en América Latina y Caribe no es contabilizada en las estadísticas oficiales.

La CEPAL (2018) considera que las inversiones chinas en la región han sido, en el periodo 2005–2016, de 141 000 millones de dólares; de ellas, el 44 % fue destinado a Venezuela, el 26 % a Brasil, el 12 % a Ecuador y el 11 % a Argentina. Tanto Venezuela como Brasil tienen a China como mayor inversor, mientras los otros dos países tuvieron un redireccionamiento hacia el FMI durante las gestiones de Lenin Moreno (2017-2021) y Mauricio Macri (2015–2019). Además, en 2017 China llegó a ser el primer socio del área en tema de fusiones y adquisiciones de empresas, sobre todo en los sectores de petróleo, gas natural y minería, pero perdió su liderazgo en 2018 hacia Unión Europea y Estados Unidos. Sin embargo, desde que en 2018 muchos países de la región adhirieron a la BRI, es esperado que la relación financiera con China se fortalezca. El primero efecto de ello, de hecho, puede verse en Chile, donde de 2018 a 2019 China pasó de ser el tercer mayor exportador de capitales al primero, con 4852 millones de dólares de inversión, concentrados sobre todo en los rubros del litio, la energía eléctrica y salmones.

El crecimiento de la IED china encontró nuevo impulso con la crisis económica global estallada en 2008, que redujo fuertemente la capacidad de Norteamérica y Europa Occidental de conquistar otros mercados. En general, estas inversiones chinas fueron movidas por lógicas de mercado tales como la búsqueda de recursos estratégicos y de nuevos consumidores para sus productos, la alta complementariedad entre la demanda de alimentos de la población china y la expansión del agronegocio en Sudamérica y la percepción de grandes oportunidades de desarrollo de la infraestructura gracias a iniciativas como la IIRSA y el Proyecto Mesoamérica. Asimismo, ellas fueron facilitadas por los incentivos que en ese momento los gobiernos latinoamericanos estaban ofreciendo al capital extranjero, gracias sobre todo a las nuevas normativas relativas a las APP. Sin embargo, acorde al tipo de capitalismo de fuerte planificación estatal de China, muchas de las empresas que llegaron a la región son de propiedad pública y teóricamente pueden responder a objetivos políticos de la potencia asiática. Por otro lado, como argumenta Lee Jones (2020), "las empresas chinas que operan en el extranjero suelen estar mal controladas" y muchos organismos gubernamentales "en la práctica adoptan un enfoque regulador a distancia, lo que permite a esas empresas perseguir sus propios lucros y no el 'interés nacional' de China". De este modo, resulta cada vez más complejo comprender la relación de lógica capitalista y territorialista de este desembarque chino en el área y entender hasta qué punto la búsqueda de recursos naturales estratégicos o la inversión en los puertos para posicionarse en rutas marítimas internacionales clave responda más a una lógica u otra.

Si bien tradicionalmente las inversiones se han dirigido sobre todo hacia los sectores extractivos, en la última década ha ocurrido un viraje hacia los sectores de transporte, finanzas, electricidad, tecnologías de la información y comunicación, y energías alternativas, y este viraje se ha dado sobre todo a partir del desarrollo de la BRI y de su llegada al subcontinente (Herrera 2019:59). Entre ellos, destaca el peso de la infraestructura logística, que entre 2005 y 2016 atrajo el 52 % de la IED china hacia Latinoamérica y Caribe, y energética, que atrajo el 31 % (CEPAL 2018:23).

Por lo que concierne el sector bancario, la presencia china en la zona se concentra sobre todo en bancos públicos para proveer servicios a las empresas chinas con presencia en la región. En tema de telecomunicaciones y manufactura, la inversión china en América Latina ha sido relativamente baja y en este último caso se ha limitado a la decisión de algunas empresas de montar fábricas para el ensamblaje final, sobre todo en México y Brasil.

En cuanto al petróleo, el mayor interés es el de tener acceso a este hidrocarburo para abastecer la demanda creciente de la industria china, siendo este país importador neto, ya que produce el 5 % del petróleo mundial (cuarto mayor productor) y consuma el 12.4 % (segundo mayor consumidor). Si bien en la mayoría de los casos, la actividad en la región de empresas petroleras chinas, tales como las estatales CNOC (China National Petroleum Corporation), Sinopec y CNOOC (China National Offshore Oil Corporation) se ha limitado a la adquisición de derechos de yacimientos ya poseídos por otras empresas, en los últimos años estas empresas han empezado a ganar licitaciones propias. De particular importancia, desde un punto de vista geopolítico, son las inversiones de la CNOC en Venezuela, cuyo petróleo adquirido no es vendido al mercado chino, sino que a refinerías en EE.UU. para repagar préstamos chinos al gobierno venezolano (Roldán, Castro, Pérez, Echavarría, Ellis 2016:82–84). Numerosos son también los conflictos territoriales que han surgido en años recientes contra petroleras chinas, como en el caso de los yacimientos petroleros de Tarapoa en Ecuador, Orellana y Caqueta en Colombia, Puebla en México y Potosí en Bolivia.

En tema de minería, un conjunto de empresas[2] han ido operando desde el inicio de la década de 2010 en Perú, Brasil, Argentina, Ecuador y Guyana, mientras en los últimos años ha aumentado la participación de empresas chinas en la extracción minera en Venezuela, en el Arco Minero del Orinoco. En 2018, con la compra por parte de la empresa china Tianqui del 24 % del gigante chileno del litio SQM (Ahumada 2020), el país asiático ha entrado de manera importante en la competencia estratégica para el control de los salares ubicados en el llamado "triángulo del litio" entre Bolivia, Argentina y Chile, área en que se juegan desafíos importantes para el control de la provisión de un metal que parece ser decisivo para la transición energética. Siempre en el sector del litio, pero en el lado argentino, la empresa china Ganfeng Lithim se ha asociado a la canadiense Lithium Americas para la construcción de un emprendimiento minero en el salar de Olaroz-Cauchari, en la provincia argentina de Jujuy. En último, en la vertiente boliviana del Triángulo, a partir de 2014 se instaló un proyecto piloto

2 Se trata sobre todo de empresas estatales (Shougang; Aluminium Corporation of China Ltd., CHINALCO; China Metallurgical Corporation, CMC; Tongling; Jiangxi Copper), con la excepción de la privada Jinzhao Mining.

de ensamble de baterías de litio a cargo de la firma china LinYi Dake, mientras la Beijing Maison Engineering Company comenzó la construcción de las plantas a escala industrial de carbonato de litio y cloruro de potasio y otra planta fue adjudicada a la CAMC Engineering Co., subsidiaria del gigante chino Sinomach (China National Machinery Industry) y desde 2018 produce cloruro de potasio para el mercado brasileño (GyBC 2019:29–31). Tanto por lo que tiene que ver con yacimientos petroleros, como por actividades mineras, son muchos los casos de conflictos socioambientales contra empresas chinas en la región, como en el caso del conflicto contra el proyecto minero de Las Bambas en Perú, operado por China Minmetals. En tema de energía, cabe señalar la compra por parte de la empresa china State Grid del 100 % de la compañía eléctrica brasileña CPLF Energia en 2017 (Exame 2017) y de la chilena Chilquinta (anteriormente propiedad de la estadounidense Sempra Energy) en 2018 (Ahumada 2020).

Una importancia notable la tiene, sobre todo en perspectiva futura, la presencia china en logística portuaria, construcción de infraestructura de transporte y agronegocio. La primera empresa china en invertir en el sector portuario latinoamericano fue Hutchison Whampoa, que sin embargo opera sobre todo en México y Caribe, mientras en Sudamérica ha ganado licitaciones en Buenos Aires y Manta. Más recientemente, la inversión de China Communications Construction Company (CCCC) en una terminal portuaria de São Luis do Maranhão, en Brasil, la adquisición del 90 % de la terminal de contenedores del puerto de Paraguaná, en el estado brasileño de Paraná, por parte de la *holding* China Merchants Port, en 2018 (Ministério da Infraestrutura 2018), y el interés despertado en China por la nueva rodada de concesiones y licitaciones de puertos e infraestructuras brasileñas en 2020, son índices del avance de empresas chinas en este sector.

Algo similar se puede decir sobre la infraestructura energética y de transporte: si bien en la mayoría de los casos, las empresas que han llegado a actuar en América Latina[3] lo han hecho en base a licitaciones púbicas, desde 2010, con la compra por parte de la empresa estatal State Grid de siete instalaciones de trasmisión en Brasil y del 39 % de la empresa eléctrica Neoenergía de Iberdrola, y con su adjudicación en 2014 del proyecto de transmisión eléctrica entre Belo Monte y la red energética nacional, han sido varios los ejemplos de capitales chinos llegados a la región con proyectos de largo plazo. Cada vez mayor es, en este sentido, el

3 En particular, las empresas estatales CITIC Group Corporation, CWE (China Railway Road) y China Harbour (Roldán, Castro, Pérez, Echavarría, Ellis 2016:87).

interés de empresas chinas para concesiones relativas a los proyectos más estratégicos de los corredores bioceánicos relacionados con la IIRSA.

Importante, en fin, es la presencia china en el ámbito del agronegocio, que concentra la mayoría de las inversiones *greenfield* provenientes de ese país (Ray, Gallagher y Sarmiento 2016:3–6). En este sector[4], las inversiones se han concentrado en tres rubros: adquirir terrenos, montar operaciones agroindustriales, y comprar empresas agroindustriales locales. En el corto plazo la expansión del agronegocio y de la frontera agrícola en América del Sur será uno de los vectores, o tal vez el vector preferente, para el desarrollo de la infraestructura logística de la región. Tanto en términos comerciales como por presencia de capitales, China tendrá probablemente un lugar estratégico, y lo mismo vale por el tercer elemento de la relación de China con América del Sur, la cooperación económica.

b) Los proyectos IIRSA y el capital chino

Antes aún de la entrada de China en la OMC en 2001, unos primeros esbozos de cooperación económica entre China y América Latina se dieron en la década de 1990, cuando el país asiático se convirtió en observador de la ALADI (1994) y empezó un diálogo de cooperación con MERCOSUR (1996), visando a profundizar y ampliar los lazos comerciales, la cooperación empresarial y el uso de *joint ventures* como mecanismo para explotar los recursos naturales. Tras la entrada en la OMC, estos vínculos se fortalecieron y China se convirtió en país observador de la OEA en 2004 y en socio extrarregional del BID en 2009, hasta que en 2013 el Banco de China entregó al propio BID 2000 millones de dólares para crear un fondo cofinanciado para América Latina y el Caribe. Mientras tanto, en 2014 se creó un Foro CELAC-China con sede en Cuba (Roldán, Castro, Pérez, Echavarría, Ellis 2016:99).

Paralelamente, estas iniciativas fueron acompañadas por un activismo diplomático de China buscando obtener el reconocimiento por parte de su socios

4 Entre las empresas que han ido buscando oportunidades en Sudamérica, se encuentran las empresas públicas COFCO (*China National Cereals, Oils and Foodstuffs Corporation*), COMPLANT (*China National Complete Plant Import & Export Corporation*), Sanhe Hopeful, los grupos Chongqing Grain y Heilongjiang Beidahuang, y las empresas privadas China Fisheries Group, Zejiang Fudi y China Mengniu Dairy (Roldán, Castro, Pérez, Echavarría, Ellis 2016:85).

económico de "una sola China", en referencia a la disputa que el país asiático tiene desde la Revolución de 1949 con Taiwán. De hecho, en todos los acuerdos de cooperación económica entre China y los países latinoamericanos se reafirmó siempre la condicional política del "Principio de una sola China", además de los ejes multisectoriales de la cooperación (política, económica, cultural y social, paz, seguridad y justicia), que fueron retomados a partir de 2013 como principios de la cooperación "armónica" (de inspiración confuciana), que representa la base ideológica de la BRI.

Una importancia destacada, entre las varias iniciativas de acercamiento de China y América Latina, ha sido el Foro CELAC-China, que fue creado en 2014 y que el año siguiente en su primera reunión ministerial aprobó el Plan de cooperación China-CELAC 2015–19. Este plan estableció un marco de cooperación 1+ 3+6, es decir un programa, tres motores (comercio, inversión y cooperación financiera), y seis ejes (energía, recursos naturales, construcción de infraestructuras, agricultura, manufactura e innovación, y tecnología informática). El eje manufactura e innovación tiene cierta importancia en cuanto tuvo como propuesta más destacada la construcción conjunta de parques industriales, de alta tecnología y zonas económicas especiales. Entre todos, sin embargo, el eje que más recibió aportes concretos ha sido el de construcción de infraestructura y transporte, en el cual se decidió crear un Foro sobre infraestructura China-CELAC, en cuyo encuentro inaugural, el 4 y 5 de junio de 2015, China se comprometió a financiar proyectos en transporte, puertos, carreteras, tecnología de la información y comunicación, y electricidad por un monto total de 35 000 millones de dólares, canalizados a través del Banco de Desarrollo Chino (20 millones), el Banco Exportación-Importación de China (10 millones) y la Comisión Nacional de Desarrollo y Reforma. El mecanismo de financiamiento prevé que los bancos chinos hagan los préstamos a los países latinoamericanos y caribeños para que estos financien proyectos ejecutados por empresas chinas. Estos préstamos, a diferencia de aquellos ofrecidos por el FMI y el BM, son considerados "no intervencionistas", es decir no tienen como objetivo disciplinar las políticas estatales hacia ajustes fiscales o privatizaciones, razón por la cual han sido ampliamente utilizados por los países gobernados por partidos progresistas y sobre todos por aquellos que se agregaron en el ALBA, que en su momento rechazaron, o aún rechazan, someterse a las organizaciones financieras internacionales. Sin embargo, los prestamos chinos no son completamente exentes de condiciones, ya que exigen a los países la compra de bienes chinos, la aceptación del "Principio de una sola China" y el rechazo de la independencia del Tíbet, y el uso de mano de obra china (Roldán,

Castro, Pérez, Echavarría, Ellis 2016:101–106), como se ha recién evidenciado en el Arco Minero del Orinoco[5].

Es en este marco que se han dado los mayores cambios en la *governance* de la IIRSA y en sus fuentes de financiamiento. La primera ocasión en que se manifestó el fuerte interés de China hacia la construcción de la infraestructura de integración sudamericana se dio durante la sexta reunión de los BRICS, los días 14 y 15 de junio de 2014, en la ciudad brasileña de Fortaleza, en la cual los jefes de Estado de los cinco países dieron vida al Nuevo Banco de Desarrollo del grupo. Se trataba de una primera tentativa por parte de los BRICS, y de China en particular, de entrar en la disputa para la gestión del desarrollo de la infraestructura sudamericana: frente a la reluctancia por parte de los países G7 de democratizar la *governance* de las instituciones financieras internacionales y a la insistencia del Banco Central Europeo y sobre todo de la Reserva Federal estadounidense de continuar en el camino del *quantitative easing*, ante el fracaso (en buena medida por decisión consciente de Brasil) de las propuestas de Nueva Arquitectura Financiera en ámbito regional y de Banco del Sur y ante la creciente debilidad del BNDES y de la potencia brasileña en general, la propuesta de creación de un banco de inversiones de los BRICS apuntaba a cubrir un vacío. De hecho, desde sus primeros pasos el objetivo anunciado del NBD fue "infraestructura y desarrollo sustentable". Como señala Diana Aguiar (2017:61), el valor anunciado de la cartera de inversiones del banco (100 000 millones de dólares) no era suficiente para reconfigurar el panorama del financiamiento de infraestructura, pero fue una importante afirmación política. Luego de esa iniciativa, el presidente chino Xi Jinping hizo un viaje a América Latina, visitando Brasil, Argentina, Venezuela y Cuba, y fue tras su encuentro con Dilma Rousseff cuando se empezó a hablar del ambicioso proyecto del llamado "Ferrocarril Bioceánico".

En el septiembre de 2014, en la IV Reunión del Grupo de Trabajo sobre Mecanismos de Financiamiento y Garantías de la IIRSA, de cara a la crisis financiera y judicial que estaba empezando a afectar el BNDES y en general al contexto de dificultad política y económica de Brasil, se buscó alternativas de financiamiento para los proyectos API. Además de los representantes del propio Brasil, Argentina, Chile y Paraguay, participó el SG de la UNASUR Samper, los representantes de la Secretaría del Comité de Coordinación Técnica de la IIRSA, los del BID, la CAF, el FONPLATA y el BNDES y también los representantes del Banco del Sur, del Banco de Desarrollo de China (BDC) y del NBD de los

5 Entrevista a José Ángel Quintero Weir.

BRICS. Considerando que el Banco del Sur nunca se desarrolló realmente como institución financiera regional, fue la presencia del BDC y del NBD la gran novedad de la reunión. En aquella ocasión, el representante del Banco de Desarrollo de China manifestó el interés de su país y de su institución de financiar proyectos de infraestructura en Sudamérica, promoviendo vínculos comerciales con cada uno de los países miembros y aumentando la participación china en las inversiones y la provisión de servicios en la región (Cerdas 2015:9).

Durante la posterior visita del primer ministro chino Li Keqiang en Brasil, Perú, Colombia y Chile entre el 18 y el 26 de mayo de 2015 fue dado el vía libre al estudio de factibilidad del Ferrocarril Bioceánico. Este proyecto fue oficializado a partir de la firma de un Memorando de Entendimiento entre los gobiernos de Brasil, Perú, y China, que previó un estudio de factibilidad para la construcción de un ferrocarril que conectaría Brasil (desde el puerto de Açú, en el estado de Río de Janeiro) y Perú (en el puerto de Ilo) sin pasar por Bolivia sino más al norte. La empresa concesionaria sería la China Railway Eryuan Engineering Group Co. (CREEC). Los investigadores del Laboratório de Estudos de Movimentos Sociais e Territorialidades (LEMTO) han señalado que la creación de este Memorando evidenciaría la negociación directa y de acuerdos bilaterales del gobierno chino en la ejecución de una obra y el compromiso de las empresas chinas de participar en la construcción del ferrocarril. Esta estrategia es diferente del proceso anterior y de enfoque multilateral liderado por Brasil y del protagonismo de la secretaría técnica de IIRSA/COSIPLAN (Lima, Porto-Gonçalves, Panez, Rocha Santoro 2018).

El proyecto del Ferrocarril Bioceánico nunca ha entrado directamente en la cartera IIRSA, pero se configura como una variante del Corredor Ferroviario Bioceánico, presente en el EID Interoceánico Central. Este último, que en la cartera IIRSA se denomina Conexiones del Eje al Pacífico y prevé una inversión de 7000 millones de dólares para realizarse a través de APP, se propone cruzar longitudinalmente, con una única malla ferroviaria, el subcontinente sudamericano desde el puerto brasileño de Santos, en el estado de San Pablo, hasta Ilo, en el sur de Perú, atravesando el estado brasileño de Mato Grosso del Sur y Bolivia. Se trata de un proyecto gestionado por un consorcio donde participan las empresas brasileñas Rumo Malha Oeste, que es concesionaria de 1973 km de su trayecto y está buscando inversiones para realizarlo, y Hub Intermodal de Três Lagoas, de Mato Grosso del Sur, las ferroviarias bolivianas Oriental y Andina y el gigante de logística español Transfesa, cuyo capital es por el 51 % en manos del grupo alemán Deutsche Bahn AG. Además, desde el 14 de diciembre de 2014, tras un acuerdo con el exmandatario boliviano Evo Morales, se involucró a Suiza para la cooperación técnica dirigida a la realización de la obra (Sputnik 2017). Importante es el aporte público ofrecido tanto por el BID, en el tramo boliviano, como por el gobierno del estado de Mato Grosso del Sur, que junto con Rumo y el Ministerio de Transportes brasileño firmó en un memorándum con el gobierno alemán para llevar a cabo el proyecto en el marco del PPI de Brasil (Silva y Arruda 2018). Se trata de un proyecto logístico integrado por distintos tramos: Santos-Corumbá (1600 km), Corumbá-Santa Cruz de La Sierra, Santa Cruz–Cochabamba, Cochabamba–Ilo. El tramo en territorio boliviano es el más corto pero el más complicado en términos de realización, ya que se trataría de cruzar la Cordillera. De importancia fundamental para la finalización del proyecto son las obras de modernización del puerto seco Hub Intermodal de Três Lagoas y del puerto de Santos. Los estudios de viabilidad económica realizados señalan que la mayoría de los productos transportados desde el interior hacia los dos puertos serían celulosa, soja y otros graneles, combustible, fertilizantes, hierro y mineral de hierro, madera y azúcar (Marques 2018).

Estos dos proyectos, al parecer, han estado en disputa en los últimos años, como variantes alternativas de un mismo corredor. Comparado con el proyecto originario, la variante china prevé la exclusión de Bolivia y la construcción del ferrocarril más al norte, en la frontera entre Brasil y Perú, debido a un menor costo de ingeniería. Sin embargo, tanto reticencias del gobierno peruano (Senado Notícias 2017), como problemas de violación de derechos de los pueblos indígenas afectados por la obra parecen poner en riesgo este segundo proyecto también; a ellos se agrega quizás una falta de claridad estratégica por parte de Brasil, que en febrero de 2018 suspendió la obra (Zibechi 2018). Así la impresión es que, hoy en día, parece que ni uno ni otro proyecto estén realmente progresando. Entrevistados sobre el asunto, la investigadora de la ONG Fase Diana Aguiar y el ingeniero del Departamento Nacional de Infraestructura de Transporte (DNER) de Brasil Daniel Santana han puesto en cuestión la real voluntad, por lo menos del gobierno brasileño, de realizar estos corredores bioceánicos. De hecho, parece que el actual presidente Bolsonaro, tal como Temer, prefiera concentrarse en la atracción de inversiones en la Amazonia y la consiguiente expansión de la frontera agroindustrial hacia el llamado Arco Norte, es decir la costa atlántica brasileña al norte del paralelo 16° S, para la exportación de *commodities* rumbo al Atlántico Norte y Asia Oriental vía el ya existente canal de Panamá.

Evidencia del interés chino en invertir en la infraestructura logística amazónica y del Arco Norte son la concesión de la Ferrovia Paraense a la empresa China Railways Corporation, la mencionada compra hecha por CCCC de una terminal del puerto de São Luís, en el estado de Maranhão, y el interés de la siderúrgica

CBSteel de instalar una planta en el nuevo distrito industrial de Bacabeira II, que se constituiría a expensas de tres comunidades tradicionales a 39 km de la capital maranhense, aprovechando la construcción de la nueva terminal y la posible transformación de toda la región portuaria en una grande zona franca[6]. Más allá de estos proyecto pioneros, es evidente que el "factor China" será definidor en el desarrollo de todos los corredores de la zona (Aguiar 2017:66).

Esta extensión de la frontera agrícola del Amazonas es fuertemente impulsada por las actividades ganaderas y por los cultivos de soja, que buscan acortar el tránsito de mercancías creando corredores logísticos que lleven sus productos directamente hacia el Atlántico Norte, sin tener que llevarlos a los tradicionales puertos de Ilheus (Bahía), Açú (Río de Janeiro), Santos (San Pablo) y Paranaguá (Paraná), que justamente debido a la expansión de los latifundios hacia el norte se ven ahora logísticamente más distantes. El impulso de construir rutas más rápidas hacia el Norte está entonces asociado a la demanda de los sectores del agronegocio brasileño para reducir el llamado *Custo Brasil*, idea según la cual lo que hace falta al país sudamericano no es un sector agroindustrial tecnológicamente de vanguardia, sino que conexiones logísticas e infraestructurales que lo hagan competitivos con los otros países productores. Este mismo impulso, por otro lado, tiene directamente que ver con la cada vez mayor inclusión de esta área en las cadenas del valor chinas. De hecho, más allá de los desafíos técnicos en la construcción de corredores transandinos, la elección estratégica de profundizar el uso del Amazonas desde un punto de vista logístico podría ser funcional a una tendencia de mediano plazo de la economía global y china en particular. Como señala el informe de la Fundación Adenauer, se puede suponer que, ante la baja tendencial del crecimiento de la economía china, habrá una reducción paulatina de la demanda de hidrocarburos y minerales, que representan insumos para su crecimiento industrial. Pero al mismo tiempo se espera para los próximos años un crecimiento cada vez más endógeno de la economía china y un correspondiente

6 La nueva terminal privada china en Maranhão va a sumarse a la ya existente de Itaqui, operada por Vale y destinada a la exportación minera. Esta segunda terminal debería especializarse en la exportación de granos. La construcción del nuevo puerto, empezada en 2018 por la CCCC junto con TUP-Terminal de Uso Privado Porto São Luís, está generando conflictos con las comunidades de pescadores del Cajueiro y el quilombo Egipto, y goza del apoyo del gobernador maranhense Flávio Dino, del Partido Comunista de Brasil (PCdoB), partido fuertemente pro-chino.

aumento de la clase media, de unos 600 millones de personas (Sandri 2018). Si bien se trate de una medición por clase de consumo, y no por relación social de producción, es justamente por el cambio de los patrones el consumo que se puede imaginar un incremento de la demanda alimentar, sobre todo de carne y de sus insumos, como la soja. Considerando que China tiene el 19 % de la población mundial y tan solo el 7 % de la tierra cultivable y el 6 % de los recursos hídricos (Roldán, Castro, Pérez, Echavarría, Ellis 2016:45) y que ya está casi al límite de su capacidad de producción agropecuaria (ya en 2011 el gigante asiático compraba el 53 % de los granos de soja destinados a la exportación y el 28 % del aceite de soja), el país debe, y deberá cada vez más, apoyarse en los potenciales de crecimiento del sector agroindustrial de otras regiones del mundo. América del Sur tiene en este sentido mucho del potencial amazónico aún por explorar, a pesar de las enormes consecuencias ecológicas que esto implicaría.

Esto significa, sin embargo, que el actual uso de los puertos del sureste y del sur de Brasil como principales plataformas logística de exportación de *commodities* se vuelve cada vez más obsoleto y económicamente ineficiente, en la medida de que el baricentro productivo de estos mismos *commodities* se encuentra cada vez más al norte. Se ve por lo tanto necesario –y esto es el gran sueño de los latifundistas brasileños– que se desarrolle una plataforma logística adecuada en los puertos, fluviales y oceánicos, del norte amazónico y del noreste, para dar más rápida salida a las mercancías y una más fácil vinculación con los mercados asiáticos vía canal de Panamá, que contemporáneamente está en etapa de ampliación justamente por iniciativa de capitales chinos.

Si entonces del punto de vista de las tendencias geoeconómicas China va a tener un papel importante para el impulso del agronegocio y el avance de la frontera agrícola hacia el Amazonas, por otro lado es y será fundamental medir la presencia directa y física de capitales chinos para el desarrollo del potencial logístico de la misma. En este sentido, más allá de la llegada de CCCC en el Maranhão, la misma empresa es hoy una de las favorecidas para las concesiones de dos importantes proyectos logísticos estratégicos: uno es la FIOL, perteneciente al EID Amazonas de la IIRSA y que conectará el estado de Tocantins con el puerto de Ilheus, en el estado de Bahia; otro es el Ferrogrão, un corredor ferroviario de casi 1000 km de extensión, que llevará buena parte de la producción de soja y maíz del Mato Grosso al estado de Pará. El éxito de esta rodada de concesiones revelará algo más sobre los movimientos de los capitales chinos en la región y, por ende, el eventual redireccionamiento estratégico del esqueleto de la IIRSA.

c) IIRSA y Nuevas Rutas de la Seda

Según Deborah Cowen (2014), a pesar de ser comúnmente considerada una "fábrica global", China, y en cierta medida también los "Tigres Asiáticos", son hoy en día sobre todo verdaderos "imperios logísticos". De hecho, las mayores empresas productoras de contenedores y grúas en el mundo son chinas, mientras que ese país es el segundo mayor productor de navíos y, con más de 2000 naves, tiene la flota mercante mayor en el mundo; además, cinco de los diez puertos de contenedores más grandes del mundo se encuentran en la costa china, y las cinco principales navieras chinas controlaban en 2015 el 18 % del tráfico mundial de contenedores (Arboleda 2018:7). En fin, y es lo más importante, China está llevando adelante el mayor proyecto de interconexión logística global de la historia: la Belt and Road Initiative. Esa es conocida en el lenguaje común como Nueva Ruta de la Seda o, como sería mejor decir, Nuevas Rutas de la Seda (con referencia a la expresión usada por el geógrafo alemán Ferdinand Von Richtofen en el 1877 para caracterizar las rutas que a partir del siglo I A.C. conectaban el Imperio Chino con el Imperio Romano), tratándose de un conjunto de corredores que están distribuidos entre dos grandes proyectos de comunicación y conexión, uno terrestre, la *Belt*, y otro marítimo, la *Road*.

El proyecto de la Silk Road Economic Belt, el cinturón terrestre, fue anunciado por el presidente chino Xi Jimping en la Universidad Nazarbayev de Astaná, capital de Kazajistán, el 7 de diciembre de 2013. Poco después, en una visita al parlamento indonesio de Yakarta, el propio Xi Jimping anunció la intención de China de construir, junto con los países de la Asociación de Naciones de Sureste Asiático (ASEAN), la 21st Century Maritime Silk Road (Grappi 2016:153–154). En el primer caso se trata de la creación, a través de masiva inversión de largo plazo en la construcción, modernización, manutención e integración, de carreteras, líneas de ferrocarril, puertos, aeropuertos, tendidos eléctricos, oleoductos, gasoductos, cables de fibra óptica, y la construcción de trenes de alta velocidad de fabricación china a lo largo de seis grandes corredores logísticos: el China-Mongolia-Rusia Economic Corridor (CMREC), el New Eurasian Land Bridge (NELB), el China-Central Asia- Western Asia Economic Corridor (CCWAEC), el China-Indo-China Peninsula Economic Corridor (CICPEC), el Bangladesh-China-India-Myanmar Economic Corridor (BCIMEC), y el China-Pakistan Economic Corridor (CPEC). Los dos puntos extremos de estos corredores, en una línea este-oeste, serían la ciudad china de Xi'an y las ciudades europeas de Rotterdam, Hamburgo, Praga, y Madrid.

En el caso de la *Road* se trata de la intención de garantizar líneas de transporte marítimo seguras, veloces a través de la construcción y operación de terminales portuarios en buena parte del globo. La ruta tendría dos principales directrices: por un lado, se constituiría entre el puerto chino de Fuzhou y el Mar Mediterráneo, pasando por las mayores ciudades-puerto del Mar de China Meridional, el Océano Índico y la costa oriental de África; por otro, entre China y las ciudades-puerto del Pacífico Sur, lo que está perfilando la extensión de la *Road* hacia Oceanía y Latinoamérica. Paralelamente a la "ruta" y al "cinturón", se ha planteado el desarrollo de la "Ruta de la Seda de la Información", bajo la idea de incrementar la conectividad de la infraestructura digital y de la información, "propiciando la estandarización de medidas técnicas, como de políticas y marcos regulatorios, que produzcan esa red de infraestructura multimodal, en forma de una nueva coherencia estructural espacial que facilite los flujos de capitales, comercio, personas y mercaderías" (Herrera 2019:52).

Esta simple descripción da la idea del tamaño de un proyecto que prevé abarcar un área donde se concentra el 40 % del PIB, el 65 % de la población y el 75 % de las reservas energéticas del planeta (Mastandrea 2018:35). Para echar andar un proyecto de tal envergadura no son pocos los capitales invertidos y la infraestructura financiera requerida: se trata de cifras que, hasta ahora, llegan a 1 600 000 millones de dólares de inversión, muchos de los cuales correspondientes al Silk Road Fund y una parte (unos 100 000 millones) al Banco Asiático de Inversión en Infraestructura, creado específicamente para la BRI y donde participan 57 países como sus socios fundadores. De este modo, se ha pensado suplir una demanda de infraestructura de los mercados asiáticos que se piensa crecerá de 8 % anualmente por toda la década de 2020, representando esta región el 60 % del mercado mundial de infraestructura (Hillman 2016). Según los planes del Partido Comunista Chino, el diseño completo de la BRI estará listo en el 2021, en ocasión del centenario de la fundación del propio PCC, mientras la fase de implementación será completada en el 2049, centenario de la fundación de la República Popular (Wang 2016:16).

Las razones que llevaron China a proponer la BRI son variadas: desde la necesidad de encontrar nuevos mercados para su industria pesada a la de reducir tiempos y gastos de transporte de las mismas; desde el objetivo de diversificar las fuentes de abastecimientos de energía en Asia Central, África y América Latina, funcionales a sus altas tasas de crecimiento (aunque en fase de flexión) al de procurar más amplias fuentes de productos agroindustriales para sostener su industria ganadera o directamente las demandas alimentarias de su creciente clase media; de la necesidad de dar un destino "trazable" a las inversiones extranjeras directas de sus empresas privadas, para evitar que se vuelvan manera de exportar capital al extranjero, al objetivo de proseguir el proceso de internacionalización del Renminbi, recién entrado en las cesta de monedas de reserva del FMI (Mastandrea 2018:35); de buscar formas efectivas de aumentar su *soft power* hasta procurar lo que Harvey ha definido "solución espacial" (Harvey [2001]2007:304–307) al propio excedente de capitales.

Este último aspecto es quizás el más relevante. De hecho, a partir de la creación, desde 1978, de numerosas EPZ para atraer capitales extranjeros, se inauguró la política del "traer adentro", caracterizada por una progresiva integración en el sistema capitalista bajo liderazgo estadounidense. Esta política empezó a revertirse desde el cambio del siglo, primero con la nueva política del *Going Out*, y luego con la creación de institutos financieros tales como los NBD y AIIB y la Organización de Cooperación de Shanghai (OCS). La BRI representaría un paso más en esta dirección.

Según el economista argentino Claudio Katz (2020), el pasaje hacia la política de *Going Out* se volvió necesario tras la desaceleración de la economía china debido a la crisis económica global de 2008, que introdujo un freno a la adquisición norteamericana de excedentes industriales chinos y a su vez determinó el engrosamiento de las reservas chinas con Bonos del Tesoro de EE.UU. China intentó entonces invertir más en su mercado interno y paulatinamente reducir sus acreencias externas, pero si bien pudo retomar el crecimiento este viraje no logró reproducir las altas tasas de ganancia del esquema exportador anterior. A pesar de un gigantesco plan estatal de obras públicas al interior de China y de un aumento de las inversiones, se registró una desaceleración del crecimiento del PIB. Esta sobreinversión ha generado excedentes que no encuentran canales de digestión productiva y ha terminado con estimular burbujas inmobiliarias y una saturación del sistema bancario. Las políticas activas del propio Estado chino han inyectado liquidez en el mercado, incentivando esas burbujas y llevando a un aumento del endeudamiento interno (R. Brenner 2019). Ante las dificultad de reducir la dependencia a las exportaciones con un aumento del mercado interno preservando el nivel anterior de ganancias, el gobierno chino decidió buscar salidas externas a estos capitales sobreacumulados, para descargar los excedentes que el mercado interno no logra absorber.

En la misma línea, Xin Zhang (2017:8) señala algunas transformaciones ocurridas durante esta transición que podrían hacer hablar de problemas de "sobreacumulación" y "superproducción" de la economía china, tales como la dislocación en grande escala de trabajadores domésticos migrantes, la creciente desigualdad regional en los ingresos y la severa degradación ambiental. Todo esto, junto con la formación de burbujas de grandes propiedades fundiarias y un constante aumento del costo de la fuerza de trabajo, determinaron el inicio alarmante de una baja en el retorno del capital invertido en el país. La superproducción y el exceso de capacidad han afectado, en la última década, nueve industrias tradicionales en el país: acero, cemento, láminas de vidrio, aluminio electrolítico, carbón, construcción naviera, energía solar, energía eólica, e industria petroquímica. Gaulard (2011) también ha apuntado a esta tendencia a la superproducción y la caída de la tasa de ganancia a partir de la primera década de 2000, lo que ha determinado la imposibilidad del mercado chino de absorber los excedentes de mercancías, capitales y mano de obra, producidos por su propia dinámica, proceso acompañado por una composición orgánica de capital cada vez más elevada, un incremento en la productividad del trabajo y un decremento en la productividad de capital.

Junto con estos problemas de "superproducción" y "sobreacumulación" en la economía china, según Zhang se estaría realizando un proceso de financiarización de la economía. Desde el punto de vista de este autor, quien ha analizado la Belt and Road Initiative a la luz del enfoque teórico del sistema-mundo (Wallerstein 1985) y de los "ciclos sistémicos de acumulación" (Arrighi [1994]1999) en relación a la historia reciente del capitalismo chino, este incipiente proceso de financiarización determinaría una transición entre lo que Arrighi llamaba fase de expansión material de un ciclo sistémico de acumulación, cuando ocurría un crecimiento ampliado de la producción y el comercio, y una fase de contracción de la economía real y de desplazamiento de cuotas cada vez mayores de capital hacia los circuitos financieros. Es justamente en estas fases cuando se torna útil, para las agencias capitalistas líderes, la "solución espacial" de la que habla Harvey, es decir la expansión y reestructuración geográfica que busca, como medida contracíclica, "territorializar" el capital financiero en exceso en la infraestructura, para asegurar un ciclo de acumulación más lento pero más seguro. La idea, presente en el XIII Plan Quinquenal de Desarrollo para 2016–2020, es que la economía china pueda crecer establemente (pero de forma más sostenible) a una tasa de 6.5 %, lo que se volvería la "nueva realidad". Por ello, se plantearon diversas reformas estructurales dirigidas al aumento del mercado interno pero sobre todo a dar un nuevo impulso a la estrategia del *Going Out* a través justamente de la Belt and Road Initiative. Emergería por lo tanto, en el panorama geopolítico cada vez más multipolar del contexto global actual, una sobreposición entre la incipiente fase de financiarización del ciclo de acumulación chino (aunque con características muy peculiares[7]), dentro del contexto más de larga duración de financiarización

7 De hecho, China ha logrado estar afuera de las dinámicas especulativas globales, y nunca ha sido incorporada al Washington Consensus. En ese país el banco central no tiene autonomía frente al gobierno y a la política de plano del PCC, existe un

del ciclo de acumulación estadounidense. Lo que es cierto es que, otra vez más, la BRI representaría aquella "intervención sobre las geografías" de la circulación de mercancías y capitales que la crisis de reproducción ampliada impone, configurándose por lo tanto la logística como la solución espacial privilegiada de la actual fase de caos sistémico del sistema-mundo capitalista.

La BRI contribuye así a determinar, al fin y al cabo, importantes cambios en la forma con que se puede pensar la relación entre lógica territorialista y lógica capitalista en el actual capitalismo *logístico*. De hecho, el ascenso de China como potencia global pone muchos retos analíticos, en primer lugar porque China es un país con una historia, una cultura, y una filosofía política no occidentales, muy diferentes de los centros capitalistas que han liderado las ciclos de acumulación en los siglos pasados. Si bien los exploradores y mercaderes chinos viajaran por tramos oceánicos desde mucho antes que los europeos y la propia China fuera hasta la Revolución Industrial europea el principal centro económico del planeta (Pomeranz 2000), la hegemonía del país asiático nunca se había traducido en una dominación de tipo capitalista ni se había basado en un universalismo de tipo occidental y tampoco se había impuesto de una manera tan bélica y agresiva. Sin embargo, lejos de la narrativa elogiosa de ciertos comentaristas, la emergencia de China como potencia capitalista y como imperio logístico en la fase actual está poniendo en práctica nuevas formas de dominación política y dependencia económica cuyo análisis crítico queda en buena medida como tarea pendiente. La narrativa de su ascenso "pacífico", de hecho, es hoy en día el principal arma diplomático de China y ha sido ampliamente utilizado para legitimar el proyecto de la BRI. En efecto, hasta ahora los préstamos de los bancos y fondos chinos, a diferencia de los del FMI, nunca han significado injerencias directas en la política interior de otros países. Todo esto ha permitido a China presentar el proyecto de la BRI no como un plan hegemónico como los TLC liderados por Estados Unidos, sino como una oferta altruista, un proyecto de interconexión ganar-ganar, donde todos los integrantes tendrían participación igualitaria y que al fin y al cabo beneficiaría a todos. Los objetivos declarados de la BRI, las llamadas "cinco conexiones" (coordinación política, conectividad física, libre comercio,

enorme control sobre los flujos de capitales en entrada y salida del país, y el sistema bancario, a pesar de tener presencia de bancos privados, es controlado por el Estado. Sin embargo, quedan zonas de sombras al sistema, como Hong Kong, por décadas puerta de acceso de los capitales extranjeros a China, mientras existen indicios de una fuerte actividad especulativa interna, la que hace prever la posibilidad de explosión de una burbuja en el sector inmobiliario.

integración financiera y relaciones entre pueblos) son presentados como intereses comunes. La puesta en marcha de un imaginario pacífico tiene un profundo valor simbólico, que abunda de referencias sobre las Rutas de la Seda de la antigüedad vistas como las primeras experiencias de conocimiento mutuo de pueblos de diferentes áreas del globo.

Desde este punto de vista, China repropone los ideales de aldea global de la globalización neoliberal en tiempos en que en el mundo occidental se asiste a una vuelta atrás hacia políticas proteccionistas. Pero la aldea global promovida por China se nutre de una filosofía confuciana centrada en una fuerte idea de "sociedad armoniosa", estable y priva de conflictos que el país asiático propone, a través de la BRI, como imaginario global. Una sociedad armoniosa que ve en los paradigmas de la logística y la "política de los corredores" formas de *governance* eficientes y supuestamente apolíticas. Según Grappi (2016:172), para afirmar su "ontología política" confuciana, "China recurre a los lenguajes, al imaginario y al *modus operandi* de la logística, proponiendo al mundo de unirse alrededor de una política transnacional de los corredores". De manera novedosa, la BRI parece determinar la reactualización de la disputa geopolítica en el contexto actual de caos sistémico, crisis civilizatoria, y capitalismo de las *supply chains*.

El proyecto de la BRI contempla a Latinoamérica desde el 2015, continuando de esta manera la tendencia al flujo de capitales chinos a la región, y acorde con la búsqueda, por parte de China, de espacios estratégicos para el aprovisionamiento de recursos mineros, energéticos y agroindustriales y para inversiones en proyectos de infraestructura. Como señala David Herrera (2019:56), antes de 2015 los capitales chinos habían tenido ya una presencia considerable en algunas regiones de América Latina, pero parecía no existir la pretensión de "conectar" estas inversiones en el marco de la BRI. Fue de hecho solo a partir de la visita a la región del primer ministro Li Keqiang a algunos países de América del Sur que el proyecto tomaría cuerpo con mayor fuerza. En aquella ocasión, al definirse el proyecto de Ferrocarril Bioceánico entre los puertos de Açú en Brasil y de Ilo en Perú, la proyección china a la región se cruzó y articuló con el diseño ya puesto de la IIRSA. De hecho, el crecimiento de las fuerzas productivas chinas en la construcción de ferrocarriles, sobre todo de alta velocidad, ha sido en los últimos tiempos uno de los vectores principales de la exportación de capitales ociosos y mano de obra excedente al extranjero en el ámbito de la BRI.

No es la primera vez que la BRI, por su dimensión tan abarcadora y con pretensiones globales, termina superponiéndose a otros planes de conexión logística e intermodal diseñados en tiempos y contextos diferentes y bajo el liderazgo de otros actores. Es el caso, por ejemplo, de los corredores europeos TEN-T

(Trans-European Transport Network), cuyos ejes norte-sur (Génova-Rotterdam) y este-oeste (Lisboa-Kiev) están siendo sobrepuestos, de alguna forma, por la BRI. El "encuentro" entre la BRI y la IIRSA podría leerse, en alguna medida, como una ulterior incorporación de la segunda a la dinámica transpacífica. Como ha afirmado Porto-Gonçalves (2017:89) "[l]a misma infraestructura física que serviría al Área de Libre Comercio de las Américas sirve para la integración del nuevo centro geográfico del capital industrial en Asia, sobre todo en China". Esta proyección hacia China, sin embargo, se manifiesta bajo formas y operaciones capitalistas que exceden una simple alianza internacional. De hecho, la crisis y derrota de los gobiernos progresistas, a pesar de determinar un regreso a una alianza política con Estados Unidos, no ha interrumpido el proceso de integración económica y logística del subcontinente hacia Asia-Pacífico, hasta el punto que uno de los mayores aliados de Washington, Mauricio Macri, propuso en 2017 a China de buscar sinergias con la propia IIRSA para potenciar la interconexión territorial de Sudamérica con el país asiático y dar mayor impulso a la exportación de bienes alimentares de la primera al segundo.

Esta integración económica desigual entre las dos regiones está profundizando una serie de tendencias. Por un lado, parece que el modelo de "capitalismo con características chinas" centrado en la proliferación de regímenes excepcionales está poco a poco expandiéndose en el subcontinente: según la Asociación de Zonas Francas de las Américas, de hecho, en América Latina ya hay más de 600 zonas francas en 23 países (AZFA 2018). Algunas de estas zonas han surgido incluso en países considerados socialistas o bolivarianos: es el caso del puerto cubano de Mariel, modernizado por la constructora brasileña Odebrecht bajo el impulso del comercio con China, y de la gigantesca ZEE del Arco Minero del Orinoco en Venezuela, al cruce entre los EID Andino y Escudo Guayanés de la IIRSA, dedicada a la extracción de petróleo y minerales y donde operan varias transnacionales chinas.

Por otro lado, el *soft power* de la BRI ha llegado incluso a países que han históricamente sido semiprotectorados de EE. UU. Panamá, por ejemplo, en junio de 2017 aceptó el principio de "una sola China", firmó un plan de inversión con China que prevé entre otras cosas la modernización del canal, y se convirtió en el primer país latinoamericano a adherir a la BRI; desde entonces, otros países de la región se volvieron miembros de la misma: Uruguay, Ecuador, Venezuela, Chile, Bolivia, Costa Rica, Cuba y Perú. Otras obras importantes en el ámbito de la BRI en América Latina son la reconstrucción del aeropuerto internacional Eloy Alfaro en la ciudad ecuatoriana de Manta, una línea de ferrocarril entre la ciudad de Panamá y la de David (BBC 2019), mientras la propia Hidrovía

Paraguay-Paraná estaría en proceso de ser subsumida a la lógica transpacífica de la iniciativa.[8] Además, según el análisis de Alberto Valz Gris (2021), es también posible que otros ejes de integración y desarrollo de la IIRSA puedan redefinirse estratégicamente en relación a la BRI. En el caso del eje Capricornio, por ejemplo, hay indicios que el nuevo Complejo Portuario de Mejillones así como otros nudos estratégicos para el suministro de la cadena del litio se estén incorporando a los objetivos de la iniciativa.

Este mismo autor, además, hace notar que la expansión de los tentáculos de la BRI se proyecta más allá de la adhesión directa y formal a la BRI por parte de los países latinoamericanos. De hecho, países como Argentina, Brasil, Colombia y México, que juntos producen el 70 % del PIB de la región, a pesar de no haber adherido a la iniciativa hospedan cada vez más proyectos de infraestructura logística chinos que sí son considerados estratégicos en el marco de la BRI. Esto es particularmente evidente para Brasil y Argentina, que desde hace tiempo tienen en China el primer socio comercial. En la última Cumbre de los BRICS en Brasilia, en noviembre de 2019, a pesar de la retórica xenófoba y antichina del actual gobierno brasileño, Bolsonaro y Xi Jinping anunciaron la intención de "alinear" la BRI con el PPI de Brasil (Mazui, Barbiéri, Rodrigues 2019). Además, incluso en México el cuestionado proyecto del llamado "corredor transístmico" en el Istmo de Tehuantepec, es considerado ser una ampliación de la Ruta de la Seda (Méndez 2020).

La masiva llegada de capitales chinos en la región está en buena medida sustituyendo los capitales locales en crisis, pero en términos socioambientales no parece haber cambios sustanciales: los movimientos y los pueblos que en las últimas décadas han dado batalla contra el despojo generado por las grandes obras de infraestructura de la IIRSA ya están experimentando cómo, cuando se trata de acumulación por desposesión, los capitales chinos no sean más sustentables o amigables de los de otras proveniencias.

Queda aún fuertemente pendiente un análisis más profundo sobre la naturaleza de las relaciones entre China y América Latina, que ve la izquierda latinoamericana dividirse, una vez más, entre ilusiones de un renovado tercermundismo que sin embargo no cuestiona realmente la dependencia y un reduccionismo por el cual "todas las vacas son negras". Una vez más, quizás una clave para entender esta relación sea a partir de un análisis de las implicaciones de la logística como poderosa racionalidad capitalista del tiempo presente. ¿Es justamente la

8 Entrevista al profesor y sociólogo Alfredo Falero, Universidad de Montevideo.

capacidad de seducción de la racionalidad logística inherente a la ideología armónica confuciana lo que hace tan atractivo, en el tiempo presente, el proyecto de la BRI frente a la arrogancia de las clásicas aventuras imperialistas?

China llega a América latina, y con particular intensidad a América del Sur, en un momento de fuerte incertidumbre. La primera etapa de la IIRSA, anclada al Consenso de Washington, y la segunda, asociada al apogeo progresista y su modo de gobernar y al sueño de potencia de Brasil, se han agotado. Según todos los indicios, la infraestructura logística sigue una prioridad para las clases capitalistas, autóctonas o foráneas, activas en la región, pero su marco institucional, normativo y gubernamental (el sistema de normas y de acciones) está todavía lejos de definirse. En este escenario, el desembarque chino en América del Sur puede ofrecer a la infraestructura regional una nueva salida estratégica. No se puede prever todavía, en el medio del caos sistémico que vive el mundo y la región y en el medio de una transición hacia no se sabe dónde, si la IIRSA pueda ser incorporada como tal a la BRI y qué novedades esta incorporación conllevará, o si por lo contrario la apuesta de China se quedará a medias, si asistiremos a otras emergencias imperiales o internas, o si simplemente las disputas intercapitalistas alcanzarán un nivel tal que comprometerán el proyecto de la IIRSA como tal. Aún menos estos escenarios son previsibles a la luz de un fin de 2019 rebelde y de un 2020 pandémico.

Bibliografía

AGUIAR, Diana. 2017. *A geopolítica de infraestrutura da China na América do Sul. Um estudo a partir do caso do Tapajós na Amazônia brasileira*, Rio de Janeiro: Act!onaid e FASE.

ARBOLEDA, Martín. 2018. "Extracción en movimiento: circulación del capital, poder estatal y urbanización logística en el norte minero de Chile", en Investigaciones Geográficas, Universidad de Alicante.

ARRIGHI, Giovanni. [1994]1999. *El largo siglo XX*. Madrid: Akal Ediciones.

ARRIGHI, Giovanni; SILVER, Beverly. 1999. *Chaos and Governance in the Modern World System*, Minneapolis: University of Minnesota Press.

AZFA (Asociación de Zonas Francas de las Américas) 2018. En *www.asociacionzonasfrancas.org* acceso 29 de marzo de 2020.

BBC. 26 de abril de 2019. "Los países de América Latina que forman parte de la Nueva Ruta de la Seda de China". En https://www.bbc.com/mundo/noticias-america-latina-48071584 31 de marzo de 2020.

BRENNER, Robert. Marzo-abril 2019. "El dilema del crédito chino. Entrevista con Victor Shih", en *New Left Review*, v. 115.

CEPAL (Naciones Unidas Comisión Económica para América Latina y el Caribe). 2018. *Exploring new forms of cooperation between China and Latin America and the Caribbean.* En https://repositorio.cepal.org/bitstream/handle/11362/43214/1/S1701249_en.pdf acceso 30 de marzo de 2020.

CERDAS VEGA, Gerardo. 2015. "Nuevos actores en el financiamiento a IIRSA/COSIPLAN", en AA. VV. *De IIRSA a COSIPLAN. Cambios y continuidades*, Boletín No. 2, La Paz: Coalición Regional. Por la transparencia y la participación.

COWEN, Deborah. *The Deadly Life of Logistics: Mapping Violence in the Global Trade.* Minneapolis: University of Minnesota Press, 2014.

COWEN, Deborah; Smith, Neil. 2009. "After Geopolitics? From the Geopolitical Social to Geoeconomics", *Antipode.* London, 30th of January 30.

Exame. 30 de novembro de 2017. "A CPFL 100% chinesa é símbolo do apetite asiático". Em https://exame.abril.com.br/mercados/a-cpfl-100-chinesa-e-simbolo-do-apetite-asiatico/ acceso 29 de marzo de 2020.

GAULARD, Mylène. 2011 "Los problemas de la sobreacumulación en China", *Revista de Economía Crítica*, n. 11, pp. 1–20. En http://revistaeconomiacritica.org/sites/default/files/revistas/n11/REC11_1_Mylene_Gaulard.pdf acceso 30 de marzo de 2020.

GyBC (Grupo de Estudios en Geopolítica y Bienes Comunes) 2019. *Triángulo del Litio. Un área de disputa estratégica entre potencias globales en nombre de la transición energética*, Buenos Aires: Fundación Rosa Luxemburgo.

GRAPPI, Giorgio. 2016. *Logistica*, Roma: Ediesse.

HARVEY, David. [2001]2007. *Espacios del capital. Hacia una geografía crítica*, Madrid: Ediciones Akal.

HERRERA SANTANA, David. 2019. "Geopolítica de la fragmentación y poder infraestructural". El Proyecto *One Belt, One Road* y América Latina. En *Geopolítica(s). Revista de estudios sobre espacio y poder*, Madrid: Ediciones Complutense, 41–68.

HILLMAN, Jonathan. 2016. "OBOR on the ground. Evaluating China's 'One Belt One Road' Iniciative at the Project Level", en *Reconecting Asia, Center for Strategic International Studies*, November. En https://www.csis.org/analysis/chi-nas-belt-and-road-full-holes acceso 30 de marzo de 2020.

HUNG, Ho-fung. 2016. *The China Boom. Why China Will Not Rule the World*, New York: Columbia University Press.

JONES, Lee. 2020. "Más allá de 'China, Inc.'. Claves para entender las empresas chinas", en *Transnational Institute.* En https://www.tni.org/en/node/24904 acceso 24 de septiembre de 2020.

KATZ, Claudio. 2020. "Descifrar a China. Proyectos en disputa", en *La página de Claudio Katz. Textos de ciencias sociales.* En https://katz.lahaine.org/descifrar-a-china-iii-proyectos-en/ acceso 20 de diciembre de 2020.

LIMA, Laíza; PANEZ PINTO, Alexander; PORTO-GONÇALVES, *Carlos Walter;* ROCHA, Pedro Henrique; SANTORO, Karoline. *2018.* "Rearranjo de poder na Iniciativa de Integração Regional da América do Sul (IIRSA)? Análise das tendências atuais do seu processo de implantação". 10 a 14 de setembro. Em Congeo. Congresso Brasileiro de Geografía Política, Geopolítica e Gestã*o do Território*, Universidade Federal Fluminense, Niterói-RJ.l

MAZUI, Guilherme; BARBIÉRI, Luiz Felipe; RODRIGUES, Mateus. 13 de novembro de 2019. "'China cada vez mais faz parte do futuro do Brasil', diz Bolsonaro", em Globo. En https://g1.globo.com/politica/noticia/2019/11/13/bolsonaro-recebe-presidente-da-china-no-itamaraty-antes-de-cupula-de-lideres-do-brics.ghtml acceso 2 de septiembre de 2020.

MÉNDEZ, Enrique. 28 de julio de 2020, "El corredor interocéanico moverá 30% de mercancías de Asia: Murat Hinojosa", en La Jornada. En https://www.jornada.com.mx/2020/07/28/politica/011n1pol acceso 2 de septiembre de 2020.

OCDE (Organización para la Cooperación y el Desarrollo Económicos) 2016. "Logistics observatory for Chile: strengthening policies for competitiveness", en *International Transport Forum*. En https://www.itf-oecd.org/sites/default/files/docs/16cspa_chile_logistics_observatory.pdf acceso 26 de marzo de 2020.

Macrotrends www.macrotrends.net acceso 3 de mayo de 2020.

MARQUES, Humberto. 27 de julio de 2018. "Reunião na 2ª-feira discute implantação da Ferrovia Transamericana. Seminário vai apresentar projetos técnicos e de viabilidade para corredor de escoamento com 2,4 mil quilômetros de extensão", em Campo Grande News. En https://www.campograndenews.com.br/economia/reuniao-na-2a-feira-discute-implantacao-da-ferrovia-transamericana acceso 3 de mayo de 2020.

MASTANDREA, Michele. 2018. "Corridoi di seta", in *Zapruder*, n. 46, Maggio-agosto.

Ministério da Infraestrutura 2018. "Empresa chinesa confirma aquisição do terceiro maior terminal de contêineres do Brasil". En http://transportes.gov.br/ultimas-noticias/6801-empresa-chinesa-confirma-aquisi%C3%A7%C3%A3o-do-terceiro-maior-terminal-de-cont%C3%AAineres-do-brasil.html acceso 26 de marzo de 2020.

People Daily. 25 de novembro de 2016. "China se convierte en exportador de capital neto: según informe". En http://spanish.peopledaily.com.cn/n3/2016/1125/c31620-9147111.html acceso 26 de marzo de 2020.

POMERANZ, Kenneth. 2000. *The Great Divergence China, Europe, and the Making of the Modern World Economy*, Princeton University Press.

PORTO-GONÇALVES, Carlos Walter. 2017. "Dimensión geopolítica de la crisis brasileña: una perspectiva desde los grupos sociales en condición de subalternidad", en León Hernández, Efraín (coordinador) *Praxis espacial en América Latina. Lo geopolítico puesto en cuestión*, Ciudad de México: Itaca.

RAY, Rebeca, GALLAGHER, Kevin, & SARMIENTO, Rudy. 2016. *China & Latin America Economic Bulletin*. En http://www.bu.edu/bucflp/2016/04/06/2016-china-latin-america-economic-bulletin-from-gegi-now-available/ acceso 20 de agosto de 2020.

ROLDÁN PÉREZ, Adriana; CASTRO LARA, Alma Sofía; PEREZ RESTREPO, Camilo Alberto; ECHEVARRÍA TORO, Pablo; ELLIS, Robert Evan. 2016 "La Presencia China en América Latina. Comercio, inversión y cooperación económica", en *Fundación Adenauer*.

SANDRI, Piergiorgio. 20 de octubre de 2018. "China ya concentra la mitad de la clase media mundial", en *La Vanguardia*. En https://www.lavanguardia.com/economia/20181021/452454099592/distribucion-riqueza-china-clase-media-espana-informe-datos.html acceso 29 de marzo de 2020.

Sputnik. 6 de diciembre de 2017. "Bolivia firmará acuerdo de cooperación técnica con Suiza para impulsar tren bioceánico". En https://mundo.sputniknews.com/america-latina/201712061074519803-america-latina-transporte/ acceso 30 de marzo de 2020.

TSING, Anna. 2009. "Supply Chains and the Human Condition". In *Rethinking Marxism, v.* 21, n. 2. London.

VALZ GRIS, Alberto. March 2021. "Enduring axes of dispossession. Emerging geographies of the Belt and Road Initiative in Latin America", thesis chapter in Urban and Regional Development, Politecnico di Torino.

WALLERSTEIN, Immanuel. 1985. Il *capitalismo storico. Economia, politica e cultura di un sistema-mondo*, Torino: Einaudi.

WALLERSTEIN, Immanuel. [2013]2015. "La crisis estructural, o por qué los capitalistas ya no encuentran gratificante al capitalismo", en Wallerstein, Collins, Mann, Derluguian, Calhoun, *¿Tiene futuro el capitalismo?*, Ciudad de México: Siglo XXI Ediciones.

WANG, Yiwei. 2016. *The Belt and Road Initiative: What Will China Offer the World in Its Rise*, Beijing: New World Press, February.

ZHANG, Xin. 2017. "Chinese Capitalism and the Maritime Silk Road: A World-Systems Perspective", *Geopolitics*, Taylor & Francis, London.

ZIBECHI, Raúl. 22 de febrero de 2018. "China tropieza en Suramérica", en *Sputnik*. En https://mundo.sputniknews.com/firmas/201802221076482742-america-latina-tren-bioceanico-comercio-pekin/?fbclid=IwAR3WILHucYJE-gBo5LtNZa1XMA7dwEIyTrViB3fqA1pSi4vXm0B6Mo4gb5gg acceso 30 de marzo de 2020.

CONCLUSIONES

Marx dice que las revoluciones son la locomotora de la historia mundial. Pero tal vez se trata de algo por completo diferente. Tal vez las revoluciones son el manotazo hacia el freno de emergencia que da el género humano que viaja en ese tren.

Walter Benjamin, *Tesis de filosofía de la historia*, 1939–40

En la última década, a partir del agotamiento del impulso renovador de los llamados "gobiernos progresistas" y de la generalización de un malestar frente a la frustración de las expectativas de cambio de la realidad latinoamericana, una vertiente intelectual regional ha popularizado los conceptos de "neoextractivismo" y "consenso de los *commodities*". Desde un punto de vista político, estas corrientes y estos conceptos se han sintonizado con innumerables luchas por la vida que, de otra manera, se habrían quedado invisibilizadas bajo el consenso hegemónico de una izquierda, al fin y al cabo, colonial. Sin embargo, el marco conceptual del extractivismo, a pesar de estar fundamentado en tendencias de enorme relevancia en el subcontinente latinoamericano, ha faltado en detectar "mediaciones analíticas más amplias que permitan visualizar otras contradicciones del proceso actual y también diferencias más allá de elementos comunes" (Falero 2015:145). Políticamente, sus límites han sido reafirmar una mirada instrumental y estática del Estado, alimentando la incapacidad contrahegemónica de los oprimidos, subestimar las relaciones capital-trabajo en nombre de una nueva "contradicción central" capital-naturaleza o capital-pueblos indígenas y proponer una postura localista anclada exclusivamente en la esfera de comunidad y autonomía territorial.

Por otro lado, en la medida en que los gobiernos progresistas entraban en crisis por la profundización de las contradicciones sociales que en lugar de resolver prefirieron quizás "esconder", actuando sobre los efectos y no sobre las causas de las políticas neoliberales, intelectuales cercanos a estos gobiernos se alzaban en su defensa encontrando en el imperialismo *yankee* la manera perfecta para desviar la atención desde sus fracasos. La polarización entre estas tendencias se ha vislumbrado en todo su drama en ocasión del golpe de Estado en Bolivia de noviembre 2019. La misma división está presente en la izquierda latinoamericana a la hora de confrontarse con el "desembarque" chino a la región, visto por unos como "más de lo mismo" y por otros como la salvación antimperialista. En medio a este embate, los altibajos de la Iniciativa para la Integración de la Infraestructura Regional Sudamericana, el mayor y tal vez más coherente proyecto de reordenamiento territorial que se ha dado en la región, han sido interpretados a la luz de dos ultrageneralizaciones: la simple y plana asociación de neoliberalismo con las políticas extractivistas, por un lado, y con el Consenso de Washington, por otro.

El objetivo de este libro ha sido proponer la categoría de "logística" para vislumbrar lógicas subterráneas y cada vez más preferentes en el capitalismo actual, capaces de dar cuenta de algunas continuidades en las operaciones concretas de avance capitalista en la región, acorde con patrones globales. No se trata, obviamente, de proponer una ultrageneralización más ni de entender la logística como un todo abarcador, sino de llamar la atención sobre los efectos concretos de una ciencia capitalista que a pesar de tener un origen antiguo se ha hecho particularmente visible en las últimas décadas. Una racionalidad del capital que, a partir de la necesidad de estede "aniquilar el espacio a través del tiempo", se ha transformado en una verdadera inteligencia estratégica en el marco de la globalización y la acumulación flexible, siendo capaz de coordinar la armonización de producción, circulación y consumo en el capitalismo global.

Desde nuestro punto de vista, la lente de la logística nos permite captar algunas características de la IIRSA no estrictamente reducibles a la cuestión del extractivismo, aunque inseparables de ella, ni a los igualmente importante vaivenes geopolíticos que han afectado la región sudamericana. La logística gestiona y coordina aspectos focales del desarrollo geográfico desigual y desde este punto de vista, la tendencia a la periferización de Sudamérica en la división internacional del trabajo ha sido posibilitada también por el desarrollo de las cadenas globales de abastecimiento y de la infraestructura intermodal. Por otro lado, así como los imperativos de la logística ponen límites cada vez más fuertes a la razón de Estado propia de las estrategias geopolíticas consolidadas, el uso y el aprovechamiento de los planes de infraestructura y los corredores intermodales es hoy un elemento imprescindible para cualquier estrategia de dominación política o militar.

Junto a la emergencia de una fuerte racionalidad logística, Mezzadra y Neilson (2015 y 2019) han evidenciado las articulaciones de esta con extracción y finanzas como aspectos relevantes de la nueva fase del capitalismo global. Adoptando la perspectiva temporal de la sociología macrohistórica y de los ciclos sistémicos de acumulación, se puede llegar a un entendimiento de logística, extracción y finanzas como lógicas preferentes de reproducción del capital total en una etapa caracterizada por bajas tasas de crecimiento real, altos índices de desempleo estructural y la proliferación de formas de *governance* cada vez más transnacionales de los corredores de desarrollo. En este marco, la creciente importancia de la provisión de infraestructura logística intermodal se ha dirigido, por un lado, hacia una aceleración en la tendencia capitalista a "aniquilar el espacio con el tiempo", por otro, se ha caracterizado como una "solución espacial" a los problemas capitalistas de sobreacumulación. Los enormes planes regionales de infraestructura e integración logística que se han gestado en las últimas décadas en escala mundial tienen como objetivo responder a esta doble demanda del capital total.

La hipótesis central de este libro es que justamente la adherencia de la IIRSA a los principales mandatos y objetivos de la racionalidad logística del capital es lo que permitió la supervivencia y resiliencia de la misma frente a la derrocada del ALCA, que fue el marco jurídico y macroeconómico bajo el cual la propia IIRSA había sido planeada. Sin embargo, a partir de la crisis del llamado "ciclo progresista" y del fin de la UNASUR, hay elementos de incertidumbre y ambigüedad sobre la capacidad de la IIRSA de sobrevivir como plan orgánico de integración infraestructural. En efecto, si bien es cierto que COSIPLAN ha sido una expresión de actividad regional exitosa a pesar de un más o menos evidente "fracaso" de la UNASUR en su conjunto, desde 2017 hay una constante falta de información por parte del propio Consejo, por lo cual se puede suponer que, para renovarse, la IIRSA debería encontrar una forma de superar COSIPLAN, a través de su reincorporación en una plataforma diferente o por medio de un proceso de cambio general de su *governance*.

Asimismo, hay evidencias de que algunos corredores u obras privilegiadas de la IIRSA permanecen prioritarios en la fase actual y algunos se ven incorporados a otros planes de desarrollo infraestructural, tales como la *Belt and Road Iniciative*. Por otro lado, también hay ejemplos de proyectos que se ven frustrados por las más variadas razones, desde problemas de ingeniería a falta de atracción de los capitales necesarios, del desafío puesto por movimientos sociales territoriales hasta escándalos de corrupción o la simple falta de real voluntad política de algunos gobiernos. Esto evidencia los límites de la logística como "utopía capitalista", sus contradicciones con la materialidad de la heterogeneidad social. De hecho, aunque la logística se imagine actuar sobre un terreno plano, su contexto material de intervención es siempre "lleno de rugosidad" (M. Santos 2002). Pero también evidencia el carácter precario que esta asume en la medida que actúa como "solución" a la caída de la tasa de ganancia, es decir como paliativo a la crisis estructural del capitalismo contemporáneo. En efecto, a pesar de imaginar corredores de desarrollo rápidos y flexibles, carreteras capaces de cortar selvas y montañas como el cuchillo en el "queso gruyière", es frecuente que la logística termine construyendo catedrales en el desierto, grandes obras capaces de atraer dinero público en manos privadas pero que a menudo se quedan incompletas, que no logran recuperar el capital invertido ni aumentar la eficiencia real del movimiento de las mercancías.

Es incierto si sea posible hoy un relanzamiento o nuevo impulso de la IIRSA como plano integral de integración logística regional y bioceánica, o si por lo contrario su arquitectura general haya quedado definitivamente comprometida con la crisis económica y judicial que ha golpeado, a mitad de la década de 2010, a las empresas "campeonas nacionales" brasileñas, el BNDES y en general el proyecto de Brasil potencia, llevado adelante por el Partido de los Trabajadores. En este segundo caso, es posible que los gobiernos nacionales apunten a fortalecer estrategias de conexión infraestructural por separado, como parece ser el caso de los corredores brasileños que conectan las regiones de producción sojera del centro-oeste con los puertos del Arco Norte vía Cerrado y Amazonia o los nuevos escenarios de urbanización logística en los enclaves mineros del centro-norte de Chile. Si bien el impulso a la construcción de grandes obras de infraestructura intermodal es una necesidad siempre presente para la reproducción del capital total, aún más en una etapa de "estancamiento secular", no necesariamente el propio capital total sabrá darse las mejores condiciones para reproducirse, y esta incógnita es aún más amenazante en el momento que acabamos de precipitar en una nueva gran crisis, cuyo escenario se perfila mucho más dramático que la crisis de 2008.

La IIRSA ha sido el más ambicioso plan de interconexión intermodal de la historia de América Latina. Su desarrollo ha sido constantemente condicionado por los cambios caóticos de los equilibrios políticos y geopolíticos regionales, pero al fin y al cabo su racionalidad logística ha influenciado la política de los diferentes bloques regionales, incluso más de cómo sus objetivos políticos específicos hayan conseguido disciplinarla e instrumentalizarla. Más aún, la racionalidad logística propia de la IIRSA fue paradójicamente favorecida durante la década de hegemonía de gobiernos "progresistas" y bajo el impulso y el liderazgo de Brasil, que le garantizó apoyo público, cierto consenso social y una estrategia financiera y empresarial que, hasta la crisis de los precios de los *commodities*, tuvo cierto éxito. La crisis del bloque progresista no afectó la centralidad de la construcción y desarrollo de la infraestructura logística en las estrategias políticas y económicas de los gobiernos regionales, pero introdujo elementos caóticos en su planificación y efectiva implementación.

A partir de 2019 dos cambios intervinieron en el contexto social, económico y político en Sudamérica y no se puede prever cuáles consecuencias de pequeño, mediano o largo plazo podría tener este *shock* en un sinnúmero de asuntos, entre ellos el futuro de la integración de la infraestructura y la centralidad de la conectividad logística. El primero de ellos fue el estallido casi simultáneo ocurrido en varios lugares en octubre de 2019, que se sitúa al interior de un más amplio y heterogéneo ciclo de luchas planetarias, desde el movimiento de los "chalecos amarillos" en Francia a la insurrección que tuvo lugar en Sudán, de las manifestaciones de Hong Kong y Cataluña hasta los tumultos masivos en Líbano e Irak. América Latina entró en este ciclo de sublevaciones con la insurrección generalizada que ocurrió en Ecuador en octubre de ese año, que vio una convergencia entre un estallido urbano-popular y una tremenda lucha de la organización indígena CONAIE, y que llevó al retiro de un polémico "paquetazo" de medidas de austeridad negociado por el gobierno de Moreno con el FMI. En el mismo mes de octubre, en Chile una amplia movilización comenzada contra el aumento del precio del transporte público se generalizó a prácticamente todos los aspectos de la vida social, y cuestionó directamente el modelo económico neoliberal del país lo que permitió la apertura de un proceso constituyente con el fin de superar la todavía presente Constitución pinochetista. Mientras tanto, imponentes movilizaciones populares, indígenas y sindicales sacudieron Colombia, en contra de la reforma de pensiones y en general del modelo de política paramilitar que rige la gestión del orden neoliberal en ese país, manifestaciones que fueron retomadas de forma aún más masiva en el mayo de 2021. Contemporáneamente, luchas ya en curso, como las de Haití y Honduras, tuvieron un momento de auge, paros, huelgas y movilizaciones se difundieron en Paraguay, Panamá y Costa Rica y en 2020 hubo un nuevo alzamiento popular en Perú. En casi todos estos contextos, el bloqueo a las principales vías de comunicación, el ataque a las infraestructuras y el rechazo al aumento del costo de la vida y del transporte popular han sido elementos constantes, tanto que estas luchas se pueden leer como ejemplos de *riots* o *circulation struggle*.

Paralelamente a estos levantamientos populares, procesos electorales llevaban a cambios repentinos y contradictorios en el tablero geopolítico, con el triunfo peronista de Alberto Fernández, que reposicionaba Argentina en la vertiente progresista tras años de políticas de masacre social por parte de Macri y de obstinada resistencia popular, mientras la victoria por estrecho margen del conservador Luis Alberto Lacalle Pou en Uruguay puso fin a 15 años de progresismo. En fin, en Bolivia otra rebelión social, inicialmente promovida por sectores sociales estudiantiles e indígenas pero que terminó siendo instrumentalizada por la derecha religiosa y reaccionaria, se levantó contra Evo Morales, oponiéndose a su pretensión indefinida en el poder y una gestión del proceso electoral considerada fraudulenta: el conflicto terminó con un golpe cívico-policial-militar, la autoproclamación de la conservadora Jeanine Añez a la presidencia, y represión y masacres de simpatizantes del MAS. Menos de un año después, este golpe fue rotundamente derrotado por una nueva oleada de movilizaciones populares, bloqueos de caminos y cerco indígena a la ciudad de La Paz y por un nuevo triunfo electoral del MAS, esta vez renovado y con mayor participación de cuadros disidentes y movimientos sociales.

A un escenario tan convulso se ha sumado, en los primeros meses de 2020, la pandemia global del coronavirus. La relación que ha tenido, tiene y tendrá la evolución de esta pandemia y la profunda crisis económica que está generando con la dimensión logística del capitalismo actual es estrecha aunque sus consecuencias y desarrollos futuros son aún imprevisibles. El virus se expandió, con una velocidad impresionante, a lo largo de las cadenas globales de abastecimiento. Es sorpresivo cómo, en sus primeros pasos, antes de alcanzar las Américas, el virus haya seguido de manera prácticamente idéntica, pero con una velocidad mucho mayor, los mismos corredores comerciales que siguió la Peste Negra en las décadas de 1330 y 1340, es decir los de la (antigua y nueva) Ruta de la Seda: *spillover* desde el mundo animal en la provincia china de Hubei y difusión hacia la Europa occidental a través del imperio de Persia (hoy Irán) y el puerto italiano de Génova (hoy el *hub* logístico del valle del Po, entre las regiones Lombardía y Emilia-Romagna). Más allá de las anécdotas históricas, es evidente que las redes humanas, a través de las cuales se difunden los virus, están estrictamente interconectadas con las redes comerciales. En un mundo globalizado, económicamente integrado y organizado en enclaves productivos de acuerdo con una división internacional del trabajo cada vez más desigual, la necesidad de mantener abiertas las rutas de transporte a todos los niveles es imprescindible como la reproducción social de las sociedades humanas. Para dar un ejemplo, las deslocalizaciones productivas que tuvieron lugar en Estados Unidos hicieron que ese país produjera internamente tan solo el 5 % de las máscaras N95 de las que necesitaba, teniendo que importarlas de China y México. No por nada, en todos los países, a pesar del tipo de enfrentamiento a la crisis que los respectivos gobiernos han adoptado, los sectores logísticos a lo largo de las cadenas de abastecimiento han sido comúnmente considerados "estratégicos" y por lo tanto no han parado, llevando a su vez a multiplicar indefinidamente la difusión del virus, a pesar de que la mayoría de las personas se quedara en casa.

Entre los trabajadores considerados esenciales y por ende fuertemente explotados en tiempos de pandemia se encuentran camioneros y ferrocarrileros, a su vez los más expuestos al contagio. Lo mismo ha ocurrido para los trabajadores de Amazon y otras empresas de *high tech*, para los obreros de los grandes almacenes en los nudos logísticos, para los portuarios, los trabajadores de los grandes centros de distribución alimentaria, los trabajadores del agronegocio y los de la logística metropolitana, como choferes de Uber y repartidores de comida. En muchos casos, la presión sobre la fuerza de trabajo, sobre todo si acompañada por un descuido de las protecciones básicas de salud, ha generado una respuesta conflictiva por parte de estos trabajadores, con paros y huelgas espontáneas.

Una consecuencia de la crisis pandémica es la reactivación de aquel hilo rojo que conecta históricamente la logística a la actividad militar. De hecho, fenómenos como la imposición de estados de emergencia y toques de queda en las ciudades o la manera como el abastecimiento de vacunas ha sido organizada en muchos países por las Fuerzas Armadas evidencian que el elemento militar nunca abandonó realmente la racionalidad logística, sino que permanece y se fortalece hoy en día en su capacidad de organizar territorios y poblaciones. En una perspectiva más económica, es probable que asistamos a una ulterior centralización y oligopolización de los sectores de la economía digital, fuertemente vinculados a la logística del justo a tiempo, con efectos negativos sobre la fuerza de trabajo. El trabajo a distancia, que se ha generalizado hasta sectores impensables como la escuela, está llevando a una fuerte aceleración en la acumulación de datos por parte de Google, Microsoft y las demás empresas del capitalismo de plataforma. En consecuencia, las infraestructuras digitales, su construcción y gestión, tendrán una relevancia aún mayor desde un punto de vista económico, social y geopolítico.

Por otro lado, la dependencia de las sociedades contemporáneas a las redes de conectividad global ha evidenciado una fuerte vulnerabilidad y exposición al contagio. Más temprano que tarde, los mismos sectores estratégicos que hoy en día quedan activos tanto en la economía como en la difusión del virus, tendrán consecuencias. Como señala Kim Moody (2020), ya al inicio de marzo de 2020, el 9 % de las flotas mundiales estaba inactivo y este porcentaje ha aumentado en los meses siguientes. La caída de la producción industrial ha sido pronunciada y ha provocado una fuerte reducción del PIB mundial. Frente a ese escenario, una posibilidad es que algunas tendencias hacia la desglobalización, empezadas de manera sobre todo retórica desde la victoria presidencial de Trump en 2016, se vuelvan reales, aún más si se considera que, en el caos generado por la pandemia, cualquier tipo de *governance* mundial para la gestión de la crisis ha fracasado completamente, mientras los Estados buscan retomar el control de partes cada vez más importantes de su economía y han luchado unos contra otros por el acaparamiento de los dispositivos de salud y las vacunas, lo que ha fortalecido ulteriormente la desigualdad geográfica entre países y regiones.

Paradójicamente, parece cada vez más posible que solo China, el supuesto enemigo geopolítico del capitalismo neoliberal del liderazgo estadounidense, pueda hoy en día "salvar" la globalización. De hecho, a pesar de haber sido el centro originario de la pandemia, el país asiático se ha recuperado mejor que otros, ha tenido efectos sociales, económicos y de pérdida de vidas humanas inferiores al resto del mundo, en buena medida por su capacidad de establecer mecanismos de control del contagio., Por otro lado, China ha alcanzado enorme legitimidad internacional, sobre todo en el Tercr Mundo, vendendo dispositivos de protección ycuestionando la política de patentes de las vacunas.

En este escenario complejo, ¿cuál será el futuro de la infraestructura física intermodal sudamericana? La experiencia de las últimas décadas en Latinoamérica enseña que durante las grandes crisis asistimos a momentos de baja en la atracción de capitales hacia la infraestructura, rápidamente seguidos por arreglos institucionales y normativos que organizan la atracción de nuevas inversiones. Fue tras las crisis especulativas de los años noventa que se proyectó el marco institucional de creación de la IIRSA. Asimismo, fue después de la crisis financiera global de 2008 que la mayoría de los gobiernos sudamericanos adoptó marcos regulatorios para la atracción de capitales vía Asociaciones Público-Privadas, mientras Brasil a través de la política de préstamos del BNDES a los "campeones nacionales" garantizaba la realización de muchas obras estratégicas. Hoy en día, es difícil prever una rápida llegada de capitales privados para el desarrollo de los proyectos de la IIRSA y es por esto que hasta gobiernos ultraliberales como los de Piñera en Chile y Bolsonaro en Brasil han destinado nuevos recursos públicos hacia la infraestructura, viendo en ella una posible "reactivación" económica pospandémica.

No se sabe si el capital logrará superar esta nueva crisis de la misma manera en que superó las anteriores, pero es cierto que el actual momento de pandemia expresa muy bien la crisis de amplio espectro, civilizatoria, a la que ha llevado al planeta. De manera quizás inédita, el modo en que el virus se ha generado a partir de la violenta apropiación de espacios de "frontera" a la lógica capitalista (Chuang 2020) y se ha difundido rápidamente a lo largo de las cadenas logísticas globales simboliza de manera muy intensa el colapso metabólico del presente. Hoy un virus busca su nuevo equilibrio fuera de las condiciones en que se encontraba, a causa del colapso de sus hábitats anteriores debido al afán insaciable de una economía que es cada vez más distante de su raíz *oikos* (en griego: casa), un término que supone la gestión de un espacio doméstico, dirigida hacia la reproducción equilibrada de la vida. La expansión acelerada de monocultivos de plantas y animales con la simplificación genética lleva a la destrucción de ecosistemas (ecocidio), que a su vez comporta aquella de los saberes de los grupos sociales que con ellos conviven, lo que Boaventura de Sousa Santos (1994) ha llamado epistemicidio. Sin embargo, como argumenta Porto-Gonçalves[1], este complejo de poder técnico-financiero es incapaz de dar cuenta del proceso de reproducción y mutación genética que hace que la vida continúe reproduciéndose en profusión, aunque con la extinción de especies también en profusión.

Este colapso metabólico expresa de manera aguda la contradicción entre el metabolismo del capital y aquello de la vida. Entre el tiempo abstracto del capital, con su sincronización logística, y el tiempo concreto de los pueblos, para los cuales el "progreso" es siempre una elección colectiva y autogestionada y no una imposición desde fuera. Entre la "naturaleza abstracta" del capital, algorítmicamente cuantificable y mensurable a favor del principio del valor de cambio, y la naturaleza concreta, múltiple, diferente, de las formas de vida, organizadas alrededor del valor de uso. En este sentido, uno de los aspectos más relevantes de la racionalidad logística del capitalismo es su capacidad de someter y organizar esta inconmensurable diferencia social y natural bajo principios gestoriales, corporativos y heterodirectos. Una capacidad que, sin embargo, nunca es total y siempre encuentra un límite, un trabajador flojo, un ciudadano desobediente, un hombre en revuelta, un pueblo rebelde, una mujer insumisa, un virus en el sistema.

Los acontecimientos de los últimos años nos demuestran los límites de la logística y las posibilidades siempre presentes de interrumpir y bloquear el flujo de capitales, mercancías, información, energía y personas que esta garantiza. Sin embargo, más difícil es construir y llevar adelante un pensamiento logístico propio, desde abajo, que abarque múltiples escalas y sea al servicio de la vida y no de la acumulación de capital. Es decir, más allá de la lucha puntual contra uno u otro proyecto de infraestructura, necesitamos quizás entender cuáles formas

1 Entrevista personal, abril de 2020.

organizativas, logísticas e infraestructurales queremos darnos para pensar un mundo nuevo, en el que construyamos los caminos (materiales y simbólicos) que realmente necesitamos para la reproducción de una vida digna, y abandonemos los que solo sirven para reproducir las ganancias de nuestros explotadores.

Bibliografía

BENJAMIN, Walter. [1939–40]2008. *Tesis sobre la historia y otros fragmentos*, Ciudad de México: Itaca.

CHUANG. 17 de marzo de 2020. "Contagio social: lucha de clases microbiológica en China", en *SinPermiso. República y socialismo, también para el siglo XXI.* En https://www.sinpermiso.info/textos/contagio-social-lucha-de-clases-microbiologica-en-china acceso 25 de agosto de 2020.

FALERO, Alfredo. 2015. "La expansión de la economía de enclaves en América Latina y la ficción del desarrollo: siguiendo una vieja discusión en nuevos moldes", en *Revista Mexicana de Ciencias Agrícolas*. v. 1. Estado de México: Instituto Nacional de Investigaciones Forestales, Agrícolas y Pecuarias.

MEZZADRA, Sandro; NEILSON, Brett. 2015. "Operations of Capital", in *The South Atlantic Quarterly*, 114:1, January, Durham and London: Duke University Press.

MEZZADRA, Sandro; NEILSON, Brett. 2019. *The Politics of Operations. Excavating Contemporary Capitalism*. Durham and London: Duke University Press.

MOODY, Kim. June 5h 2018. "Labor's New Terrain: Working On the Supply Chain Gang", in *Labor Note*, June 5. En http://labornotes.org/2018/06/labors-new-terrain-working-supply-chain-gang acceso 3 de mayo de 2020.

SANTOS (DE SOUZA), Boaventura. 1994. *Pela Mão de Alice: O Social e o Político na Pós-Modernidade, Porto: Afrontamento.*

SANTOS, Milton. 2002. *A Natureza do Espaço, Técnica e tempo. Razão e emoção*, São Paulo: Edusp.

BIBLIOGRAFÍA

AGAMBEN, Giorgio. 2005. *Estado de excepción. Homo sacer, II, I.* Buenos Aires: Adriana Hidalgo editora.

AGOSTINIS, Giovanni; PALESTINI CÉSPEDES, Stefano. 2014. "Constructing regionalism in South America: the cases of transport infrastructure and energy within UNASUR" in *Robert Shuman Center for Advances Studies*, European University Institute: Firenze. In https://cadmus.eui.eu/bitstream/handle/1814/31752/RSCAS 2014_73.pdf?sequence=1&isAllowed=y acceso 28 de enero de 2020.

AGUIAR, Diana. 2017. *A geopolítica de infraestrutura da China na América do Sul. Um estudo a partir do caso do Tapajós na Amazônia brasileira*, Rio de Janeiro: Act!onaid e FASE.

AHUMADA, José Miguel. 2–3 de marzo de 2020. Conferencia en "Repensando el rol de las inversiones extranjeras y la nueva ruta de la seda en América Latina", *Transnational Institute*, Buenos Aires. En https://www.youtube.com/watch?v=ZgCdm4KilUk acceso 24 de septiembre de 2020.

AMATO, Massimo; FANTACCI, Luca. 2009. *Fine della finanza. Da dove viene la crisi e come si può pensare di uscirne*, Roma: Donzelli editore.

ANDERSON, Perry. 2016. "A crise no Brasil", em *Blog da Boitempo*, São Paulo.

ANSALDI, Waldo. 2010. *La democracia en América Latina, un barco a la deriva*, Buenos Aires: EFE.

ANTUNES, Ricardo. 2018. *O privilégio da servidão. O novo proletariado de serviços na era digital*, São Paulo: Boitempo.

ARBOLEDA, Martín. 2018. "Extracción en movimiento: circulación del capital, poder estatal y urbanización logística en el norte minero de Chile", en *Investigaciones Geográficas*, Universidad de Alicante.

ARBOLEDA, Martín. 2020. *Planetary Mine. Territories of Extraction under Late Capitalism*, London: Verso.

ARRIGHI, Giovanni. [1994]1999. *El largo siglo XX*. Madrid: Akal Ediciones.

ARRIGHI, Giovanni; SILVER, Beverly. 1999. *Chaos and Governance in the Modern World System*, Minneapolis: University of Minnesota Press.

ARRIGHI, Giovanni; ZHANG, Lu. 2011. "Beyond the Washington Consensus: A New Bandung?", en Shefner, Jon; Fernández-Kelly, Patricia, Globalization and Beyond. *New Examinations of Global Power and Its Alternatives*, State College: Pennsylvania State University Press.

ATIENZA, Miguel, LUFIN, Marcelo; SOTO, Juan. 2018. "Mining linkages in the chilean copper supply network and regional economic development", en *Resources policy*, London: Elsevier Ltd.

AYALA, Rubén; AURAZO, Renzo. 2011. "¿Qué ocurrió en el 30–S? A propósito del juicio a los 'actores involucrados' ". *Revista Andina de Estudios Políticos*, n. 7. Lima.

BAIROCH, Paul. 1993. *Economics and World History*, Chicago: University of Chicag Press.

BARCELOS, Eduardo. 5–6 de novembro de 2018. Ponencia en panel "Neoliberalismo e mercantilização da vida na America Latina", en *II Simposio de Estudos Regionais e Agrários do Sul e Sudeste do Pará*, Marabá.

BECKER, Gary. 1964. *Human Capital: A Theoretical and Empirical Analysis with Special Reference to Education*, Chicago: University of Chicago Press.

BENJAMIN, Walter. [1939–40]2008. *Tesis sobre la historia y otros fragmentos*, Ciudad de México: Itaca.

BENZI, Daniele. 2017. *ALBA-TCP. Anatomía de la integración que no fue*, San Martín: Imago Mundi.

BENZI, Daniele; NAREA, Marco. 2020. "Crónica de una Secretaría general acéfala: un insumo para la interpretación de la crisis de la Unasur", en *Visioni LatinoAmericane*, Centro Studi per l'America Latina, anno XII, n. 22, Trieste.

BENZI, Daniele; PEREGALLI, Alessandro. 2020. "América Latina em seu labirinto: crise, restauração, resistência. Introdução ao dossiê", em *Cadernos do Ceas*, v. 45, n. 250, Dezembro, Salvador da Bahia: Universidade Federal da Bahia.

BERNARDO, João. 1991. *Economia dos conflitos sociais*. São Paulo: Cortez Editora.

BOITO Jr., Armando. 2018. *Reforma e crise política no Brasil. Os conflitos de classe nos governos do PT*, Editora Unicamp-Editora Unesp: São Paulo.

BOLOGNA, Sergio. 2013. *Banche e crisi. Dal petrolio al container*. Roma: DeriveApprodi.

BOLOGNA, Sergio. 2017. *Tempesta perfetta sui mari. Il crack della finanza navale*. Roma: DeriveApprodi.

BONACICH, Edna; WILSON, Jake B. 2008. *Getting the goods: Ports, labor, and the logistics revolution*. Ithaca: Cornell University Press.

BOWKER, Geoffrey C. 1995. "Second Nature Once Removed: Time, Space and Representations". *Time and Society*, n. 1. University of Edinburgh.

BRAUDEL, Fernand. 1953. "Qu'est-ce que le XVIe siècle", in *Annales d'histoire èconomique et sociale*, v. 8, n 1, Paris.

BRENNER, Neil. 2014. *Implosions/Explosions: Towards a Study of Planetary Urbanization*, Berlin: Jovis.

BRENNER, Neil; Schmidt, Christian. 2015. "Towards a new epistemology of the urban?", in *City: analysis of urban trends, culture, theory, policy, action*, University of Manchester: Routledge, Taylor & Francis Group.

BRENNER, Robert. 2009. *La economía de la turbulencia global. Las economías capitalistas avanzadas de la larga expansión al largo declive 1945–2005*, Madrid: Akal.

BRENNER, Robert. Marzo-abril 2019. "El dilema del crédito chino. Entrevista con Victor Shih", en *New Left Review*, v. 115.

BRICEÑO RUIZ, José. 2013. "Ejes y modelos en la etapa actual de la integración económica regional en América Latina", en *Estudios Internacionales*, Santiago de Chile: Scielo

BUDROVICH SÁEZ, Jorge; CUEVAS VALENZUELA, Hernán. 2018. "Contested Logistics? Neoliberal Modernization and Resistance in the Port City of Valparaíso", in Alimahomed-Wilson, Jake; Ness, Immanuel (eds.), *Choke Points: Logistics Workers Disrupting the Global Supply Chain*, Pluto Press, pp. 162–178.

BUGIATO, Caio Martins; BERRINGER, Tatiana. 2012. "Um debate sobre o Estado logístico, subimperialismo e imperialismo brasileiro", *Revista Digital Em Debate*, n. 7.

CAMPOS, Cauê. 2016. Conflitos trabalhistas nas obras do PAC: o caso das Usinas Hidroelétricas de Jirau, Santo Antônio e Belo Monte. Dissertação de mestrado em Ciência Política, Universidade de Campinas. En https://repositorio.unicamp.br/Acervo/Detalhe/969044

CARVALHO, Laura. 2018. Valsa brasileira: do boom ao caos econômico, São Paulo: Tadavía.

CAVALCANTE, Cristina. 2021. Desarrollismo, neodesarrollismo y progresismo en Brasil: un análisis histórico-estructural de los pactos político-económicos, Tesis de doctorado en Ciencias Sociales y Humanidades, Universidad Autónoma Metropolitana – Cuajimalpa (UAM-G).

CECEÑA, Ana Esther y AGUILAR, Paula y MOTTO, Carlos. 2007. *Territorialidad de la dominación Integración de la Infraestructura Regional Sudamericana (IIRSA)*, Buenos Aires: Observatorio Latinoamericano de Geopolítica.

CERDAS VEGA, Gerardo. 2015. "Nuevos actores en el financiamiento a IIRSA/COSIPLAN", en AA. VV. *De IIRSA a COSIPLAN. Cambios y continuidades*, Boletín No. 2, La Paz: Coalición Regional. Por la transparencia y la participación.

CÉSAIRE, Aimé. [1955]1979. *Discurso sobre el colonialismo (fragmento).* Ciudad de México: Latinoamérica. Cuadernos de cultura latinoamericana (UNAM).

CLEMENTE, Dario. 2017. *Las estrategias IIRSA-COSIPLAN y Campeones Nacionales en el proyecto regional de Brasil: la construcción de una hegemonía (2002–2016)*, Tesis de Maestría, FLACSO Sede Académica Argentina: Buenos Aires.

CLOVER, Joshua. 2016. *Riot. Syrike. Riot. The new era of uprisings.* London: Verso.

COMITÉ INVISIBLE. 2014. *A nuestros amigos*, Madrid: Errata naturae.

COWEN, Deborah. *The Deadly Life of Logistics: Mapping Violence in the Global Trade.* Minneapolis: University of Minnesota Press, 2014.

COWEN, Deborah; Smith, Neil. 2009. "After Geopolitics? From the Geopolitical Social to Geoeconomics", *Antipode.* London, 30th of January 30.

CUPPINI, Niccolò. 2019. Un mondo logistico: Sguardi critici su lavoro, migrazioni, politica e globalizzazione, Milano: Ledizioni.

DARDOT, Pierre; LAVAL, Christian. [2009]2013. *La nuova ragione del mondo. Critica della razionalità neoliberista*, Roma: DeriveApprodi.

DELEUZE, Gilles; GUATTARI, Félix. 1987. *A Thousand Plateaus: Capitalism and Schizophrenia*, London: Athlone.

DE STAVOLA, Federico. 2016. *Il lavoro nella fabbrica globalizzata: regime produttivo, conflitto e soggettività nella maquila di Monclova, Messico.* Tesi di laurea specialistica, Facoltá di Scienze Politiche, Alma Mater Studiorum-Universitá di Bologna.

DEY, Ishita; GRAPPI, Giorgio. January 2015. "Beyond Zning: India's Corridors of 'Development' and New Frontiers of Capital", in *South Atlantic Quarterly*, v. 114, n. 1, Durham: Duke University Press, pp. 153–170.

EASTERLING, Keller. 2014. *Extrastatecraft. The Power of Infrastructure Space*, London: Verso.

ENGELS, Friedrich. [1880]2017. *Del socialismo utópico al socialismo científico*, Scotts Valley: Createspace Independent Pub.

ESPOSITO, Maurício. 2017. "Desindustrialização do Brasil: uma análise a partir da perspectiva da formação nacional", em *Revista da Sociedade Brasileira de Economía Política*, n. 46.

FALERO, Alfredo. 2015. "La expansión de la economía de enclaves en América Latina y la ficción del desarrollo: siguiendo una vieja discusión en nuevos moldes", en *Revista Mexicana de Ciencias Agrícolas*. v. 1. Estado de México: Instituto Nacional de Investigaciones Forestales, Agrícolas y Pecuarias.

FALETTO, Enzo. 2007. *Dimensiones sociales, políticas y culturales del desarrollo*, Santiago: FLACSO.

FEDERICI, Silvia. [2004]2015. *Calibán y la bruja. Mujeres, cuerpo y acumulación originaria*, Buenos Aires: Tinta Limón; Ciudad de México: Pez en el árbol.

FONTES, Virgínia. 2010. *O Brasil e o capital-imperialismo: teoria e história*. Rio de Janeiro: EPSJV/UFRJ.

FOUCAULT, Michel. [1971]2004. *Nietzsche, la genealogía, la historia*, Valencia: Pre-Textos.

FOUCAULT, Michel. [1977–78]2006. *Seguridad, territorio, población. Curso en el Collége de France (1977–1978)*, Ciudad de México: Fondo de Cultura Económica.

FOUCAULT, Michel. [1978–79]2007. *Nacimiento de la biopolítica. Curso en el Collége de France (1978–1979)*, Ciudad de México: Fondo de Cultura Económica.

FRANCHI, Tassio; LOPES, Rute Holanda; CAVALCANTE, Katia Viana. 2016. "Ejes de Integración Nacional y Regional: El caso Amazónico", en *Estudios de seguridad y defensa*, v. 11, n. 21, Junio, Bogotá.

FRAPPORTI, Mattia. 2017. *Lo spazio logistico dell'Europa unita. Jean Monnet e la razionalità dell'integrazione*. Tesi di dottorato in Storia delle dottrine politiche, dottorato di ricerca in Storia, culture, civiltá, Alma Mater Studiorum – Università di Bologna.

FUKUYAMA, Francis. 1992. *El fin de la historia y el último hombre*. México DF: Planeta.

FUMAGALLI, Andrea. 2006. *Lavoro: vecchio e nuovo sfruttamento*, Milano: Punto rosso.

GAGO, Verónica. 2014. *La razón neoliberal: economías barrocas y pragmática popular*, Buenos Aires: Tinta Limón Ediciones.

GAGO, Verónica. 2015. "Financialization of Popular Life and the Extractive Operations of Capital: A Perspective from Argentina", *The South Atlantic Quarterly*, January, Durham: Duke University Press.

GAGO, Verónica; MEZZADRA, Sandro. 2015. "Para una crítica de las operaciones extractivas del capital. Patrón de acumulación y luchas sociales en el tiempo de la financiarización", *Nueva Sociedad*. n. 255.

GARCÍA LINERA, Álvaro. 2013. *Geopolítica de la Amazonía. Poder hacendal-patrimonial y acumulación capitalista*. La Paz: Vicepresidencia del Estado Plurinacional.

GAUDICHAUD, Franck. 2015. "¿Fin de ciclo en América del Sur? Los movimientos populares, la crisis de los 'progresismos' gubernamentales y las alternativas ecosocialistas", en *América Latina. Emancipaciones en construcción*, Santiago: Tiempo Robado Editoras/América en movimiento.

GAULARD, Mylène. 2011 "Los problemas de la sobreacumulación en China", *Revista de Economía Crítica*, n. 11, pp. 1–20. En http://revistaeconomiacritica.org/sites/default/files/revistas/n11/REC11_1_Mylene_Gaulard.pdf acceso 30 de marzo de 2020.

GEREFFI, Gary. 2001. "Las cadenas productivas como marco analítico para la globalización". En *Problemas del Desarrollo*, v. 32, n. 125, Abril-Junio, México D.F., IIEc-UNAM.

GEREFFI, Gary; KORZENIEWICZ, Miguel. 1994. *Commodities Chains and Global Capitalism*. Westport: Greenwood.

GRAPPI, Giorgio. 2016. *Logistica*, Roma: Ediesse.

GRAPPI, Giorgio; NEILSON, Brett. 2019. "Elements of Logistics: Along the Line of Copper", *Society and Space*, v. 37(5), Santa Barbara, pp. 833–849.

GUDYNAS, Eduardo. 2008. "As instituições financeiras e a integração na América do Sul", en Ricardo Verdum (organizador) *Financiamento e Megaprojetos. Uma interpretação Da dinâmica regional sul-americana*, INESC: Brasilia, pp. 21–47.

GUDYNAS, Eduardo. 2009. "Diez tesis urgentes sobre el nuevo extractivismo. Contextos y demandas bajo el progresismo sudamericano actual", en AAVV, *Extractivismo, política y sociedad*, Quito: CAAP (Centro Andino de Acción Popular) y CLAES (Centro Latino Americano de Ecología Social).

HARNEY, Stefano. Giugno 2018. "Genealogie della logistica". In *Zapruder*. n. 45. Bologna.

HARNEY, Stefano; MOTEN, Fred. 2013. *The Undercommons: Fugitive Planning and Black Study*. Wivenhoe, Minor Compositions.

HARVEY, David. [1989]2000. *Condição Pós-Moderna*, São Paulo: Edicões Loyola.

HARVEY, David. [2003]2004. *El nuevo imperialismo*, Madrid: Akal Ediciones.

HARVEY, David. [2001]2007. *Espacios del capital. Hacia una geografía crítica*, Madrid: Ediciones Akal.

HARVEY, David. 2014. *Diciassette contraddizioni e la fine del capitalismo*, Milano: Feltrinelli.

HARVEY, Penelope, BRUUN JENSEN, Casper, MORITA, Atsuro. 2016. *Infrastructures and Social Complexity: A Companion*, London: Routledge.

HERRERA SANTANA, David. 2017. *Hegemonía, poder y crisis. Bifurcación, espacialidad estratégica y grandes transformaciones globales en el siglo XXI*, Ciudad de México: Universidad Nacional Autónoma de México, Ediciones Monosílabo.

HERRERA SANTANA, David. 2019. "Geopolítica de la fragmentación y poder infraestructural. El Proyecto *One Belt, One Road* y América Latina". En *Gepolítica(s). Revista de estudios sobre espacio y poder*, Madrid: Ediciones Complutense, 41–68.

HILDYARD, Nicholas. 2016. *Licensed larceny. Infrastructure, financial extraction and the global South*, Manchester: Manchester Capitalism MUP.

HILFERDING, Rudolf. [1910]2006. *Finance Capital: A Study of the Latest Phase of Capitalist Development*, London: Routledge & Kegan Paul.

HILLMAN, Jonathan. 2016. "OBOR on the ground. Evaluating China's 'One Belt One Road' Iniciative at the Project Level", en *Reconecting Asia, Center for Strategic International Studies*, November. En https://www.csis.org/analysis/chi-nas-belt-and-road-full-holes acceso 30 de marzo de 2020.

HUNG, Ho-fung. 2016. *The China Boom. Why China Will Not Rule the World*, New York: Columbia University Press.

Into the Black Box. 2018 (visitada en el 2019). "Manifiesto de crítica logística" http://www.into theblackbox.com/manifesto/manifiesto-de-critica-logistica/ acceso 29 de abril de 2020.

JARRÍN HIDALGO, Sofía. 2015. "Apuntes críticos sobre la integración en infraestructura suramericana", en AA. VV. *De IIRSA a COSIPLAN. Cambios y continuidades*, Boletín No. 2, La Paz: Coalición Regional. Por la transparencia y la participación.

JIMÉNEZ CORTÉS, Elizabeth. 2014. *Dilemas ecoterritoriales de la integración regional: IIRSA en las sociedades de Bolivia y Chile*, Buenos Aires: CLACSO (Consejo Latinoamericano de Ciencias Sociales).

JOHNSON, Chalmers. 2007. *Nemesis. The Last Days of the American Republic*, Audible Audio Edition.

JONES, Lee. 2020. "Más allá de 'China, Inc'. Claves para entender las empresas chinas", en *Transnational Institute*. En https://www.tni.org/en/node/24904 acceso 24 de septiembre de 2020.

KANAI, Miguel. 2015. "The pervasiveness of neoliberal territorial design: Cross-border infrastructure planning in South America since the introduction of IIRSA", *Geoforum*, Amsterdam: Elsevier.

KATZ, Claudio. 2015. "¿Qué es el neo-desarrollismo? Una visión crítica", en *Anuario de estudios políticos latinoamericanos*, Bogotá: Universidad Nacional de Colombia.

KATZ, Claudio. 2016. "Subimperialismo II: Aplicación actual". En *Rebelión* http://www.rebel ion.org/noticia.php?id=225350 acceso 24 de agosto de 2018.

KATZ, Claudio. 2020. "Descifrar a China. Proyectos en disputa", en *La página de Claudio Katz. Textos de ciencias sociales*. En https://katz.lahaine.org/descifrar-a-china-iii-proyectos-en/ acceso 20 de diciembre de 2020.

KEGOMODITSWE, Koitsiwe; TSUYOSHI, Adachi. 2018. "The Role of Financial Speculation in Copper Prices", *EconPapers. Economics at your fingertips*, v. 5, Issue 4, Örebro, pp. 87–94.

KLEIN, Naomi. 2007. *Shock economy*, Toronto: Randon House of Canada.

KURZ, Robert. [1991]1993. O colapso da modernização: da derrocada do socialismo de caserna à crise da economia mundial: Rio de Janeiro: Paz e Terra.

LANDER, Edgardo. 2008. "Venezuela: logros y tensiones en los primeros ocho años del proceso de cambio", en Stolowicz, Beatriz, *Gobiernos de izquierda en América Latina. Un balance político*, Bogotá: Ediciones Aurora.

LANDER, Edgardo. 2015. "Crisis civilizatoria, límites del planeta, asaltos a la democracia y pueblos en resistencia", en *Estudios Latinoamericanos*, Universidad Nacional Autónomo de México, n. 36.

LARKIN, Brian. 2013. "The Politics and Poetics of Infrastructure", in *Annual Review of Anthropology*, pp. 327–343.

LAZZARATO, Maurizio. 2019. *Facismo ou revolução. O neoliberalismo em chave estratégica*, São Paulo: N-1 edições.

LEFEBVRE, Henri. 1974. "La producción del espacio", en *Revista de Sociología*, n. 3, Universitat Autònoma de Barcelona.

LEFEBVRE, Henri. [1978]2009. "Space and the State". In *State, Space, World*, Minneapolis-London: University of Minnesota Press.

LEFEBVRE, Henri. [1974]2013. *La producción del espacio*, Barcelona-Madrid: Capitan Swing.

LENIN, Vladimir Illich. [1916]1973. *El imperialismo, fase superior del capitalismo*. Pekín: Editorial del Pueblo.

LEÓN HERNÁNDEZ, Efraín. 2015. El expansionismo brasileño en sus límites. Geopolítica, energía, interconexión territorial y crisis material, Ciudad de México: Espacio, Política y Capital.

LIMA, Laíza; PANEZ PINTO, Alexander; PORTO-GONÇALVES, Carlos Walter; ROCHA, Pedro Henrique; SANTORO, Karoline. 2018. "Rearranjo de poder na Iniciativa de Integração Regional da América do Sul (IIRSA)? Análise das tendências atuais do seu processo de implantação". 10 a 14 de setembro. Em Congeo. Congresso Brasileiro de Geografía Política, Geopolítica e Gestão do Território, Universidade Federal Fluminense, Niterói-RJ.l

LIMA, Rodrigo. 2015. Desenvolvimento e Contradições Sociais no Brasil contemporáneo. Um estudo do Complexo Petroquímico do Rio de Janeiro – Comperj. Dissertação de mestrado e Ci~encias Sociais, Universidade Estadual Paulista. En https://repositorio.unesp.br/bitstream/handle/11449/149214/000879054.pdf

LINEBAUGH, Peter; REDIKER, Marcus. 2000. *The Many-Headed Hydra: Sailors, Slaves, Commoners, and the Hidden History of the Revolutionary Atlantic*. London: Verso.

LOBOS, Damian Andrés. 2013. "Los territorios de la desposesión: los enclaves y la logística como territorialización del modelo extractivo sudamericano", en *Año 16*, No 22, Enero/Junio, UCC Córdoba.

LUXEMBURG, Rosa. [1913]2003. *The Accumulation of Capital*, New York: Routledge.

MALAPARTE, Curzio. [1931]2007. *Tecnica del colpo di Stato*, Barcelona: Ariel.

MANN, Michael. 2006. "El poder autónomo del Estado: sus orígenes, mecanismos y resultados". En *Revista Académica de Relaciones Internacionales*, n. 5, pp. 1–43.

MANSILLA QUIÑONES, Pablo; PANEZ PINTO, Alexander; PONCE-HILLE, María Ignacia. 2019. "Discursos geopolíticos de desarrollo y reestructuración territorial IIRSA en el Eje MERCOSUR-Chile", en *Diálogo Andino*, n. 59, pp. 37–63.

MANTEGA, Guido. 2007. La integración de américa del sur: el BNDES como agente de la política externa brasileña, Brasilia: Ministerio de Relaciones Exteriores.

MARINI, Ruy Mauro. 1966. "La dialéctica del desarrollo capitalista en Brasil". En C. E. Martins. 2008. *América Latina, dependencia y globalización. Fundamentos conceptuales Ruy Mauro Marini.* Antología. Bogotá: Siglo del Hombre – CLACSO, pp. 25–106. En http://biblioteca.clacso.edu.ar/clacso/se/20100830091551/03dialectica.pdf

MARINI, Ruy Mauro. 1977. "La acumulación capitalista mundial y el subimperialismo", *Cuadernos políticos*, n. 12, Abril-Junio, México D.F.: Ediciones Era.

MARX, Karl. [1867]2011. *El Capital.* Tomo I. México D.F.: Siglo xxi editores.

MARX, Karl. [1885]1982. *El Capital.* Tomo II. México D.F.: Fondo de cultura económica.

MARX, Karl. [1857–58]1978. *Líneas fundamentales de la crítica de la economía política «Grundrisse».* Barcelona: Crítica.

MASTANDREA, Michele. 2018. "Corridoi di seta", in *Zapruder*, n. 46, Maggio-agosto.

MBEMBE, Achille. [2006]2011. "Necropolítica", en *Melusina*, Ciudad de México.

MCPHERSON. Alan. 2016. *A Short History of U.S. Interventions in Latin America and the Caribbean*, Hoboken: Wiley.

MEZZADRA, Sandro; NEILSON, Brett. 2015. "Operations of Capital", in *The South Atlantic Quarterly*, 114:1, January, Durham and London: Duke University Press.

MEZZADRA, Sandro; NEILSON, Brett. 2019. *The Politics of Operations. Excavating Contemporary Capitalism.* Durham and London: Duke University Press.

MIGLIORI, Eugenia. 2012. "La resolución de conflictos al interior de la Unión de naciones suramericanas", *VI encuentro internacional de economía política y derechos humanos*, Buenos Aires, pp.1–20, Noviembre. En http://www.madres.org/documentos/doc20130123140507.pdf acceso 24 de marzo de 2020.

MOLINA, Patricia. 2017. "Sobre la Geopolítica Vicepresidencial, el TIPNIS y el IIRSA", en *FOBOMADE* (Foro Boliviano sobre Medio Ambiente y Desarrollo). En http://fobomade.org.bo/2017/08/02/sobre-la-geopolitica-vicepresidencial-el-tipnis-y-el-iirsa/ acceso 31 de enero de 2020.

MOLINA CARPIO, Silvia. 2015. "El papel de las Instituciones Financieras Internacionales (IFIS) en la consolidación del IIRSA/COSIPLAN", en AA. VV. *De IIRSA a COSIPLAN. Cambios y continuidades*, Boletín No. 2, Diciembre, La Paz: Coalición Regional. Por la transparencia y la participación.

MOORE, Jason. [2015]2017. *Antropocene o Capitalocene? Scenari di ecologia-mondo nella crisi planetaria*, Verona: Ombre corte.

MOTTO, Carlos Ernesto. 2018. "La Gendarmería Nacional Argentina y el desarrollo solapado de la militarización de la seguridad interior", en *CESPyDH*, n. 5, Diciembre, Grupo de Estudio Sobre Sistema Penal y Derechos Humanos: Buenos Aires.

NEGRI, Antonio; HARDT, Michael. 2000. *Impero. Il nuovo ordine della globalizzazione*, Segrate: Rizzoli.

NEGRI, Antonio; HARDT, Michael. 2004. *Moltitudine. Guerra e democrazia nel nuovo ordine imperiale*, Segrate: Rizzoli.

NEILSON, Brett. 2012. "Five theses on understanding logistics as power". In *Distinktion: Scandinavian Journal of Social Theory*, v. 13, n. 3, December.

NEILSON, Brett. September 2014. "Zones: Beyond the Logic of Exception?". In *Concentric: Literary and Cultural Studies*, Taipei, pp. 11–28.

NOVARO, Marcos; PALERMO, Vicente. 2003. *La dictadura militar (1976–1983)*, Buenos Aires: Paidós.

NOVOA GARZÓN, Luis Fernando. 2009. "O Brasil e seu 'desdobramento': o papel central do BNDES na expansão das empresas transnacionais brasileiras na América do Sul". En Vários Autores, *Transnacionais Brasileiras: um debate necessário*, Expressão Popular: São Paulo.

ONG, Aihwa. 2006. *Neoliberalism as Excepcion. Mutations in Citizenship and Soiverignty*, Durhan-London: Duke University Press.

PEREGALLI, Alessandro. 2019. *Finance, extraction and logistics as axes of the third neoliberal moment in Latin America*, in Work Organisation Labour Globalisation (WOLG), vol. 13, n. 1, Spring, London, pp. 57–78.

PEREIRA DE SOUZA, Vitor Hélio. 2019. "A política de transporte regional no século XXI: o caso da IIRSA/COSIPLAN na América do Sul". Tese de doutorado em Geografía na Universidade Federal de Santa Catarina (UFSC), Florianópolis.

PIQUET, Rosélia. 1998. *Cidade-empresa. Presença na paisagem urbana brasileira*, Rio de Janeiro: Jorge Zahar Editor.

POLANYI, Karl. 1989. *La gran transformación. Crítica del liberalismo económico*, Madrid: Ediciones de La Piqueta.

POMERANZ, Kenneth. 2000. *The Great Divergence China, Europe, and the Making of the Modern World Economy*, Princeton University Press.

PORTER, Michael. 1985. *Competitive Advantage: creating and sustaining superior Performance*. New York: Free Press.

PORTO-GONÇALVES, Carlos Walter. 2011. "Encruzilhadas da Integração Regional Sul-americana. Dilemas e contradições do desenvolvimento sustentável na América do Sul", em IPEA – Instituto de Pesquisa Econômica Aplicada *Governança Global e Integração da América do Sul*, Niterói.

PORTO-GONÇALVES, Carlos Walter. 2017. "Dimensión geopolítica de la crisis brasileña: una perspectiva desde los grupos sociales en condición de subalternidad", en León Hernández, Efraín (coordinador) *Praxis espacial en América Latina. Lo geopolítico puesto en cuestión*, Ciudad de México: Itaca.

POSTONE, Moishe. 1993. *Time, Labor, and Social Domination*, Cambridge University Press.

PREOBRAZHENSKY, Yevgeni. 1965. *The New Economics*, Oxford: Clarendon.

RICARDO, David. [1817]2004. *The Principles of Political Economy and Taxation*, New York: Dover Publications.

RIGGIROZZI, Pia; TUSSIE, Diana. 2012. *The Rise of Post-Hegemonic Regionalism*, New York: Springer.

RIVERA CUSICANQUI, Silvia. 2015. *Mito y desarrollo en Bolivia. El giro colonial del gobierno del MAS*, La Paz: Plural.

RÜCKERT, Aldomar Arnaldo; CARNEIRO, Cailo Pereira. 2018. "Politicas territoriais na América do Sul: infraestruturas de conexão e repercussões em regiões perféricas", en Rückert, A. A., Silva, A. C. P. da, Silva, G. de V. (Orgs.), *Geografia Política, Geopolítica e Gestão do Território: integração sul-americana e regiões perféricas*, Porto Alegre: Editora Letra1.

SANAHUJA, José Antonio. 2010, "La construcción de una región: Suramérica y el regionalismo postliberal", en Cienfuegos, Manuel y José Antonio Sanahuja (eds.), *Una región en construcción. UNASUR y la integración en América del Sur*, Madrid: Fundación CIDOB, pp. 87–136.

SÁNCHEZ CABARCAS, Fabio. 2017. *UNASUR: poder y acción en Sudamérica*. Bogotá: Universidad Sergio Arboleda.

SANTOS, Milton. 2002. *A Natureza do Espaço, Técnica e tempo. Razão e emoção*, São Paulo: Edusp.

SANTOS (BARBOSA DOS), Fabio Luis. 2018. *Uma história da onda progressista sul-americana (1998–2016)*, São Paulo: Editora Elefante.

SANTOS (DE SOUZA), Boaventura. 1994. *Pela Mão de Alice: O Social e o Político na Pós-Modernidade, Porto: Afrontamento.*

SASSEN, Saskia. 1999. *La ciudad global: Nueva York, Londres, Tokio*. Buenos Aires: Eudeba.

SASSEN, Saskia. 2010. *Territorio, autoridad y derechos: De los ensamblajes medievales a los ensamblajes globales*. Buenos Aires: Katz Editores.

SERBIN, Andrés; MARTÍNEZ, Laneydi; RAMANZINI JÚNIOR, Haroldo. 2012. El regionalismo "post-liberal" en América Latina y el Caribe: nuevos actores, nuevos temas, nuevos desafíos, en *Anuario de la Integración Regional de América Latina y el Gran Caribe*, Buenos Aires: Coordinadora Regional de Investigaciones Económicas y Sociales.

SINGER, Paul. 1998. "De dependência em dependência: consentida, tolerada e desejada", em *Estudos Avançados*, São Paulo.

SMITH, Neil. [1984]2008. *Uneven Development. Nature, Capital, and the Production of Space*, Athens: The University of Georgia Press.

SRNICEK, Nick; WILLIAMS, Alex. 2015. *Inventare il futuro. Per un mondo senza lavoro*, Roma: Nero.

STAR, Susan Leight; RUHLEDER, Karen. 1996. "Steps Towards an Ecology of Infrastructture: Design and Access for Large Information Spaces", *Information Systems Research 7*, n. 1, Catonsville.

STERN, Philip J.. 2011. *The Company-State. Corporate Sovereignty and the Early Modern Foundation of the British Empire in India*. Oxford: Oxford University Press.

STOLOWICZ, Beatriz. 2016. *El misterio del posneoliberalismo*, Tomo II: La estrategia para América Latina, Bogotá: Espacio crítico Ediciones.

SVAMPA, Maristella. 2013. "El 'Consenso de los Commodities' y lenguajes de valoración en América Latina", *Nueva Sociedad*, n. 244, Buenos Aires.

TAUTZ, Carlos; SISTON, Felipe; LOPES PINTO, João Roberto; BADIN, Luciana. 2010. "O BNDES e a reorganização do capitalismo brasileiro: um debate necessário", em Magalhães, João Paulo de Almeida *et all*, *Os anos de Lula. Contribuições para um balanço crítico: 2003–2010*, Rio de Janeiro: Garamond.

TORO, Alfredo. 2011. "El ALBA como instrumento de *soft balancing*", en *Pensamiento Propio*, n. 33, pp. 159–183.

TORRES, Vanessa. 2015. "El limitado y nocivo concepto de integración regional en Suramérica desde la perspectiva de la IIRSA", en AA. VV. *De IIRSA a COSIPLAN. Cambios y continuidades*, Boletín No. 2, La Paz: Coalición Regional. Por la transparencia y la participación.

TSING, Anna. 2009. "Supply Chains and the Human Condition". In *Rethinking Marxism, v.* 21, n. 2. London.

TURRA, Julio. 2008. "Lula en Brasil: un gobierno en contradicción con su base social", en Stolowicz, Beatriz, *Gobiernos de izquierda en América Latina. Un balance político*, Bogotá: Ediciones Aurora.

VALDIVIA ORTIZ DE ZÁRATE, Verónica. 2010. "Estamos em guerra, senores!". *História*, v. I, Santiago de Chile.

VALZ GRIS, Alberto. March 2021. "Enduring axes of dispossession. Emerging geographies of the Belt and Road Initiative in Latin America", thesis chapter in Urban and Regional Development, Politecnico di Torino.

VAN CREVELD, Martin. [1977]2004. *Supplying War: Logistics from Wallerstein to Patton*. Cambridge: Cambrisge University Press.

VAN DIJCK, Pitou. 2013. *The Impact of the IIRSA Road Infrastructure Programme on Amazonia*, London: Earthscan.

VAN DIJCK, Pitou; DEN HAAK, Simon. 2006. "Troublesome Construction: IIRSA and Public-Private Partnerships in Road Infrastructure", *Cuaderno del CEDLA*, v. 20, Amsterdam.

VIRGA, Thais. 2018. "Infraestrutura e Desenvolvimento na Amazônia Sul-Americana: Uma Avaliação Circunstanciada sobre o Projeto da "Hidrovía Amazónica" no Peru", presentação em PROLAM (Programa de Pós-Graduação Integração da América Latina), Universidade de São Paulo (USP).

VIRNO, Paolo. 2003. *Grammatica della moltitudine. Per un'analisi delle forme di vita contemporanee*, Roma: Derive Approdi.

WALLERSTEIN, Immanuel. 1985. Il *capitalismo storico. Economia, politica e cultura di un sistema-mondo*, Torino: Einaudi.

WALLERSTEIN, Immanuel. [2013]2015. "La crisis estructural, o por qué los capitalistas ya no encuentran gratificante al capitalismo", en Wallerstein, Collins, Mann, Derluguian, Calhoun, *¿Tiene futuro el capitalismo?*, Ciudad de México: Siglo XXI Ediciones.

WANG, Yiwei. 2016. *The Belt and Road Initiative: What Will China Offer the World in Its Rise*, Bijing: New World Press, February.

WILSON, Japhy; BAYÓN, Manuel. July 2016. "Black hole capitalism. Utopian dimensions of planetary urbanization", in *City: analysis of urban trends, culture, theory, policy, action*, University of Manchester: Routledge, Taylor & Francis Group.

ZHANG, Xin. 2017. "Chinese Capitalism and the Maritime Silk Road: A World-Systems Perspective", *Geopolitics*, Taylor & Francis, London.

ZIBECHI, Raúl. 2006. "IIRSA: La Integración a La Medida de Los Mercados", en *Ecología Política*, Retrieved June 14, 2017. En https://dialnet.unirioja.es/descarga/articulo/2259975.pdf acceso 1 de febrero de 2020.

ZIBECHI, Raúl. 2013. *Brasil potencia. Entre la integración regional y un nuevo imperialismo*, Ciudad de México: Bajo Tierra Ediciones.

FUENTES DOCUMENTALES

ALCA (Área de Libre Comercio de las Américas) 2001. *Tercera Cumbre de las Américas. Plan de Acción*, Quebec, 20–22 de abril. http://www.ftaa-alca.org/summits/quebec/plan_s.asp acceso 14 de febrero de 2019.

Andrade Gutiérrez. 2007. "América del Sur: el desafío de la infraestructura", en *Revista DEP – Diplomacia, Estratégia y Política*, Brasília: IPRI – Instituto de Pesquisa de Relações Internacionais.

APEC (Asia-Pacific Economic Cooperation) Transportation Working Group 2012. "Automated transport management systems implementation for optimizing logistics within the Asia-Pacific with an emphasis on ITS and GNSS application". En https://www.apec.org/Publications/2013/02/Automated-Tr a n s p o r t – M a n a g e m e n t – S y s t e m s -Implementation-for-Optimizing-Logistics-within-the-AsiaPacifi

Armstrong and Associates. 2015. *3PL Market Analysis Report.*

AZFA (Asociación de Zonas Francas de las Américas) 2018. En www.asociacionzonasfrancas.org acceso 29 de marzo de 2020.

BID (Banco Interamericano de Desarrollo) agosto 2000. "La contribución del Banco Interamericano de Desarrollo a la integración física de América del Sur" http://www.iirsa.org/admin_iirsa_web/Uploads/Documents/rp_brasilia2000_contribucion_bid_infraestructura.pdf acceso 3 de mayo de 2020.

BID (Banco Interamericano de Desarrollo) 2002. *Más allá de las fronteras. El nuevo regionalismo en América Latina.* En http://services.iadb.org/wmsfiles/products/Publications/1657428.pdf acceso 6 de septiembre de 2018.

BLOOMBERG. 2014 "State Grid-Led Group Wins Brazilian Dam Power-Line Auc-tion". En http://www.bloomberg.com/news/articles/2014-02-07/state-grid-eletrobras-win-right-to-build-belo-monte-power-lines acceso 26 de marzo de 2020.

BM (Banco Mundial). 1997. *Informe sobre el Desarrollo 1997: El Estado en un mundo en transformación.* En http://documentos.bancomundial.org/curated/es/701691468153541519/Informe-sobre-el-desarrollo-mundial-1997-el-estado-en-un-mundo-en-transformacion acceso 3 de mayo de 2020.

BM (Banco Mundial). 2018. *International LPI from 2007 to 2018.* En https://lpi.worldbank.org/ acceso 2 de octubre de 2019.

BM (Banco Mundial). 2018 (visitada en el 2019): https://data.worldbank.org/indicator/NY.GDP.MKTP.KD.ZG acceso 3 de mayo de 2020.

BNDES (Banco Nacional de Desenvolvimento Econômico e Social). 2009. "BNDES aprova financiamento de R$ 7,2 bilhões para construção da usina hidrelétrica Jirau". Em https://www.bndes.gov.br/wps/portal/site/home/imprensa/noticias/conteudo/20090218_jirau acceso 25 de agosto de 2020.

BNDES (Banco Nacional de Desenvolvimento Econômico e Social). 2019. Série Histórica Indicadores financeiros do BNDES desde 2002. Em https://www.bndes.gov.br/wps/portal/site/home/transparencia/centraldedownloads acceso 30 de janeiro de 2020.

CEPAL (Naciones Unidas Comisión Económica para América Latina y el Caribe) 2001 *Anuario Estadístico de América Latina y el Caribe 2000* (Santiago de Chile: CEPAL), febrero. https://repositorio.cepal.org/bitstream/handle/11362/914/1/S0010876_mu.pdf acceso 29 de septiembre de 2019.

CEPAL (Naciones Unidas Comisión Económica para América Latina y el Caribe) 2010 *Anuario Estadístico de América Latina y el Caribe 2010* (Santiago de Chile: CEPAL), septiembre.

https://repositorio.cepal.org/bitstream/handle/11362/925/1/S1000780_es.pdf acceso 29 de septiembre 2019.

CEPAL (Naciones Unidas Comisión Económica para América Latina y el Caribe) 2011 *UNASUR. Infraestructura para la integración regional*, Santiago de Chile: CEPAL-UNASUR. En https://repositorio.cepal.org/bitstream/handle/11362/3121/1/S2012341_es.pdf acceso 1 de febrero de 2020.

CEPAL (Naciones Unidas Comisión Económica para América Latina y el Caribe) 2015. *El gran desafío para los puertos: la hora de pensar una nueva gobernanza portuaria ha llegado*. En cepal.org/handle/11362/37847 acceso 26 de marzo de 2020.

CEPAL (Naciones Unidas Comisión Económica para América Latina y el Caribe) 2018. *Perspectivas del Comercio Internacional de América Latina y el Caribe. Las tensiones comerciales exigen una mayor integración regional*. En https://repositorio.cepal.org/bitstream/handle/11362/44196/5/S1801070_es.pdf acceso 19 de septiembre de 2019.

CEPAL (Naciones Unidas Comisión Económica para América Latina y el Caribe). 2018. *Exploring new forms of cooperation between China and Latin America and the Caribbean*. En https://repositorio.cepal.org/bitstream/handle/11362/43214/1/S1701249_en.pdf acceso 30 de marzo de 2020.

CONSENSO DE BRASILIA 2000. "Primera Reunión de Presidentes de América del Sur", Brasilia, 31 de agosto – 1 de septiembre. En http://www.iirsa.org/admin_iirsa_web/Uploads/Documents/comunicado_brasilia_esp.pdf acceso el 7 de febrero de 2019.

CONSENSO DE SANTIAGO 1998. "Segunda Cumbre de las Américas", Santiago de Chile, 18–19 de Abril. En https://www.oas.org/xxxivga/spanish/reference_docs/CumbreAmericasSantiago_PlanAccion.pdf acceso el 7 de febrero de 2019.

COSIPLAN (Consejo Suramericano de Infraestructura y Planeamiento) 2017. *Cartera de Proyectos 2017*, UNASUR (Unión de Naciones Suramericanas).

COSIPLAN (Consejo Suramericano de Infraestructura y Planeamiento), Sistema de información de proyectos, Cartera de Proyectos del COSIPLAN. En http://cosiplan.org/proyectos/ acceso el 15 de abril de 2020.

CPT (Comissão Pastoral da Terra) Nacional 2016. "Conflitos no campo Brasil 2016", Goiânia https://www.cptnacional.org.br/component/jdownloads/send/41-conflitos-no-campo-brasil-publicacao/14061-conflitos-no-campo-brasil-2016?Itemid=0 acceso 25 de marzo de 2020.

DE CASTRO, Sergio (coordinador) 1992. *'El Ladrillo'. Bases de la política económica del gobierno militar chileno*, Santiago de Chile: Centro de Estudios Públicos.

DIEESE (Departamento intersindical de estatística e estudos socioeconômicos) 2015 "Balanço das greves em 2013" https://www.dieese.org.br/balancodasgreves/2013/estPesq79balancogreves2013.pdf acceso 25 de marzo de 2020.

EBITAN (Entidad Binacional Túnel Agua Negra): www.ebitan.org acceso 9 de marzo de 2020.

Ekosnegocios 2018. "10 principales productos de exportación del Ecuador". En https://www.ekosnegocios.com/articulo/10-principales-productos-de-exportacion-del-ecuador acceso 29 de septiembre de 2019.

Gobierno Bolivariano de Venezuela 2018. "Inversiones en el Arco Minero del Orinoco", en *Desarrollo Minero*. En http://www.desarrollominero.gob.ve/inversiones-en-el-amo-2/ acceso 30 de marzo de 2020.

GyBC (Grupo de Estudios en Geopolítica y Bienes Comunes) 2019. *Triángulo del Litio. Un área de disputa estratégica entre potencias globales en nombre de la transición energética*, Buenos Aires: Fundación Rosa Luxemburgo.

HALL, David 2015. "Why Public-Private Partnerships don't work. The many advantages of the public alternative", *PSIRU (Public Services International Research Unit)*, University of Greenwich http://www.world-psi.org/sites/default/files/documents/research/rapport_eng_56pages_a4_lr.pdf acceso 3 de mayo de 2020.

IIRSA (Iniciativa para la Integración de la Infraestructura Regional Suramericana): http://www.iirsa.org/ acceso el 12 de mayo de 2019.

Infrascope, "Measuring the enabling environment for public-private partnerships in infrastructure". En https://infrascope.eiu.com/ acceso 30 de marzo de 2020.

LEVINE, Asher; PARRA-BERNAL, Guillermo. 2012. "Brazil may oppose neoenergia, China deal-re-port", en *Reuters*. Recuperado de http://www.reuters.com/article/2012/05/14/neoenergia-brazil-ma-idUSL1E8GE2I320120514 acceso 26 de marzo de 2020.

Macrotrends www.macrotrends.net acceso 3 de mayo de 2020.

Ministério da Infraestrutura 2018. "Empresa chinesa confirma aquisição do terceiro maior terminal de contêineres do Brasil". En http://transportes.gov.br/ultimas-noticias/6801-empresa-chinesa-confirma-aquisi%C3%A7%C3%A3o-do-terceiro-maior-terminal-de-cont%C3%AAineres-do-brasil.html acceso 26 de marzo de 2020.

OCDE (Organización para la Cooperación y el Desarrollo Económicos) 2016. "Logistics observatory for Chile: strengthening policies for competitiveness", en *International Transport Forum*. En https://www.itf-oecd.org/sites/default/files/docs/16cspa_chile_logistics_observatory.pdf acceso 26 de marzo de 2020.

OEA (Organización de Estados Americanos) 2005. *Cuarta Cumbre de las Américas. Declaración de Mar del Plata*, Mar del Plata http://www.oas.org/en/sedi/dsd/riskmanagement/mandates/declaracionmardelplata.pdf acceso el 14 de febrero de 2019

OIT (Organización Internacional del Trabajo) 2007 (visitada en 2018): www.ilo.org/public/libdoc/ilo/2007/107B09_80_engl.pdf acceso 3 de mayo de 2020.

OIT (Organización Internacional del Trabajo) 2014 (visitada en 2019): https://www.ilo.org/global/research/global-reports/global-employment-trends/2014/lang--en/index.htm acceso 3 de mayo de 2020

RAY, Rebecca; GALLAGHER, Kevin; SARMIENTO, Rudy 2016. *Boletín Económico China-América Latina 2016*, Boston University. En https://www.bu.edu/pardeeschool/files/2016/04/Economic-Bulletin-2016-Spanish.Final_.pdf acceso 30 de marzo de 2020.

ROLDÁN PÉREZ, Adriana; CASTRO LARA, Alma Sofía; PEREZ RESTREPO, Camilo Alberto; ECHEVARRÍA TORO, Pablo; ELLIS, Robert Evan 2016 "La Presencia China en América Latina. Comercio, inversión y cooperación económica", en *Fundación Adenauer*.

SELA (Sistema Económico Latinoamericano y del Caribe) 2006. *Declaración de Cochabamba: colocando la Piedra Fundamental para una Unión Sudamericana*, Cochabamba http://walk.sela.org/attach/258/EDOCS/SRed/2010/09/T023600004327-0-Declaracion_de_Cochabamba_-_Colocando_la_Piedra_Fundamental_para_una_Union_Sudamericana,_2006.pdf acceso 3 de mayo de 2020.

Statista 2019. "Number of Amazon employees". En https://www.statista.com/statistics/234488/number-of-amazon-employees/ acceso 3 de mayo de 2020.

UNASUR (Unión de las Naciones Suramericanas) 2011. *Tratado Constitutivo de la Unión de Naciones Suramericanas*, Quito https://www.unasursg.org/images/descargas/DOCUMENTOS%20CONSTITUTIVOS%20DE%20UNASUR/Tratado-UNASUR-solo.pdf acceso 3 de mayo de 2020.

UNASUR (Unión de las Naciones Suramericanas) 2016 "En el marco del proceso de paz en Colombia, Samper propone Cumbre regional por la paz y la integración" http://www.unasursg.org/es/node/911 acceso 15 de marzo de 2019.

UNASUR/COSIPLAN (Unión de las Naciones Suramericanas-Consejo Suramericano de Infraestructura y Planeamiento) 2016. "Túnel Binacional Agua Negra. Programa Territorial de Integración, Argentina http://www.iirsa.org/admin_iirsa_web/Uploads/Documents/PTITUNELBINACIONALAGUANEGRA.pdf acceso 3 de mayo de 2020.

VARGAS COLLAZOS, Mónica (Coord.). 2010. *Un caso de anticooperación española. El Complejo del Río Madera*, Observatori del Deute en la Globalització (ODG). En https://justiciaalimentaria.org/sites/default/files/docs/el_complejo_del_rio_madera.pdf acceso 25 de agosto de 2020.

Visual Capitalist 2019 (visitada en el 2019): https://www.visualcapitalist.com/20-internet-giants-rule-web/ acceso 3 de mayo de 2020.

FUENTES PERIODÍSTICAS

ALLEN, Joe. 2015. "Studying Logistics," in *Jacobin*, February 12. https://www.jacobinmag.com/2015/02/logistics-industry-organizing-labor/ acceso 29 de abril de 2020.

ALMARAZ, Alejandro. Abril de 2015. "La frustración agraria", en *Página Siete*.

BBC. 26 de abril de 2019. "Los países de América Latina que forman parte de la Nueva Ruta de la Seda de China". En https://www.bbc.com/mundo/noticias-america-latina-48071584 31 de marzo de 2020.

BENZI, Daniele; NAREA, Marco. 20 marzo 2019. "¿Y eso con qué se come? Prosur y la farsa de una metamorfosis conservadora" en *Desinformémonos*. En https://desinformemonos.org/y-eso-con-que-se-come-prosur-o-la-farsa-de-una-metamorfosis-conservadora/ acceso 8 de abril de 2019.

BRUM, Eliane. 15 agosto de 2019. "As crianças de Altamira. O massacre dos inocentes nos denuncia na mais violenta cidade amazônica", en *El País*. En https://brasil.elpais.com/brasil/2019/08/14/opinion/1565799016_403909.html acceso 30 de marzo de 2020.

CAPOTE FERNÁNDEZ, Raúl. 9 de agosto de 2018. "Bases militares de EE.UU. en América Latina y el Caribe. El Plan Suramérica", en *Granma*. http://www.granma.cu/mundo/2018-08-09/bases-militares-de-eeuu-en-america-latina-y-el-caribe-el-plan-suramerica-09-08-2018-17-08-04 acceso 29 de septiembre de 2019.

CECEÑA, Ana Esther. 3 de abril de 2008. "La base de Manta: posición neurálgica de EE.UU. en la región andino-amazónica" en *Aporrea*. En https://www.aporrea.org/tiburon/a54394.html acceso 24 de agosto de 2018.

CHUANG. 17 de marzo de 2020. "Contagio social: lucha de clases microbiológica en China", en *SinPermiso. República y socialismo, también para el siglo XXI.* En https://www.sinpermiso.info/textos/contagio-social-lucha-de-clases-microbiologica-en-china acceso 25 de agosto de 2020.

Diario El Zonda. 27 de noviembre de 2019. "Estiman en Chile que se frenará la inversión en el Túnel de Agua Negra". En https://www.diarioelzondasj.com.ar/estiman-en-chile-que-se-frenara-la-inversion-en-el-tunel-de-agua-negra/ acceso 9 de marzo de 2020.

EFE. 29 de junio de 2018. "Duque expone en Washington sus planes contra Nicolás Maduro" https://www.efe.com/efe/america/politica/duque-expone-en-washington-sus-planes-contra-nicolas-maduro/20000035-3667048 acceso 15 de marzo de 2019.

EnerNews. 7 de agosto de 2019. "Chevron ignora sanciones y apuesta por Venezuela". En http://enernews.com/dictadura-venezuela/323019/chevron-ignora-sanciones-y-apuesta-por-venezuela 30 de marzo de 2020.

Exame. 30 de novembro de 2017. "A CPFL 100% chinesa é símbolo do apetite asiático". Em https://exame.abril.com.br/mercados/a-cpfl-100-chinesa-e-simbolo-do-apetite-asiatico/ acceso 29 de marzo de 2020.

FERNÁNDEZ-SAVATER, Amador. 2015. "La revolución como problema técnico: de Curzio Malaparte al Comité Invisible", en eldiario.es. https://www.eldiario.es/interferencias/Curzio_Malaparte-Comite_Invisible_6_447315274.html acceso 20 de marzo de 2019.

GOULART, Josette. Abril de 2009. "Jirau: engenheiros estimam gasto 60% maior", en *Valor Online.* En http://www.bicusa.org/es/Article.11191.aspx acceso 25 de agosto de 2019.

GUDYNAS, Eduardo. 15 de octubre de 2000. "El relanzamiento de la integración latinoamericana. Un nuevo escenario y muchas preguntas para el desarrollo sostenible", en *La República*, Montevideo, pp. 10–11.

En http://integracionsur.com/wp-content/uploads/2016/11/GudynasCumbreSudamericaBrasilia2000.pdf acceso el 7 de febrero de 2019.

HICKEL, Jason; KALLIS, Giorgos. April 17th 2019. "Is Green Growth Possible?", in *Taylor & Francis Online.* En https://www.tandfonline.com/doi/abs/10.1080/13563467.2019.1598964 acceso 26 de agosto de 2019.

IPEA (*Instituto de Pesquisa Econômica Aplicada*). 11 de maio de 2011. *A Integração de Infraestrutura Brasil-Venezuela: A IIRSA (Integração da Infraestrutura Regional Sul-Americana) e o eixo AMAZÔNIA -ORINOCO,* Relatorio de Pesquisa, Brasília.

MARQUES, Humberto. 27 de julio de 2018. "Reunião na 2ª-feira discute implantação da Ferrovia Transamericana. Seminário vai apresentar projetos técnicos e de viabilidade para corredor de escoamento com 2,4 mil quilômetros de extensão", em Campo Grande News. En https://www.campograndenews.com.br/economia/reuniao-na-2a-feira-discute-implantacao-da-ferrovia-transamericana acceso 3 de mayo de 2020.

MAZUI, Guilherme; BARBIÉRI, Luiz Felipe; RODRIGUES, Mateus. 13 de novembro de 2019. " 'China cada vez mais faz parte do futuro do Brasil', diz Bolsonaro", em *Globo.* En https://g1.globo.com/politica/noticia/2019/11/13/bolsonaro-recebe-presidente-da-china-no-itamaraty-antes-de-cupula-de-lideres-do-brics.ghtml acceso 2 de septiembre de 2020.

MÉNDEZ, Enrique. 28 de julio de 2020, "El corredor interoceánico moverá 30% de mercancías de Asia: Murat Hinojosa", en *La Jornada*. En https://www.jornada.com.mx/2020/07/28/politica/011n1pol acceso 2 de septiembre de 2020.

Mining Technology. February 10th of 2020. China's Ganfeng to increase stake in Argentina lithium project. En https://www.mining-technology.com/news/ganfeng-stake-argentina-lithium-project/ acceso 28 de abril de 2020.

MOODY, Kim. June 5h 2018. "Labor's New Terrain: Working On the Supply Chain Gang", in *Labor Note*, June 5. En http://labornotes.org/2018/06/labors-new-terrain-working-supply-chain-gang acceso 3 de mayo de 2020.

MOODY, Kim. April 8th 2020. "How 'Just-in-Time' Capitalism Spread COVID-19", in *Spectre Journal*. En https://spectrejournal.com/how-just-in-time-capitalism-spread-covid-19/ acceso 3 de mayo de 2020.

Mundo Marítimo. 11 de febrero de 2020. "Embajador de Argentina en Chile buscará impulsar la concreción del Túnel de Agua Negra". En https://www.mundomaritimo.cl/noticias/embajador-de-argentina-en-chile-buscara-impulsar-la-concrecion-del-tunel-de-agua-negra acceso 9 de marzo de 2020.

PAREDES, Jimena, 16 de marzo de 2015. "Proyectos binacionales generarán 3.700 MW. Técnicos de Bolivia y Brasil trabajan el diseño de dos hidroeléctricas", en *La Razón*. En http://www.la-razon.com/economia/Energia-proyectos-binacionales-generaran-MW_0_2235376488.html acceso 1 de febrero de 2020.

PAZ, Sarela. 5 de septiembre de 2012. "El TIPNIS en el centro del interés global", en *Bolpress*. En https://cedib.org/post_type_titulares/el-tipnis-en-el-centro-del-interes-global-bolpress-4-9-2012/ acceso el 31 de enero de 2020.

People Daily. 25 de novembro de 2016. "China se convierte en exportador de capital neto: según informe". En http://spanish.peopledaily.com.cn/n3/2016/1125/c31620-9147111.html acceso 26 de marzo de 2020.

PIRES, Fernanda; RIBEIRO, Ivo. 13 de maio de 2016. "Gigante chinês desembarca no país e investe em porto de Wtorre", en *Valor Econômico*. En https://valor.globo.com/empresas/noticia/2016/05/13/gigante-chines-desembarca-no-pais-e-investe-em-porto-da-wtorre.ghtml acceso 26 de marzo de 2020.

PRADA ALCOREZA, Raúl. 3 de diciembre de 2019. "La izquierda colonial", en *BolPress*. En https://www.bolpress.com/2019/12/03/la-izquierda-colonial/ acceso 28 de abril de 2020

QUINTERO WEIR, José Ángel. 10 de septiembre de 2018. Demarcación y lucha territorial indígena en Venezuela, en *Aporrea*. En https://www.aporrea.org/actualidad/a269084.html acceso 30 de marzo de 2020.

SANDRI, Piergiorgio. 20 de octubre de 2018. "China ya concentra la mitad de la clase media mundial", en *La Vanguardia*. En https://www.lavanguardia.com/economia/20181021/452454099592/distribucion-riqueza-china-clase-media-espana-informe-datos.html acceso 29 de marzo de 2020.

Senado Notícias. 18 de abril de 2017. "Ferrovia Bioceânica, que liga Brasil ao Pacífico, enfrenta problemas para implantação". En https://www12.senado.leg.br/noticias/materias/2017/08/08/ferrovia-bioceanica-que-liga-brasil-ao-pacifico-enfrenta-problemas-para-implantacao acceso 12 de mayo de 2019.

SMITH, Ashley. 15 de noviembre de 2019. "Rebelión, reformismo y reacción en América Latina. Entrevista a Jeffery R. Webber, profesor titular en Goldsmiths, Universidad de Londres", en *Rebelión*. En https://www.rebelion.org/noticia.php?id=262441 acceso 20 de enero de 2020.

Sputnik. 6 de diciembre de 2017. "Bolivia firmará acuerdo de cooperación técnica con Suiza para impulsar tren bioceánico". En https://mundo.sputniknews.com/america-latina/201712061074519803-america-latina-transporte/ acceso 30 de marzo de 2020.

TERÁN MANTOVANI, Emiliano. 17 de enero de 2018a. "La disputa es por los territorios. Repensar un proyecto emancipatorio, en tiempos muy conflictivos", en *Rebelión*. En http://www.rebelion.org/noticia.php?id=251353 acceso el 12 de mayo de 2019.

Tiempo de San Juan. 17 de octubre de 2019. "Chile oficializó su decisión de buscar ubicaciones alternativas al túnel de Agua Negra". En https://www.tiempodesanjuan.com/politica/2019/10/17/chile-oficializo-su-decision-de-buscar-ubicaciones-alternativas-al-tunel-de-agua-negra-268889.html acceso 9 de marzo de 2020.

Tiempo de San Juan. 5 de marzo de 2020. "Qué dijo el Ministro de Obras de la Nación sobre el Túnel de Agua Negra". En https://www.tiempodesanjuan.com/politica/2020/3/5/que-dijo-el-ministro-de-obras-de-la-nacion-sobre-el-tunel-de-agua-negra-279736.html acceso 9 de marzo de 2020.

VALENZUELA, Javier. 22 de abril de 2001, "Las protestas cercan la cumbre americana de Quebec. Quince mil manifestantes rompen los cordones de seguridad en protesta por la globalización", en *El País*, Madrid https://elpais.com/diario/2001/04/22/internacional/987890401_850215.html acceso 14 de enero de 2019.

ZIBECHI, Raúl. 2011 "La rebelión obrera de Jirau", en *La Jornada*. En http://www.jornada.com.mx/2011/04/08/opinion/023a2pol acceso 21 de agosto de 2018.

ZIBECHI, Raúl. 2015. "Interconexión sin integración: 15 años de IIRSA", en *Coalición regional. Por la transparencia y la participación*. En https://www.coalicionregional.net/interconexion-sin-integracion-15-anos-de-iirsa/ acceso 20 de noviembre de 2019.

ZIBECHI, Raúl. 22 de febrero de 2018. "China tropieza en Suramérica", en *Sputnik*. En https://mundo.sputniknews.com/firmas/201802221076482742-america-latina-tren-bioceanico-comercio-pekin/?fbclid=IwAR3WILHucYJE-gBo5LtNZa1XMA7dwEIyTrViB3fqA1pSi4vXm0B6Mo4gb5gg acceso 30 de marzo de 2020.

FUENTES AUDIOVISUALES

COORDINADORA ANTIIRSA 2016. "IIRSA, La Infraestructura de la Devastación", en YouTube. En https://www.youtube.com/results?search_query=iirsa+la+infraestructura+de+la+devastaci%C3%B3n acceso el 12 de mayo de 2019.

MALCORRA Susana, "Estoy en conferencia de prensa lanzando el Foro Económico Mundial en Bs As junto a su directora Marisol Argueta". En https://www.pscp.tv/w/1lPKqZmNRDeGb

ENTREVISTAS

Diana Aguiar, ONG FASE, Niterói, Rio de Janeiro, Brasil, octubre de 2018.

Asamblea de Defensa del Valle del Elqui, Vicuña, Coquimbo, Chile, diciembre de 2018.

Manuel Bayón, colectivo de Geografía Crítica del Ecuador, por Skype, mayo de 2019.

Darío Clemente, investigador FLACSO Argentina.

Colectivo El Kintral, La Serena, Coquimbo, Chile, diciembre de 2018.

Alfredo Falero, sociólogo de la Universidad de Montevideo, Buenos Aires, noviembre de 2018.

Venancio Oliveria, economista, abril de 2020.
Carlos Walter Porto-Gonçalves, profesor de la Universidade Federal Fluminense (UFF), agosto de 2020.
José Ángel Quintero Weir, investigador social e indígena añú de Venezuela, Marabá, noviembre 2018.
Daniel Santana, ingeniero ambiental, funcionario del Departamento Nacional de Infraestructura de Transporte de Brasil, Belo Horizonte, Minas Gerais, Brasil, marzo de 2019.
Beatriz Stolowicz, profesora de la Universidad Autónoma Metropolitana – Xochimilco, por correo, agosto 2020.
Trabajadores portuarios en huelga, Valparaíso, Chile, diciembre de 2018.
Victor Hugo Villegas, funcionario del sector portuario de CODELCO (Corporación Nacional del Cobre, Chile), Santiago de Chile, diciembre de 2018.

www.ingramcontent.com/pod-product-compliance
Ingram Content Group UK Ltd.
Pitfield, Milton Keynes, MK11 3LW, UK
UKHW020727041026
15590UKWH00002B/921

9 781433 194733